科学思想史丛书

A History of Geographical Thoughts

地理学思想史

（第四版）

〔法〕保罗·克拉瓦尔（Paul Claval） 著

郑胜华　刘德美　刘清华　阮绮霞 译

华昌宜　校

段台凤　插画

图书在版编目(CIP)数据

地理学思想史：第4版 / (法) 克拉瓦尔 (Claval,P.) 著；郑胜华等译. —北京：北京大学出版社，2015.6
（科学思想史丛书）
ISBN 978-7-301-25421-9

Ⅰ.①地… Ⅱ.①克… ②郑… Ⅲ.①地理学史–思想史 Ⅳ.①K90–09

中国版本图书馆 CIP 数据核字 (2015) 第 018121 号

本书英文版著作权属保罗·克拉瓦尔；中文版著作权属郑胜华，授权北京大学出版社在中国合法印行，若有侵害本书权益，北京大学出版社当依法追究之，特此声明。

书　　　名	地理学思想史（第四版）
著作责任者	〔法〕保罗·克拉瓦尔　著　郑胜华　刘德美　刘清华　阮绮霞　译 段台凤　插画
责 任 编 辑	李淑方
标 准 书 号	ISBN 978-7-301-25421-9
出 版 发 行	北京大学出版社
地　　　址	北京市海淀区成府路 205 号　100871
网　　　址	http://www.pup.cn　　新浪微博:@北京大学出版社
电 子 信 箱	zyl@pup.pku.edu.cn
电　　　话	邮购部 62752015　发行部 62750672　编辑部 62767857
印 刷 者	北京鑫海金澳胶印有限公司
经 销 者	新华书店
	720 毫米×1020 毫米　16 开本　26.5 印张　440 千字 2007 年 10 月第 1 版　2015 年 6 月第 2 版　2021 年 4 月第 4 次印刷
定　　　价	69.00 元

未经许可，不得以任何方式复制或抄袭本书之部分或全部内容。
版权所有，侵权必究
举报电话: 010-62752024　电子信箱: fd@pup.pku.edu.cn
图书如有印装质量问题，请与出版部联系，电话: 010-62756370

作者简介

保罗·克拉瓦尔(Paul Claval)生于 1932 年,曾任法国巴黎第四大学(即 Sorbonne 校区)教授,讲授地理思想史、经济地理、文化地理、土地系统逻辑及地缘政治等课程。其著述甚丰,有论文 400 余篇、专著 40 余部,多数被翻译为各国文字出版,论述博大精深。曾应邀赴世界数十所著名大学演讲及担任客座教授,其中 1986 年 6 月应邀在台湾大学地理学系担任短期客座教授;1992 年 9—12 月、2007 年 10—11 月,先后应聘为台湾师范大学及中国文化大学地理学系的特约讲座。2004 年 8 月于英国格拉斯哥举办的第 30 届国际地理联合会大会(Congress of International Geographical Union)获得地理学界最高荣誉之"桂冠奖"。

作者主要著作:(仅列举书籍类)

Brève histoire de l'urbanisme (2014), Fayard / Pluriel, Paris, 320 pages.

Le Bréil; idées reçues sur un géant en devenir (2014), Le Cavalier Bleu, Paris, 208 pages.

Géographie culturelle: Une nouvelle approche des sociétés et des milieux (2e ed.) (2012), Armand Colin, Paris, 352 pages.

De la terre aux hommes: La géographie comme vision du monde (2012), Armand Colin, Paris, 416 pages.

Histoire de la géographie (4e édition) (2011), (Que sais-je? -N°65), Presses Universitaires de France, Paris, 128 pages.

Ennoblir et embellir: de l'architecture à l'urbanisme (2011), Carnets de l'Info, Paris, 295 p.

Les espaces de la plitique (2010), Armand Colin, Paris, 416 pages.

Religions et idéologies: Perspectives géographiques (2008), PU de Paris-Sorbonne, 235 p.

Epistémologie de la géographie (2007), Armand Colin, Paris, 302 pages. (Collection U Geographie).

Géographies et géographes (2007), L'Harmattan, Paris, 384 pages.

Géographie régionale-De la région au territoire (2006), Armand Colin, Paris, 336p..

La Fabrication du Brésil. Une grande puissance en devenir (2004), Belin Paris, 384p..

La Géographie du XXIe siècle (2003), L'Harmattan, Paris, 243p.

La Causalité en géographie (2003), L'Harmattan, Paris, 118p.

Epistémologie de la géographie (2001), Nathan-Université, Paris, 266p.

Histoire de la géographie française de 1870 à nos jours (1998), Nathan-Université, Paris, 543p.

La Géographie comme genre de vie. Un itinéraire intellectuel (1996), L'Harmattan, Paris, 144p..

Géopolitique et Géostratégie (1996), Nathan-Université, Paris, 2e éd., 224p.

Histoire de la Géographie française (1995), PUF, Paris, 128p.

La Géographie culturelle (1995), Nathan-Université, Paris, 384p.

Géographie de la France (1993), PUF, Paris, 128p.

La Géographie au temps de la chute des murs (1993), L'Harmattan, Paris, 332p.

Initiation à la Géographie régionale (1993), Nathan-Université, Paris, 288p.

Autour de Vidal de La Blache. La formation de l' école française de française Géographie, sous la direction de Paul Claval (1993) CNRS Éditions, Paris, 159p.

La Conquête de l'espace américain (1990), Flammarion, Paris, 320p.

Geography since the Second World War, en codirection avec Ron Johnston (1984), Croom Helm, Londres, 290p.

Géographie humaine et économique contemporaine (1984), PUF, Paris, 442p.

La Logique des villes (1981), Litec, Paris, 633p.

Les Mythes fondateurs des sciences sociales (1980), PUF, Paris, 261p.

Franche-Comté, Haute-Bourgogne (1979), Flammarion, Paris, 328p.

Espace et Pouvoir (1978), PUF, Paris, 257p.

La Nouvelle Géographie (1977), PUF, Paris, 128p.

Éléments de géographie économique (1976), Genin et Litec, Paris, 365p.

Éléments de géographie humaine (1974), Genin et Litec, Paris, 412p.

Principes de géographie sociale (1973), Genin et Litec, Paris, 351p.

La Pensée géographique (1972), SÉDÈS, Paris, 117p.

作者简介

La cartographie thématique comme méthode de recherche (avec Jean-Pierre Wieber) (1970), Les Belles Lettres, Paris, vol. 1, 188p., vol. 2, 125p..

Les Relations internationales (1970), SCODEL, Paris, 192p.

Régions, Nations, Grands Espaces. Géographie générale des ensembles territoriaux (1968), Genin, Paris, 837p.

Pour le cinquantenaire de la mort de Paul Vidal de La Blache, avec Jean-Pierre Nardy (1968), Les Belles Lettres, Paris, 130p.

Essai sur l'évolution de la géographie humaine (1964), Les Belles Lettres, Paris, 162p., 2e éd. 1976.

Géographie générale des marchés (1963), Les Belles Lettres, Paris, 362p.

第四版 译 序

本书第三版已于今年春天售罄。译者群非常感佩北京大学出版社编辑书籍的质量,对地理学思想史这种比较严肃的书,仍能获得地理及相关学界读者的支持甚感欣慰。乃按照原订计划于第四版中新增地理专有名词栏(Glossary),一方面回馈读者的爱护;另一方面让本书的结构更完整。

在本书作者 Paul Claval 教授充分授权下,译者群除了修改第三版内容中一些疏漏的文字之外,就是努力于专有名词的编辑,除了第三版已加注的 34 条名词,又新编了 93 条,合计 127 条。这些名词皆出自本书内容所论及的,因此,并非纳入所有地理学名词,若有不周延处,祈请谅察。

译者群　敬上
2014 年 12 月 31 日

第二版及第三版　编校者序

本书自初版在台湾上市，不及一年半即售罄，本有第二次印刷的需求。适值原作者克拉瓦尔教授于英国格拉斯哥第 30 届国际地理联合会大会（Congress of International Geographical Union，2004 年），接受地理学者最高荣誉桂冠奖时，得知本书销售状况，乃慨允加撰两章，以补初版原稿完成于 1993 年之"时差"。

所增之第十三及第十四章，系作者从其法文著作《21 世纪地理学》（*La Géographie du XXIe Siècle*，2003）专为本书整理相关章节重写而成。第十三章分析"全球化：对地理学的挑战"，内容极为丰富，从最具体的科技变迁细节，到最抽象层次的政治哲学均一一涉及，再从地理学者的角度对"全球化"作了宏观而深入的描述和评论。第十四章则是在 21 世纪初的今日，预测"地理学的前景"，综合回顾了目前地理学内两大趋势，一是科技的影响促进了自然地理学角色的转型，二是"文化转向"的意义远远超过旧日的文化地理学的关怀："事实上，人文地理的所有概念已经改变。代替地理学过去 30 年来以一连串的科学革命来诠释转型（transformations），目前正出现的一个观点是此转型为一历史过程的最近阶段。"（见本书第 313—314 页）。作者虽未明言自己即采取此一观点，但从本章中对人文地理重建途径的建言，可看出他对"文化转向"的重视①。此二章与原有的第八、九章难免有些许重复之处，但编者宁可保留原文不动，以彰显其重要性。

地理学在 20 世纪中，特别是自 50 年代以来，可说是学术界的一面镜子，及

---

① 关于"文化转向"之争论，详见约翰斯顿（R. J. Johnston J）《地理学与地理学者》（*Geography & Geographers*）第五版（1997）之第八章，及第六版（2004）的序言。另可参阅萧俊明著《文化转向的由来》（2004 年，北京：社会科学文献出版社）。

时反映了各种社会变迁以及思想界的快速响应。好奇的知识追寻者,可从当代地理思想史中得到最便捷而丰盛的收获。这当然也不免造成地理教育上的困扰,因为不知如何在不断的变局中,作最适当的教学选择。同时英、美各大学地理系在学术市场的激烈竞争下,不断调整,而成了地理思潮变动(好与坏)的内生因素。法国则在较稳定体制及其文化背景下,使得本书作者成就了冷静而宏博的修养与视野,以反映在这本简史中。至于华人世界各处之现代地理学(及系所)的发展,各因其历史背景、社会情势、学术制度,以及与外部学界联系——可综合为"地理处境"——之不同而有了极大差异。一部"华人地理学的地理学"尚待开拓。希望本书可作为提供对此方面研究之时代背景资料。

第二版于2005年春天出版后,当年夏天,译者之一的郑胜华于北京参加全球华人地理学者会议之际,拜访北京大学出版社教育出版中心的周主任雁翎先生,其后历经半年讨论,并在作者克拉瓦尔教授的授权下,由郑胜华代表与北京大学出版社签订原文与中文简体版合约,确定第三版的发行工作,也同时展开了将克拉瓦尔教授精湛的地理学思想推向更广大的华人学术圈的新的一页。

华昌宜　敬识

2007年5月

第一版 译者序

译者群有缘翻译这本国际级学者的著作,当然是件荣幸的事。克拉瓦尔教授(Professor Paul Claval)曾在世界各著名大学客授"地理学思想史"课程,他的著作《地理思想?其历史概论》(*La pensée géographique? Introduction à son histoire*,Paris:SEDES,1972)及《地理学史》(*Histoire de la Géographie*,Paris:PUF,1995)等书,被翻译为英文、葡萄牙文、日文等多国文字。本书的原稿是1992年秋天,作者应聘为特约讲座,在台湾师范大学地理学系任客座教授三个月时,为台湾的讲学专门而写,隔年整理后再寄来交付翻译。

翻译工作在译者群的课余之暇,严谨地进行了5年(原先与台湾编译馆签约两年出版,因为违约,早已解约);其后,继续奋斗5年,为全文加注近200条,插绘地图及人物约90幅,编辑中-外、外-中文对照之索引2 400余条。

在漫长的10年工作中,承蒙多位前辈殷切指导,待初稿完成后,复拨冗审稿,逐字斧正,巨细靡遗,这种对知识传播的热忱及学术专业的严谨态度,令翻译群深深感佩。在此,特别要感谢的学者专家有:

彰化师范大学地理学系的严胜雄教授;台湾研究院台湾史研究所筹备处的施添福研究员;高雄师范大学地理学系的陈文尚教授;台湾大学环境资源地理学系的张长义教授、姜兰虹教授;文化大学地理学系的邓景衡教授,以及台湾师范大学地理学系的蔡文彩教授、杨宗惠教授与潘朝阳教授。

其次,要感谢欧阳钟玲副教授、高丽珍副教授及郭秋美老师的精神鼓舞与专业指导;黄阡萍小姐、颜家祺先生协助校稿与计算机排版;段台凤小姐绘制精美插画,郑胜媛小姐、孔繁惠小姐帮助查核插图与全文索引;再者,要感谢工作进行的前期,曾协助文稿整理的李凤华老师、黄玉容老师、杨淑芳老师、吕欣蕙老师、徐铭鸿老师以及中文原稿打字的谢美珠小姐。

关于本书翻译行文的规范,大致依循下列数项原则:

(1) 直译,并为专有名词加注;

(2) 人名尽量依其母语发音转译,若坊间地理思想史相关中文书籍中,已有相近译名者,则斟酌使用旧译名;

(3) 本书翻译过程参考之书籍多以工具书为主,见附录一;图表照片等的出处,参见附录二;

(4) 本书由译者及编校者所增添的注释及图片等,皆经本书原作者 Paul Claval 教授同意。

郑胜华,刘德美,刘清华及阮绮霞

谨　识

2003 年 7 月于台北

第一版　编校者序

翻译原是件吃力不讨好的事。本书经四人分工译出后,身为编校者除应逐句校订外,尚需就不同句法与风格在文体上加工以求基本统一,工作实在不轻松。好在章节之编排、译名的统合,以及绝大部分所增的注解都已由译者之一的郑胜华完成,使我得以专心于文字上调整修饰,及增删词句,以求基本上通顺而又不失原意。经过近一年来的努力,现在看来,尚离信、达、雅之高标准有一段距离,可是送稿时间已到,不得不交卷付印了。

我个人的辛劳却在参与此工作中获得了充分补偿。回想20世纪80年代中期在美国波士顿大学地理学系任教时,正是美国地理学界历经20世纪60年代所谓"计量革命"之后,各式各类响应或反击的"新新地理学"①风起云涌之际。可说是百家争鸣、百花齐放。同行们多已有一家之见者,不免困惑不已,加上不时有何处何处之地理学系关门或是改名之传闻,更使人沮丧失落。回台以来执教于他系,但对地理学多元发展方向始终挂念。这次能从克拉瓦尔教授的讲稿中,得到一个从西方社会与学术发展背景来回顾地理学的思想演变,于是有更宽宏且整体的观照,自然感到获益良多,所以深觉有幸参与此书的编校工作。但除此个人因素以外,也深信本书虽然是针对大学生与研究生而撰,但其中一些观点与信息亦可供台湾与大陆地理学界先进与同仁,以及对空间思想发展有兴趣的其他学者们作为参考。

---

① 本书作者随当前一般用语,称20世纪50年代末"计量革命"的地理学为"新地理学"。故于此称60年代末至80年代之各种反科学主义取向之学派为"新新地理学"。但若采取一更长远的视野,则19世纪初,德国学派所建立的现代地理学,相对于古典与中古地理学而言方足当"新地理学"之名,此为 Preston E. James and Geoffrey J. Martin 之 *All Possible Worlds*: *A History of Geographical Ideas* (1981) 中用语。(此书有大陆李旭旦先生之译本),亦为王洪文教授所著《地理思想》(台北:明文书局,1988)中所用。若依此则在"后现代主义"名下当前各学派可称之为"新新新地理学"。

　　此书是克拉瓦尔教授就其1992年年底在台湾师范大学地理系任客座教授期间的讲稿改写而成,所以自然有其限制。第一,它在内容上究竟不能面面俱到,成为一个完整又均衡的思想史;第二,由于出于课堂讲授,大致每章一讲,为了关照听众,自然不免有些重复之处,不能像对学者著书那样讲究谨严之结构逻辑;第三,受时间之限,对亚洲地理思想未曾着墨,仅在最后一章中略略点到。

　　总之,此书可视为一部西方地理思想简史,但其介绍之广度与评析之深度使之足当为一部学术性著作。其中的基本精神及观点,可归纳如下:

　　(一)虽然本书简略,但却真正兼顾了自然地理与人文地理两方面的发展,提供给我们一个地理学的丰盛传统全貌。而此种统观性的历史陈述,自然会使我们对当前学术的肢解分工加以反思。

　　(二)作者是从一个批判的角度来陈述的,但此种批判并非绝对彼非我是,而是从一种在知识结构中方法学上的相互比较,公正评估其得失。他不讳言身为法国人,故特别强调了法国地理学者的贡献,使得在此让我们见到在其他书中找不到的一些法国地理学者走过的路径。但使我们更感兴趣的是他对维达尔以后法国地理学发展限制的评析,以及为何在20世纪70年代后,法国能免于新马克思主义在地理学上影响的记述。

　　(三)作者应用了知识社会学来从当时大环境的社会需求以及其他学科的发展来探究地理学的成长与转折。这是一个非常有说明力的取向,同时也使读者顺便温习了时代背景。所读到的不是抽象的地理思想,而是鲜活的历史以及有关学术思潮的动向。

　　(四)20世纪60年代以来学术界有一种时尚,即是将一切学术研究取向的变动都视为库恩的"典范转移"(paradigm shift)。此种从物理科学史借用之一论述对地理学在20世纪50年代后的发展是否得当,曾在地理界引起很大的争议,而克拉瓦尔是持反对意见的。现在看来,地理学在21世纪初,依然形成各家各派的多元世界,兼容并行,并无一主宰性的正规范式的出现,正说明了"范式转换"的不适用性。

　　(五)克拉瓦尔似乎有意淡化地理学上各种传统的二元划分(自然相对于人文、区域相对于专题或空间科学、共相(normothetic)相对于殊相(ideographic)、量化相对于质化等)。他在书中竟然未提起其他地理思想史中必然强调的哈特向(R. Hartshorne)与舍费尔(F. K. Schaefer)的辩论。作者并非不知此事②,而显然认为事过境迁,其重要性消失。但另一方面,他却以"分析性地理学"相对于"规范性地理学"③之别来作总结,并以此连接到非西方地理学的传统。这是较特殊的观点,值得注意。

  本书以这些观点借方法论与认识论提升了其价值,显示了作者的学术修养。我个人在此编校过程中不断有温故知新之感,也常为其中一些言简意赅的评述语句再三思索玩味,故而也相信此书对台湾与大陆读者有其独特贡献。若读者被本书激发了对过去半世纪以来西方地理思想演变(其实主要就是大西洋两岸两国——美、英人文地理各学派间之争辩)的兴趣,而想进一步了解其详情,则最佳读本莫过于约翰斯顿的《地理学与地理学者》(R. J. Johnston, *Geography and Geographers：Anglo-American Human Geography Since 1945*)。此书自1979年初版以来为最受欢迎的地理学著作之一,最近1997年已出第五版。每版之前言与最后一章之修改最能表达作者对日新又新的英美地理学界过去四五年变化的评析,故为观察英、美地理学进展最简易的切入处。约翰斯顿曾借助克拉瓦尔对欧洲大陆地理学发展的了解与关注,而于1984年与他合作编著过对二战后国际地理学发展的全面回顾(R. J. Johnston and P. Claval (eds.) *Geography Since the Second World War：An International Survey*)。他们二人对地理思想作为知识论的看法相近,反映在上述的约翰斯顿一书的结论中对克拉瓦尔论点的引用(第四版之291页)或二人之共同观点中(第五版之391页)。故因此敬将约翰斯顿之书推荐予本书读者。

  本书之译编已延滞了几年,在此期间却见证了中国台湾与大陆地理学界不小的变动。执台湾牛耳的台湾大学地理学系已改名,而大陆的北京大学原地理

---

② 在当时引起轩然大波的该项"辩论"之际,(实际上舍费尔已经逝世),克拉瓦尔亦曾参与评论并将之引介于法国。哈特向并曾向克拉瓦尔致函解释澄清其观点与立场。参见 J. Nicholas Entrikin & Stanley D. Brunn (eds.) *Reflections on Geography：Hartshorne's The Nature of Geography* (Association of American Geographers, 1989), p.84。

③ 英文中 normative 一词系指含有价值意义者。在本书中一律译为"规范",略有偏差,不得已也。在经济学中,normative economics(规范性经济)为与 positive economics(实证性经济)相对,在本书中 normative geography(规范性地理学)系与 analytic geography(分析性地理学)相对。

系在改名后又再分家。这是否反映了本书中所论及的外部社会需求之变更或是学术界环境的演化？本书提供了我们一个适时而切题的观点，可供贤者审思评析，而应用于眺望台湾与大陆未来地理学以及其他空间研究的发展前景。

华昌宜　敬识
2003 年 7 月

第一版　作者自序

本书源自客座台湾师范大学地理学系时，为研究生及年轻同仁讲授地理学思想史课程的英文讲稿，截至目前为止尚未出版。我深深感谢台湾师范大学地理学系郑胜华教授主持的中文翻译工作。

本书提供一个对西方地理学由古希腊到今天的综合性看法。它是针对中国地理学界学者而构思的。这些学者的思想中已融入西方地理思想的现代面貌，但对其来源是生疏的。为了真正了解地理学科的影响性，必须先了解：今日地理学科哪些较完整的概念是经过哪些阶段才达到，以及在哪些背景下形成；再者，就是这些概念的形成是为了答复哪些问题及需求。

虽然西方地理传统有其独特性，但是与其他文化建构的地理研究法及思想体系也有其关系。譬如，伊斯兰教世界也与西方基督教世界一样都萃取古希腊的文化遗产，而 9 世纪至 13 世纪是地理学在伊斯兰教世界的光辉时代。透过阿拉伯人的媒介，希腊文化传统的一部分传到文艺复兴时期的西欧。所以地理学是由地中海世界诸大文化所发展而彼此有其关联性。

相似性也存在于最不相同文化所发展出来的地理知识。譬如在远东地区，中国地图发展期之早与品质之佳是全球共识的。人人皆需要弄清自己方位以及提供关于自己所住的环境、常活动的地方以及交易可能性的一些信息。各地的治理者都乐于能拥有关于其财产数据及详细的资料：这些资料可以协助他培训部属、课征税收或发展防御策略的构思。地理学与政权的掌握有关，尤其政权的科层体系愈趋复杂时，官僚们常常被派遣去不同地区，他们必须了解所负责的行政区，人口及经济资料就是为了政府的需求而搜集与集中的。所有大的政治建构体，不论在觊觎邻国领土或是担心被侵略，都设法加强他们对于所控制的领土及邻国的领土之空间认识。

西方传统地理学经过数个阶段而形成，涵盖许多观点。譬如，定位方法的发展就是划时代的转折点：代替在地表以相对位置寻找地点，地理学界想出一个利用星球观察来确定地表上的坐标定位，同时创造了弄清世界位置的方格。一个科学性的制图学以及可随意改变比例的工具，可借由不同距离掌握现象。古代地理学者不仅测量这些坐标，他们也试着通过精确的描述，记录地表区域的多样化。

古代以及文艺复兴时代地理学者们的抱负，无法经其使用的衡量工具满足，因为可以测经度的经线仪（chronomètre）的发明是在18世纪中叶。此时自然科学的进步使得地理学者对环境的认识更精细，而且使他们能够提供科学性的描述。地理学在18世纪末期已发展出现代面貌。

地理学者们试着解释其所见，直到20世纪中叶，仍然以自然科学为效法的范式，因此，使得他们能够了解自然景观的动态以及环境对人类族群生活的影响，却无法提供满意的方法来记录流动的事象，譬如运输及交通在居住空间及生产活动的空间配置上所扮演的角色。但是当地理学者承认其学科不仅是一门自然科学，也是一门社会科学时，这些困难就消失了。一种新地理学就在20世纪60年代发展成形。它的解释是根据建在社会运作中经济、社会及政治等机制的分析，这个新地理学也强调距离的障碍以及指示人是怎样成功地克服那些障碍。

于是地理学者们发现，要回答人类在地球生活所提出的问题时，只解释自然现象与人类聚集的分布状况是不够的。人类要寻求：（1）人生的意义；（2）通盘了解而选择活动的方向；（3）在全球化威胁下民族意识的自我肯定。所以，地理学者们除了要解释之外，尚要了解人类对所处世界认知产生认定的意义：由此可了解目前以人文方向及文化角度去分析问题成为主流的原因。

科学的发展不是直线单向进行。英国、意大利、法国及德国参与了18世纪末叶的转变，但是地理学科的现代化在德国发展得最快——这要归功于洪堡（Alexandre de Humboldt）及李特尔（Carl Ritter）。达尔文的理念对德国的影响最深：这些理念使得拉采尔（Friedrich Ratzel）创造"人文地理学"（la géographie humaine）。此后，地理学史不再只是以德国为中心。德、法、英、美及少许在意大利，北欧及俄罗斯也加入理念的运动（le mouvement des idées），这是国家学派时期。

第一版 作者自序

因为我是法国人,所以我强调法国伟大的地理学者对地理学发展的贡献,尤其是维达尔·德·拉白兰士(Paul Vidal de la Blache)。因为各国皆可发展其独特的方向,我谈法国地理学就是为了提醒大家在现代科学的交响乐里,每个国家都有提供其独特贡献的空间。

地理学的目的是指出地球的复杂性,景观的多样性及其中文化传统的丰富性。地理学科注重各种不同形式的人类维生问题,如食、衣、住、行及组织等。如此一来,地理学科通过诠释上述问题的多样性甚而一致性,协助缩短人与人之间以及群体与群体之间的距离。

保罗·克拉瓦尔

于法国巴黎大学 索邦校区

(2003年7月郑胜华、阮绮霞译)

Avant-propos

Ce livre est issu d'un cours donné en anglais à des étudiants avancés et de jeunes collègues à l'Université Nationale Normale de Taiwan à Taipeh. Il est resté jusqu'ici inédit. Je remercie profondément le Professeur Flora Sheng-hua Cheng d'avoir assumé sa traduction en chinois.

Ce texte propose une vue synthétique de la tradition géogaphique occidentale de ses origines, dans la Grèce antique, à nos jours. Il a été conçu pour un auditoire chinois. Celui-ci a assimilé les aspects contemporains de la pensée géographique occidentale, mais ignore leur genèse: pour comprendre vraiment la portée de cette discipline, il faut savoir par quelles étapes les notions qu'elle présente aujourd'hui sous une forme achevée sont passées, dans quel contexte elles ont été élaborées et pour répondre à queles besoins et à quelles questions elle l'ont été.

Notre second souci était en effet de montrer que si la tradition géographuique occidentale est originale, elle n'est cependant pas sans rapport avec les savoir-faire et les systèmes de pensée géographiques que d'autres civilisations ont élaborés: le monde musulman, par exemple, a tiré aussi largement parti de l'héritage de l'Antiquité grecque que l'Occident chrétien; la géographie y a connu une période brillante du IXe au XIIIe siècles. C'est par l'intermédiaire arabe qu'une partie de la tradition grecque a été transmise en Occident au moment de la Renaissance. Les géographies développées par les grandes cultures issues de monde méditerranéen sont profondément liées.

Des similitudes existent également avec les connaissances développées dans des aires dont les civilisations sont plus différentes, en Extrême-Orient par exemple: la qualité et la précocité des réalisations cartographiques chinoises sont aujourd'hui universellement reconnues. Tous les hommes ont à s'orienter et à communiquer des connaissances relatives aux milieux dans lesquels ils vivent, aux lieux qu'ils fréquentent et aux possibilités d'échange qui s'y offrent. Les gouvernants sont partout contents de disposer de descriptions chiffrées et détaillées de leurs possessions: elles sont utiles à la formation de leurs agents, à la collecte des impôts et à la conception de stratégies de développement ou de défense. La géographie se trouve donc souvent liée au pouvoir, surtout lorsque celui-ci prend une forme bureaucratique et s'appuie sur une administration dont les fonctionnaires sont mobiles et ont besoin de s'initier aux circonscriptions où ils exercent. C'est pour les besoins des gouvernements que des données démographiques et économiques sont collectées et centralisées. Toutes les grandes constructions politiques ont cherché à promouvoir la connaissance des territoires qu'elles contrôlaient, et souvent, celle des espaces voisins, soit qu'elles les convoitent, soit qu'elles redoutent les invasions qui pouvaient en provenir.

La géographie de tradition occidentale s'est formée en plusieurs étapes et comporte plusieurs aspects. C'est par une rupture majeure avec les procédures communes de localisation qu'elle s'impose dès l'Antiquité: au lieu de repérer les lieux les uns par rapport aux autres à la surface de la terre, elle a l'idée de tirer parti de l'observation des astres pour déterminer leurs coordonnées terrestres. Elle crée ainsi d'un même mouvement une grille de localisation universelle, une forme scientifique de cartographie et un outil pour jouer sur les échelles et appréhender les phénomènes avec plus ou moins de recul. Les géographes antiques ne se contentent pas de mesurer des coordonnées. Ils essaient aussi de rendre compte de la diversité régionale de la surface de la terre par des descriptions précises.

Les ambitions des géographes antiques ne sont pas à la mesure des moyens dont ils disposent. L'invention du chronomètre qui rend possible la mesure des longitudes n'intervient qu'au milieu du XVIII siècle. C'est à la même époque que le progrès des sciences naturelles affine le regard que les géographes portent sur le monde. La géographie prend son visage moderne dans les dernières décennies du XVIIIe siècle.

Les géographes ne se contentent plus de décrire ce qu'ils voient. Ils essaient de l'expliquer. Jusqu'au milieu du XXe siècle, c'est en prenant modèle sur les sciences naturelles qu'ils procèdent. Cela leur permet de comprendre la dynamique des paysages naturels et le rôle de l'environnement dans la vie des groupes humains, mais ne leur fournit pas de moyens satisfaisants pour rendre compte des faits de circulation et du rôle des transports et des communicatons dans la distribution des activités productives et des lieux habités à la surface de la terre. A partir du moment où les géographes acceptent de considérer que leur discipline n'est pas seulement une science naturelle, mais qu'elle est aussi une science sociale, ces difficultés disparaissent. Une "nouvelle géographie" se développe dans les années 1960, qui fait reposer ses explications sur l'analyse des mécanismes économiques, sociaux et politiques à l'œuvre dans les sociétés, insiste sur l'obstacle de la distance et montre par quels moyens les hommes sont parvenus à le surmonter.

Les géographes découvrent alors qu'il ne suffit pas d'expliquer la répartition des faits naturels ou des concentrations humaines pour répondre aux questions que les hommes se posent à propos de la terre. Ceux-ci cherchent à donner un sens à leur vie, à choisir en connaissance de cause les directions à imprimer à leur action et à renforcer des identités que la globalisation menace. Au souci déjà ancien d'expliquer s'ajoute celui de comprendre les significations du monde dans lequel on vit: c'est ce qui explique le succès contemporain des orientations humanistes et de l'approche culturelle.

Le mouvement de la science n'est jamais linéaire. La Grande-Bretagne, l'Italie, la France et l'Allemagne participent aux transformations de la fin du XVIIIe siècle, mais c'est en Allemagne que la discipline se modernise le plus vite grâce à Alexandre de Humboldt et à Carl Ritter. C'est encore en Allemagne que les idées de Darwin ont le plus d'impact: elles condiuisent Friedrich Ratzel à créer la géographie humaine. A partir de là, l'histoire de la géographie cesse d'être centrée sur un pays. L'Allemagne, la France, la Grande-Bretagne, les Etats-Unis, et dans une moindre mesure, l'Italie, les pays scandinaves et la Russie, participent au mouvement des idées. C'est l'époque des écoles nationales. Etant français, j'ai souligné l'apport des grands géographes de mon pays, de Paul Vidal de la Blache en particulier. Ce n'est par par chauvinisme que je l'ai fait, mais pour montrer que contrairement à ce que beaucoup pensent aujourd'hui, le mouvement de la pensée géographique ne se réduit pas au monde anglophone. Des orientations originales peuvent se développer partout. Je parle de la France pour rappeler qu'il y a place, dans le concert de la science moderne, pour d'originales contributions nationales.

Le but de la géographie est de montrer la complexité de la terre, la diversité de ses paysages et la richesse des traditions culturelles qui s'y sont épanouies. La discipline souligne également que les problèmes fondamentaux que les hommes cherchent à résoudre—se nourrir, se déplacer, se loger, s'organiser—se posent partout, même si ce n'est pas dans les mêmes termes: elle contribue ainsi à rapprocher les individus et les groupes en mettant en évidence, par delà leur variété, ce qu'ils ont d'universel.

Paul Claval
Université de Paris-Sorbonne

目 录

第一章 绪 论 ·· (1)
  一、历史学探讨的范围与其限制 ·· (2)
  二、科学思想史的特色 ·· (3)
  三、地理思想的特性 ·· (6)
  四、本书的架构及内容 ·· (9)
  思考题 ·· (9)
  参考文献 ·· (9)

■ **古代地理学（公元 4 世纪以前）**
第二章 古希腊时期的地理学 ·· (13)
  一、古希腊社会与文化 ·· (14)
  二、古希腊文献里的游记 ·· (15)
  三、伊奥尼亚地图与地理学：希罗多德 ·································· (15)
  四、亚历山大地图：一个重大的进展 ····································· (17)
  五、作为区域描述之地理学 ·· (21)
  六、古希腊地理学的其他传统 ··· (22)
  七、古希腊地理学的传承与式微 ·· (23)
  思考题 ·· (24)
  参考文献 ·· (25)

■ **中世纪与近代初期（公元 4 世纪至 17 世纪）**
第三章 中世纪与近代初期的地理学 ···································· (27)
  一、前 言 ·· (28)
  二、中世纪的地理知识 ·· (28)
  三、阿拉伯地理学的角色 ·· (31)
  四、航海与地图学的演进 ·· (34)
  五、地理学与文艺复兴：托勒密的再发现及探险时代 ··············· (36)

六、基督教、宗教改革与地理学 …………………………………………… (40)
　　七、瓦伦纽斯和宇宙志面向的地理学 ……………………………………… (42)
　　八、结　论 …………………………………………………………………… (44)
　　思考题 ………………………………………………………………………… (45)
　　参考文献 ……………………………………………………………………… (45)

■ 近代中期（公元17世纪至18世纪）
第四章　启蒙运动与地理学（1675—1800）……………………………………… (47)
　　一、前　言 …………………………………………………………………… (48)
　　二、现代国家、科层体制与统计学的诞生 ………………………………… (52)
　　三、科学地图学的兴起 ……………………………………………………… (55)
　　四、对自然的新观念：旅行与自然科学 …………………………………… (59)
　　五、地理学与野外实察经验：卢梭与裴斯泰洛齐 ………………………… (62)
　　六、地理学的认同危机与认识论的回应：康德 …………………………… (64)
　　七、启蒙运动、演化理论与人类的单一性或多样性：孔多塞与卢梭及
　　　　赫尔德的比较 …………………………………………………………… (67)
　　思考题 ………………………………………………………………………… (69)
　　参考文献 ……………………………………………………………………… (70)

■ 近代晚期（19世纪至今；现代：20世纪至今）
第五章　科学的地理学之兴起（1780—1900）：从缔造者到演化论 ………… (73)
　　一、前　言 …………………………………………………………………… (74)
　　二、19世纪经济与学术的关联：传统与现代观念的地理学 ……………… (74)
　　三、洪堡 ……………………………………………………………………… (81)
　　四、李特尔 …………………………………………………………………… (86)
　　五、1860年以后：新经济与政治的关联 …………………………………… (89)
　　六、1860年以后：新的知识性背景 ………………………………………… (91)
　　七、拉采尔 …………………………………………………………………… (95)
　　八、结　论 …………………………………………………………………… (98)
　　思考题 ………………………………………………………………………… (99)
　　参考文献 ……………………………………………………………………… (99)

第六章 国家学派时期(1890—1950):德国与美国学派 …………(103)
- 一、对环境决定论的批判与地理学的三个基本概念 …………(104)
- 二、自然地理学的发展 …………(106)
- 三、地理学的德国学派 …………(111)
- 四、索尔与伯克利学派 …………(117)
- 思考题 …………(121)
- 参考文献 …………(121)

第七章 国家学派时期(1870—1960):法国学派 …………(127)
- 一、传统与制度化:19世纪70年代的法国地理学 …………(128)
- 二、维达尔前的法国地理学:雷克吕 …………(129)
- 三、维达尔·德·拉白兰士 …………(133)
- 四、法国传统区域分析 …………(137)
- 五、维达尔与维达尔学派(Vidalian)之地理学者的区域与区域组织 …………(142)
- 六、第一次世界大战后的法国地理学 …………(146)
- 七、结论:地理学的法国学派之成就与限制 …………(150)
- 思考题 …………(151)
- 参考文献 …………(151)

第八章 新地理学:20世纪60—70年代 …………(155)
- 一、前言 …………(156)
- 二、新社会需求的兴起 …………(157)
- 三、新学术环境以及新逻辑实证论的影响 …………(158)
- 四、新地理学、理论、模式与计量方法 …………(161)
- 五、社会问题,社会关联与激进地理学——马克思主义观点对英美地理学的影响 …………(166)
- 六、生活空间、意义与人本主义的研究取向 …………(167)
- 七、结论 …………(170)
- 思考题 …………(170)
- 参考文献 …………(170)

第九章　迈向后现代地理学(1960—1990) ……………………… (175)
一、前　言 ……………………………………………………… (176)
二、对于环境的再度关心 ……………………………………… (177)
三、西方马克思主义地理学的危机 …………………………… (184)
四、区域研究兴趣的再兴 ……………………………………… (187)
五、新技术环境里的文化与区域组织 ………………………… (189)
六、柏林墙倒塌后的地理学 …………………………………… (193)
七、迈向后现代的地理学？ …………………………………… (195)
八、结　论 ……………………………………………………… (197)
思考题 …………………………………………………………… (198)
参考文献 ………………………………………………………… (198)

第十章　最近演化出来的多样性：20世纪50年代以来的
　　　　法国地理学 ……………………………………………… (203)
一、前　言 ……………………………………………………… (204)
二、寻找更适合现代世界的地理学：马克思主义之插曲
　　（20世纪40年代末至20世纪50年代）…………………… (205)
三、区域规划与应用地理学的争执 …………………………… (208)
四、气候地形学与系统性自然地理学的发展 ………………… (211)
五、新地理学与区域研究的现代化 …………………………… (213)
六、社会地理学和政治地理学 ………………………………… (216)
七、对实际境遇、历史地理学和文化地理学兴趣的恢复 …… (220)
八、结　论 ……………………………………………………… (221)
思考题 …………………………………………………………… (223)
参考文献 ………………………………………………………… (223)

第十一章　地理知识形式与制度的关联 ……………………… (227)
一、前　言 ……………………………………………………… (228)
二、对"比较研究"(comparative studies)的兴趣 …………… (229)
三、对"深厚描述"(thick descriptions)的兴趣 ……………… (232)
四、社会组织形式、地理知识(geographical lores)以及社会对
　　地理知识(geographical knowledge)的需求 ……………… (235)

五、学术地理学的社会变迁 …………………………………… (243)
　六、结　论 …………………………………………………… (245)
　思考题 ………………………………………………………… (246)
　参考文献 ……………………………………………………… (246)

第十二章　规范性空间思想与地理学史 ………………………… (249)
　一、前　言 …………………………………………………… (250)
　二、分析性与规范性的思维 …………………………………… (250)
　三、规范性思想的动力 ………………………………………… (255)
　四、西方传统的规范性思想与城市和区域规划 ……………… (259)
　五、非西方传统的规范性思想与地理学 ……………………… (264)
　六、结　论 …………………………………………………… (267)
　思考题 ………………………………………………………… (267)
　参考文献 ……………………………………………………… (268)

第十三章　全球化：对地理学的挑战 …………………………… (271)
　一、前　言 …………………………………………………… (272)
　二、运输与交通：新的网络结构 ……………………………… (272)
　三、经济竞争 ………………………………………………… (277)
　四、全球化下的经济 …………………………………………… (279)
　五、人口集中、逆城市化及大都市区化 ……………………… (284)
　六、乡村的终结与城市生活方式的普世化 …………………… (288)
　七、新网络结构转化下的社会生活 …………………………… (291)
　八、全球化与文化角色的加重 ………………………………… (294)
　九、全球化与生态限制 ………………………………………… (294)
　十、理念的发展与变迁：从现代性到后现代性 ……………… (295)
　十一、政治世界的平衡 ………………………………………… (299)
　十二、地理学的另一次企图 …………………………………… (301)
　思考题 ………………………………………………………… (302)
　参考文献 ……………………………………………………… (302)

第十四章　地理学的前景 …………………………………………… (305)

一、地理信息系统 ………………………………………………（306）
二、监测地球（Monitoring the Earth）…………………………（310）
三、人文地理的文化转向（Cultural Turn）……………………（311）
四、文化转向及人文地理学的重建 ……………………………（319）
五、结 论 ………………………………………………………（325）
思考题 ……………………………………………………………（326）
参考文献 …………………………………………………………（326）

中外文索引 …………………………………………………………（329）

外中文索引 …………………………………………………………（348）

附录一 译者参考文献 ……………………………………………（367）

附录二 图表出处 …………………………………………………（369）

Glossary 专有名词 ………………………………………………（370）

图　次

图 1　　地理学科之发展传统 \ 1
图 1-1　库恩(T. S. Kuhn) \ 4
图 1-2　孔德(Auguste Comte) \ 7
图 1-3　斯特拉波(Strabo)) \ 7
图 1-4　段义孚(Yi-fu Tuan) \ 7

图 2　　古希腊时期的地理学 \ 13
图 2-1　希罗多德(Herodotos) \ 16
图 2-2　埃拉托色尼(Eratosthenēs) \ 18
地图 2-1　埃拉托色尼的世界地图(19 世纪推测绘制) \ 18
图 2-3　托勒密(Claudius Ptolemaeus) \ 20
地图 2-2　托勒密的世界地图(15 世纪抄本) \ 20
图 2-4　希波克拉底(Hippocratēs) \ 22
图 2-5　亚里士多德(Aristotelēs) \ 22
地图 2-3　古希腊时期的地理学(本书第二章),文中论及之地名 \ 24

图 3　　中世纪与近代初期的地理学 \ 27
地图 3-1　T 及 O 地图 \ 30
图 3-1　马可·波罗(Marco Polo) \ 35
图 3-2　麦哲伦(F. Magellan) \ 38
地图 3-2　墨卡托绘制的亚洲地图(16 世纪绘制) \ 39

图 4　　启蒙运动与地理学 \ 47
图 4-1　培根(Francis Bacon) \ 49

图 4-2   伽利略(Galileo Galilei) \ 49

图 4-3   哥白尼(N. Copernicus) \ 49

图 4-4   笛卡儿(René Descartes) \ 49

图 4-5   牛顿(Isaac Newton) \ 49

图 4-6   莱布尼茨(G. W. von Leibniz) \ 49

图 4-7   斯宾诺莎(B. Spinoza) \ 50

图 4-8   霍布斯(Thomas Hobbes) \ 50

图 4-9   洛克(John Locke) \ 50

图 4-10 康德(Immanuel Kant) \ 52

图 4-11 卢梭(J.-J. Rousseau) \ 52

图 4-12 赫尔德(J.-G. von Herder) \ 52

图 4-13 杰弗逊(Thomas Jefferson) \ 54

图 4-14 卡西尼一世(Jean D. Cassini) \ 57

图 4-15 库克(James Cook) \ 58

图 4-16 林耐(Carol Linné) \ 59

图 4-17 夏多布里昂(Chateaubriand) \ 60

图 4-18 杜尔哥(A. R. J. Turgot) \ 67

图 4-19 赫西奥德(Hesiods) \ 68

图 4-20 孔多塞(Marqie Caritat de Condorcet) \ 68

图 5   科学的地理学之兴起(1780—1900)：从缔造者到演化论 \ 73

图 5-1   马克思(Karl Marx) \ 78

图 5-2   洪堡(A. von Humboldt) \ 81

图 5-3   李希霍芬(F. von Richthofen) \ 85

图 5-4   李特尔(Carl Ritter) \ 86

图 5-5   阿加西(Jean Louis Agassi) \ 88

图 5-6   韦伯(Max Weber) \ 91

图 5-7   拉马克(J. B. de M. de Lamarck) \ 92

图 5-8   达尔文(Charles R. Darwin) \ 92

图 5-9　华莱士(A. R. Wallace) \ 93

图 5-10　孟德尔(G. J. Mendel) \ 94

图 5-11　赫克尔(Ernst Haeckel) \ 94

图 5-12　拉采尔(Friedrich Ratzel) \ 95

图 5-13　森普尔(Ellen C. Semple) \ 97

图 6　国家学派时期(1890—1950)：德国与美国学派 \ 103

图 6-1　冈朵(Alphonse de Candolle) \ 108

图 6-2　林德曼(R. L. Lindeman) \ 109

图 6-3　柯本(W. P. Köppen) \ 109

图 6-4　戴维斯(William M. Davis) \ 110

图 6-5　马顿(E. de Martonne) \ 111

图 6-6　克里斯塔勒(Walter Christaller) \ 113

图 6-7　哈特向(Richard Hartshorne) \ 113

图 6-8　尼采(F. W. Nietzsche) \ 115

图 6-9　特罗尔(Carl Troll) \ 116

图 6-10　索尔(Carl Ortwin Sauer) \ 117

图 7　国家学派时期(1870—1960)：法国学派 \ 127

图 7-1　雷克吕(Eilsée Reclus) \ 130

图 7-2　克罗普特金(Pyotr Kropotkin) \ 131

图 7-3　维达尔·德·拉白兰士(P. Vidal de la Blache) \ 133

图 7-4　乐普雷(P. G. F. Le Play) \ 140

图 7-5　布朗夏尔(Raoul Blanchard) \ 145

图 7-6　德芒戎(Albert Demangeon) \ 145

图 7-7　白吕纳(Jean Brunhes) \ 145

图 7-8　费弗尔(Lucien Febvre) \ 146

地图 7-1　国家学派发展时期(本书第六及七章)，文中论及之国家与地区 \ 151

图 8　新地理学：20世纪60—70年代 \ 155

图 8-1　库恩(T. S. Kuhn) \ 156

图 8-2　维特根斯坦(Ludwig Wittgenstein) \ 160

图 8-3　波普尔(Karl Popper) \ 160

图 8-4　杜能(J. H. von Thünen) \ 162

图 8-5　哈格斯特朗(Torsten Hägerstrand) \ 164

图 8-6　哈维(David Harvey) \ 167

图 8-7　布蒂默(Anne Buttimer) \ 169

图 9　迈向后现代地理学(1960—1990) \ 175

图 9-1　凯恩斯(John M. Keynes) \ 187

图 10　最近演化出来的多样性：20世纪50年代以后的法国地理学 \ 203

图 10-1　恩格斯(Friedrich Engels) \ 207

图 10-2　海德格尔(Martin Heidegger) \ 217

图 12-1　柏拉图(Plato) \ 251

图 13　全球化：对地理学的挑战 \ 271

图 14　地理学的前景 \ 305

第一章 绪 论

一、历史学探讨的范围与其限制 \ 2

二、科学思想史的特色 \ 3

三、地理思想的特性 \ 6

四、本书的架构及内容 \ 9

思考题 \ 9

参考文献 \ 9

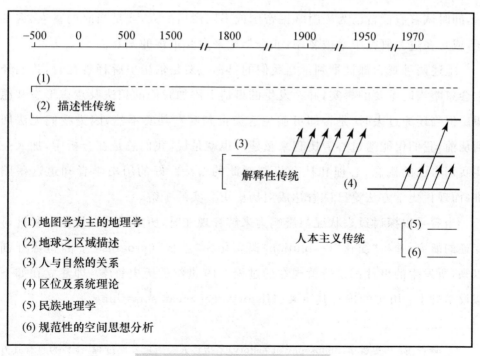

图1　地理学科之发展传统

为什么了解地理学科(geography)过去的发展,对地理学者有益?这方面的研究有哪些主要课题?其理论概念及方法论上的限制或困难如何?在论述任何过去特定形式的地理思想前,这些问题应先作讨论。

一、历史学探讨的范围与其限制

了解今日的事件为何以此特定形式发生是很重要的。观察事件的过去,可找出它们初次出现时被运作的力量,以及后来形塑或结构的过程。事实众多,我们宜聚焦于那些因长期效应形成现况者;其目的在于分析那些特定途径,以供我们洞察未来的演化趋势。不论历史学的范畴如何,人们对于历史的兴趣,主要来自希望了解现今世界。

另一个回顾过去的动机就是希望将事件还原重现:譬如,我们想知道罗马时代或中国汉代人们如何生活。我们努力去了解他们的信念、技术及其日常生活,同时试着假设自己为当时掌握帝国或王国命运的人,或是当时的富人、穷工匠,或是在过去研究中常被忽略、如今却愈来愈受重视的妇女们。

上述两种观念都被批判。当我们的目标主要是借历史解释现在时,我们经常会忽略当时重要的事实,并在发生的事情上添加我们的想法及意识形态和愿望。但当还原过去时,是否即可避免这类批判呢?其实不然,因为我们无法回到从前,我们仅能透过心智历程来重建。也就是说,我们总是在分析中,加入一些我们自己的概念、心理和社会机制对此的看法。好的历史学者知道这些困难,而现代史学方法论已试着达成对历史更真实的了解。

当着重以探讨过去状况与影响力来解释现在时,历史学可以说是一种针对变迁的研究,并将"演化"(evolution)概念化为"进步"(progress)。自世界开创以来,所发生的事件都是造就现在的过程。19世纪的历史哲学[①]即建立在如下假设基础上:历史的确有其意义(History does mean something.)。

---

① 译者注:历史哲学(philosophy of history)系指将人类历史发展过程,诠释为自有其方向、秩序、意义,甚至于目的之哲学论述。详见第十三章第十节之(一)、(二)及注⑪。

另一方面,对梦想还原过去的历史学者而言,每一个时代皆是独特的。当撰写一段长时间的历史时,他们倾向于将其分成不同的段落:每一段落皆与其前、后段历史绝不相同。所传达的不是一个动态意象,而是一格又一格连续的均匀时段及其间的不连续性。

显然有一种方法能使上述"历史的演化观点"(the evolutionist view of history)和"时期独特说"(the time specific one)两者相互妥协。此方法建立在一个中心假设的基础之上,就是每段历史时期都附带有矛盾与混乱的根源;一个安定时代的自然结束往往是经历一段短期的断裂,亦即社会与政治方面的混乱,或可用另一典型名词"革命"(revolution)来称之。历史过程虽有助于进步,但并非直线形式,故建立历史哲学的可能性仍被保留。许多历史学者选择实用性的研究取向(pragmatic approach),拒绝从其研究中衍生出通则性结论。他们避开历史哲学,企图在采取历史的独特性与分析演化过程二者之间,取其折中研究途径。

二、科学思想史的特色

科学思想史研究者所面对的困难,超过所有其他的史学家。因为他们主要的研究动机是为了解释今日科学研究的状况;或者为了了解什么是特定时期的知识,譬如,13 世纪末期意大利地理学界的状况如何?

(一)学科专家及哲学家研究科学思想史最主要的动机是阐明现代科学的起源

直到 20 世纪 50 年代,研究科学思想史最主要的动机仍是阐明现代科学的起源,其焦点倾向于每个时期发展得较成熟的知识。科学思想史视各时期对自然和社会探讨之理性进展为时代的成就。当阅读依此传统所写的书时,令人感到科学知识的整体演化,似乎仅透过理念及其内在逻辑的分析来解释,至于那个时期的社会制度、艺术、文学、政治生活则完全没有提到。这种科学思想史通常由某学科的专家们从事;或由那些想要了解这门学科的基础并拟探索其认识论(epistemology)的哲学家们为之。

（二）主流派的史学家们倾向探究某些社会知识发展为科学形式的原因

主流派的史学家们对宗教、文学、科学之间的关系极感兴趣，试着掌握那些普及于该时期的所有知性活动的氛围，并通过世界观［weltanschauung（德文）］，来传达这个观念。此外，学者们也寻找那些对科学活动有兴趣的社会需求，因为科学从来不会在一个虚无的世界里发展，它需要支持它的机构、经费及受过训练的人员来配合。

自20世纪50年代以来，上述两种观点渐趋融合。人们已不再相信直线型的进步，这种曾盛行的科学史概念与实证哲学有关；也就是早先人们认为知识是由确认的事实累积而成。今天，人们认为科学事实有赖心智的建构，科学史已被认为是引介科学家们对基本假设的变迁性之分析，而不仅是串联事实发现的成果。

知识的发展不仅以一种逻辑方式呈现，而是历经盛衰期。许多有潜力的原创性知识，当初提出时被忽视，直到数十年或数世纪之后才被重新发现与广泛运用。由于科学知识性质的改变，许多今日看起来有意义的事物，过去并不是那么重要；反之亦然。

图1-1　库恩（T. S. Kuhn）

科学思想史与认识论（epistemology）仍有密切的关联，但其关联在：① 对于进步已有着不同的观点；或② 认为科学演化的理念，并未反映任何理性主义（rationalism）的形式。

首先，自库恩（T. S. Kuhn）[②]（图1-1）之后，科学史的新概念出现，认为进步并不是直线型的，有时在很长时期里，每人共享相同的基本假设。

即使一个较狭隘的理论不断产生困扰，但科学依旧进行且累积成果。终于

---

② 译者注：托马斯·库恩（Thomas S. Kuhn, 1922—1996），美国哲学及科学史学者，著《科学革命的结构》（*The Structure of Scientific Revolution*, 1962），是20世纪科学哲学及历史著作中最具影响力者之一。

第一章 绪 论

另一组新假设成立,一个新的范式(paradigms)从这样的科学革命中产生,而支配了下一个阶段的研究工作。

其次,今日越来越多的科学认识论专家否定了知识演化的理性成分。如费耶罗班(Paul Feyerabend,b.1924)③即认为科学是一种竞争性的活动,故有破坏性批评导致思想动态性(the dynamics of thought),而"思想的动态性"一词似乎比含意过多的"进步"一词方便、适用。

因此,在过去数十年里科学思想史改变颇多。从20世纪60年代起,学者们对于演化的律动以及科学革命较敏感。他们叙述范式,并且指出其与特种形式的社会需求间之关联。他们订下的一套法则即俗称"科学权构"(the scientific establishment)的掌控力。在此观念下,科学革命的解释,透过其背景角色超过其理念的内在逻辑。

借由费耶罗班所发展的无序认识论,人们遂致力于细察许多科学争论以及学者间的宿怨。同时也强调社会需求、制度与成果之间关系的复杂性。

在20世纪60年代或70年代,认识论对科学史研究的影响是如此重大,以至于在20世纪80年代发生了反对的意见。认识论是有关知识的理论,提供可经过历史证据检验的假说,它允许事实间有阶层差异,在纯然事实的演化中可揭露其意义。但危险的是:忽略了真实情况的复杂性,且在其上附加了不符合事实的诠释,这通常也会发生在社会科学领域里。但库恩描述范式及科学革命时,他所指涉的是物理史,这也是费耶罗班感兴趣的主要领域。而他们的模式并不完全适用于社会或人文科学领域。

今日,每个人都同意科学史研究的必要课题有:探讨背景关系的错综复杂;分析在不同制度条件下知识的运用;以及探讨科学、权力、社会结构、宗教与意识形态间的关联。但是对于科学的限制也有了新的认识,亦即科学知识只不过是人类发展的技术之一,要在科学与非科学之间划出鲜明的界线愈来愈难。

---

③ 译者注:费耶罗班(Paul Feyerabend)奥地利哲学家,1924年出生(表示为b.)于维也纳,提倡无政府主义(anarchism)性质的科学调查方法,依此观点,他将研究与政权分开。

不同民族在相同的领域里发展出完全不同的方法,但它们都以理性为基础。社会科学已逐渐被视为在广泛的民族(或人种)科学(ethnosciences)知识中的特别领域。

三、地理思想的特性

(一) 地理学是学术性的学科

地理学是学术性的学科,并非因为人们好奇于地平线的另一端存在着什么而发展出来的。人类必须掌握他们的环境(environments),因而产生了地理学。每一种文化都发展出对自然的概念,以及有关如何获得食物、能源与庇护所的知识。人类的空间组织常以如下概念形成:小村、村庄、城镇、城市、大都市、市中心及市郊等。当社会组织建制于科层体制(bureaucracy)④时,用以控制远地人民的相关工具就会出现。

人们必须对他们的认同加以概念化。就许多人而言,地方(或场所)(place)是重要的,因为它提供集体价值的有力象征、展示过去的纪念物,并且提醒我们祖先埋在地下。地理学因此被并在现行宗教信仰或意识形态的信仰里。

有些地理学的知识形式,出现在所有的文化里。一般而言,它们是代代相传的通俗知识(popular lore)之主要部分。专门技术被保留在某些专业行业里。地理控制常由有地位或有权力的少数人独占。有些人的地理能力常被纳在其流行文化或技术里。而知识分子所发展的想法常根植于较低层次的文化中。但要衡量这些关联性尚缺乏证据。

(二) "地理学"是古希腊人创造出来的名词

"地理学"(Geography)这个名词是由公元前4世纪的古希腊人所创造。

---

④ 译者注:原文中之 bureaucracy 一词,系指一种现代组织制度,除指政府机构外,亦适用于企业、军队、天主教会等。其核心特质为:一切依章程规矩运作而超越个人因素。由此而衍生出正面与负面涵义。中国大陆与台湾常译为"官僚制度"、"文官制度"、"科层制度"等,均未能达其意,甚或有所误差。本书中多依其上下文而采译为"科层体制",取其中性而略示其结构特性。

它是由"geo"(希腊词,意指大地,earth)以及"graphein"(希腊词,意指描述,to describe)两词所组成,意指对"大地之描述"。地理学是少数科学领域在其专业发展过程中,没有改变名称者之一。许多社会科学一直到最近才发展形成,出现其专有名词,譬如,社会学(sociology)是1836年才由孔德(Auguste Comte)⑤(图1-2)提出。

地理思想史的学者面临的第一个问题,就是如何解释"地理学"这个字之恒久使用性,因为地理学描述的那些活动已随着时间而发生明显改变。对于2000年前罗马第一任皇帝奥古斯都⑥在位时,住在罗马帝国领土的伟大古希腊地理学者斯特拉波(Strabo)⑦(图1-3),以及当今在美国威斯康星大学麦迪逊校区的地理学者段义孚教授(Yi-fu Tuan, b.1930)⑧而言(图1-4),什么是他们著作中所共有的?那必然是地理学研究中,共同交织形成的专业特质(specificity)。

图1-2 孔德(Auguste Comte)

图1-3 斯特拉波(Strabo)

图1-4 段义孚(Yi-fu Tuan)

(三)地理学概念发展的性质

地理史的学者很快就发现第三类特性:即无论以直线型的进步模式、范式

---

⑤ 译者注:奥古斯特·孔德(Auguste Comte,1798—1857),法国哲学家及社会学创始人。

⑥ 译者注:奥古斯都(Augustus),罗马第一任皇帝,在位期间为公元前27—公元14年。

⑦ 译者注:斯特拉波(Strabo,公元前64/63—公元23~24),希腊地理学家。

⑧ 译者注:段义孚(Yi-fu Tuan),1930年出生于中国天津市。美籍华裔地理学者,早期研究以地形学为主,其后转至人文地理学,以人本主义领域之论著脍炙人口,1998年自美国威斯康星大学麦迪逊校区(Madison)地理学系退休。

的理念以及科学革命,在他们的领域里都行不通。他们直到19世纪才观察到地理知识的规则累积;以及作为传统科学核心的相关理论之铺陈。即使自19世纪至今的短暂时期里,也有不同的缠结途径超过中心主题而发展。这难道不是范式型模式较优的明证吗?不然,因为并没有一组假设来取代前一组假设。当一个新的方向出现时,并未取代先前的那些,只是介入而修改它们。

我们主要的论点:是采取自古以来,依西方传统发展的六项地理概念(见图1,(1)~(6))

前两项上溯自远古,属描述性质:

(1) 地图绘制(cartography)技术,它是表现地球表面的方式。

(2) 对区域的描述。

从19世纪初开始发展的另两项传统,强调地理学是一种解释性的学科:

(3) 对大部分的地理学者来说,19世纪地理学的成长着重于自然科学的一面,其主要任务是探讨"人与环境的关系"(man-milieu relationships)。

(4) 19世纪末,人文地理学形成地理学的次领域,社会关怀变得更明显。地理学者们开始将他们的学科视为社会科学。但仅在1950年以后,方对距离、空间和系统分析感兴趣。

对许多地理学者而言,地理学含有比解释更为广阔的范围。它的确是一门社会学科,但是它的价值来自能表现人群与地球间的关系,以及自然与人为环境(natural and man-made environment)和区域性组织间所发展出来的经验和态度的多样性。地理思想史的目标之一是注意不同的空间、环境(milieu),及社会概念的演化。

(5) 民族(或人种)地理学(ethnogeographies)是此目标的中心,因为它们探究个别文明的地理学知识,并且比较与衡量它们的合理性。

(6) 西方传统在地理学领域里并没有独占权。同时,将规范性的空间思想

（如乌托邦（utopia）、城市规划（urbanism）、策略（strategy）等）作为地理知识系统中构成要素的趋势，正在逐渐发展。

四、本书的架构及内容

本书强调西方地理学的传统，但也将非西方的地理学发展做比较。其目的是为了讨论地理学科发展时，有较宽广的全景。

本书共分十四章：概要性的绪论之后，接着介绍古希腊时期的地理学（第二章）、中世纪与近代初期的地理学（第三章），以及启蒙运动与地理学（第四章）。今日仍普及的传统将在第五章"科学的地理学之兴起：从缔造者到演化论"中介绍。20世纪之前半，也就是国家学派时期（1890—1950）包含于两章：第六章"德国与美国学派"以及第七章"法国学派"。第八章处理新地理学，第九章试着解答此问题：我们在迈向后现代地理学？既然在西方学派是平行而非同时发展，故由非英语系国家中举出一例，成为第十章"最近演化出来的多样性：20世纪50年代以来的法国地理学"。本书的最后一部分是较全面性的回顾：第十一章讨论地理知识形式与制度的关联；第十二章探讨规范性空间思想与地理学史；第十三章分析全球化对地理学的挑战；第十四章则是在21世纪初的今日，预测地理学的前景。

思 考 题

1-01 何谓"历史的演化观点"和"时期独特说"？请问就现代史学方法如何整合这两个观点？
1-02 为何自20世纪50年代以来，学界对科学史发展的看法，由直线型的进步论转为引介科学家们对基本假设变迁的研究？
1-03 试说明费耶罗班的"思想动态性"。
1-04 科学知识的定义逐渐发展为民族科学知识的原因何在？
1-05 依本书作者的看法，西方地理学的发展有哪几项主要地理概念？

参考文献
On epistemology

Feyerabend, Paul. *Against Method*, London, Verso, 1978, 339p.
Feyerabend, Paul. *Science in a Free Society*, London, N.L.B, 1978, 221p.

Kuhn, Thomas S., *The Structure of Scientific Revolutions*, Chicago, University of Chicago Press, 1962.

Lakatos, Imre, Alan Musgrave (eds), *Criticism and the Growth of Knowledge*, Cambridge, Cambridge University Press, 1970, 282p.

Pohl, Jürgen, *Geographie als hermeneutische Wissenschaft: ein Rekon-structionversuch*, Kallmünz/Regensburg, M. Lassleben, 1986, 254p.

Popper, Karl, *The Logic of Scientific Discovery*, London, Hutchinson, 1959, 480p.

von Wright, Georg Henrik, *Explanation and Understanding*, Ithaca, Cornell University Press, 1971, XVIII—230p.

On the history of geography

Beck, Hanno, *Geographie. Europäische Entwicklung in Texten und Erläuterungen*, Freiburg, Karl Alber, 1973, 510p.

Brown, Catherin, James O. Wheeler, *A Bibliography of Geographic Thought*, New York, Geenwood Press, 1989, 520p.

Brown, E. H. (ed.), *Geography, yesterday and tomorrow*, London, Oxford University Press for the Royal Geographical Society, 1980, 302p.

Capel, Horacio, *Filosofia y ciencia en la Geografia contemporanea. Una introduccion a la Geografia*, Barcelona, Barcanova, 1981, XIII—509p.

Capel, Horacio, "The History of Science and the History of the Scientific Disciplines. Goals and Branching of a Research Program in the History of Geography", *Geo Critica*, 84, Universitat de Barcelona, 1989, 60p.

Claval, Paul, *La pensée géographique. Introduction à son histoire*, Paris, SEDES, 1972, 119p.

Claval, Paul, *Essai sur l'évolution de la géographie humaine*, Paris, Les Belles Lettres, 2nd ed., 1976, 201p.

Claval, Paul, "Les grandes coupures de l'histoire de la géographie", *Hérodote*, vol. 25, 1982, pp. 129—151.

Claval, Paul, *Géographie humaine et économique contemporaine*, Paris, P. U. F., 1984, 442p.

Claval Paul (ed.), *Autour de Vidal de la Blache*, Paris, Editions du C. N. R. S., 1993, 159p.

Claval, Paul, *Histoire de la géographie*, Paris, PUF, 1995, 128p.

Claval, Paul, *Histoire de la géographie française de 1870 à nos jours*, Paris, Nathan-Université, 1998, 544p.

Claval, Paul, *Histoire de la géographie*, Paris, PUF, 1994, 128p.

Claval, Paul, *Histoire de la géographie française de 1870 à nos jours* (1989), Paris, Nathan-Université, 543p.

Dematteis Giuseppe, *Le metafore della Terra. La geografia umana tra mito e scienza*, Milan, Feltrinelli, 1985, 184p.

Dickinson, Robert E., *The Makers of Modern Geography*, London, Routledge and Kegan Paul, 1969, XIV—305p.

Dunbar, Gary S., *Modern Geography. An Encyclopedic Survey*, New York, Garland, 1991,

第一章 绪 论

XX—219p.

Freeman, T. W. , *A Hundred Years of Geography*, London, Duckworth, 1961, 335p.

Freeman, T. W. , *The Geographer's Craft*, Manchester, Manchester University Press, 1967, XI—204p.

Fuson, Robert H. , *A Geography of Geography*. Origins and Development of the Discipline, Dubuque, Iowa, WM. C. Brown, 1970, IX—127p.

Gilbert, Edmund W. , *British Pioneers in Geography*, Newton Abbot, David and Charles, 1972, 271p.

Glacken, Clarence J. , *Traces on the Rhodian Shore. Nature and Culture in Western Thought from Ancient Times to the End of the Eighteenth Century*, Berkeley, University of California Press, 1967, 763p.

Gomez, J, Munoz, J. and Ortega, N. , *El pensamiento geogràfico. Estudio interpretativoy antologia de textos* (de Humboldt a las tendencias radicales), Madrid, Alianza Editorial, 1982, 530p.

Gould, Peter, *The Geographer at Work*, London, Routledge and Kegan Paul, 1985, XVIII—351p.

Hartshorne, Richard, *The Nature of Geography, a Critical Survey of Current Thought in the Light of the Past*, Lancaster Pa, Association of American Geographers, 1939, XV—504p.

Hettner, Afred, *Die Geographie, ihre Geschichte, ihr Wesen und ihre Methoden*, Breslau, F. Hirt, 1927, VIII—463p.

Holt-Jensen, Arild, *Geography. History and Concepts*, London, Paul Chapman, 1988, XI—186p.

James, Preston E. , *All Possible Worlds. A History of Geographical Ideas*, New York, The Odyssey Press, 1972, XIII— 622p.

Johnston, R. J. , *Philosophy and Human Geography*, London, Arnold, 1983, VIII—152p.

Johnston R. J. , P. Claval (eds.), *Geography since the Second World War*, London, Croom Helm, 1984, 289p.

Kish, George, *A Source Book in Geography*, Cambridge (Mass.), Harvard University Press, 1978, XVI—449p.

Livingstone, David, *The Geographical Tradition*, Oxford, Blackwell, 1992, 444p.

Pinchemel, Ph. , Robic, M. C. and Tissier, J. L. , *Deux siècles de géographie française. Choix de textes*, Paris, Bibliothèque Nationale, 1984,

Stoddart, David R. , *Geography, Ideology and Social Concern*, Oxford, Blackwell, 1981, VII—250p.

Stoddart, David R. , *On geography*, Oxford, Blackwell, 1986, XI—335p.

Warntz, William and Peter Wolff, *Breakthroughs in Geography*, New York, Plume Book, 1971, 266p.

On the history of physical geography

Chorley, R. J. , R. P. Beckinsale, A. J. Dunn, *The History of the Study of Landforms*, London, Methuen, vol. 1, *Geomorphology before Davis*, 1964, XVI—678p. , vol. 2, *The Life and Work of William Morris Davis*, 1973, XV—874p. , vol. 3, *Historical and*

Regional Geomorphology 1890—1950, London, Routledge, 1991, 496p.

Davies, G. L., *The Earth in Decay. A History of British Geomorphology 1578 to 1878*, London, Macdonald, 1969, XVII—390p.

Fierro, A., *Histoire de la climatologie*, Paris, Denoël, 1991, 315p.

Pinna, Mario, *La teoria dei climi - una falsa doctrina que non muta da Ippocrate à Hegel*, Roma, Società Geographica Italiana, 1988, 359p.

Staszak, Jean-François, *La géographie d'avant la géographie. Le climat chez Aristote et Hippocrate*, Paris, L'Harmattan, 1995, 252p.

On the history of ecology

Deléage, Jean-Paul, *Histoire de l'écologie. Une science de l'homme et de la nature*, Paris, La Découverte, 1991, 330p.

Kormondy, Edward J., *Concepts of Ecology*, Englewood Cliffs, Prentice-Hall, XIII—209p.

On the history of cartography

Bagrow, Leo, *Geschichte der Kartographie*, Berlin, Safari-Verlag, 1951; english translation, revised and enlarged by R. A. Skelton, *History of Cartography*, Harvard, Harvard University Press, 1964.

Brown, Lloyd, *The Story of Maps*, New York, Dover, 1964; new edition, 1979, 387p.

Buisseret David (ed.), *Monarchs, Ministers and Maps. The Emergence of Cartography as a Tool of Government in Early Europe*, Chicago, Chicago University Press, 1992, 210p.

Crone, Gerald R., *Maps and their Makers. An Introduction to the History of Cartography*, London, Hutchinson University Library, 1st edit., 1950; 2nd edit., 1962, 192p.

Harley, J. B. and David Woodward (eds), *The history of cartography*, vol. 1, *Cartography in Prehistoric, Ancient and Medieval Europe and the Mediterranean*, Chicago, Chicago University Press, 1987, XXI—599p., vol. 2, Book 1, *Cartography in the Traditional Islamic and South Asian Societies*, 1992, 604p. vol. 2, Book 2, *Cartography in the Traditional East and Southeast Asian Societies*, 1994, XXVII—970p. vol. 2, Book 3, *Cartography in the Traditional African, American, Arctic, Australian and Pacific Societies*, 1998, XXI—639p.

Jacob, Christian, *L'empire des cartes. Approche théorique de la cartographie à travers l'histoire*, Paris, Albin Michel, 1992, 537p.

Kain Roger J. P., Elizabeth Baigent (eds.), *The Cadastral Map in the Service of the State. A History of Property Making*, Chicago, University of Chicago Press, 1992, 416p.

Kish, George, *La carte. Image et civilisation*, Paris, Seuil, 1980, 287p.

Thrower, J. W., *Maps and Man. An Examination of Cartography in Relation to Culture*, Englewood Cliffs, Prentice Hall, 1972, 184p.

Wilford, John N., *The Mapmaker. The Story of the Great Pioneers in Cartography from Antiquity to the Space Age*, New York, Vintage Books-Random House, 1962, 414p.

译者参考文献(请参见附表一)

■ 古代地理学（公元4世纪以前）

第二章 古希腊时期的地理学

一、古希腊社会与文化 \ 14

二、古希腊文献里的游记 \ 15

三、伊奥尼亚地图与地理学：希罗多德 \ 15

四、亚历山大地图：一个重大的进展 \ 17

五、作为区域描述之地理学 \ 21

六、古希腊地理学的其他传统 \ 22

七、古希腊地理学的传承与式微 \ 23

思考题 \ 24

参考文献 \ 25

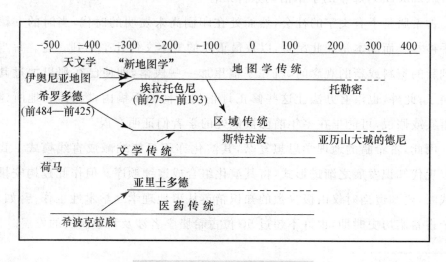

图 2　古希腊时期的地理学

一、古希腊社会与文化

地理学(geography)的西方传统诞生于古希腊,而古希腊社会与现代社会是如此的不同,以致我们在验证当时构思大地(the earth)的方式之前,需要先评估它的一些特性。

古希腊社会一直行地方分权,直到公元前 4 世纪末,由亚历山大大帝①统一为止,都是由小城邦(cities-states)组成的。城邦分布于古希腊本土及沿海群岛,也包括西西里岛、意大利南部、土耳其西部与黑海沿岸。这些小城邦间存在着战争与和平的复杂关系。它们大部分的资源来自海上贸易,所以古希腊的水手们很快就熟悉了地中海大部分的海岸地区。

亚历山大的征服,大大改变了古希腊的社会性质,旧有的城邦被并入他所建立的大帝国里,古希腊人成为这个帝国及其后延伸至埃及与印度北部之大帝国的统治精英。这种地理上的改变,在许多方面造成了影响:古希腊人如犹太人(the Jews diaspora people)般散居世界各地,为了维系彼此之间的认同,新的机构如博物馆与图书馆等必须建造起来,其中最重要的是位于埃及的亚历山大(Alexandria),那里的学术活动条件最佳。

古希腊是个有文字的社会,然而处在印刷尚未发明的时代,当时的书籍都是手抄本。而复本是如此昂贵,以致最重要的复本文件几乎不到一打。每当搜集到新的资料或新的观念时,就在手稿里加一些段落,即使已在那里加过其他资料了;此外,也没有办法让这些修正订正到其他的手稿内,因为,一地所建立的事实或假说,可能早在多年前已被他处的学者们证明有误。

因此,古希腊的地理学思想复杂,其演化亦不可能缩减成直线模式。我们将以现代知识发展之渐进形式,将其演化组合成连续顺序。但作此建构安排颇为武断,要知道当时仅由极少数的知识精英从事地理学之学术性工作;譬如,在整个古希腊历史时期,也许不超过 50 位古希腊学者涉及科学制图的发展。

---

① 译者注:亚历山大大帝(Alexandros,前 336—前 323),马其顿国王。

二、古希腊文献里的游记

游记并非地理学的一部分,但它们却成功地反映了读者对异国他乡文明的兴趣,当时的古希腊正是如此。荷马史诗[②]在古希腊人的认同上扮演了极重要的角色,不同年龄层的学生在学习古希腊历史时背诵这些史诗,使得多元的古希腊族群分享故事与神话发生的背景。譬如《奥德赛》(Odyssey)叙述伊萨卡(Ithaca)国王尤里西斯(Ulysses;亦称奥德修斯(Odysseus))围攻特洛伊(Troy)后回程的故事,因遭遇逆风、暴风雨、怪人如独眼巨人(Cyclops or lothophages)、海妖与女神,使他远离家园长达十年之久。通过《奥德赛》,古希腊人和旅游、航海之间建立了紧密关系。

受过教育的古希腊人,为了找出如大力神赫丘利斯(Hercules)、杰森(Jason)等神话英雄,或者如尤里西斯这样一位文学里的人物曾经住过或游历过的地方,他们必须学习地理。而他们所需要的地理知识是配合上述目标,所以古希腊地理学者倾向于强调地方之神话、宗教或文学性的景观,更甚于它们的实际景观、活动或人群。此外,在当时缺乏学术性工具来报道各地植物和动物的多样性、不同的土地利用形式或经济活动性质等条件下,探讨地方性的文学作品或神话遂成为一种逃避方式。

三、伊奥尼亚地图与地理学:希罗多德

公元前6世纪末,在小亚细亚的爱琴海沿岸的城市,其学术思维方面领先了古希腊本土。伊奥尼亚(Ionian,是小亚细亚海岸的古地名,范围亦包括附近诸岛屿,见地图2-3)的哲学家们奠定了对物理世界的分析及其组成要素的解释,借以取代以宗教和神话来解释宇宙、大地、自然和生命。他们是现代物理学家或化学家的先驱,且多爱好以几何学(geometry)为主的数学;几乎所有西方

[②] 译者注:相传荷马(Homeros,约公元前9—前8世纪)是史诗《伊里亚特》(Iliad)和《奥德赛》(Odyssey)的作者。这两部史诗处理的主题分别是特洛伊(Troy)战争中,阿契里斯(Achilles)与阿伽门农(Agamemnon)间的争端以及特洛伊沦陷后,奥德修斯(Odysseus)返回伊萨卡(Ithaca)岛上的王国,与皇后珀涅罗珀(Penelope)团聚的故事。这两部史诗被认为是古希腊最伟大的作品,也是西方文学中最伟大的创作。

文化都出自伊奥尼亚哲学家们的理念。

据悉最早绘出地图的是住在小亚细亚西岸米利都(Miletus)(见地图2-3)的阿那克西曼德(Anaximandos)③,他是最著名的伊奥尼亚哲学家兼数学家塞勒斯(Thales)的弟子。这张地图并不是建立在测量和实地调查的基础上。"它差不多是大地几何学模型,简约为一些线条和形状,目的在于使人容易了解其结构。"(Christian Jacob,1991,p.37)。这张地图对形成地理学科的核心有重大影响。由于阿那克西曼德开创性的成果,其后"伊奥尼亚地图"(Ionian map)被推出而在古希腊世界广泛流传。

图2-1 希罗多德(Herodotos)

长期寄居条利城(在南意大利)的希罗多德(Herodotos)④(图2-1)是一位四处游历的古希腊人,曾定居雅典。雅典是古希腊世界的学术和政治中心,当时伊奥尼亚沿岸被波斯人占据,但雅典成功地抵挡了入侵武力。希罗多德熟识东地中海、黑海与中东地区的国家,本来可以写些旅游报道,但却作了另类选择。

旅行者通常描述其旅行路线,就几何学术语而言,他们拜访的城市及行经的道路就是点和线。希罗多德却处理区域及其界限。他从大陆陆块尺度之空间组织特性开始,往下述及国家,对每个国家以一适当形状表示,例如将塞西亚(Scythia)绘为正方形,它的西南边是黑海(Pontus Euxinus,今名Black Sea);东南边是亚速海(Palus Maeotis,今名Sea of Azov)(地图2-3)。

希罗多德通常置一张伊奥尼亚地图于面前,再凭借脑海中的图像再现而工作。他以自己的记忆和其他旅行家的陈述为资料,在地图上记录观察所得,并且研究分布趋势,进而描述该地的空间特性,这是他创造地理学的基本研究法。

---

③ 译者注:阿那克西曼德(Anaximandos,约前610—前546),古希腊哲学家及天文学家。

④ 译者注:希罗多德(Herodotos,约前484—约前425),古希腊史学家,被尊为历史学之父。

地理学描述大地，就如同学科名称里所暗示的，并不是一种零碎的形式，而是区域整体的呈现。地理学者以地图上的特征来表述世界，他们借不同的比例尺来操作，并且以此种方式发现，并关联到旅行者及一般人所疏忽的问题。

希罗多德的著作《历史》(*Histories*，原意指"探究")，所搜集的信息十分准确，譬如提供的地中海东部和黑海沿岸人民习俗的信息即为无价之宝。透过他的陈述，我们知道塞西亚王子们和他们的妻子、仆人们以及马匹等合葬一处。早先，许多实证主义者认为此事难以置信，但20世纪初俄罗斯考古学者在乌克兰挖掘的古墓堆，证明了希罗多德的陈述正确。基本上，希罗多德在人情和风俗习惯方面提出的重要信息，远超过他对陆域景观、土地利用或农业技术等方面的成就。当自然科学尚未发展时，观察一地社会或制度上的特性，比陈述其植被、土地利用及景观组织要容易得多，直到18世纪，对一地自然特性的描述，仍是地理学发展上最难突破的限制。

四、亚历山大地图：一个重大的进展

希罗多德是古希腊地理学两个主要传统的创始人：地图学和区域描述。在此之前，伊奥尼亚学者们所提出的绘图工具仍嫌粗糙，不利于用来设计可实际应用的地图。

公元前5世纪与公元前4世纪间，新的地球观念产生。由于巴门尼德(Parmenidēs)⑤的贡献，古希腊人了解大地显然是一个与天球(celestial sphere)有关联的球体。他将地球分成数条平行圆圈，称为气候带，只有气候温和的地区，也就是介于回归线和极圈之间的地区才可以居住。超过极圈之地被认为太寒冷，而两回归线间的地区，因阳光会灼伤每一样东西，亦难以居住。亚里士多德(Aristotelēs)⑥亦使用此分区，但对生活条件持不同观点。

---

⑤ 译者注：巴门尼德(Parmenidēs，前515—前445)，古希腊哲学家。
⑥ 译者注：亚里士多德(Aristotelēs，前384—前322)，古希腊大哲学家。

图 2-2 埃拉托色尼(Eratosthenēs)

亚历山大(Alexandria)在公元前 3 世纪间成为古希腊的科学中心。埃拉托色尼(Eratosthenēs)⑦(图 2-2)长期在亚历山大城担任图书馆馆长,他是位多才多艺的人,有数学修养,对历史感兴趣,具文学批判品味,并精通柏拉图式哲学。他将地球当成几何学上的球体,沿着一个中央线平行赤道,并且从直布罗陀往东到印度的北部山脉,建立起"人境地图表示法"(cartographical representation of the oekumene,"oekumene"即指有人居住的世界)(地图 2-1)。

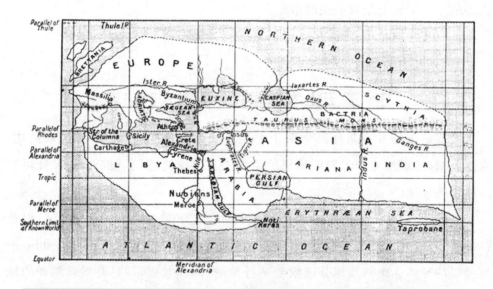

地图 2-1 埃拉托色尼的世界地图(19 世纪推测绘制)

---

⑦ 译者注:埃拉托色尼(Eratosthenēs,约前 275—前 194),古希腊天文学家、地理学家、数学家和诗人。

他有子午线（meridian）的观念，利用梅罗伊城—亚历山大—罗得斯岛（Meroë-Alexandria- Rhodes）⑧（地图2-3）之联机区作为人居世界的基础。我们知道一旦能精确地测量出，在相同的南北线上两个地点的纬度，就有可能透过测量它们之间的距离，来算出地球的圆周。对此埃拉托色尼是第一位分析者，并且相当准确地以10％的差距完成。

由于埃拉托色尼的贡献，绘制地图方面有了重要改革，身为图书管理者的他，有此训练而知道如何判断旅游记事文献，并计算出点与点间的距离。

埃拉托色尼开创的知识性突破，后来由喜帕恰斯（Hipparchos）⑨予以完成。身为天文学家的喜帕恰斯利用日晷仪（gnomon）的观察来测量纬度，这项进步很重要，但此技术尚非精确的经度测量法（measure of longitudes）。经度测量的原则虽简单：即一旦测出不同地方的地方时间（local time），便可以算出它们两点经度差，但是，当时钟表匠们尚无法制出好的航海用经线仪（chronometer），所以人们只好依赖埃拉托色尼的方法，谨慎地透过旅游记事测量距离。旅行者的见证仍为地图制作的重心，而地图学者和地理学者必须在图书馆里进行大部分的研究。直到18世纪，哈里森（John Harrison）制造出航海用的经线仪之前，"野外实察"（或称野外调查）（field work）尚非地理学者们的主要工作。

在亚历山大图书馆的狭窄空间内，从公元前2世纪埃拉托色尼的贡献，到公元2世纪托勒密在该处完成《地理学》（*Geography*）一书——这本古希腊地理传统中最重要的学术著作时——已历经4个世纪，并达成许多进展。

---

⑧ 译者注：梅罗伊城（Meroë）是非洲尼罗河东岸古都，古衣索比亚首府；亚历山大（Alexandria）是埃及北部港口，是亚历山大大帝公元前332所建；罗得斯岛（Rhodes）是土耳其西南多德卡尼斯群岛（Dodecanese Islands）中之一岛。

⑨ 译者注：喜帕恰斯（Hipparchus，约前190—前1205），古希腊天文学家。

托勒密(Claudius Ptolemaeus)⑩(图2-3)的书中呈现地图投影和地图建构，创造出令人印象深刻的位置坐标。有坐标的地名遍布当时的已知世界，也就是从直布罗陀海峡到印度的南部(地图2-2)。这本连带呈现天上星座的书，后来经阿拉伯语翻译为《天文地理数学论文集》(*Almageste*)而广为世人知晓[参见第三章第五节(一)]。

图 2-3　托勒密(Claudius Ptolemaeus)

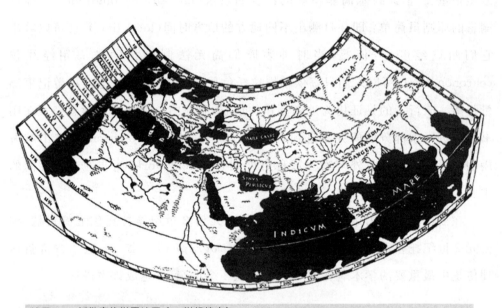

地图 2-2　托勒密的世界地图（15世纪抄本）

---

⑩　译者注：托勒密(Claudius Ptolemaeus，约90—168)，希腊天文、数学、地理学家和地图学家，以地动说闻名于世。详见本书第三章第五节(一)。

五、作为区域描述之地理学

埃拉托色尼与托勒密并未描述地球上区域的多样性,他们只是发展出工具,以便在可能的情况下作描述。区域性描述并不是哪个领域的专属活动,地理学者们以对此领域的兴趣来参与地图绘制以及其他相关领域的发展讨论,所强调的是对世界组织(the World organization)的其他观点。

斯特拉波(Strabo)⑪(参见图 1-3)是最好的区域地理学者,他生在奥古斯都大帝时代,对罗马帝国的兴趣要比对其他地区来得高。他的书是为在罗马任公职的高层官员所写,但同时为有广泛好奇心的古希腊哲学家们所设计:因此涉及了所有的人居世界。他使用了比希罗多德更好的地图绘制资料,他形容的区域具有非几何形状:古希腊南部的伯罗奔尼撒半岛(Peloponnesus)看起来像悬铃木的叶子,而西班牙则像一张牛皮。

斯特拉波本人曾游览过东地中海诸国与罗马。尽管身为一位真正的地理学者,他仍然依赖于其他旅行者记事中提供的丰富信息,他认为:"信赖那些不同种族的旅行者透过感官提出的游历信息,可供地理学者以一致的形式来组成人居世界的整体外观。"(Strabo,Ⅱ,5,11,C117)区域尺度的变化是他方法论(methodology)的核心。

斯特拉波提供了不同国家的农业与矿业的自然资源、经济活动、输出品类,及输出港口等方面资料。他对交通状况敏感,例如高卢(Gaul,今法国)在大西洋和地中海间的交通联系,有赖于区内低海拔流域区便捷的水陆连贯。就某些方面来说,斯特拉波的区域描述相当有现代性,但缺乏自然景观的细节(因为自然科学知识当时尚贫乏),也有许多论题是离题的:譬如文学或神话故事、地方的奇人怪事、宗谱家系,等等。在人种学方面的叙述则相对较佳,因为它吸收了许多旅行者的资料,他们以日常生活词汇和观念来分析该区域。

---

⑪ 译者注:斯特拉波(Strabo,约前 63—约后 20),奥古斯都时代之地理学者。

六、古希腊地理学的其他传统

一些自认不是地理学者的古希腊学者们,对地理问题很感兴趣。例如希波克拉底(Hippocratēs)⑫(图 2-4)就被气候对健康的影响这个问题所吸引。身为医生的他,提出人体与其体液平衡理论,并以"体液"(humors or humours)⑬这个关键术语为理论核心,认为人的内在体液,反映了外在要素,譬如:对气温与湿度的依赖。就地图学者而言,气候的概念纯粹是几何学的一部分,是陆地表面延伸而成的两条并行线间的问题。然而希波克拉底的理论,却成就了环境影响(environmental influences)概念。透过热与水两项参数,希波克拉底的理论逐渐强化出一种新的气候定义,并且衍生出今日的环境概念(idea of milieu)。但是这项转变造成的冲击,并未发生于古代,它被搁置到文艺复兴时代(Renaissance period)才显现。

图 2-4　希波克拉底(Hippocratēs)

图 2-5　亚里士多德(Aristotelēs)

亚里士多德(图 2-5)是位博学多才的人,地理学不是他主要的研究范畴。但是身为一位自然科学家,他对环境(environment)与人生的多样性有兴趣。在其政治题材研究论文中,明显的空间面向显示他可能是那篇尼罗河洪水的学术短文之作者,文中提到该区是热带而非干燥地带。他对地理学的主要贡献刊载于他的学术论文《大气现象》(Meteors)内。古希腊人认为天球(或天界)

---

⑫ 译者注:希波克拉底(Hippocrates,约前 460—约前 377),古希腊医生,人尊其"医学之父"。

⑬ 译者注:体液(humor),昔称人体有四种体液(four humors),决定人的健康与性格,即血液、黏汁、胆汁及忧郁液(blood, phlegm, choler, melancholy)。

(celestial Sphere)⑭是永恒的,没有污染与衰微,这与腐烂的陆界(terrestrial Sphere)刚好相反。在这两界间的空中的物体却有着明显不纯的性质。虽然大气现象涵盖极广,由流星到云、雨、雪、冰雹或北风的来临,但这些现象的空间结构并未引起亚里士多德的注意——他比较注意它们垂直的分布。他的研究在气候及水循环的机制上提供了无价资料。《大气现象》这本书,一直到16世纪甚至17世纪仍是非常有影响力的。

七、古希腊地理学的传承与式微

由于古希腊地理学是在一个与我们非常不同的知识环境(intellectual environment)中发展,我们必须避免太过热衷于它的成就。当时地理知识的发展并不连贯;科学上的创新也无传播机制。马洛斯地方的一位地理学者柯里特(Crates of Mallos,大约公元前150年)发展出地球结构论,与巴门尼德或亚里士多德一样具有影响力。而且由于此理论被马克罗毕斯(Marcrobius)⑮等作者用于著作中,得以在罗马帝国衰亡后幸存,而在中世纪期间成为至上的理论。

发展出最好的技术,以及写出最好的研究论文者很少,同时他们的读者也有限。但经过长时间的验证,他们的贡献与成就终于得到认同。例如,将地理学视为一个建立于尺度变化的综合观点学科,即是希罗多德提出的,两千年来它是地理学科的核心概念。地图学所需要的宇宙志(cosmography)和几何学的基础,当时亦曾被探讨过,但被搁置到文艺复兴时代才再出现及利用。

是什么原因使得古希腊人选择了其他地理知识的形式?贾可布(Jacob,1991)发现了一位几乎完全被遗忘的古希腊地理学者——亚历山大的丹尼斯(Denys)。他生在哈德良大帝⑯在位期间的公元2世纪,与托勒密同时期住在同一城市,因为写了一首有关世界地理的教诲诗(didactic poem)而为人所知。这首诗的惊人成就在于曾被引述逾1500年之久,甚至于在19世纪初,仍以一

---

⑭ 译者注:一个假想的无限大的球体,球顶即为天空。
⑮ 译者注:马克罗毕斯(Marcrobius,399—422),罗马作家。
⑯ 译者注:哈德良(Publius Aelius Hadrianus,117—138),罗马皇帝。

种英文延伸版被一些英国学院使用！这首诗是叙述第一位敢飞行的英雄伊卡洛斯(Icarus)⑰在空中游历的神话。当介绍他游历的国家时，呈现了古希腊地图绘制的成就（当然并不见得是当时最新与最好的）。

当时丹尼斯希望提供受教育的年轻古希腊人拥有这方面的信息，因为这是他们文化的核心，为此他致力有关神话与英雄史的叙述。他的作品以这样的方式响应社会需求，因而有所成就。它提醒我们对大部分古希腊人而言，地理学是文学性甚于科学性的。故在罗马帝国结束之前，最好的古希腊地理学者们已被社会遗忘，这显示出一门学科在响应其社会需求时的获益，可能超过它实际在科学上的成就。

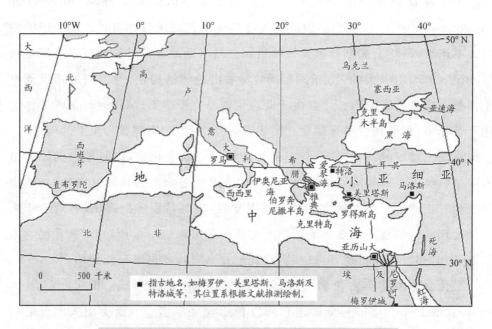

地图 2-3　古希腊时期的地理学（本书第二章），文中论及之地名

思考题

2-01　人称历史学之父，也是传统地图学与区域描述的创始人希罗多德，在公元前5世纪如何利

---

⑰ 译者注：伊卡洛斯(Icarus)，古希腊神话人物，用蜡将鸟翼粘于双肩，与父逃亡，因飞近太阳，蜡融翼落，坠海而死。

用阿那克西曼德发展的伊奥尼亚地图作研究?

2-02 公元前 5 世纪的巴门尼德对地球新观念的贡献是什么?

2-03 试述埃拉托色尼与托勒密对地理学发展的贡献。

2-04 试述罗马时代最好的区域地理学者斯特拉波对地理学的贡献。

2-05 试述人称"医学之父"的希波克拉底对地理学发展的贡献。

2-06 为什么在西罗马帝国结束之前,最好的古希腊地理学者们已被社会遗忘?

参考文献

Aujac, Germaine, *Strabon et la science de son temps*, Paris, les Belles Lettres, 1966, 326p.

Aujac, Germaine, *La géographie dans le monde Antique*, Paris, PUF, 1975, 128p.

Bagrow, Leo, "The Origin of Ptolemy's Geographia", *Geografiska Annaler*, vol. 27, 1945, pp. 318—347.

Burnbury, E. H., *A History of Ancient Geography among the Greeks and Romans, from the Earliest Stages to the Fall of the Roman Empire*, London, John Murray, 1879, vol. 2, 665 and 743p.

Dilke, O. A. W., *Greek and Roman Maps*, Ithaca, Cornell University Press, 1985.

Diller, A., *The Tradition of the Minor Greek Geographers*, Lancaster (Pa), American Philological Association, 1952, 200p.

Finzenhagen, U., *Die geographische Terminologie des Grieschischen*, Wurzburg-Auhmüle, Trisltisch, 1939, Ⅵ—158p.

Harley, J. B. and David Woodward (eds.), *Cartography in Prehistoric, Ancient and Medieval Europe and the Mediterranean*, Chicago, Chicago University Press, 1987, ⅩⅪ—599p.

Hartog, F., *Le miroir d'Hérodote. Essai sur la représentation de l'autre*, Paris, Gallimard 1991 (2ème éd.), 387p.

Jacob, Christian, *La Description de la terre habitée de Denys d'Alexandrie, ou la leçon de géographie*, Paris, Albin Michel, 1990, 267p.

Jacob, Christian, *Géographie et ethnographie en Grèce ancienne*, Paris, Armand Colin, 1991, 183p.

Nicolet, Claude, *L'inventaire du monde. Géographie et politique aux origines de l'Empire romain*, Paris, Fayard, 1988, 345p.

Pedech, P., *La géographie des Grecs*, Paris, PUF, 1976, 202p.

Prontera F. (ed.), *Geografia e geografi nel mondo antico. Guida storica e critica*, Bari, Laterza, 1983, 273p.

Romm, James S., *The Edges of the Earth in Ancient Thought. Geography, Exploration and Fiction*, Princeton, Princeton University Press, 1992, 228p.

Staszak, Jean-François, *La géographie d'avant la géographie. Le climat chez Aristote et Hippocrate*, Paris, L'Harmattan, 1995, 252p.

Thalamas, A., *La géographie d'Eratosthène*, Versailles, Barbier, 1921, vol. 2, 256 and 188p.

Thomson, J. O., *History of Ancient Geography*, Cambridge, Cambridge University Press, 1948.

van Paassen, C., *The Classical Tradition of Geography*, Groningen, J. B. Wolters, 1957, X—414p.

译者参考文献(请参见附表一)

■ 中世纪与近代初期（公元4世纪至17世纪）

第三章 中世纪与近代初期的地理学

一、前 言 \ 28

二、中世纪的地理知识 \ 28

三、阿拉伯地理学的角色 \ 31

四、航海与地图学的演进 \ 34

五、地理学与文艺复兴：托勒密的

再发现及探险时代 \ 36

六、基督教、宗教改革与地理学 \ 40

七、瓦伦纽斯和宇宙志面向的地理学 \ 42

八、结 论 \ 44

思考题 \ 45

参考文献 \ 45

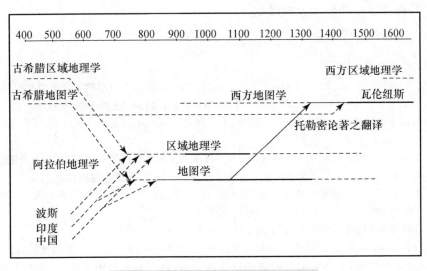

图3 中世纪与近代初期的地理学

一、前　言

古希腊时期发展的地理知识(geographical lore)在中古时期(或称中世纪,指公元 4 世纪至 14 世纪)①几乎消失殆尽,14 世纪起,欧洲才开始回溯罗马和古希腊时期②,拟利用古希腊及罗马人在哲学、科学和技术方面的成果。因此中世纪和近代早期(公元 15 世纪到 17 世纪)③两时期约 1200 年的地理学史,是一段始于被遗忘的传统,而终于传统的再发现。尤其从 15 世纪到 17 世纪初,不仅复兴了过去的科学,而且展现其他方面的成果,譬如技术的进步、天文学基础的奠定和世界知识的扩大。

二、中世纪的地理知识

(一) 古代文化遗产随古希腊语言失传而消失

公元 5 世纪的地理学知识,被保存在以拜占庭(Byzantium)为都城的东罗马帝国,直到它 1453 年亡于信奉伊斯兰教的奥斯曼帝国(Moslem Ottomans)④。东欧与西欧之间的文化关系,从 5 世纪起就骤然减少。8 世纪之后,实际已停止。不过,罗马帝国的许多制度和政治理想,仍被由日耳曼入侵者建立于西欧的王国所采纳,保存了一些形式上的延续。

罗马时期的精英分子通常亦精通古希腊语言。因此,许多最重要的哲学、

---

① 译者注:中古时期(Middle Ages;Medieval):指欧洲史自古典时代至文艺复兴时代(约自公元 4 世纪末至 14 世纪中叶)历时约 1000 年,由东罗马帝国转为拜占庭帝国(Byzantine Empire)统治南欧至西亚的时期,常被称为欧洲的黑暗时期。拜占庭为古城,又称君士坦丁堡,今称伊斯坦布尔。

② 译者注:古希腊及罗马时期若以古希腊及罗马文明主要的发展时期而言,古希腊时期约 3000 余年(由克里特文明至古希腊被并入马其顿前 3000—前 323);罗马时期约 1000 余年(由伊特拉士坎人(Etruscans)开始统治多斯加尼(Tuscany)至划分为西罗马及东罗马,即公元前 1000—公元 395);东罗马自 395—1453 年亡于奥斯曼土耳其人。

③ 译者注:近代早期指公元 15 世纪到 17 世纪。

④ 译者注:奥斯曼帝国(the Ottoman Empire):奥斯曼土耳其人建立的大帝国,14—20 世纪,历时逾 6 个世纪,极盛时的版图包括欧洲东南部、西南部及非洲北部,首都君士坦丁堡(Constantinple),1924 年帝国瓦解。

第三章 中世纪与近代初期的地理学

历史学或科学典籍从未转译成拉丁文⑤,当操方言的东罗马将领取代了受过教育的罗马地主时,大部分的古代文化遗产(the ancient heritage)就这样消失了。即使东罗马人模仿罗马元老或皇帝的作为,但知识分子的生活业已失去往昔依据。故在中世纪时期,古希腊语完全从西欧消失;知识分子汲取古代文学的唯一途径,是使用作为科学语言的、相当拙劣的拉丁文。

约自公元 8 世纪起,帝国忧患加剧,大地主转由军人取代了那些受过教育的贵族,于是修道士和教会的高级官员就成为硕果仅存的知识分子。教会使用拉丁语为主,这是它普世的工具。至于古代希腊和罗马的科学、哲学,及艺术中,仅对基督教神学有用的部分才得以保存。地理学对于新统治者是无用的,因为他们是以亲属关系或部落团结的网络来组织王国。如此,除了教会之外,科层体制〔bureaucracy,参见第一章第三节之(一)的注④〕消失了。对于新统治者建立的权力运用而言,地图非必要,仅供国王们象征性地展示其统治范围。

国际贸易的萎缩始于公元 6 世纪,因为地中海在伊斯兰教势力的扩张下失去了部分贸易地位。北欧海盗和商人(Vikings)利用波罗的海及俄国境内的河流发展新路线,以通黑海和里海,因而和拜占庭及波斯的某些关系得以维持。维京人虽然是优秀的水手,但是罗马时期发展的许多航海技术,却因为此时欧洲贸易路线的变迁而告流失。地球亦不再被视为球体,转以盘形展现。因为宗教的缘故,公元 7 世纪制作的世界地图(the World maps,或称 mappamundi)⑥,是将圣城耶路撒冷置于中央,这种地图被称为"T 及 O 地图"(T and O maps)。"O"指亚、欧、非三洲形成的圆形陆地,"T"的垂直线相当于地中海,水平线则是将亚洲与欧、非两洲隔开的一些水路〔北路多绘顿河

---

⑤ 译者注:拉丁文即古罗马人的文字。拉丁民族本指居于意大利半岛的民族,今泛指拉丁语系的意大利、法国、西班牙及葡萄牙人。

⑥ 译者注:"T 及 O 地图"的原图出自西班牙塞维尔(Seville)地区的圣伊希铎主教(Bishop of St. Isidore,570—630 年)为了神学教学而撰著的教材《语源学》(*Etymologiarum*)。该书类似百科全书,包括 20 册书、175 页以及地图等。书中的地图(mappamundi)早已散失,但是自公元 7 世纪至 17 世纪,欧洲地区曾出版许多透过基督教观点,及各时代地理知识的仿制品以诠释该图,本书选用一幅英文版的 T 及 O 地图为例(见地图 3-1)。

(Tanais or Don river);南路多绘红海(Red Sea)或绘尼罗河(Nile river)],圆形陆地的周边围以大洋,地图的方位是坐西向东,由地中海朝向耶路撒冷所在的东方(地图3-1)。

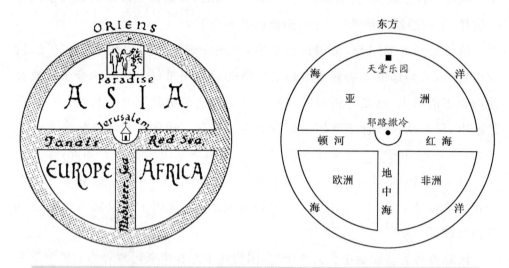

地图3-1　T及O地图(左图:1472年出版的仿绘图;右图:中文译图)

(二)中古时期的社会并未衰退没落

中古时期在许多方面的成就远超过古代。由于使用较好的牛具、马具、铁犁及其他工具,并改进谷物轮种,使农业生产力在公元9世纪之后增加。由于新的马具、技术及匈牙利入侵者输入亚洲较好的马车,运输方面有了改善。造船者发明近代的舵,当逆风航行变为可能,航海技术亦随之大进。

11世纪起,风磨和水磨倍增,制铁和纺织部门的织染技术大为改进,也发展炼钢法。这些技术转型的影响重大,至少使在北欧和西北欧的经济不再基于奴隶制度。同时,封建社会及政治体系在许多方面亦优于罗马时期,它容许城市转型为自由共同体,此有助于11世纪末开始的商业复苏。

西欧和拜占庭帝国(Byzantine Empire)之间主要的对立起于这两个地区政教关系的性质不同。拜占庭犹如古罗马,正统教会顺从皇帝;西欧则是教权和王权之间维持脆弱的平衡,但仍然是独立的。在西欧的制度结构下,提供知识分子知性生活的可能性,为了发现真理而组成教师和学生的社群⑦(大学意即社群,The university means community.),社群处在国家和罗马天主教之间,能逃避来自两方面的直接控制。

中世纪后期能比古希腊或罗马时代更有效地控制环境(environment),且发展出更成熟的航海技术。就日常生活方面而言,较古代更实际地应用地理知识,譬如留下丰富的"地理知识"(geographical lore, John Kirtland Wright 于 1925 年创造这个妙词来表达);然而此时期的重大损失却是远离地理科学。其后在地理技能恢复的过程中,有两个要素是重要的:一是检验阿拉伯文明在此时期扮演的角色;以及 15 世纪初,对古希腊论说(treatises)的再发现。

三、阿拉伯地理学的角色

本节内容的重点不在陈述阿拉伯的地理学,而是解释为何阿拉伯人有助于将部分的古希腊文化传承,以及许多来自波斯(Persia,今伊朗)、印度、中亚或中国的思想和技术传至西欧。

(一) 阿拉伯人在东西文明交流上的贡献

在中东和埃及,伊斯兰教征服者发现基督教社会(包括部分的犹太教徒)被古希腊文化(Greek culture)中的城市精英(urban elites)所掌控,这些精英后来逐渐皈依伊斯兰教,使得大部分古希腊传统转入阿拉伯文明(Arabic civilization)。以建筑形式而言:早期清真寺(mosque)的许多特点继承古希腊的长方形会堂(Greek basilica)的特点。游牧的阿拉伯人没有科学或哲学的传统,他们渴望吸收那些创自古希腊的这些领域。在伊斯兰教最初几个世纪里,许多古希腊书籍被译成阿拉伯文,大部分在伊拉克(Irak),特别是公元 8—9 世纪,阿拔斯朝哈里发执政期(Abbassid Khalifate)的巴格达。阿拉伯地理学的兴盛期为公元 800—1050 年。伊拉克邻近波斯,当时古典的伊斯兰教地理学是以阿拉伯文撰写的,而一些优秀的地理学者则多来自波斯及中亚地区。

---

⑦ 译者注:社群(community)一词,或译为"小区""共同体"。各译法均未能尽达原义。

阿拉伯人是个擅长征战的民族,在不到一个世纪里,征服了西起摩洛哥、西班牙、法国南部,以及西欧(仅极短时期),东到阿富汗与中亚之地。他们很快地发展了与东方遥远的印度及中国的商业关系。阿拉伯文明因此吸收了来自许多国家的事物或技术,后来将之传至西欧。譬如:阿拉伯文明中最好的农业和水利管理技术,以及日后影响伊斯兰教异端的哲学主题是得自波斯;阿拉伯在算术中零(0)的运用,以及数学、天文学的知识来自印度。中国的科技对西方影响更大,例如:养蚕术的西传,使波斯、中东,以及后来南欧的丝织工业得到相当大的发展;罗盘提供了航海方面的进步;西方传统使用昂贵的羊皮书写,中国纸业的传播提供了他们廉价而高品质的文书材料,这对地图制作很重要,因为没有纸就不可能有后来的印刷术;最后,西方人又因中国的火药而发展出大炮。但是对照中国文献所记载的天文及地图学之发展[譬如:汉朝张衡(Zhang Heng)⑧及西晋的裴秀(Pei Xiu)⑨],则显然没有影响到阿拉伯世界的地理学。

(二) 伊斯兰教徒创造了以科层体制统治的大帝国

公元9世纪起,帝国分裂,伊斯兰教世界一统的帝国分成几个竞争的王国。但由于各自维持有效的中央行政组织,仍能提供和一统帝国时相同性质的王国地理新资料。阿拉伯文明长于贸易,穆罕默德不就曾是个商人吗?交易活动发展得很快,从地中海世界的最西部远达亚洲地区的中亚和印度。队商联系着伊斯兰教世界和中国;阿拉伯水手懂得季风机制(monsoon mechanisms),起初发展与印度间的航程,后来远达马来西亚和印度尼西亚。一统的帝国分裂后,阿拉伯人处在和古希腊人相似的情况,即每一个阿拉伯人皆有造访世界其他伊斯兰教国家的权利;身为商人,这样的机会可以赚得厚利。再者,作为一个虔敬的

---

⑧ 译者注:张衡(78—139)是东汉初年的天文、地理及发明家,河南南阳人。担任太史令掌管天文事务14年。著有《浑天仪图注》、《灵宪》等;公元132年发明世界第一架地震仪——地动仪,并成功地记录了公元138年发生在甘肃的强烈地震。

⑨ 译者注:裴秀(224—271)是西晋地图学家,河东闻喜(今山西闻喜)人。官至司空,接触不少土地、人口及地图等资料。于268—271年主编完成《禹贡地域图》18篇,这是中国目前有文献可考的最早历史地图集。

伊斯兰教徒，若对传教活动有兴趣，其商机就更不限于已经皈依阿拉信仰（Allah's worship）的国家了。

当时地理学发展的动力，来自于第八世纪最后25年所翻译的许多波斯与印度的天文经典之作；以及在公元800年左右翻译了古希腊地理学者，主要是托勒密的论著。阿拉伯人经由古希腊论著中，学会描述地貌和由经纬度定位的方法。他们运用波斯和印度的天文学，改进托勒密的许多测量方法，因而提供地图绘制技术的新动力，以阿尔-比鲁尼（Al-Biruni）为例，天文学经过他彻底检讨后，成为地理坐标的基础。

加伊兹[Gahiz，约公元776—869年（因伊斯兰历与公历不同，故加约字）]赋予阿拉伯文化对地方（places）的好奇心，他强调直接观察及理性思考的价值，勾勒出新人文地理学（new human geography）的面貌。伊本·屈底波（Ibn Qutayba，828—约889）将地理学用在行政上，而反对地理学仅是纯科学。这些概念皆经得起时间上的考验。

伊斯兰教徒创造了一个由科层体制来统治的大帝国，其行政分区的价值之一是利于搜集资料提供给中央做决策。帝国组织有助于行政地理学（administrative geography）的发展，最早有插图的行政地理出版物是伊本·胡尔达兹比赫（Ibn Khurdādhbih，约820—912）于公元845—885年出版的，提供了地理学者们高品质的资料约40年。

在10世纪至11世纪初之间，地理学非常兴盛。阿尔-马素迪（Al-Masudi，895—957）是一位像百科全书般的大旅行家。因为直接观察被认为是地理学者的基本工作，所以伊思塔瑞（Istahri，? b. 约951）及伊本·豪加尔（Ibn Hauqal，943—969）的旅行记载，已被搜集引用到后世的许多人文地理学的著作中，当做重要文献。

因此，阿拉伯地理学的主要发展，是经过对广大地区野外实察、搜集信息而成长。最著名的阿拉伯地理学者伊本·巴图塔（Ibn Battūtah，1304—1377）曾旅游欧洲、地中海世界、非洲东岸,直达桑给巴尔(Zanzibar),以及中东和中亚地区。同时他也仰赖了许多商人和水手对各地游牧民族所做的相关记录。

阿拉伯的科学和地理学品质,在公元9世纪到11世纪间达于顶点,之后则创造力衰退。13世纪,知识分子的活动已开始聚焦于宗教法和神学(religious law and theology)。但14世纪仍有例外者,除了上述伊本·巴图塔之外,最著名的是伊本·赫勒敦(Ibn Khaldūn)⑩,他出生于西班牙南部,曾到中东旅行,一生中大部分时间在突尼斯(Tunisia)。在他最负盛名的著作《绪论》(*The Prolegomenas*)及《柏柏尔人史》(*The History of Berbers*)⑪里,他对北非的地理-历史(the geo-history)提出了精彩且相当现代的诠释,强调游牧民族在农业衰微中的角色,并探讨游牧民族强大王朝之兴起,与其主控贸易的城市间之关系。在这些题材之外,他建立了该地区的政治组织及其解体的循环模式。

阿拉伯的科学和哲学输入西欧的管道,部分经由阿拉伯人曾占领三个世纪之久的西西里,以及西班牙南部。亚里士多德的主要论著经此为西欧学者所知。促使中世纪后期,整个基督教哲学,尤其是阿奎那⑫的哲学里充满着对亚里士多德思想的再发现,因而构成经院哲学(scolastics)的要义。

四、航海与地图学的演进

西欧透过阿拉伯人认识到罗盘、造纸,以及天文仪器的运用后,航海技术大幅提升。水手希望有良好的航海图(sea-charts),而罗盘是绘制航海图的新工具,当船从一港直航至另一港时,辅以罗盘,较易掌握每次航行的固定方向;距离则可借测速器估计的速度来计算。这意味着沿海地区可依赖角度与距离来测绘海图了。

(一)罗盘协助制作精确的中世纪航海图并促进航海技术

以上述方法制成的海图,在海岸地区最精确。成百的岬、湾、潟湖或港口的

---

⑩ 译者注:伊本·赫勒敦(Ibn-Khaldūn,1332—1406),阿拉伯的历史学家。
⑪ 译者注:柏柏尔人(Berber),北非一伊斯兰教之土族。
⑫ 译者注:阿奎那(Saint Thomas Aquinas,约1225—1274),意大利神学家。

名字垂直地记入海岸。14世纪以来,西欧称这些海图为中世纪的航海图(portolano or portulan chart),有助于航海条件的改进。传统上,水手们喜欢沿海岸行船,除了像在地中海那样的内海外,其实并不敢在广阔的大海上冒险。如今有了罗盘及航海图,他们可以离海岸远些了。当然,第一批航海图制作始于意大利,因为意大利人是当时最优秀的海员。

从11世纪到16世纪,西地中海区是个文化拼盘。基督徒收复西班牙和葡萄牙后,许多地方仍住着传播阿拉伯文化的伊斯兰教徒及犹太人的重要族群。他们在转移阿拉伯知识到西方世界上扮演了重要的角色。14世纪两个最著名的地图绘制者,犹太人阿伯拉罕·柯斯开(Abraham Cresquez)及其子杰费达(Jefuda)就是熟谙阿拉伯文化的犹太人。他们住在靠近巴塞罗那东方的巴里阿里群岛(Balearic Islands)的马约卡(Mayorca),是西方世界最知名的罗盘、地图制作人,并将此科学知识和秘诀传授给基督徒。

新城市兴起和国际贸易发展改变了西欧状况,然而许多欧洲国家仍然缺乏科层组织来搜集地理资料,这是伊斯兰教统治的世界中普遍的情况。但基督徒拥有庞大的社群,他们希望知道其他基督教国家的情形、他们拜访国外的兄弟们。因为天主教有普世的天职,教徒有传教的雄心,在伊斯兰教国家切断他们通往东方地区交通的状况下,他们只得寻找新路线,并和这些国家的非伊斯兰教君主们联盟,希望不必向居间之伊斯兰教当权者纳贡,即可进口香料、丝,以及其他奢侈品。

图3-1 马可·波罗
(Marco Polo)

13世纪期间,蒙古人西征使得西方修士或商人有可能经此通路到中亚或者中国。马可·波罗(Marco Polo)⑬(图3-1)在意大

---

⑬ 马可·波罗(Marco Polo,约1254—1324),留下《马可·波罗游记》(*The Travel of Marco Polo*),激发了欧洲人对中国的向往以及对至远东海航路线的探索。

利的热那亚(Genoa)狱中由狱友以法文写成之中国旅行和长期居留记录,是当时最成功的文学作品之一。但随着成吉思汗部分后裔皈依伊斯兰教,14世纪陆路情况很快恶化,因此新的兴趣移向航海路线。

(二)葡萄牙与西班牙习得近代航海技术并开始航海时代

13世纪初,欧洲水手环航伊比利亚半岛,连接法兰德斯(Flanders)与地中海贸易大港如热那亚或威尼斯(Genoa or Venice)等。葡萄牙人由于这条路线而学会近代航海技术。15世纪初,葡萄牙航海家亨利王子(Prince Henry the Navigator)开始了沿非洲海岸探险的政策。葡萄牙人发现去亚速尔群岛(Azores)的航线,西班牙人则征服并殖民加那利群岛(Canarias Islands)。其后,葡萄牙船长们能快速到达几内亚(Guinea)海岸,他们知道赤道无风带难以越过,但对贸易风了解较多,于是开始冒险,船只不再沿非洲海岸航行,而在佛得角(Cape Verde,今西非塞内加尔外海,16°N 24°W)时移向西南,然后到达南方贸易风地带再转向东南,这样他们到达非洲南部,并发现了好望角。

西班牙君主在此时期,选择了不同的方式来解决航至远东的问题,他对哥伦布提议西行的路线感兴趣,这个新航程的构想,间接源自对公元2世纪的托勒密理论之再发现。

五、地理学与文艺复兴⑭:托勒密的再发现及探险时代

拜占庭和西欧的关系随着东正教(Orthodoxy)和西方的罗马天主教(Roman Catholicism)二者间的分裂,以及十字军(the Crusaders)征讨拜占庭而益趋恶化。14世纪,一小群属于伊斯兰教的奥斯曼土耳其人(Ottomans)开始征战巴尔干半岛,他们在1381年战胜了塞尔维亚人(Serbs)和基督教的十字军部队,在塞尔维亚南部的科索沃(Kosovo)形成了对拜占庭极为不利的情势。拜占庭为了恢复与罗马和罗马天主教的关系,开始实施派遣使臣到各国的新政

---

⑭ 译者注:文艺复兴(the Renaissance)——欧洲在14世纪至16世纪的文学及艺术的复兴运动。

策,拜占庭的学者因此访问欧洲城市,他们带来宝贵的古希腊文之手抄本并翻译为拉丁文。

(一) 托勒密《地理学》的再发现

所有意大利的工商业城市都对拜占庭学者们(Byzantine scholars)带来的古希腊遗物有明显的兴趣。有一位名叫曼纽·契索罗拉斯(Manuel Chrysoloras)的拜占庭学者,15世纪初曾居佛罗伦萨十年,他当时带来托勒密的《地理学》(*Geography*)模板,并在1410年与贾科普·安琪罗(Jacopo Angiolo)完成翻译,十年后,其内容已成为佛罗伦萨知识分子生活的重要部分。该书不仅是地图学的论著,亦有助于恢复地球是球体的观念,并对天文学、经纬度的界定,以及对地球球形表面转为平面的表达方式,提供投影上新的几何学工具。

名建筑师布鲁内莱斯基(Brunelleschi,1377—1446;出身银匠,曾设法完成佛罗伦萨大教堂的巨大圆穹),并未习过拉丁文,但因与一群学者为友而了解托勒密著作的内容。借此他精确掌握了透视法的基本原则,而于1425年绘制了两个木镶板公布其成果,它们使人犹如经过一片镜子来观测了佛罗伦萨政府广场及洗礼堂之门的城市景观。

布鲁内莱斯基的作品是艺术史上重要革命的起点,因为它强调了几何学。柏拉图哲学亦重新受到重视,人们对其爱好甚于亚里士多德或中世纪的经院哲学。就柏拉图而言,美与数学、几何学是相关的,因此人们对透视画的兴趣和城市规划的新观念兴起,强调全面规则有序的街道布局以及和谐的建筑形式。

(二) 托勒密著作与地理大发现的关系

只要人们认为地球是个球体,就会思考西行到达远东的可能性。艾杰顿(Edgerton,1975)认为1420年左右,由于发现托勒密地理学重要性的一小群佛罗伦萨学者之误算,可能导致15世纪80年代的哥伦布以为西航路线较短。

图 3-2　麦哲伦(F. Magellan)

哥伦布是意大利热那亚城的船长,一位优秀的航海家,懂得利用贸易风航行。他似乎也是一位预言家,故能说服西班牙的卡斯提拉女王伊莎贝拉(Isabella)⑮相信他,并愿意资助他西向冒险。

其后数年间,西方世界发生了石破天惊的改变:1492 年哥伦布发现美洲,1498 年达·伽马(Vasco da Gama)绕过非洲到达印度,1501 年葡萄牙人意外地发现巴西,1522 年麦哲伦(Ferdinand Magellan)首次完成环绕地球航行(图 3-2)。

(三) 托勒密的再发现,赋予地图制作新动力

即使古代地图没有存留,也可能经由托勒密《地理学》所提供的坐标重建。由于印刷术的发明,这种重建的地图扩散很广。16 世纪初期,这些地图更加上了新发现的陆地。譬如,亚美利加洲(America)名称在地图上的正式出现,是引自居住于法国东部圣迪耶(Saint-Dié)小城的瓦尔德西缪勒(Waldseemuller)的著作,他在 1507 年发表了亚美利哥·韦斯普奇(Amerigo Vespucci)旅行记录。

由于对托勒密制作的小比例尺之高品质世界地图的再发现,15 世纪末和 16 世纪初,意大利人成为最好的地图绘制者。其后,佛莱芒人(Flemish)和荷兰人主导这个领域,墨卡托(Gerardus Mercator)⑯想出一种对航海很有用的投影体系(地图 3-2);阿伯拉罕·奥特吕(Abraham Ortelius,1527—1598)、洪第乌斯(Hondius)和布洛(Willem Janszoon Blaeu)⑰都制作了成就辉煌的地图。

---

⑮　译者注:伊莎贝拉女王(Isabella,1474—1504),西班牙 Castille 女王。

⑯　译者注:墨卡托(Gerardus Mercator,1512—1594),荷裔比利时地理学和地图学者,精通天文与数学。最著名的发明为以其命名的地图投影法,此法至今仍为航海家沿用。

⑰　译者注:布洛(Willem Janszoon Blaeu,1571—1638),荷兰地图学家,20 岁开始研究地理学、天文学,并追随丹麦天文学家 Tycho Brahe 制造科学仪器。1596 年起,因制作高品质地图、海图、地图集、地球仪、雕刻及仪器而著名。1620 年设计了自印刷术发明以来最佳改良式印刷机印制地图,1635 年起,成为荷属东印度公司的正式绘图员。

地图 3-2　墨卡托绘制的亚洲地图(16 世纪绘制)

在土地测量(land surveys)方面也很有进步。对大比例尺的地图而言,角度的决定比传统将表面分解成方形或长方形更为有效。不再是测量几何形各边长度,而是精确测量一个基础长度即足以绘制整个地区,指方规(alidade)从测量基础的端点来绘出其他地点的方位。在地图上,这些点可以从每个基本点交叉画出几个方向来确定位置。罗盘则提供全面的定位。

16 世纪后半叶,土地测量的技术在英国、德国,以至于整个西欧的进步很快。大比例尺和小比例尺地图之间的鸿沟仍然无法跨越,但是伟大的荷兰地图学者,已开始大量使用土地测量的结果,来呈现城市、行省或较小的国家。

时至 16 世纪末,地理区位和地图绘制方面的知能已完全恢复——古希腊技术和观念再现,同时也想出新的技术和观念。罗盘的使用和对角度测量的依据来自阿拉伯经验;但绘图技术的兴盛,来自西欧数学的进步——当时应用较多几何学和三角学的概念。地理学对区域方面的研究仍然遥遥落后,亦即,近代初期的地理学可说是应用性远多于学术性的学科。

六、基督教、宗教改革与地理学

当我们读到西欧文艺复兴时期(14—16 世纪)的著作时,通常会认为其中已涵盖了近代理性主义和科学思想的所有特性。其实文艺复兴的理性主义仍然是古希腊的一支流派,不论是柏拉图式的或亚里士多德式的,它依靠的显然仍是人类心灵的信仰,而不是实验的方法论!当时主流思想仍属于基督教信仰,而非"不可知论"(agnosticism)[18]。后者的思想与文字组成是来自古希腊的,而且在 17 世纪的最初的十年尚未在西欧萌芽。

(一)基督教的更普及与更民主

13 世纪起,基督教在传统认知和实践方式上发生深层的改变。人们开始相信救赎(salvation)确实是开放给每一个人,而非局限于教士、修士和官员们。基督教被建构在更普及和更民主的基础上。信仰成为基督徒的心灵动力,高于早先被强制遵循的宗教礼仪。传统上,基督教强调来世观:基督徒为死后之事而活,等待末日审判及复活,恐惧入地狱而期望升天堂。但更民主和更普及的宗教,改变了人们对现世的态度。

---

[18] 译者注:不可知论(agnosticism)为怀疑论的一种,主张由于缺乏资料或理论,人类的心智无法对不知道的事物遽下判断,譬如对上帝的本质存在作出判断。"不可知论"一词在 1869 年由英国学者赫胥黎(T. H. Huxley)提出的,由带有否定意味的古希腊前缀 a 及动词 gnosken(知晓)组成。但"不可知论"的思想,早在公元前 4 世纪时,古希腊哲学家皮朗及恩皮里柯(Pyrrho and Empiricus)已经提出了。

（二）宗教改革与社会变迁

基督徒的角色不再被动地等待来世，而是转变现世为真正的基督教世界，以获来世报偿。基督教因而成为一种新而有力的社会力量，因为人人拥有权利和可能得救，所以每个人都必须被尊重。西方社会的现代化，在某种意义上是将这种对人的新观念，转变到经济生活和社会组织方面。这种对基督教理解的新途径的热络气氛，加上与解释《圣经》及《福音书》等争论的连结，造成罗马天主教的分裂。而基督教社会的转型，在发生宗教改革的新教国家里进行得更深；但也同时发生在那些固守罗马天主教的国家，后来发生的反宗教改革，亦改变了一些社会态度和现实，并导致不同形式的现代化。

16世纪的人在宗教兴趣上显然有其冲突：一方面对古代和希腊宗教的异端神话感兴趣；另一方面对基督教信仰的投入比祖先更深入。他们并不自觉怪异，因为新宗教的态度是强调行动多于沉思，认为改变现世比思考世界的本质及和谐更重要。为了让现世更基督教化，或至少更适合基督徒，人必须改善现世。知识分子的生活意义改变了：有关思考和自我了解方面的价值变小，有益于人类行为的指导知识和社会准则被看重。古代的社会组织、艺术、建筑、地图等知识，以及重新出现的地理学，皆备受精英们重视。

（三）以表达地方区位和绘图技术为主的地理学

新教的学院和罗马天主教中耶稣会的学院，都同样强调几何学和地图学的教学。这些知识形式对当时的军人尤其是炮兵很重要，因为有助于围攻堡垒或城市设防。这些知识也成为欧洲殖民或新近发现地方的发展工具，它们也有助于规划城市，布置皇家公园。当耶稣会修士到中国传教时，尽管他们极力传播的宗教不被重视，但他们的出现却被主政者容忍，因为他们拥有对中国有用的几何与地图学等领域的技能。

绘制地图对新地理学发展的技术层面是重要的，但也有其他方面发展的动力。因为仅忠实地反映地表景观是不够的，人们希望知道其他环境（environments）情况，而旅行者对各地传统风俗、服装、习惯、制度好奇。因此努力建立包罗更多要素的地理学。

亚里士多德的《大气现象》(Meteors)是自然地理学和希波克拉底体液理论(Hippocrate's theory of humours)的导论,说明环境对人类社会的影响,但它尚不足以产生一门结构让人满意的学问。受限于仅表达地方区位和绘图的地理学,虽有实用价值但不具知识吸引力,因此需要修改。耶稣会修士使用他们传教士送回的训诲书信(Edifying Letters),激发了这方面的兴趣。证明以某些形式来描述区域有其需要。但这方面的古希腊地理学传统当时尚未恢复,这是16、17世纪地理学的主要弱点之一。

对罗马天主教的信徒而言,动机出于传扬天主教的信仰,这可解释他们为何对探险和区域叙述最感兴趣。加尔文教派觉悟人类因原罪而堕落,对他们而言,上帝曾诅咒自然和堕落时代的人们。地球在衰败中,研究其变坏可以提供神圣天意的信息。路德派迫切期望地球成为真正基督教的世界,故产生一种更具功能性的地理学研究。

七、瓦伦纽斯和宇宙志面向的地理学

瓦伦纽斯(Bernhardus Varenius,1622—1650)为日耳曼人。时值日耳曼处于30年战争(1618—1648)期间,日耳曼新教和罗马天主教的军队、瑞典或法国的军队以及各国的佣兵都蹂躏整个地区,瓦伦纽斯选择逃往当时社会安定的荷兰,在阿姆斯特丹出版两本书:一为《日本及暹罗的地理》(Descriptio Regni Japoniae et Siam,1649);另一本为《普通地理学》(Geographia generalis,1650)。瓦伦纽斯英年早逝,过世时才28岁。

瓦伦纽斯的论文很有影响力。牛顿(Isaac Newton)[19]很欣赏并将其拉丁文译为英文。这份英译本发行了许多版,有近两个世纪被奉为近代地理学的圭臬。今天的反应则不然,一方面他的许多观念因已经完全融入西方地理学概念中而被视为当然,因而忘了它们的原创价值;另一方面则是瓦伦纽斯建立在宇

---

[19] 译者注:牛顿(Isaac Newton,1643—1727),英国自然哲学家。他是科学史上公认最有创见、最具影响力的理论家。发现微积分及万有引力定律等,并结合哥白尼、开普勒、伽利略、笛卡儿以及其他的人的发现成一综合体,他的研究成为17世纪科学革命的基础。

宙志面向的地理学(the cosmographic dimension of geography)，如今已不那么重要。

瓦伦纽斯的《普通地理学》是由三部分组成：绝对、相对，及比较。第一部分，瓦伦纽斯主要处理地理结构、陆块、湖泊、河川等的形状及分布等。他以该领域最新发展的完整知识——天文地理学(astronomical geography)基础来评估，也涉及我们现代自然地理学，但较不热衷，因为他未能发现可用来解释陆块、海洋及地形组织的科学法则。

自公元前3世纪，埃拉托色尼[20]和他同时代人，将地球表面依据其与天体关系而划分不同区带以来，天文学已有相当进展。人们不再相信地球为宇宙的中心而静止不动，不再认为有数百万颗星球的天空，每天绕着我们这颗小行星旋转。人们已了解地球也绕着它的轴心自转，并另外绕着太阳旋转。加上15世纪至17世纪哥白尼和伽利略观点的引进，地理学的宇宙论基础更显清晰，季节因太阳而变迁的概念不再神秘，可轻易地由一个倾斜的球面绕着一支蜡烛旋转来解释。

瓦伦纽斯对近代地理学的第一个贡献是有系统地探究地球在宇宙中的位置及对地理学的影响，他强调热带和极圈的角色，叙述在中纬度或高纬度地区日夜长短的变化，也强调日照的相对高度对阳光效应的影响，并以此解释气候分布的规律。地理学和天文学之间的关系与宇宙志的传统，到18世纪末仍然很密切，德国地理学者在19世纪还很重视这个面向。洪堡最著名的书即以《宇宙》(*The Cosmos*)为标题；其后，休斯(Eduard Suess, 1831—1914)提出地球是由不同的层面组成——岩石圈、水圈和大气圈；后来加上生物圈的观念而完整。这个过程使人强烈地联想到地理学中宇宙志的概念。

瓦伦纽斯知道地球表面不能仅透过宇宙的测定来解释。除了普通地理学外，他认为必须发展另一种形式的地理学，并称之为"特殊地理学"(special

---

[20] 译者注：见第二章第四节。

geography），其角色是处理关于地方、王国或帝国的特性。他的日本地理学著作是以葡萄牙商人和传教士的报告为基础，经由荷兰水手的协助而完成，是他"特殊地理学"的范例，即强调一地的地形、植物、历史和政治组织所扮演的角色。这是尝试恢复区域传统的做法，可惜结果不甚令人满意。

八、结　　论

古代社会瓦解后，古希腊时代发展的地理学知识和技术就从西欧消失了。基本上，地理知识在中古时期（5—15世纪）的演进仍然是正面的，发展出更有效的方法来管理和利用环境（environment），并随着城市和商业活动渐趋重要，12世纪期间出现了令人满意的进展。

西欧地理学的复原工作，部分取自于引用阿拉伯人的技术、观念和资料。而阿拉伯人运用了部分被保存的古希腊传统，以及将他们在波斯的发现、印度的观察和中国的交流，丰富了古希腊的传统。源自阿拉伯发展的地理学是具应用取向的，其重点是建构更为特殊的海图制图学。

托勒密著作的拉丁文译本给予新地图学更具系统性和科学性的基础，这和经由柏拉图影响发展了对几何学的兴趣是一致的。地图学帮助西方发现到远东和西向美洲的新航路，因而扩大了对地球的视野。

14世纪到17世纪地理学发展的应用形式，很适合宗教改革时代的新基督教哲学——渐渐地认为人类是改变地球的原动力之一。身为基督徒必须致力于发展基督教世界，于是许多和绘制地图有关的技术，因为这种改变而被需要。

相对于古代地理学的制图传统的复原，区域传统则尚未受重视。社会虽对游记有大量需求，但这也可以解释许多捏造作品出现的原因。但在近代早期（指15世纪到17世纪）仍没有能和纪元前后的斯特拉波（Strabo），或公元14世纪的伊本·巴图塔（Ibn Battuta）相提并论的区域地理论著。

瓦伦纽斯的《普通地理学》代表了17世纪初的主要进展，但仍属地图学传统的成果，书中以天文学上的新发展解释形成地球季节和区域结构的机制。瓦伦纽斯知道这种地理学的形式未能解答对一个国家呈现的所有问题，因此他提出"特殊地理学"此一途径，采取区域描述的形式，但是此领域的成果不及他书中的地学通论令人印象深刻。

思 考 题

3-01 葡萄牙、西班牙航海探险与蒙古人远征西亚至欧陆两事件与地图学发展的关系如何？
3-02 托勒密理论再发现的时代背景及其历程(15—16 世纪)与其影响是什么？
3-03 基督教在 13 世纪开始，在传统认知及实践方式上有哪些改变？
3-04 试述改革后的基督教对地理学发展的影响。
3-05 试述阿拉伯地理学者们在地理实察及人文地理学上的贡献。
3-06 试述 17 世纪瓦伦纽斯的主要著作，以及牛顿如何彰显瓦伦纽斯对地理学的贡献。

参考文献

Ahmad, N, 1947, *Muslim Contributions to Geography*, Lahore, Muhammad Ashraf.

Baker, J. N. L., The Geography of Bernard Varenius, *Transactions and Papers*, *Institute of British Geographers*, XXI, 1955, pp. 51—60.

Blachère, R., and H. Darmaun (eds.), *Extraits des principaux géographes arabes du Moyen Age*, Paris, 1957.

Broc, Numa, *La géographie de la Renaissance* (1420—1620), Paris, Bibliothèque Nationale, 1980, 261p.

Büttner, Manfred, *Die Geographia Generalis vor Varenius. Geographisches Weltbild und Providentialehre*, Wiesbaden, Franz Steiner, 1973, 252p.

Büttner, Manfred (ed.), *Wandlungen im geographischen Denken von Aristoteles bis Kant*, Paderborn, Ferdinand Schöningh, 1979, 276p.

Capel, Horacio (ed.), *Varenio, Geografia General*, Barcelona, Ediciones de la Universidad de Barcelona, 1974, 147p.

Chaunu, Pierre, *L'expansion européenne du XIIIème au XVème siècle*, Paris, PUF, 1969, 396p.

Chaunu, Pierre, *Conquête et exploitation des nouveaux mondes*, Paris, PUF, 1969, 445p.

Collins, Basil Anthony, *Al-Muqaddasi. The Man and his Work*, Ann Arbor, Michigan Geographical Publication n° 10, 1974.

Dainville, François de, *La géographie des humanistes*, Paris, Beauchesne, 1940, XVIII—562p.

Dainville, François de, *Le langage des géographes*, Paris, Picard, 1964, XXII—384p.

Edgerton, Samuel Y. Jr., *The Renaissance Rediscovery of Linear Perspective*, New York, Basic Books, 1975; Icon Edition, 1976, XVII—206p.

G. Jacob, *Studien in arabischen Geographen*, Berlin, 1891—1892.

Harley, J. B. and David Woodward (eds), *The history of cartography*, vol. 1, *Cartography*

in Prehistoric, Ancient and Medieval Europe and the Mediterranean, Chicago, Chicago University Press, 1987, XXI—599p., vol. 2, Book 1, *Cartography in the Traditional Islamic and South Asian Societies*, 1992, 604p., vol. 2, Book 2, *Cartography in the Traditional East and Southeast Asian Societies*, 1994, XXVII—970p., vol. 2, Book 3, *Cartography in the Traditional African, American, Arctic, Australian and Pacific Societies*, 1998, XXI—639p.

Kant, Immanuel, *Geographische und andere naturwissenschaftliche Schriften*, (Einleitung von J. Zehbe), Hamburg, Meiner, 1985, XLIV—202p.

Kimble, G. H. T., *Geography in the Middle Ages*, London, Methuen, 1938.

Kratchkovsky, I. J., *Arabskaia geografitcheskaïa literatura*, Moscow-Leningrad, 1957.

Lelewel, J., *Géographie du Moyen Age, accompagnée d'atlas et de cartes dans chaque volume*, Brussels, J. Pilliet, 1845—1857, 5 vol. Amsterdam, Meridian, 1966, 185, 243, 220, 112, VIII—308p.

Miquel, André, *La géographie humaine du monde musulman jusqu'au milieu du XIème siècle*, Paris, Mouton, 4 vol., 1967—1988, L—426, 707, XX—543 et 387p.

Miquel, André, "La géographie arabe après l'an mil", *Popoli et paesi nella cultura altomedievale*, Settimana di Studio del Centro italiano di studi sull'alto medievo, Spoleto, XXIX, 1981, pp. 153—174.

Randles W. G. L., *De la terre plate au globe terrestre. Une mutation épistémologique rapide 1480—1520*, Paris, Armand Colin, 1980, 120p.

Reinaud, M., *Introduction générale à la géographie des Orientaux*, Paris, 1848.

Taylor, E. G. R., *Tudor Geography*, London, Methuen, 1930.

Taylor, E. G. R., *Later Tudor and Early Stuart Geography*, 1583—1650, London, Methuen, 1934.

Taylor, E. G. R., *The Haven-Finding Art. A History of Navigation from Odysseus to Captain Cook*, London, Hollis and Carter, 1956.

Urteaga, Luis, "Descrubrimientos, exploraciones e historia de la geografia", *Geo Critica*, 71, 1987, 37p.

Wright, John Kirtland, *The Geographical Lore of the Time of the Crusades*, New York, American Geographical Society, 1925; Dover, 1964, XXXIII—563p.

译者参考文献(请参见附表一)

■ 近代中期(公元 17 世纪至 18 世纪)

第四章 启蒙运动与地理学
（1675—1800）

一、前　言 \ 48

二、现代国家、科层体制与统计学的诞生 \ 52

三、科学地图学的兴起 \ 55

四、对自然的新观念：旅行与自然科学 \ 59

五、地理学与野外实察经验：卢梭与
　　裴斯泰洛齐 \ 62

六、地理学的认同危机与认识论的
　　响应：康德 \ 64

七、启蒙运动、演化理论与人类的单一性
　　或多样性：孔多塞与卢梭及赫尔德
　　的比较 \ 67

思考题 \ 69

参考文献 \ 70

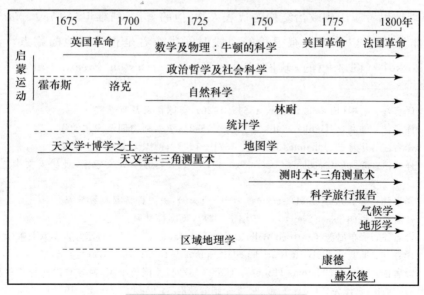

图 4　启蒙运动与地理学

一、前　言

科学在 17 世纪进展很大。首先,在该世纪初,培根(Francis Bacon)①提倡使用以经验为基础的方法论。到了该世纪的 20 年代,伽利略(Galileo Galilei)②推翻了亚里士多德式的老物理学,建立以数学推理应用于标准化观测的近代物理基础;并与开普勒(Johannes Kepler)③完成了哥白尼(Nicolaus Copernicus)④在 16 世纪中叶开始的天文学革命。笛卡儿(René Descartes)⑤有功于数学和物理学领域的重要发展。在世纪的最后数十年,牛顿(Isaac Newton)⑥发展出重力(即地心引力)理论(the graviation theory),证实新方法论有效。为了证实新方法论的效能,莱布尼茨(Gottfried Wilhelm von Leibniz)⑦在德国自创数学及微积分的新形式(图 4-1～图 4-6)。

到 17 世纪末,科学的成果令人惊奇,不但证明人类有能力解释世界,而且证明并可预测世界的演化,于是对人类理性(human reason)的信心增长。人类理性的力量曾被培根、笛卡儿以及后来的斯宾诺莎(Baruch or Benedict Spinoza)⑧(图 4-7)、莱布尼茨等哲学家们分析过。此时,科学在数学、天文及物理学等领域已有基本进展。17 世纪末以前,愈来愈多的哲学家们相信理性也能改革社会和经济生活。最著名的霍布斯(Thomas Hobbes)⑨(图 4-8)即是第一位将理性思考应用到政治结构的代表人物,他的著作《利维坦》(The Leviathan,1651)非常激进,以致人们有很长的一段时间犹豫着是否赞同他的论点。洛克(John Locke)⑩(图 4-9)的《政府二论》(Two treatises on government,1689—

---

① 译者注:培根(Francis Bacon,1561—1626),英国作家及哲学家。
② 译者注:伽利略(Galileo Galilei,1564—1642),意大利物理及天文学家。
③ 译者注:开普勒(Johannes Kepler,1571—1630),德国天文及物理学家。
④ 译者注:哥白尼(Nicolaus Copernicus,1473—1543),波兰天文学家,现代天文学之创始者。
⑤ 译者注:笛卡儿(René Descartes,1596—1650),法国哲学家及数学家。
⑥ 译者注:牛顿(Isaac Newton,1643—1727),英国科学家。
⑦ 译者注:莱布尼茨(Gottfried Wilhelm von Leibniz,1646—1716),德国哲学家及数学家。
⑧ 译者注:斯宾诺莎(Baruch or Benedict Spinoza,1632—1677),荷兰哲学家。
⑨ 译者注:霍布斯(Thomas Hobbes,1588—1679),英国哲学家,西方政治思想的奠基者,他的著作《利维坦》或译为《巨灵论》,或译为《极度专制的政府》(The Leviathan,1651)。
⑩ 译者注:洛克(John Locke,1632—1704),英国哲学家。

1690)基于相同的方法,但结论更敏感。它们为1688年革命之后的英国[11],提供了社会政治与经济体制的理论基础。

图 4-1　培根(Francis Bacon)

图 4-2　伽利略(Galileo Galilei)

图 4-3　哥白尼(N. Copernicus)

图 4-4　笛卡儿(René Descartes)

图 4-5　牛顿(Isaac Newton)

图 4-6　莱布尼茨(G. W. von Leibniz)

---

[11] 译者注:1688年英国的革命即为"光荣革命"(Glorious Revolution)。在反抗英王詹姆士二世(James Ⅱ,1685—1688年在位)的活动中,英王下台,其女玛丽二世及丈夫奥伦奇亲王(其后成为威廉三世,Willem Ⅲ,1650—1702)登基,这次不流血的革命,史称"光荣革命"。

图4-7 斯宾诺莎
(B. Spinoza)

图4-8 霍布斯
(Thomas Hobbes)

图4-9 洛克
(John Locke)

启蒙运动(Enlightenment)在17世纪末叶成形,18世纪由于欧洲社会对人类理性力量有了新信心而获得发展。科学成果呈现吾人主宰自然世界的过程,当时已证之于天文学及物理学知识的进展。但是人类组织的理性分析尚待努力,因为直到那时,人们还依赖习俗和宗教信仰,显示传统社会在理性方面尚有缺憾,因此导致18世纪的社会和政治学家[social and political scientists,人称"启蒙哲学家们"(philosophers)]对宗教,特别是罗马天主教的批判态度。这不意味着他们是无神论者(atheists);他们大多认为上帝是神(God),是圣人(Supreme Being),是完美理性的,但天启宗教(the revealed religions)⑫是人捏造的。

上帝不必经由《圣经》或《福音书》去研究,而需由其最美好的成就:"上帝创造天地"(the creation)去了解,因此对大自然(nature)产生了新态度。数学和物理学是17世纪科学运动的中心;而自然科学和对生命的研究(natural sciences and the study of life),在18世纪日益重要。

世人改造世界的意愿也比以往强烈,但是重点不同。16—17世纪的目标是关注在景观之"合理"规则,亦即几何的秩序。18世纪,人们开始对成长和发

---

⑫ 译者注:天启宗教(revealed religion)指犹太教及基督教。

第四章 启蒙运动与地理学（1675—1800）

展更有兴趣，采取改进生产力并使之更有效率的行动。社会生活的终极目标是强调物质条件的幸福，现代经济学的产生即反映此新的关怀。

要了解18世纪地理学的演进，必须认识这些脉络。新的理性主义对欧洲国家的行政结构影响很大，这些国家对科层体制的依赖增加，很显然，一个国家对不同省份的人口、生产和贸易的精确认识，将更有助于政治和行政的决策过程，统计学亦应此需求而产生。

数学、天文学的进步和经纬仪（the chronometer）的发明，使地图制作得以完全合理化，地图学的成就惊人，已依赖精确的测量。国家领土的测绘采用大或中比例尺的系统制图；地球的形状测量已更精确，经纬度的测定大为进步。

现代自然地理学的探讨，即在于对自然世界的新兴趣下开展。由于对环境（environments）有较好的鉴别力，以及对蔬菜、土壤、岩石或农业的描述有了新的词汇与观念，使得对地球上多样性的叙述更为容易。区域地理经历着一个新的里程。

然而，地理学发展并不兴盛，因为直到18世纪中叶，地理学者的技巧仍集中在绘制地图前的调查方法上。以18世纪的标准而言，地图学的新方法是高科技，因而地图学日渐由受过良好训练的技师来工作，其结果是地图虽一如往昔为地理学的中心，但地理学者必须重新自我定位并培训新技巧。当时使用的地理方法陆续问世，有：历史调查法（historical investigation），这是地图学传统方法的副产品；统计法（statistics），利用新统计学做有利的技巧发展；野外实察法，即采用自然科学的野外调察工作（field work）等，这些方法不是突然被发现的。

此外，地理学产生认同危机持续达数十年。对认识论的反省（epistemological reflections）有助于地理学者寻到脱离困惑的途径。其中，康德（Immanuel Kant）[13]（图4-10）在此问题上扮演的哲学家角色，广为历史和地理学界认识，其

---

[13] 译者注：康德（Immanuel Kant，1724—1804），德国哲学家，自然地理学者。

理念被现代地理学建立者知晓。但实际上,卢梭(Jean-Jacques Rousseau)[14](图4-11)和赫尔德(Johann-Gottfried von Herder)[15](图4-12)的重要性远超过康德。

图4-10 康德
(Immanuel Kant)

图4-11 卢梭
(J.-J. Rousseau)

图4-12 赫尔德
(J.-G. von Herder)

二、现代国家、科层体制[16]与统计学的诞生

欧洲行政结构的现代化始于16世纪的意大利和西班牙。那时意大利分裂成许多国家,有些是商业、工业或银行业很兴盛的城市国家,譬如:威尼斯、佛罗伦萨、热那亚、米兰,以及较次要的费拉拉(Ferrara)、曼图亚(Mantua)或帕尔马(Parma)。这些国家以现金支付重要的税收,因此能够给付有良好训练的公务人员,它们是最早现代化的。为此有关国家的科学(the science of the State)被赋予了一个意大利的名字——统计(la statistica)。

---

[14] 译者注:卢梭(Jean-Jacques Rousseau,1712—1778),是出生于瑞士的法国思想家、哲学家及作家。著有教育哲学名著《爱弥儿,论教育》(*Émile, ou de l'Éducation*)。

[15] 译者注:赫尔德(Johann-Gottfried von Herder,1744—1803),德国哲学家、路德派神学家及诗人。重要著作有《论语言的起源》(*Treatise on the Origin of Language*)等。

[16] 译者注:bureaucracy一词的解释见本书第一章第三节的注④。

第四章　启蒙运动与地理学（1675—1800）

当时英国、瑞典、法国或西班牙等大君主国，因为受到国内以农村经济为主的阻碍，现代化所费不赀，难以实施。其后，西班牙由于美洲银的输入，加上意大利经验的运用，发展出第一个有效率的科层体制和有强盛常备军的大国。17世纪，瑞典、法国、英国也开始现代化，其间某些进展受到内战、国际冲突和封建结构的抗拒而延迟。然而到了17世纪末，欧洲国家多已有相当好的行政结构，于是为了工作效率，必须建立精确的人口、经济及收支资料。

天主教教会和新教教会[17]的每个教区有教士或牧师担任教友登记之职，他们为其信徒登记受洗（出生后马上登记而且带去受洗）和纪录死亡。有些政府不可能在每个地方设行政机构，因此利用不同教会的登记册之人口资料，以落实新统计学的基本数据。譬如英国或法国等国家无钱作正规的户口普查，就参考教会登记的出生和死亡资料，以估计全国、各城市和行省的人口。法国直至18世纪中叶，仍大致沿用上述资料。英国的约翰·格劳恩特（John Graunt）于1662年首次出版了死亡表（mortality table）。配第（William Petty，1623—1687)创"政治算术"（political arithmetick），他用此方法描述爱尔兰的人口；德国的聚斯米尔奇（J. P. Süssmilch，1707—1776）则采用接近"政治算术"法来统计。

当时德国分裂成许多小邦（states），18世纪时约300个。邦主或公爵们的主要问题是从他们的小邦里筹措足够财源用于建造城堡以及建立常备军队。他们当然都期盼有位干练大臣。德国的大学当时为此发展出一门新学问，称为"计相学"（cameralist science），以培训未来最佳行政官员。由于小邦林立，这种毕业生的市场需求量很大。这门科学曾被康令（Conring，1606—1682）和阿亨华尔（Achenwall，1719—1772）详细阐述。

由于处理较小邦国领域，德国统计学者比英国或法国的统计学者在搜集资料方面较便利，而且规模较小，易处理户口普查或财政资料。因此德国各邦的

---

[17] 译者注：新教教会（Protestant Churches），1) 新教或称基督教教会；2) 17世纪时，路德信徒或英国国教（有别于加尔文派、长老派或教友派教徒）。

统计学者能用很详细的调查资料,描述其邦国及行政区。

由于这类统计的需求性很高,因此采用新统计法出版的出版品,很快就为其他国家所模仿。中欧和东欧各国政府努力将他们的行政结构现代化,一方面进行经济基础转型;另一方面刺激外销和发展军事。基本上,他们比较欣赏德国式的统计。而西欧地区如法国,在18世纪末叶已广泛应用这种地理分析形式,并在法国革命时证明其对推动法国新行政区的规划特别有用,因为当时无人确知新省(départements)的人口和资源状况。

图 4-13　杰弗逊 (Thomas Jefferson)

基本上,行政科层体制的兴起与统计资料的扩散有关,因为当时不同单位制作的各种调查报告,其结果并非为政府保留,而是公开出版。虽然这种新式的地理撰述重复而单调,但因为有用而广为流传。当美国宣告独立时,最著名的政治家之一的杰弗逊(Thomas Jefferson)⑱(图4-13)也曾撰写《维吉尼亚州记事》(*Notes on the State of Virginia*),乃是他个人对这个新国家最熟悉地区的统计报告。

政府为了改进公共行政效率,需要统计资料。由统计资料的分析后发现,若要改进国家最大库收的土地税,需要合理的行政区划;若进行合理的行政区重划,需要详尽的土地调查。于是就把统计知识的发展和土地调查的绘图技术作了重要的连接。18世纪末,在北意大利某些管理绩效最好的城邦,例如皮得蒙(Piedmont)就完成了现代的土地财政调查。但是地图学的主要成就尚涉及其他领域的发展。

---

⑱　译者注:杰弗逊(Thomas Jefferson,1743—1826)。美国政治家,《独立宣言》的撰写人,于1801—1809年担任美国第三任总统。

三、科学地图学的兴起

17世纪中叶以前,人们已知如何借由经度和纬度为地球上任何一个地点定位。基本上,使用天文测量法就可以精确地测定纬度;但从埃拉托色尼(Eratosthenes)以来,测经度的方法没什么进展,地图学者(或称地理学者),此二词在17世纪至18世纪初叶,意义几乎相当[19],必须仰赖旅行报告。他们依陆路旅行线来比较距离,并试着由船舶航行日志中的磁北方及洋流速度等,对地点定位与校正。

由于当时尚无精密的航海用经线仪(chronometer),故地理学者宜精通天文、三角测量(triangulation)计算以及搜集相关档案,来掌握他们的测量工作。当然,亦有学者仅在图书馆内钻研文献为主,少做野外实察。但基本上,大多数学者是两方面兼备的。

三角测量技术大为改进后,可制作精确的田地、教区、城市或行省地图。当时测出来的相对点位置很精确,但不知其绝对经度,故欲以科学方法弥补此缺憾。当时有三个方法可用:

(一)由两地时差得知其经度

许多人懂得由两地时差测经度的方法。其解决之道可由复杂的天文测量法提供,譬如:在两地同时观察相同的天体事象时,由两地之地方时的差异得知其经度差异。但可利用的天文事象极少,观察必须经由训练有素的天文学者或地图学者进行。再者,经度的测定只能在少数几个观测点完成,花费至巨。

最初拿来计算地点坐标的天文事象是"蚀"(eclipses)。此构想源自16世纪,西班牙宇宙志学者(cosmographer)维拉斯哥(Juan Lopez de Velazco)利用1577、1578及1584年的日蚀去估算西班牙语系美洲各地的经度。17世纪下半

---

[19] 译者注:地图学者(cartographer)及地理学者(geographer),此二词在17世纪至18世纪初叶,意义几乎相当,以法国而言,最传统的绘制地图机构(Institut Géographique National,简称IGN),至今仍沿用"地理"(Géographique)之旧名,即是一例。

叶,因为发现土星的卫星,发展了以天文事象计算经度的新基础;此外,测量月亮通过子午线的时间,也是计算经度的方式之一。

在16及18世纪之间,发展了许多估测的方法,因而产生许多累赘的地方坐标。但从天文观测计算,可施以筛选、去误谬存精确。18世纪初,德利乐(Delille)曾拥有法国国王之首席制图学者头衔,而得以参阅当时最佳文件,其后依据100个精确的区位来制图;唐维[20]在18世纪中叶(1761年),曾依据200个精确的区位来制图。彭南及德斯马赫特(R. Bonne and N. Desmarets)在1787—1788年出版《百科地图集》(Atlas enyclopédique)时,已知1 540个坐标点,显示了此方面的快速进展。

地图学的发展,由图书馆内研究到与天文观测结合,有了极大的进步。耶稣会教士在中国,即以他们的天文和制图技巧获得中国皇帝极大的赏识,因而被赋予改进传统中国地图的任务。他们参照两千年来累积的各城市之相对位置。1680年代起[21]被授权访问全国各地,计算一些关键区位的坐标。起初工作的范围在北部省份及北京地区,后来延伸至十八行省。其进度很快,1717年在北京将完成的一幅中国全图(即《皇舆全览图》)之木刻版呈供皇帝。根据上述资料,何德神父(Father du Halde)曾委托法国制图学者唐维(Bourguignon d'Anville)为其所著之《中国地理、历史、编年史、政治的描述及其特征》(Description géographique, historique, chronologique, politique de l'empire de Chine et de la Tartatie chinoise,1735年巴黎出版)一书绘制地图以配合文字说明,唐维为此书绘了一幅中国全图(1730年),以及一套有42幅中国地图的地图集(1737年出版,是该书之附件),其精确度在其后近150年内无出其右者。地图学者皆以当时的成就为荣,因为他们是结合不同方法且效率不等的各种技术完成的。

---

[20] 译者注:唐维(Jean-Baptiste Bourguignon d'Anville,1697—1782),法国地图学者。

[21] 译者注:此处所描述的中国全图的绘制工作,即《皇舆全览图》。始于1680年,时值清圣祖(康熙)在位的前期(1662—1722年)。正式的测绘工作从康熙四十七年起,康熙五十七年(1718年)《皇舆全览图》第一版完成,是中国第一套有经纬网线的地图集,康熙六十一年版(1722年,当年康熙驾崩),蒙古及西藏极西之地亦完成。

第四章　启蒙运动与地理学(1675—1800)

(二) 三角测量加天文测量是当时的唯一良方

三角测量加上天文测量是当时制图的最佳方法。意大利天文学家卡西尼(Cassini)来到巴黎,结合了这两种技术,发展于17世纪60年代的法国。首先,他建构出与天文测定之基本网相联结的法国一级三角点的三角网络,并借此精确地测算全国面积与形状。接着建构二级与三级的三角点网络以为大比例尺地图和大地测量的基础及整合性的架构。

如此艰难的工作费时且费钱。从1680年至1793年,卡西尼家四代持续绘制法国地图的工作,由卡西尼一世(Jean Dominique Cassini)(图4-14)、二世、三世以至四世。

图4-14　卡西尼一世
(Jean D. Cassini)

1750年以前,第一和第二级的法国三角测量网,随着测量法国以及掌握瑞典北部和秘鲁子午线角度的长度而完成。其后,制成一个1/86 400比例尺的全国地形图。此项工作昂贵到连当时的法国财力都无法全部负担,卡西尼设法撙节开支勉力完成,在使用简化三角测量技术做土地测量的条件下,地图出版历时约40年。

18世纪最后数十年间,其他欧洲国家开始绘制类似的地形图,特别是意大利北部、奥地利和德国。但是在品质上唯一堪与卡西尼地图[22]相比的绘图规划是英国陆军军用测绘地图,该规划于18世纪90年代初期开始,有很高的水准。法国自1810年开始制作另一新系列地形图,才有与其相近的水准。

---

[22]　译者注:卡西尼地图(the Cassini's map)是法国天文学及大地测量学世家卡西尼(意大利后裔)对地图学界的贡献。卡西尼一世(Jean Dominique Cassini,1625—1712)曾担任巴黎天文台台长,于1680年开始为法国制作地图;其子 Jacques Cassini 即卡西尼二世(1677—1756)以大地测量工作著名,继续地图的制作;其长孙 César François Cassini du Thury,1714—1784) 即卡西尼三世,于1750年代因为法国、瑞典北部和秘鲁的子午线角度的长度测量完成,乃决定制作比例尺1/86 400 的全国地形图集。该工作在卡西尼一世的曾孙 Jacques Dominique Cassini 即卡西尼四世(1748—1845)接续工作时期的1793年完成。

(三)哈里森(John Harrison, 1693—1776)发明"航海用经线仪"

陆军需要地形图,特别是炮兵和筑路的工兵。但是,当海上贸易兴盛后,欧洲和远处国家需要发展经贸关系时,航海图变得更有价值。罗盘的使用,协助中世纪早期航海图(portolano)的改进。但是有很长的一段时间里,可用的技术进步不多。由于不可能在海上使用笨重费时且复杂的天文测量仪器,所以船长通常拥有精湛的天文知识,也知道地球上已测得的许多北方、磁北极之角度数值及其变异数。有关经度的测量问题,一直等到哈里森(John Harrison, 1693—1776)发明了航海用经线仪(chronometer)才获得解决。

图 4-15 库克(James Cook)

当这项发明可用时,英、法即开始雄心勃勃的海上探险:库克(James Cook)[23](图 4-15)和布干维乐(Louis Antoine de Bougainville)[24]贡献了许多太平洋地区的知识。18 世纪最后数十年间,欧洲各国的水文测量工作是忙于绘制欧洲和其他大洋的海岸图。航海图的制作工作,愈来愈需要受过高度训练的专家。

以上的演化发展出两类地图学者:(1)传统地图学者,依靠天文和旅行资料,采取历史地理学(historical geography)的研究取向;(2)新地图学者,应用天文学、测地学和三角测量的技巧测绘地图。由于从事野外实察工作,他们对于观测区的自然环境(natural environment)、经济和人口特点发生兴趣。他们在法国被称为"地图绘制员"(ingénieurs-géographes),在许多方面发展出自然与人文地理学的现代观点。不幸,其能力未获得地理学界认同;到了 19 世纪中叶,上述地图学者不再被认为是地理学者(参见本章注⑲)。

---

[23] 译者注:库克(James Cook, 1728—1779),英国航海家与探险家。
[24] 译者注:布干维乐(Louis Antoine de Bougainville, 729—1811),法国航海家。

第四章　启蒙运动与地理学（1675—1800）

这种转变并未减低地图在地理研究工作上的角色。地理学过去及现在的特性均是透过比例尺的变化和地图的使用，借以建立自然和人文分布情形的抽象表征。至少一个主要问题已经解决，那就是对地球上一个地方的定位。

地图学仍然是地理学研究的领域，专题地图（thematic mapping）对综合分布情形提供深入的观点。卫星遥感探测的发展，使得垂直观测地球变得较为容易，成为当今地理研究法的中心，它提供地理学者不断更新的、丰富的新地理资料。如今，地图学仍属必要，但已不再主导地理学的演进。

四、对自然的新观念：旅行与自然科学

牛顿的天文学和物理学为18世纪的科学树立了典型。许多人遂渐试着将它应用于社会世界，不过对自然的兴趣仍然是当时的研究重心。因为科学的发展使人们对上帝有了新观念，希望由研究上帝所创的世界来发现他的智能。

（一）对世界多样性及生物的发展产生强烈兴趣

受惠于动物、植物生理学及包括岩石的矿物测定等基础之进步，此时期的动物、植物和矿物的分类法大为改进。林耐（Carol Linné）[25]（图4-16）对科学界提供了一个全球动植物分类系统，经由这个系统产生国际字汇，给予每个物种一个名称。矿物学方面自18世纪50年代以来进步很多，火成岩和水成岩的区别在18世纪80年代已广被认识。

图4-16　林耐（Carol Linné）

18世纪英国士绅们为了改进农场经营而研究农艺学（agronomy）。这是一门研究动植物品种选择、谷物轮种，以及农业和养牛业关系的新科学。田地结构被认为是合理经营农场的重要因素。由于须采集体控制，敞田（openfields）

---

[25]　译者注：林耐（Carol von Linné，1707—1778），瑞典植物学家，二名分类法之创造者。

被认为在进步的诱因上少于作物轮作(crop rotations)。作物轮作,是各农户自由决定轮种最佳作物于自用田地及中央田地之空间结构。山牧季移(transhumance)首见于瑞士阿尔卑斯式经济论述,农业方式受环境影响显而易见。关于栽培业经济(the plantation economy)方面也有人论及。

(二) 面临描述景观的词汇不足

18世纪70年代初,法国小说家圣皮埃尔(Bernardin de Saint-Pierre)游访印度洋的法国属岛(今毛里求斯,Mauritius),曾抱怨那时可用来描述他所发现的景观的词汇不足。"说明本区自然界特色,需要的文词是崭新的,以至于可以描述的词汇尚未发明。为了让读者认识一座山:你仅描述它的基部、山腰及其山顶之后就说尽了。但是山形多样,有凸形、圆形、长形或凹陷形!你仅能简略点到。"[摘自《法国之岛的旅程》一书(*Voyages à l'Ile de France*, Paris, 1773)㉖]。自古,旅行记事和区域地理的描述,往往受限于专业知识与专有名词的欠缺,而不易表达一个地方的真正特性。

图 4-17 夏多布里昂
(Chateaubriand)

自然科学的进步提供了这方面的突破,使得这种情形很快改观。当另一位法国小说家夏多布里昂(Chateaubriand)(图4-17)于18世纪90年代中叶造访美国时,他可以依赖适当的科学技术词汇来描述这个国家的动植物和自然环境(natural environments)。例如,他清楚地叙述密西西比河西岸的大草原与其东岸森林

㉖ 译者注:(1) l'Ile de France 法国之岛—指18世纪印度洋上法国属岛(今毛里求斯,Mauritius)。该岛于19世纪初之拿破仑战役后(guerres napoléoniennes)成为英国属地,改回现名。1968年独立,1992年成为共和国,为大英国协约的成员之一;

(2) l'Ile de France 又为法国行政区域名称,"法国之岛"区。指以巴黎市为首邑的八个省市:Essonne, Haute-de-Seine, Paris, Seine-et-Marne, Seine-Saint-Denis, Val-de-Val-d'Oise 及 Yvelines 所组成的区域。

之间的景观对照："在河之西,莽原(savannas)开展至邈远……在这些无止境的草原(prairies)上,你可以看见三四千头美洲野牛(wild buffaloes)。在河之东,景观是成对比的,各种形式、颜色、气味的乔木混生……如枫树(maples)及北美洲的櫔属百合树(tulip trees)等。"

旅行成为一种科学性活动,而其记录常成为主要的地理学作品,譬如,库克(Cook)、布干维乐(Bougainville)和他们的追随者的探险,皆不仅为制作地图而已。自然科学家旅行海外,提供了数以千计的动物、植物及昆虫等新物种之描述。19世纪30年代,达尔文乘"小猎犬号"(the Beagle)航行时,曾被各地生物依其栖居环境所反映的相似性及差异性所震撼,他的演化理论(theory of evolution)即建立在航程中所搜集的证据。

(三) 18世纪中叶已逐渐注意到环境问题

18世纪中叶,自然地理学仍属低度发展的领域,但随着自然科学进步和以科学知识解释世界的发展,开始逐渐注意到环境(environment)问题。观察工作由于新仪器的使用而更形精确,气压计可以测量高度,在测量的领域里先前的一些估计显然有误。从17世纪中叶起,某些地方每天都记录温度和雨量。经由平均温度和平均降水量来表示气候特征的观念在18世纪末萌芽了。首先阐释这新气候学(climatology)的是对植物茂盛成长有兴趣的植物学家,他们之中许多是瑞士学者。

水文学(hydrology)也同时发展,特别是在意大利和阿尔卑斯山地区国家,那儿洪水壮观而危险。18世纪末,意大利的水文测量学者知道如何估计河水流量。西北欧国家一向关心内陆航运,故对河床的研究大有进展。

地质学家和矿物学家提供解释地形演育的新资料。然而地形学(geomorphology)的发展却受到《圣经》的〈创世纪〉章(Genesis)所阻碍。英国国教主教(Anglican Bishop)在17世纪中叶根据〈创世纪〉内容所述,算出上帝在公元前4 054年创造了世界,因此地形并无长期缓慢演进的可能:在这么短的时期里,显然不能解释山地隆起是经由缓慢的地质作用力形成;以及地形是侵蚀作用的结果。解决之道是承认地球曾经遭受巨大灾变而形塑。由于《圣经》上提到一项大灾变:洪水,那时许多地质学家认为地球史可分成两部分:即大洪水[27]发生以前和发生以后。他们很自然地声称在众多河川上的洪积层(diluvium)是由河阶上碎石层所形成的,这个名词在其他解释尚未发展前一直被沿用。基督教所有宗派都支持《圣经》的纪年(年代学,chronology),但是它在加尔文派及英国国教派(the Calvinists and Anglicans)之间,特别是在英国,讨论得很热烈。

赫顿(James Hutton)[28]是位苏格兰地主,曾独自到欧洲大陆旅游。他研究地形演育的过程,了解水成岩曾经是海底的沉积物,它们是大陆均夷侵蚀的结果。而沉积物是岩石风化后,被小河和大江运送到海中。赫顿的解释是基于简单的原则,不需用大灾变的过程来解释地球的形态,却很容易去观察它们、叙述它们形成的机制,后来建立了合理的地形学(geomorphology)。

赫顿是个天才,但是他的著作颇为冗长,且文意并不清楚。但是他的观念吸引了在爱丁堡大学任教的数学家和天文学家普莱费尔(John Playfair,1747—1819)。此事对地形学的研究而言是幸运的:后者以清晰的英文解释赫顿所欲证实者,并将其普及于地质学界。普莱费尔抵挡了许多来自教会的攻击,由于他的努力,赫顿的原理才为大多数地质学家和地形学家所接受,开启了地形学研究的康庄大道。

五、地理学与野外实察经验:卢梭与裴斯泰洛齐

人类对大自然(nature)不断地产生新的好奇,这种特性对地理学的发展是有影响的,因为地理学是直接观察现象。当大比例尺的观察转置到小比例尺以叙述它们的分布时,需要两套能力:① 良好的观察力,因为整个活动依靠记录

---

[27] 译者注:大洪水(the Deluge)指《圣经》上提到的诺亚时代的大洪水。

[28] 译者注:赫顿(James Hutton,1726—1797),英国地质学家,也是现代地质学奠基者,提出均变论(uniformitarianism)——过去造成地球地质面貌的外力,和现今外力是相同的。

第四章 启蒙运动与地理学(1675—1800)

繁多事象的能力;② 概化的能力,亦即以较小比例尺概化出实地比例尺的观察所得。观察和概化(observations and generalizations)不必由相同的人去做,否则地理学的概化将受限制。但是野外观察和归纳概化之间的分工可能会有危险,因为重要的观察可能在报告之时已被忽略;概化可能集中于容易制成图的部分;或为公众所期盼的部分而不论其真实情况。古希腊晚期地理学即有这种情形出现。

每逢行政结构有新发展,地理学者即有新依靠,或为新行政体系搜集资料,因此形成对世界观印象刻板且流于短视的一种倾向。地理学者常以统治阶级的眼光来呈现城市、行省和国家,于是在科学程序里引入偏见。

当18世纪发展的自然新概念强调直接观察的价值后,地理学者必须亲自验证实际事物以选择最重要部分,加以通则化并制成可靠地图。他们不可能搜集到足以绘制中或小比例尺分布图所需的全部资料,如果他们希望正确描述世界,就必须做野外实察工作。

卢梭(Jean Jacques Rousseau)㉙是位启蒙哲学家,也是位优秀的植物学家,对自然素有兴趣,对自然科学的新发展也有相当知识。他痛恨只为博学(erudition)本身而发展的学识。对他而言,知识只有在能回答真实问题时才有价值。譬如,人必须生活、观察世界、并发展社会关系,这样的经验一定会引起疑问,为什么事情是这样的?这个社会情况公平吗?吾人必须探讨儿童如何面对真实的世界,并且能透过个人体验来回答所发现的问题。

卢梭对当时的学校制度颇多批评,认为仅教孩子们语言知识,而不教他们面对真实世界,将使他们无法充分发展自我——这种方式的教育培养不出实在的人。因为,教育制度的主要问题是建立真正的人格。他的思想为瑞士教育改革学者裴斯泰洛齐(Johann Heinrich Pestalozzi)㉚所发扬。

裴斯泰洛齐不喜欢当时地理学的传统教学法,因为传统教学法主要教语

㉙ 译者注:卢梭(Jean Jacques Rousseau, 1712—1778),参本章注⑭。

㉚ 译者注:裴斯泰洛齐(Johann Heinrich Pestalozzi, 1746—1827),是瑞士教育学家,深受法国卢梭所著《爱弥儿》的影响,但另行发展以孩子们既有的经验、兴趣、潜力,配合实验观察等方式,以自然界为师,以道德教育为宗旨的教育理论。裴氏为实验其理论创办学校及师范学院,其重要著作有《林哈德和葛笃德》(4册,1781—1787年)及《葛笃德怎样教育自己的孩子》(1801年)。裴氏的学生中对现代教育有影响者,如费林别尔格(P. E. von Fellenberg)、福禄贝尔(F. Froebel)及李特尔(C. Ritter)等。

言,而非经验。他很强调野外工作,在他的学校里,学童必须作户外观察,搜集植物、昆虫或岩石,并探究它们的名字。他们必须访问农场和工匠的厂坊,从这些经验中获得植物学、动物学、地质学、社会科学和地理学的综合知识。

透过卢梭和裴斯泰洛齐式的教学,从希罗多德到斯特拉波等最优秀的古希腊区域地理学者们曾使用的"比例尺论证法"(the scale dialectics)㉛有了新的发展。裴氏的教学法改革影响久远,尽管在18世纪末和19世纪初只有少数学校应用它。近代地理学的两位缔造者——德国的李特尔(Carl Ritter)和法国的雷克吕(Elisée Reclus)㉜,都曾在裴斯泰洛齐式的学校受过教育。

六、地理学的认同危机与认识论的回应:康德

虽然发展新地理学的条件很早即存在,然而直到19世纪初仍未发生。困难主要来自地理学者本身,因为自认为是地理学者的有两类:不是旧式的制图者(参见第四章第三节及注⑲);就是新型的实地制图者(ingénieurs-géographes)。前者忽略自然科学进展后对地理学开启的可能性;后者全赖野外经验工作,偏爱部分的植物学、地质学或农艺学,而不试着系统地归纳观察所得,因此,他们在笔记本上的资料,似乎超过他们出版品的价值。

当时社会对新式的区域描述有其需求,具有很高文学价值的旅行记录常成为畅销书。若将旅行见闻转变为地理分析时,归纳、综合和尺度的变换是必要的,有些自然科学家完成这类转型。而法国旅行家沃尔内(C. F. de C. Volney,1757—1820)曾到中东和美国旅行,为这些国家写下高水平的综合性地理著作,

---

㉛ 译者注:"比例尺论证法"或译"尺度辩证法"(the scale dialectics),指对同一地理空间采用不同比例尺地图以比较分析其区域特性的方法。

㉜ 译者注:李特尔(Carl Ritter, 1779—1859),德国地理学者,人文地理学者之父,生平与学术贡献见第五章第四节;雷克吕(Elisée Reclus, 1830—1905),法国著名的地理学者及无政府主义者,生平与学术贡献见第七章第二节。

第四章 启蒙运动与地理学(1675—1800)

但是他不认为自己是地理学者,当时的地理学界也持相同看法。

17世纪期间,区域地理研究开始恢复。法国的耶稣会神父方索瓦(Father Jean François)在1652年出版了《世界地理学短论》(*Short Treatise on Universal Geography*)(该书和瓦伦纽斯(Varenius)的《普通地理学》(参见第三章之七),几乎同时出版)。这是一部激励性的书,对于地理学的性质以及地理学者必须解决的问题有清楚看法,其中部分的内容是描述各大洲的区域特性,方索瓦神父相信,地理学必须解释世界,因此,他的研究常含近代地理学的意义。

18世纪期间,区域描述的品质下降,可能是地理学者受到两种限制。一方面是对宇宙志(cosmography)的兴趣,因而较强调地球区带的划分;一方面因为统计学的成功而导致所有研究都使用标准化资料,不再试着描绘地球的多样性。亦即自然科学虽已发展出自然新知识,但并未普及到当时的区域描述;因此,尽管良好的区域地理学知识已存在,但未被引入地理学者的著作里。

这种情形显示地理学者的怀疑和犹豫。他们试着让地理学适应新的科学活动环境,但未能找到脱困的方法。

因此,康德对地理学的哲学性思考具有重要意义。这位德国大哲学家任教于小校哥尼斯堡大学(Koenigsberg)[33]时,曾教过许多科目。他一生中教授地理课程不下50次,主要是自然地理。讲稿虽未曾出版,但由后来出版的学生笔记,得知其内容相当传统。康德对地理学发展的重要性表现在其认识论方面的著作中。

---

[33] 译者注:哥尼斯堡(Koenigsberg)是普鲁士时期的地名,位于波兰及立陶宛之间的波罗的海滨潟湖区东侧,如今是俄罗斯的加里宁格勒城(Kaliningrad)。哥尼斯堡大学的前身是1544年由普鲁士的第一位公爵艾伯特(Albert)设立,学生来自普鲁士、波兰及立陶宛,这个新教徒的附属学校在30年战争(1618—1648)后,吸引所有德语世界的学生来就学。1740年康德出生于科尼斯堡,及长大进入哥尼斯堡大学的神学院就读,很快就转攻他有兴趣的牛顿式物理学,毕业后当了15年的讲师,最后成为逻辑和形而上学的教授。城市毁于第二次世界大战,旧的大学结束于1945年,城市也改名为加里宁格勒。1967年新校成立,名为加里宁格勒州立大学,设物理、数学、历史、地理、哲学等许多科系。

由 18 世纪前半叶发展的科学理论里，他相信休谟㉞和卢梭的著作有些错误，决定以批判眼光来修正西方哲学基础。对他而言，知识乃基于吾人对于现象的知觉；科学的目的在于透过主题分类，以假设寻找定律规则来解释现象的发生。现象是经时间序列或与空间并存地向我们呈现，因此，空间和时间是康德用以形塑其理论的基础结构。

康德认为历史和地理不同于其他科学。两者的目标不是解释规则和确立定律，它们的角色是探索我们经验中具时空结构的特殊性资料。即使因果关系不是地理学的主要目标，但如此探究亦有助于揭露其关系。地理学的基本任务是描述地球上的区域多样性——这并不妨碍地理学发展其解释能力。此种以个案殊相的研究取向法(idiographic approach)，却是建立以法则为依归的共相科学(the nomothetic sciences)的极佳与必要之途径。

康德认识论的思考是基于深层的哲学分析，这些思考与当时人们认知的地理学主要焦点并不矛盾。区域叙述和诠释在那时很受注意，德国现代地理学的奠基者都熟悉康德的论点，他们欣慰于找到一个结构较佳而具一致性的学科(discipline)，并有助移除阻碍地形学发展上的神学性立论(theological discussions)，但是地理学的革新，需要一些更为动态的发展。

㉞ 译者注：休谟(David Hume, 1711—1776)，英国哲学家、历史学家、经济学家与美学家，以其哲学上之经验论与怀疑论而著名。

七、启蒙运动、演化理论与人类的单一性或多样性：孔多塞与卢梭及赫尔德的比较

（一）反映启蒙运动的另一潮流为提倡地理学是解释性的科学

对事物好奇的对象不仅限于物理和自然现象，社会事项也愈来愈吸引学者的注意。"启蒙哲学家"们（philosophers）对政治组织和宗教很有兴趣。他们运用历史证据作研究，从事件变动中产生了通则性解释的思想，以往古希腊历史学家或哲学家常视偶然或循环为人类历史的特点，唯一有竞争性的解释来自基督教的：*"历史是准备末日来临"* 的说法。虽然人不可能知道上帝所设计各种事件发生的原因，但是历史有其意义则是不争之论。

杜尔哥（A. R. J. Turgot）㉟（图 4-18）在 18 世纪 40 年代后期最先提出"历史即进步"（the history as progress）的现代性（modernity）解释。他的理论与基督

图 4-18 杜尔哥
（A. R. J. Turgot）

教类似，认为历史是重要的；所不同的是："*人是完美而理性地形成。因人类不断改进自己的状况，朝向实现人的天性*。"如此，启蒙运动定义下的进步观念就很接近基督教的历史哲学了，差异之处在于前者的历史目的之完成在现世，而非来生。

进步的理念（idea of progress）很快地被证明有颠覆性，它提供了 18 世纪末以来，许多革命运动的意识形态。西方世界的政治思想，受进步理论控制约两个世纪。吾人今日经历了福山（Francis Fukuyama）所称的《历史之终结》（*The End of History*），但更确切地说，应该是历史哲学之终结［参见第十三章、十、（二）及注⑪］。

㉟　译者注：杜尔哥（Anne Robert Jacques Turgot，1727—1781），法国政治家及经济学家。

地理学著作中有些是讨论人类演化的状况，而"启蒙哲学家"发现古代文学里有许多关于文明转型的假说。一个最著名的神话为公元前8世纪希腊诗人赫西奥德(Hesiod)㊱（图4-19）所想象的。他说人类经历金器时代、铜器时代，而至他生活的铁器时代。此后人类演进三阶段的说法遂被接受。原始部落过采集、狩猎和捕鱼的游牧生活(nomadic life)；下一阶段仍过游牧生活，但转为牧牛或牧羊，过着较为稳定的生活。其后经农业、定居、城市形成及文明兴起。对史前人类的想象，始于以古希腊为文明进步的历史分析。从此，历史即描述人类不断地演化。

这项人类史观的基本想法是：通往进步的路径仅一条，孔多塞(Marqie Caritat, de Condorcet)㊲（图4-20）最支持此一观点。当然，地理学在重建演化论上扮演过一定的角色，但有其限度。演化既然被认为是单线的，在其程序被追溯后，其他细节即被掌握。每当发现一个新社会，地理学者就被要求界定其属于演化过程中那一阶段。而唯一有解释力的学科是历史学。

图4-19　赫西俄德
(Hesiods)

图4-20　孔多塞
(Marqie Caritat de Condorcet)

（二）德国在18世纪70年代出现一种新的演化概念

中产阶级的德国人比例逐渐增加，他们对许多机构使用法语一事感到愤怒。例如腓特烈大王曾决定在柏林的普鲁士科学院仅使用法语，而国家剧院只

㊱ 译者注：赫西奥德(Hesiod)，约公元前8世纪的希腊诗人。
㊲ 译者注：孔多塞(Marqie Caritat, de Condorcet, 1743—1794)，法国数学及哲学家。

能演法语戏目。德国的君主们,例如普鲁士王即认为法国领先他们的国家,弥补差距的最佳方法就是直接移转法国的成就。

赫尔德(Johann Gottfried Herder)[38]曾受神职训练而为路德教派牧师,是18世纪60年代后期康德在科尼斯堡的学生。他就像大多数德国知识分子一样,认为法国和德国没有理由经历相同的发展历程,德国人有权利使用他们自己的语言,表达他们自己的经验。在他的两部历史哲学著作里,他同意演化的想法,但认为不同人民有不同形式,每个地区的人民应根据他们所住地方的可能性,建构他们的命运。

这样的观点促成地理学成为研究演化作用的焦点。地球上的区域差异成为解释该地人民特性的中心概念。此时地理学的重点不再是描述,而转移到解释。自瓦伦纽斯[39]以来,对天文学及自然地理学的重视,显然已被"人与环境的关系"(man-milieu relationships)的新认知所取代。

地理学自文艺复兴以来,曾发展为一门应用性学科。但出于新演化观点,那时最重要的哲学问题仅能由地理调查中获得解答。由此,地理学理应获得一个适切的学术地位。

如此重新定位的地理学,可依赖自然地理学(physical geography)、景观分析(landscape analysis)和区域描述(regional description)的最新成就,但仍有其困难。譬如18世纪的英国和法国曾经是地图学发展最好的国家,然其地理学者尚未为此转型做好准备。因此19世纪期间,德国乃在现代地理学的发展中取得了领导地位。

思考题

4-01 试述科学在17世纪初期的发展、中期的进展与末期的成果。
4-02 说明18世纪地理学的发展过程。历经哪五个脉络?

---

[38] 译者注:赫尔德(Johann-Gottfried von Herder, 1744—1803),参本章注[15]。
[39] 译者注:详见第三章第七节。

4-03 说明欧洲现代国家与科层体制发展的关系？
4-04 17—18 世纪耶稣会教士对中国地图绘制有何贡献？
4-05 17—18 世纪意大利天文学家卡西尼家族结合三角测量与天文测量等技术，对法国及欧洲的制图有何贡献？
4-06 为什么 17—18 世纪地图学者与地理学者同义？又是在什么情况下发展出两类地图学者？
4-07 18 世纪地图学者用三角测量技术可得相对点的位置，若要知绝对位置的方法有哪些？
4-08 18 世纪时康德对解除地理学认同的危机有何贡献？
4-09 试述 18 世纪在创造论的学术环境下，地理学相关领域的发展。
4-10 试述 18 世纪地理学野外实察的需求及影响野外实察发展的学者。
4-11 18 世纪的英、法两国是地图学发展最好的国家，但为何在 19 世纪期间德国在现代地理学发展中却取得领导地位？

参考文献

Berlin, Isaiah, *Vico and Herder*, London, Hogarth Press, 1976, XXVII—228p.

Berthaut, Colonel M. A., *La carte de France*, 1750—1898, Paris, Service géographique de l'armée, 2 vol. 1898—1899.

Berthaut, Colonel M. A., *Les ingénieurs géographes militaires*, 1624—1831, Paris, Service géographique de l'armée, vol. 2, 1898—1902.

Bourguet, M. N., *Déchiffrer la France. La statistique départementale à l'époque napoléonienne*, Paris, Editions des Archives Contemporaines, 1988, 476p.

Bowen, Margarita, *Empiricism and Geographical Thought. From Francis Bacon to Alexander von Humboldt*, Cambridge, Cambridge University Press, 1981, XV—351p.

Broc, Numa, *Les Montagnes vues par les géographes et les naturalistes de langue française au XVIII° siècle*, Paris, Bibliothèque Nationale, 1969, 298p.

Broc, Numa, "Peut-on parler de géographie humaine en France au XVIIIème siècle?", *Annales de Géographie*, 78, 1969, pp. 137—154.

Broc, Numa, *La géograpie des philosophes. Géographes et voyageurs français au XVIII° siècle*, Paris, Ophrys, 1975, 595p.

Büttner, Manfred, Karl Hoheisel "Immanuel Kant", in T. W. Freeman, Ph. Pinchemel (eds.), *Geographers IV*, London, Mansell, 1980, pp. 55—67.

Capel, Horacio, *Geografia y matematicas en la Espana del siglo* XVIII, Barcelona, Oikos-tau, 1982, 389p.

Capel, Horacio, *La fisica sagrada. Creencias religiosas y teorias cientificas en los origines de la geomorfologia espanola*, Barcelona, Ediciones del Serbal, 1985, 223p.

Capel, Horacio (ed.), *Los Ingenieros Militares en Espana, siglo* XVIII. *Repertorio biografico e inventario de su labor cientifica y espacial*, Barcelona, Publicaciones de Universitat de Barcelona, 1983, 495p.

Capel, Horacio, Joan E. Sanchez and Omar Moncada, *De Palas a Minerva. La formacion cientifica y la estrutura institucional de los ingenieros militares en Espana en el siglo* XVIII, Barcelona, Serbal, 1988, 390p.

Chorley, R. J., R. P. Beckinsale, A. J. Dunn, *Geomorphology before Davis*, London,

第四章 启蒙运动与地理学(1675—1800)

Methuen, 1964, XVI—678p.

Davies, G. L., *The Earth in Decay. A History of British Geomorphology 1578 to 1878*, London, Macdonald, 1969, XVI—390p.

Godlewska, Anne, "The Napoleonic Survey of Egypt. A Masterpiece of Cartographic Compilation and Early Nineteenth-Century Fieldwork", Cartographica, Monograph 38—39, 1988, XIII—169p.

Godlewska, Anne, "Tradition, Crisis and New Paradigms in the Rise of the Modern French Discipline of Geography 1760—1850", *Annals, Association of American Geographers*, 1989, pp. 192—213.

Godlewska, Anne, *Geography unbound. French Geographic Science from Cassini to Humboldt*, Chicago, Chicago University Press, 1999, XII—444p.

Herder, Johann Gottfried, *Auch eine Philosophie der Geschichte*, 1774.

Herder, Johann Gottfried, *Ideen zur Philosophie der Geschichte der Menscheit*, 1784—1791.

Hoheisel, Karl, "Kant, Herder, Ritter", in Manfred Büttner (ed.), *Carl Ritter*, Paderborn, Schöningh, 1980, pp. 65—81.

Konvitz, Joseph, *Cartography in France, 1660—1848. Science, Engineering and Statecraft*, Chicago, University of Chicago Press, 1987.

Lazarsfeld, Paul, "Notes on the history of quantification in sociology: trends, sources and problems", *Isis*, vol. 52, .

Livingstone, D, R. Harrison, "Immanuel Kant, subjectivism and Human Geography", *Transactions, Institute of British Geographers*, n. s., vol. 6, 1981, pp. 359—374.

May, J. A., *Kant's concept of Geography and its Relation to Recent Geographical Thought*, Toronto, University of Toronto, Department of Geography, Research Publications, 1970, XI—281p.

Moravia, Sergio, "Philosophie et géographie à la fin du XVIIIe siècle", *Studies on Voltaire and the Eighteenth Century*, vol. 57, pp. 937—1011.

Ozouf-Marignier, Marie-Vic, *La formation des départements. La représentation du territoire français à la fin du XVIIIe siècle*, Paris, Editions de l'Ecole des Hautes Etudes en Sciences Sociales, 1989, 363p.

Pelletier, Monique, *La carte de Cassini. L'extraordinaire aventure de la carte de France*, Paris, Presses de l'Ecole Nationale des Ponts et Chaussées, 1990, 263p.

Schwarz, Gabriele, "Johann Gottfried Herder, seine Stellung und seine Bedeutung für die Geographie", in *Festschrift E. Obst*, Remagen, Amt für Landeskunde, 1951, pp. 163—187.

Skelton, R. A., "The Origins of the Ordnance Survey of Great Britain", *Geographical Journal*, 128, 1962, pp. 415—430.

Tuan, Yi-Fu, *The Hydrologic Cycle and the Wisdom of God. A Theme in Geoteleology*, Toronto, University of Toronto, Department of Geography, Research Publications, 1968, XIII—160p.

Urteaga, Luis, *La tierra esquilmada. La ideas sobre la conservacion de la naturaleza en la cultura espanola del siglo XVIII*, Barcelona, Ediciones del Serbal, 1987, 222p.

译者参考文献(请参见附表一)

■ 近代晚期（19世纪至今；现代：20世纪至今）

第五章 科学的地理学之兴起（1780—1900）：从缔造者到演化论

一、前 言 \ 74

二、19世纪经济与学术的关联：传统与现代观念的地理学 \ 74

三、洪堡 \ 81

四、李特尔 \ 86

五、1860年以后：新经济与政治的关联 \ 89

六、1860年以后：新的知识性背景 \ 91

七、拉采尔 \ 95

八、结 论 \ 98

思考题 \ 99

参考文献 \ 99

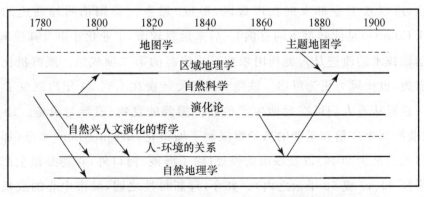

图5 科学的地理学之兴起(1780—1900)：从缔造者到演化论

一、前　　言

由于工业革命和科学制度化的发展,19世纪科学发展的内容变迁甚多。人们比以前更认为科学是改进人类生存状况的工具;但面对社会实况,则对理性力量的信心比以前减退。

二、19世纪经济与学术的关联:传统与现代观念的地理学

(一) 工业革命及地理的重要性

18世纪"启蒙哲学家"们所力求的进步(progress),透过60及70年代发端于英国的工业革命,促成欧洲和美国在19世纪的快速成长与发展。

工业革命改变了社会群体和环境(environment)的关系,人类往常依靠太阳能来生产食物,使用木材为燃料产生热能,利用驯养的动物、水车、及风车产生机械能。阳光是免费的,在地球上随处可用,但它是低效能且分散的能源。工业革命中则有效地驾驭了水力并利用了属于化石能源的煤。人类首度利用了浓缩形式的能源(concentrated form of energy)。

这个转变有许多影响,工业生产不再和森林或瀑布的地点有关联,生产量由于利用引擎及机械而增加。工业化(industrialization)初期,因为能源煤的运费昂贵,所以新工业都发展在产煤区,形成"黑乡"[英国伯明翰西边的黑郡(Black County)是此转型下的首例]。后来运费较廉,工业化才惠及其他地区。

运输技术的改进是人类利用浓缩形式能源的第二项成果。蒸汽机比驮兽更为有力,也比风力更为可靠。铁路和汽船使运费在不到30年内减少了90%以上。这意味着人们可在远地生产他们所需要的食物、机器与设备。19世纪初,农业的低生产量和运费的昂贵都限制了城市化(urbanization)水准(那时城市人口比后来少20%)以及城市的模规(除了海港、河口外,谷物必须生产在距城市半径30、40或50千米之内)。如今,拜新科技之赐,城市中心的成长几无限制。

第五章 科学的地理学之兴起（1780—1900）：从缔造者到演化论

农业生产力的跃升减少了农业所需人力，因而促进了城市化。农业效率起初经由改进谷物轮耕和利用牛粪而提高。自19世纪中叶起，更透过肥料的投入提高产量；或经石化能源以促进机械化，这些过程虽然始于19世纪下半叶，但是蒸汽机用于农地，例如犁田，过于笨重。农业现代化一直等到内燃机的普及和随后的牵引机革命（tractor revolution）才得以完成。

从文艺复兴时代起，欧洲船只遍达世界各港口，已跨出经济全球化（globalization）的第一步。但当时国际贸易总量有限，交易仅涉及奢侈品，主要影响仅及于岛屿和沿海地区；内陆地区仅涵盖至可及的水运据点。随着新的运输条件的发展，整个世界渐渐整合成低价商品长程交换的贸易体系。西方国家早期的世界探险及其开发活动在某层意义上说是浅薄的，由于工业革命才开始深化，并逐渐形成新帝国主义。

地理学者在上述情况下，有许多事要做，因此，整个"人与环境的关系"（man-milieu relationship）都转变了。

（二）科学的制度化

文艺复兴以来，西方政府即对科学进步有兴趣。当国王通过臣民的文化成就得到权威时，文学、艺术及科学形成同样重要。19世纪中叶左右达到一个新阶段，政府体会到科学的效用，譬如土地测量是公平征税的基础，好地图有助于军事行动，海图有助于航行，天文学是制作前述二类地图的基础，植物学替农产植物引进新品种。这些实用价值和科学进步的累积性显而易见。国王因而创设科学院，提供学者们一个场所来讨论研究成果、建立发明的优先权登记服务，并通过定期出版的科学期刊来传播新知识。17世纪60年代初，各国均仿英国皇家学会①的模式，创立科学院（the Academies of Science）。

18世纪的科学发展主要依赖这些科学院。政府涉及的科学事务渐多，如扩大或创建植物园、制定规章保存和搜集动植物，以及组织科学远征队。官员

---

① 译者注：英国皇家学会（Royal Society）：始建于1660年，于1662年由英国国王查理二世授予皇家证书，以提倡学术研究为宗旨。

们开始了解良好信息、地图及土地测量等对其服务工作的益处,但当时政府财政拮据,尚不允许建立永久的公共服务部门。即使法国卡西尼地图②的出版,亦透过民间企业。

科学研究制度化的下一阶段发生在19世纪。此时政府更认识了科学价值,创立了公共机构负责土地测量,制作并出版地形图、海图及地质图,搜集并流传统计资料等。国家因为更多的税收,而有财力提供这些服务。博物馆用以保存过去大量搜集来的植物、动物、矿物或化石。

这种官方科学已可算是"大科学"(big science),目标不在于提供新理论或新的解释模式给科学社团,而是搜集观测所得,建立或资助宏大的公共科学图书馆,使得科学调查成果可为日益增加的专家所用。科学研究的条件改善很多,个人可以仰赖官方服务机构提供的累积资料,野外工作者因为工作时有可用的地形图、地质图及人口普查数据而有助研究,且便于归纳其观察所得。在世界开发较低的地区的地理学者们则仍须依赖个人努力来搜集资料。但在工业化国家,学者们可依赖公共科学服务部门来提供高品质的标准化资料作归纳。地理研究的条件基本上已改变。

政府在高等教育方面的作为也很重要。18世纪中叶,欧洲的大学(除了苏格兰和德国一部分之外)仍然缺少动力,仍受中世纪组织的束缚,有待改革。在德国,正确地说是指普鲁士③,由于威廉·洪堡④的影响首先完成改革,他是大地理学者暨探险家亚历山大·洪堡之兄。普鲁士的大学主要致力于科学研究,是首次由有给职专家进行学术研究的永久团体。因为,专家们被指定去发展及教授某一学科,这种制度化的形式促使知识的分割,但也造

---

② 译者注:见本书第四章第三节(二)。
③ 译者注:因为普鲁士王国建于1701年,德意志帝国成立于1871年。
④ 译者注:威廉·洪堡(Karl Willhelm von Humboldt,1767—1835),德国语言学家及外交家,是地理学者亚历山大·洪堡(Alexander von Humboldt,1769—1859)之兄长。亚历山大·洪堡,普鲁士探险家、博物学及地理学家,人称自然地理学之父。

第五章 科学的地理学之兴起(1780—1900):从缔造者到演化论

成知识的专业化。

威廉·洪堡的改革效应,在19世纪前半叶仍不明显。普鲁士式的大学,在欧洲其他国家未被视为高效率的大学。改革方案在普鲁士境内推行着,但大学里仍少有永久性教职。1860年以前,普鲁士仅有两个地理学教授职位,两个都在柏林大学里。

科学制度化成长的另一方面,对地理学产生更多冲击。由于尚未专业化的学院,不能符合学科交流的需要,科学社团的创立乃提供解决之道。19世纪20年代出现的"巴黎地理学会"(Société de Géographie de Paris)是首创,其后接着有柏林和墨西哥市的地理学社(洪堡协助这三处地理学社的创立)。科学会议开始组织了,亚历山大·洪堡也是这方面的创始人。在19世纪前半叶,这些会议仍未专业化,因此,多冠以"科学促进会议"(Congress for the Advancement of Science)或"研习社团之会议"(Conference of the Learned Societies)等名称。

(三) 知识气氛

科学的成就远比以前辉煌。即令工业革命归功于机械的成就超过学者的成就,但工业革命的某些方面是和物理学、机械学或化学有关联的。瓦特[5]制造出有效率的蒸汽机,系因接受科学仪器制造之养成训练,与英国米德兰郡的科学环境(the Midlands scientific milieu)有密切关系。科学的进步被认为是改善人类生活条件的主要基础,许多科学家认为宗教及哲学必须让位于科学解释的世界,这可由新实证主义(new positivist)或科学哲学(scientist philosophies)之普受欢迎得证。

19世纪的知识气氛,许多方面是18世纪常态发展下的结果。科学比以往更居中心地位,理性主义(rationalism)也比以往更强势,然而有些方面的态度已经改变。对18世纪的"启蒙哲学家"而言,社会被认为是自愿结合体,而且可

---

[5] 译者注:瓦特(James Watt, 1736—1819),英国工程师,蒸汽机的发明人。

经由推行较好制度而改革。

法国革命证明了社会现实(social reality)比"启蒙哲学家"所想的复杂。怀着善意动机的最好规划,常导致灾难性后果,暴政出自于寻求自由。这意味着社会并不具有如18世纪所认知的理性。社会是历史的现实,有自我再生的自然趋向。人的行为根据所接受的价值远多于永恒的理性。他们自由意志行动的结果通常不可预测,因为个人的决定会交互作用并产生回馈。经济学者在分析市场机制时,最先叙述了这种因果链。他们解释为上帝以"不可见的手"引导短视的个人,对社会问题作出最佳的全面性解答。

社会现实逐渐被认为是该社会深沉的基层力量所形塑,无法透过意志行动和导引他们的制度去探讨。因此一门有关社会的科学——社会学(sociology)必须建立,以研究人类状况中非意识之层面。这门新科学可以依赖于物理学、化学和自然科学的方法论,因为它的焦点不在于理念、决定或信仰,而是在一般因素与客观因素。

图 5-1 马克思(Karl Marx)

学者同意这种研究的必要性,但当找寻运作力量时,则颇见分歧。有些人,如法国的博纳尔(Louis, *vicomte* de Bonald)⑥和迈斯特(Joseph, *comte* de Maistre)⑦认为上帝操纵每件事情。另外一些学者则认为结构在社会互动的逻辑里扮演了基本角色,例如马克思(Karl Marx)⑧(图 5-1)强调,所有权与阶级利益在研究历史或经济演化中的关键性。还有些学者认为应有其他可能性,运作的力量可能存在于社会范畴之外,它们可以是生物学或环境问题(environments),因

---

⑥ 译者注:博纳尔子爵(Louis, *vicomte* de Bonald,1754—1840),法国政治文学家,努力重建法国大革命(1789年)之后宗教与社会的和谐关系,并改奉君主制度。

⑦ 译者注:迈斯特伯爵(Joseph, *comte* de Maistre,1753—1821),法国东南部萨瓦地区(Savoie)的文学家。

⑧ 译者注:马克思(Karl Marx,1818—1883),德国政治经济学家、哲学家及社会主义者。

第五章 科学的地理学之兴起（1780—1900）：从缔造者到演化论

此 19 世纪社会学也注重对种族的解释。

社会科学的新观念有利于地理学发展为"人与环境的关系"（man-milieu relationship）之研究。然而这不是 19 世纪前期大多数地理学者所选择的方向。

（四）19 世纪初期地理学的主要趋势

19 世纪上半叶，地理学的主要概念仍集中于旅行和探险，正如同 18 世纪地图学革命以前的情形。对西方社会而言，许多未知的领域等待发现，并通过往返旅行得以探究。但此时探险者已可经由航海用的经纬仪和标准天文测量工具，轻易地确定位置。由当时的案例显示，西方国家已能快速建立第一层级的三角测量网，因此，旅行报道渐失去其决定地理位置之传统重要性；不过在新发现地区，旅行报道所提供的自然景观、土地利用、聚落、社会及政治组织等资料，仍是无价之宝。

地理学者多数仍依赖传统技术，他们知道如何搜集与处理呈现在旅行报道里的信息。因为地理位置已不再是中心议题（除了在探险的第一阶段），地理学者对旅行者提供：地形、植物、气候与天气、人民的表征、衣服、住宅、农业技术等信息。这类资料的累积，对于撰写区域类型是有用的。

对于处理区域差异问题愈来愈关注，是 19 世纪前半叶地理学的革新趋势。根据 18 世纪后期地理学的新锐发展，地理学者急于提供地貌和景观的特性，他们期望写出比采用统计传统更生动的研究成果。法国 19 世纪初最著名的地理学者马尔特-布伦[9]就是这种取向的典型。但他像同一时代人一般，缺乏良好的自然科学训练，也未曾想到应该拥有研究区的野外经验，所以，时常无法辨识一个区域真正重要的特性。他在地理研究上的局限，与当时地理学主流所受到的限制相同。

---

[9] 译者注：孔拉德·马尔特-布伦（Conrad Malte-Brun，1775—1826），丹麦地理学者，住在法国，著有 *Géographie universelle*，为 1821 年地理学会的创办者。

新地理学会(new Geographical Societies)在搜集专业知识以及将之出版于学报的专业贡献,即使它们的作风仍近于18世纪的科学界,但是对于改进地球知识方面扮演了正面的角色。譬如,伦敦的皇家地理学会(The Royal Geographical Society),迄今仍有部分工作延续着19世纪初的研究路线。

(五) 解释性地理学的兴起

对社会现实之新观念的兴起,本来应可导致地理学新研究途径之出现,因为研究结果需以解释取代描述,在新的社会科学里,这种阐释有其存在空间。不幸绝大部分的地理学者对因果解释(explanatory)没有兴趣,这就是为什么其他学科的重要发展没有引起地理学者注意的原因。

经济学自17世纪开始,即探索生产、消费、财富的空间分配,以及贸易的空间形态。亚当·斯密(Adam Smith)[10]在《国富论》(The Wealth of Nations, 1776)中强调劳工专业化受市场大小的限制。19世纪初,空间经济学已呈现于李嘉图(David Ricardo)[11]的分析中,但是以后即消失在主流发展里。另一方面对距离和区位的研究,发展成为专门领域,杜能(J. H. von Thünen)在他的著作《孤立国》(The Isolated State, 1826—1852)里,首次提出农业区位的模式(model of agricultural location),后来这个领域主要在德国发展。1870年代劳恩哈特(Launhardt)首次提出工业区位模式(model of industrial location)。在德国和法国,也发展了城市机能(urban functions)、地点(sites)和网络(networks)的一些研究。

这些发展含有很强的解释力,但是因为它们的焦点集中在人类互动时的距离问题,并不符合当时地理学者们所好奇的"人与环境的关系"上。后者依照赫尔德假说(Herder's hypothesis),即环境(environments)对人类的演化造成影响。以(上帝的)创世和谐(the harmony of Creation)为核心的自然哲学也是导

---

[10] 译者注:亚当·斯密(Adam Smith, 1723—1790),英国经济学家,著有《国富论》(The Wealth of Nations, 1776)。

[11] 译者注:李嘉图(David Ricardo, 1772—1823),英国古典政治经济学家。

第五章 科学的地理学之兴起(1780—1900):从缔造者到演化论

引之源。运输对人类分布的重要作用遂被19世纪新地理学所忽略,显示了地理学之局限及缺点。为了明白这个新路线的最大成就,最好是转到新研究取向的缔造者洪堡和李特尔。

三、洪堡

(一) 生平

洪堡(Alexander von Humboldt,1769—1859)(图5-2)1769年出生在普鲁士的贵族之家,母亲是胡格诺派信徒⑫,父亲虽是富有的地主,但洪堡与其社群中其他人一样受正式教育,学成后服务于普鲁士的文职机构,终其一生与其兄长威廉·洪堡(Baron Willhelm von Humboldt)关系亲近。

洪堡中学就读于当时重视古典语言——拉丁、古希腊和法语的学校,毕业后入格丁根大学(The University of Göttingen),先受经济学方面的训练(当时德国大学里已有会计、农田管理或统计学的教学,就德国人的看法,这些科目与亚当·斯密的理论

图5-2 洪堡
(A. von Humboldt)

有关);后来转到弗赖堡(Freyberg)土木工程学校,培训为矿业专家,学成后担任普鲁士行政部门的矿场视察员。

这位贵族并非公务行政人才,而是对做学问有热情。曾与哥哥一样选修古典文学,透过语言学的训练,有助于他精通历史分析法及档案的运用,懂得利用统计证据的程序,享有当时大多数地理学者发展的技巧,但是他主要兴趣在其他方面——大自然和人类的社会(nature and human society)。

身为矿业工程师(a mining engineer),他具备矿物学和地质学的素养,并发展了野外工作技巧;他对天文学和物理学有兴趣,可惜缺少日趋重要的数学条

---

⑫ 译者注:胡格诺派信徒(Huguenot),即16—17世纪间之法国新教徒及其后裔。

件;他是当时顶尖的地磁学家之一;亦具有植物学方面的涵养。

他有自由主义(liberalism)的政治倾向。法国革命开始时,他是强烈的支持者,因而得以认识一位左翼的煽动者福尔斯特(Georg Forster,1754—1794)。福氏以前曾乘库克船长的船环绕世界,他教导洪堡政治哲学并激发他对科学探险的热情。

洪堡在父亲过世时继承了许多遗产,遂决定放弃工作,选择科学家生涯。他是个单身汉。为了组织科学探险队,离开德国定居巴黎,因为巴黎是当时最有利于科学研究的地方,他自1798年到1828年,约30年的时间,除了到拉丁美洲探险的五年之外,只要有钱就住在巴黎。

他在巴黎和许多有影响力的科学社团成员发展出密切的关系,因为他的才智,在沙龙⑬中很受尊敬,时常被各方邀请,很少在凌晨两点以前回家。同时,他每天写10~15封信,与他在世界各地的科学通信者联系。他住在巴黎时其出版品都直接以法文撰写,署名 Alexandre de Humboldt,卷帙繁多:仅拉丁美洲旅行之科学记录即超过20卷。

洪堡早年在巴黎时,曾试图参加到埃及或印度的科学远征队,但未成功,后来自组拉丁美洲探险实察。1799年他从西班牙北部的拉科鲁尼亚(La Coruña)出发航行至南美洲,队中有法国植物学家彭兰(Aimé Bonpland)同行。他们带着笨重的科学设备,打算就天文学、地磁学、矿物学、地质学、植物学、地形学(使用1米长的玻璃气压计以测量许多南美洲山地或城市的海拔高度)以及历史学等方面的考察。在南美时,他对前哥伦布文化产生兴趣,是第一位重视南美洲在西班牙掠夺后,幸存之法典等珍贵文物价值的学者。他不苟同西班牙的殖民体制,着迷于不同文化间的接触,对殖民经济和地方史极有兴趣。

---

⑬ 译者注:沙龙(salon),指西欧贵族、资产阶级社会中谈论文学、艺术或政治问题的社交集会。

第五章 科学的地理学之兴起(1780—1900):从缔造者到演化论

那次考察的旅程始于今天的委内瑞拉(Venezuela),他勘查奥利诺科河(Orinoco River)并说明其水路是由卡西奇亚河(Cassiquiare River,一条季节性河道)和亚马孙河(Amazon River)的支流内格罗河(Rio Negro)相通。他到达哥伦比亚,走山路抵厄瓜多尔和秘鲁,然后航行到墨西哥,并造访古巴,在返回欧洲的航程中,在美国停留了数星期。

这次旅行历时五年,经过许多困难。彭兰是位友善的同伴、能干的植物学家,但行为上有些不可捉摸。他们两人回法国,携回大量的矿物和植物搜集品,以及许多观察记录,以至于他们的出版品持续了23年。洪堡对其出版的品质要求严谨,当时的巴黎可提供其研究领域之最佳设备,所以他喜欢留在巴黎。当出版工作结束时,他已耗尽家财,故乐于接受普鲁士王的提议,担任皇家学者的职位,但必须住在普鲁士王宫里,为普鲁士王朗读一些文章或书籍。在此同时,柏林大学为他设立地理学教授的职位。

洪堡非常活跃,直到90岁高龄去世。在柏林时,他花许多时间在他的科学通信联系以及科学学会组织与会议的工作上(他是该领域的伟大先驱)。70岁时作最后一次旅行考察,应俄国沙皇之邀,访问中亚的阿尔泰山,该山脉靠近蒙古与中国边境。

1840至1850年间,当他撰写其最具原创性的著作《宇宙》(*The Cosmos*)时,已80多岁。该书提出他对地球观点之概要:如地球在宇宙的位置、地球的组织及外貌。该书是他所有著作中写得最好的,也是一部终其一生的研究后、首度综论地理学这个广阔领域的巨著。

(二) 科学研究著作——洪堡的地理学

洪堡是位多才多艺的天才。地理学对他很重要,但只是他追求的事物之一。以他在地磁学方面的成就而言,即使其概念后来被新观念超越,但在当时则是重要的里程碑。

洪堡在地理学上的重要性,首先在于他强调野外工作、个人观测,并着重地球外貌的意义。当他从美洲回来，出版的第一卷著作是将搜集品制成精美的版画，再用水彩改进完成，让欧洲人一睹拉丁美洲的丛山、森林、纪念碑及其上的法典碑铭。对他而言，尺度辩证法是重要的，始于野外考察并有助于广泛的通则化。以此途径，他对区域叙述的近代化贡献良多。康德认为，洪堡的地理学是真正对地球作区域差异的研究。

洪堡研究重点是自然地理学。当时气候学和地形学已有分途发展的趋势。因为他主要兴趣在于植被（vegetation），乃发展了另一个研究途径。他虽未采用植被这个名词，但试图研究不同现象间的相互关系，提出环境（the milieus）一词。他依据法国人吉侯-苏拉维（Giraud-Soulavie）早先的观察，强调气候以及依海拔高度形成的植被带，并且显示植被带在拉丁美洲生活和农村发展上的地位。在研究气候方面，他是第一个强调大陆东西两岸基本上不对称的人，并由温带（东风）和热带（西风）的平均风速加以解释。借着风的作用解释大型海流，使得秘鲁海岸接近赤道地区气候干冷的反常情形获得解释：东南风形成海水涌升，使得太平洋在如此寒冷的纬度却生物丰饶、生意盎然。

他最具原创性的观察与自然地理有关，而成为发展环境（milieus）研究之先驱。影响人类群体的自然力量也是他的兴趣所在。他不认为环境（environments）是以机械的方式影响人类群体，也不认为"人与环境的关系"（man-milieu relationships）可以简化成因果关系。他的科学观是独特的。

在《宇宙》一书中，因采用地球现象和地球在天文位置相联系的观点，使得该书论述具有一致性。康德哲学中整体性（totality）的概念对洪堡而言是重要的，他试着描述属于不同层次和比例的现实间之关系，并建立其因果关系、规则与定律。他强调自然的和谐，沉浸于18世纪末和19世纪初的自然哲学里。他的目标在于了解自然的智能，认为将自然智能化约成单向的机械主义是对真正科学精神的背叛。当19世纪50年代撰写《宇宙》时，他仍具18世纪科学家及哲学家之风格。

第五章 科学的地理学之兴起(1780—1900):从缔造者到演化论

(三)洪堡的影响

洪堡的影响难以评估。他在发展科学合作的新形式,特别是国际规模上,扮演关键性的角色。他对某些领域的发展有决定性的影响。植物地理学的缔造者奥古斯丁·冈朵(Augustin-Pyramus de Candolle)⑭即对他深为感激、至表尊敬。他在气候学方面,也有重大的影响。

洪堡60岁时,成为大学教授及著名的科学家,许多人仰慕他的博学及科学成就而来听讲,听众中真正的学生不多。他传授地理学的理念,如地理学必须论及环境(milieus),以及地理学者必须经由旅行和野外工作去分析问题。李希霍芬(Ferdinand von Richthofen)⑮(图5-3)即为其追随者之一。

图 5-3　李希霍芬(F. von Richthofen)

长期而言,洪堡对全球区域研究发展有决定性影响,洪堡导致德国景域理念(the idea of landschaft)之形成,使景域理念在19世纪末成为区域地理学概念之核心。

---

⑭　译者注:冈朵(Augustin-Pyramus de Candolle,1778—1841),瑞士植物学者,《植物的要素理论》(*Théorie élémentaire de la botanique* ,1813)的作者,世界植物描述与分类学者。

⑮　译者注:李希霍芬(Ferdinand von Richthofen,1833—1905),德国地理学家、地质学家,曾赴亚洲及中国实察与研究。

四、李特尔

(一) 生平

李特尔(Carl Ritter，1779—1859)的生平无法与洪堡相比(图 5-4)。他出生于中下阶层家庭，而非普鲁士贵族。他是位教授而非世界旅行者，所受的训练也较单纯。他的观点主要是德国的，而洪堡的观点是欧洲的、世界性的。但这些差异并不意味着李特尔的作品不重要或影响不大。

图 5-4 李特尔(Carl Ritter)

李特尔孩提时代，就读于德国第一所裴斯泰洛齐学校⑯，靠近哥达(Gotha)的徐内芬塔学校(Schnepfenthal School)。此一经验培养了他对植物学、矿物学、地质学和科学的爱好。在哈雷大学(University of Halle)读书近尾声时，成为富有的贝丝曼(Bethman)家族一名年轻成员的家庭教师。他曾和这位学生到意大利旅行，虽不是探险之旅，但这次经验开启了他对地理学的爱好以及对"古典地方"⑰的兴趣。

由意大利回来后，虽受邀为瑞士的伊韦尔东(Yverdon)一所重要的裴斯泰洛齐学校的主任(此证明他和裴斯泰洛齐运动的密切关系)，但最后决定留在德国担任教师。他开始发表论文于《欧洲》期刊(*Europa*)。25 岁撰写《给地理学界朋友和老师的一幅地理历史统计图》(*Ein Geographisch- historisch-*

---

⑯ 译者注：裴斯泰洛齐(Johann Heinrich Pestalozzi，1746—1827)，是瑞士教育学家，其注释详见第四章第五节注㉚。

⑰ 译者注：古典地方(the classical lands)，指濒临地中海的国家，如希腊、罗马等及近东国家如巴尔干半岛与西南亚。

第五章 科学的地理学之兴起(1780—1900):从缔造者到演化论

statistisches Gemälde für Freunde und Lehrer der Geographie,1804—1807)。本书颇受欢迎,因而展开了他的学术生涯。当他还年轻时,即任教于柏林大学,是自威廉·洪堡(即亚历山大·洪堡的哥哥)改革以来在普鲁士大学的第一位地理学教授,他在那里一直教到1859年去世,也正是亚历山大·洪堡辞世之年。李特尔那时80岁;他最后40年致力撰写的卷帙繁多的《地理学及其与自然和人类历史之关系;或普通比较地理学》(*Die Erdkunde in Verhältnis zur Natur und zur Geschichte des Menschen, oder allgemeine Vergleichende Geographie*,19卷,1832年至1859年间出版)。

(二)李特尔的地理学

《比较地理学》(*Allgemeine Vergleichende Geographie*)是李特尔的主要著作,一本区域描述的书,本来规划论述全世界,但未及完成而成为研究"古典地方":地中海国家及近东的地理著作。他坚持赫尔德的主题(Herder's theme):寻找影响人类群体命运的环境(environments)因素。他在该书序言中声称,赞成大自然在历史发展上扮演主角:"我们将研究人类处在地球这个球体上之所有基本关系,这些关系将引导我们了解在大自然重大的影响下发展形成的所有方向。"李特尔诠释的背景有很强的目的论(teleology)。就其他方面而言,他的立场接近洪堡。对他而言整体性(totality)对地理学的作用是最重要的。

李特尔对自然地理有强烈的兴趣,引用当时最佳之著述来论及环境议题(environments)。他欠缺洪堡的野外工作经验及自然科学素养。他对"人与环境的关系"(man-milieu relationships)的分析较强调各洲的形状及海岸的曲折,较少涉及植被、土壤及气候。这些限制了他的许多发展。

李特尔对历史及地理间的关系深感兴趣,所以他较喜欢研究历史悠久而资料齐全的国家。但是他对当代也有敏锐的眼光,而且着迷于新技术的成果。当时工业革命尚未造成德国地理上的巨大改变,但新的运输设施正在创造较佳贸易条件,以及与世界不同地区间有较密切的互动作用。这是他讲稿的重要主题之一。

李特尔在区域研究的广度超过其通论性的著作。后者多为其主要书籍的序言部分、或对柏林科学学院或其他机构的讲稿,这些论文的严谨版本已在数年前被出版。

(三) 李特尔的影响

评估李特尔对地理学的影响,其难度一如对洪堡。到柏林大学听他演讲的学生比洪堡的还多,但大多数是受好奇心的驱策。当时地理专业没有前途——这个领域的工作机会很少,也没有标准化的通路达到学以致用的职位,因而李特尔的影响就不限于地理学,他对历史学家的影响即很显著。

图 5-5 阿加西
(Jean Louis Agassi)

李特尔以其对地理学的热心与他的学生沟通,并训诲地理学是解释人类命运的重要学科。这对德国在 19 世纪 60 年代及 70 年代区域描述之良好发展当然有贡献。

他的学生中有些是外国人,譬如阿加西(Jean Louis Agassiz)⑱(图 5-5)是说法语的瑞士人,来自属于普鲁士的纳沙泰尔(Neuchâtel),他以冰川学(glaciology)方面的研究著名,创立并发展该学科于其移民后的美国。盖亚特(Arnold Guyot)亦来自纳沙泰尔,而且后来也移民美国,担任普林斯顿大学地理学的教职,是美国地理学新发展的发起人之一。

在柏林大学读神学的雷克吕(Elisée Reclus)⑲也上过李特尔的课,他的思

---

⑱ 译者注:阿加西(Jean Louis Agassiz,1807—1873),瑞士动物学家、地质学家,移民美国,并创立并发展冰川学(glaciology);其子 Alexander Agassiz(1835—1910)系美国动物学家、地质学家。

⑲ 译者注:详见本书第七章第二节。

第五章　科学的地理学之兴起(1780—1900)：从缔造者到演化论

想中许多理念来自李特尔——譬如对康德哲学中整体性的敏锐性、地理学对解释历史的重要性，以及强调区域研究。

洪堡和李特尔将地理学现代化，但当他们去世时他们的思想只被少数人接受。一种新思想和政治的关联解释了19世纪60年代和1870年以后地理学的改变情形。

五、1860年以后：新经济与政治的关联

(一) 世界经济演化的新阶段

19世纪60和70年代期间，工业革命尚未有显著的加速，但其累积效果带来地理和经济的重大变迁。运输的进步随着最早的汽船和铁路，在19世纪20和30年代已开始。历经几十年时间后，铁路网建成而汽船取代了旧帆船。在19世纪60年代末，大量货物得以低运费送至世界各地。

工业革命初始，以机器取代旧式手工业生产之产品有限。随着化学和机械的进步，新产品在19世纪中出现，这意味着工业化国家的经济有了质变，变得更复杂。经济规模的增大和使用浓缩形式能源是工业革命初期新工厂的主要特点。随着结构的复杂化，新式的经济特性出现了：外部经济根源于产品种类的增多、随之而来的技术互补性和因紧密通信网而促进信息增加。

工业革命一开始即已迅速传播到西欧、中欧和美国。在这些新获利的复杂工业国家里，新工厂的最好区位仍是接近早先的工厂。国家在经济演化中开始扮演核心的角色——而不再仅依靠空间来扩散进步。

(二) 民族主义与帝国主义

政治的教义和态度很快就反映经济和地理组织上的变迁。为了给予其成员之社会进展和成就的最好机会，每一人群需要成立一个国家，并建立其复杂的经济体，民族主义(nationalism)兴起的时机已成熟。

工业化依赖外销成长。先进国家的政府主要关心的是外国市场开放给其

工业产品,并且推动世界贸易的扩张。但由19世纪60年代起,经济发展渐少倚赖工业产品的外销而转成内需导向,以及收益的再循环;每个工业化国家开始关心自己的组织而非世界市场。但经济的扩张必须确保原料和能源的来源,因此由19世纪上半叶,新市场开始成长时的西方集体帝国主义,转变到19世纪后半叶,竞争的国家帝国主义。(国家经济开始依赖少许几种货品进口,否则其所有复杂结构无法运作。)自19世纪60年代起,帝国主义(imperialism)因而伴随着民族主义发展。

(三) 地理学的新角色

民族主义和帝国主义的兴起,创造了对地理学新的社会需求。为了让未来的公民意识到自己国家的特性以及空间布局,必须将地理学引进中小学的课程,这种学校地理学(school geography)和学术地理学(academic geography)的新取向没有关系。学校地理科的目标是提供儿童本国与他国的资料,让他们明白祖国在世界的地位;旧的统计地理学能完全配合这些目标:所以广泛地用于新的教科书中。传统形式的聚落、乡村地区及城市中心的美术与工艺成就,都能强化国家情感——譬如乡土学(heimatkunde)在德国的角色。

帝国主义意谓在遥远国家进行领土扩张。许多商人及陆军、海军官员,都渴望针对国家规划扩张的地区有更多认识,于是新一代的地理学会出现了,它们的名称很清楚地指出它们的目标:"殖民地理学会"(Society of Colonial Geography)、"商业地理学会"(Society of Commercial Geography)等。这是对于应用知识形式的需求,和近代地理学的新发展无关。

在学校中地理课程之引进,以及对商业地理的兴趣,遂发展了西方地理专业的新形式:中学教学及其师资的培训,大学层次的地理学也因为这种转型而兴盛。例如在德国,19世纪80年代初期所有大学都有一或两个地理学教授职位,而非20年前全国仅有两席的情形。

第五章　科学的地理学之兴起(1780—1900)：从缔造者到演化论

六、1860年以后：新的知识性背景

(一) 社会思考的系统化

19世纪最初10年是社会科学观念历经剧变的时期，社会学(sociology)即起源于19世纪30年代社会科学的新发展取向。到了19世纪60年代，社会科学家已经探索了许多途径。在他们解释社会的经济面向时，仍基于人是理性决策者的想法，但是研究焦点已移到个人自由意志行动会产生意料外之集体效应的错综复杂机制。但有些其他社会科学的学者认为，社会现实须由深层而常是无意识的力量来解释。学者们强调社会因素：一方面是经济与社会结构的角色；另一方面是历史决定的一套价值影响。此外，一些专家则从社会因素转移到生物(经由遗传或种族)或环境的因素(environmental factors)。

在这些不同团体之间，展开了方法论的辩论。特别是属于德国的"方法论之争"(Methodenstreit: the quarrel about methods)，反对主流经济学者理念，相信个人理性选择；其中，就历史学者强调每一时期的特定性，而且主要的兴趣在特定时间与地方流行的风俗与制度。因此，历史研究取向着重了解此特定研究对象的偏好和概念(conceptions: weltanschauung)，他们认为了解重于解释，因为了解必须在先，今日有些人认为当时支持此历史学派(historical school)的人是近代现象学(phenomenology)的先驱，其实这个看法是不正确的，因为，当时历史学派仅强调人的理性思想的非绝对性。

图 5-6　韦伯(Max Weber)

这些方法论上的讨论，产生一个结合不同研究途径的想法，反映在社会学

者韦伯(Max Weber)[20](图5-6)发展出来的"理念对照式"的方法论(the ideal type methodology)。依据不同的时空尺度,可采用不同研究取向。结果生物的,以及环境的解释地位得以提升。

(二)近代演化论的兴起

演化论(evolutionism)发展于18世纪,是解释生物多样性的理论,它和进步思想及社会演化无关。社会演化被18世纪后半叶的启蒙哲学家认为很重要。一位在柏林工作的法国自然科学家莫佩尔蒂(Pierre-Louis de Moreau Maupertuis)[21],被公认是探讨生物演化论的首位学者。

图5-7 拉马克
(J. B. de M. de Lamarck)

图5-8 达尔文
(Charles R. Darwin)

拉马克(Jean-Baptiste de Monet de Lamarck)[22](图5-7)于19世纪早期,建立生物演化的系统解释,但他的思想在当时尚无真正的影响力。

至于,达尔文(Charles Robert Darwin)[23](图5-8),他的功劳在其演化理论,1859年出版的《物种起源》(*The origin of species*),显示植物及动物依据其生

---

[20] 译者注:韦伯(Max Weber,1864—1920),德国社会科学家,对社会学及理念的演变具有深远的影响,坚持严格的社会学方法论,摆脱价值判断及模型的公式化。

[21] 译者注:莫佩尔蒂(Pierre-Louis de Moreau Maupertuis,1698—1759),法国数学家,1736年率领探险队在北欧拉普尼(Laponie)测绘地球子午线弧度,后担任普鲁士皇家学院主任。

[22] 译者注:拉马克(Jean-Baptiste Pierre Antoine de Monet de Lamarck,1744—1829),1778年出版《法国植物》(Flore française),1783—1817年出版《植物属的百科全书》。

[23] 译者注:达尔文(Charles Robert Darwin,1809—1882),英国博物学家,演化论的奠基者。

第五章 科学的地理学之兴起(1780—1900):从缔造者到演化论

存地方不同而有差异。因为,直到那时,学界仍认同物种的永定性(the fixity of species)。达尔文的证据指出,所有生物的分布受其环境的影响。他的主要假设简明扼要:经由环境的自然选择,演化发生了,物种间遂有差异。

达尔文理论(Darwin's theory)提出许多重要成果。取代当时众所认同的动植物是神造的说法,提出生物共同起源,由单细胞演化到复杂生物。他强调哺乳类的演化以及有一分支因脑容量扩大造成猴类出现,依其概念人是电影场景中最后上场的物种。

达尔文并未声称人的演化绝对类似动物的演化。人的社会对于环境变迁所作的反应,经由文化的修正,减少了对内部结构的生物压力。但是人的出现仍是主导整个生命世界的生物演化过程的结果。

达尔文的概念,是将对人的行为和人的演化极有影响的环境和生物之力量结合起来。18世纪末,地质学和地形学因为引入时间尺度变迁的观念,有了新的意义:于是《圣经》里的〈创世纪〉故事失去了可信度,引起教会的强烈抨击。达尔文当然了解自己演化论的意义,因而在出版他的成果之前犹豫多

图 5-9 华莱士(A. R. Wallace)

年。另一位自然科学家华莱士(Alfred Russell Wallace)㉔(图 5-9)带回在东南亚和印度尼西亚广泛旅行所得,诠释出类似达尔文的演化理论。达尔文为了建立他在科学上的优先权(scientific priority),决定出版其著作、贡献其演化理念。

(三)生态学和新的地理学视野

达尔文的论证基于地理学的证据多于生物学的证据。他不能解释天择(natural selection)发生的机制。直到 30 年后,孟德尔(Gregor Johann Mendel)㉕

㉔ 译者注:华莱士(Alfred Russell Wallace, 1823—1913),英国博物学家。
㉕ 译者注:孟德尔(Gregor Johann Mendel, 1822—1884),奥地利遗传学家。

(图 5-10)发现突变(mutations),才对这些过程提供线索。环境的重要性是明确的,没有分析当地的普遍情况,不可能了解生命。达尔文主义兴起了研究生物和环境间关系的新科学学门的需求。

德国生物学者赫克尔(Ernst Haeckel)㉖(图 5-11)于 1872 年在他的《创造论的自然史》(*Natural History of the Creation*)创造了"生态学"一词。(Ecology 源于希腊文 Oikos,即"家"之意)。该书的出版为"人与环境的关系"(man-milieu relationships)的研究开启了新契机,从赫尔德时代起,这个主题保留了形而上学和目的论的风格(metaphysical and teleogical flavour),分散于地理学的新定位中。至于洪堡在《宇宙》一书中思考的一致性及和谐性(the coherence and harmony)以及李特尔对人的命运受居住环境影响的观点,则尚未发展出科学证据。

图 5-10　孟德尔(G. J. Mendel)

图 5-11　赫克尔(Ernst Haeckel)

达尔文主义和生态学观点给予地理学一个新的面向,此面向是要回答当时某些重要问题:譬如,环境压力(environmental pressure)对人类出现有何影响?环境压力对 19 世纪社会演化的影响?环境压力意味着人的自由是神话吗,以及人的命运依靠驱策他的生物和环境力量超过其自己的选择吗?

地理学的解释取向在 19 世纪初开始,因达尔文主义获得强烈的推动,演化论成为科学讨论的中心。老牌演化论者的思考亦被重新注入活力,譬如,拉马克的理论不强调物种对环境的选择而强调适应;不强调演化过程的生命斗争,

---

㉖　译者注:赫克尔(Ernst Haeckel,1834—1919),德国生物学家及作家。

第五章　科学的地理学之兴起(1780—1900):从缔造者到演化论

而指出演化过程中,各物种之种内、种间的合作,因此地理学者常在拉马克的概念下接受演化论。

七、拉采尔

(一) 拉采尔的生平

拉采尔(Friedrich Ratzel,1844—1904)生于德国西南部一个中低阶层的家庭(图5-12)。早年在药房当学徒,由于热衷学习,家人勉力供他接受高等教育。他在海德堡、耶拿和柏林(Heidelberg, Jena and Berlin)大学研究动物学。由于耶拿大学的教授瓦格纳(Moritz Wagner)引进达尔文主义至德国,因此,拉采尔有机会学习达尔文思想。1869年,他出版第一部著作《有机世界的本质与定数》(Sein und Werden der organischen Welt; Essence and Destiny of the Organic World),旨在普及达尔文和瓦格纳的理论。

图5-12　拉采尔
(Friedrich Ratzel)

拉采尔在1870—1871年普法战争期间参战,其后从事新闻业,担任驻外记者,访问许多国家并停留美国数年,也访问过墨西哥,游历极广。回到德国后,他准备了一篇中国人移民美国加州的博士论文。后来任教于慕尼黑及莱比锡大学,经历四分之一世纪的光辉学术生涯后,英年早逝于莱比锡。

(二) 拉采尔的地理学观念——人文地理学是地理学次领域

拉采尔曾研读前辈洪堡、李特尔的著作,但是经由达尔文的议题中发展出他的地理学观念,目的在于建立关于演化的通则,并显示环境(environment)对人群的影响。他从瓦格纳发展出对移民主题探讨的兴趣,借以阐明环境的影响。观察一个族群(不论动物或人类)置于新环境所发生的事情是有趣的。这方面的思考诠释了他博士论文的主题。

地理学自古希腊时代起即试着提供人们对大地组织及区域差异的综合观点。它处理自然和人文两方面的分布,而未强调它们相互的对立、关联或影响。赫尔德式的主题已将人类命运带到显著地位,重点则在于每个民族的历史途径乃由其土地所形成。人文地理学作为地理学次领域的理念并未出现。但拉采尔的地理学,则将该理念变成核心。他第一部主要地理学著作即以《人文地理学》(*Anthropogeographie*,1882—1891,即 human geography)为标题,取代以区域描述为重点。拉采尔旨在建立关于人类演化的通则(general laws),普通地理学(general geography)经此名词而被赋以新的内涵。

拉采尔的研究导引他去区别人类演化和人类对大地关系两个层面的意义。原始民族(Naturvölker, the primitive peoples)未能创造使他们免受自然压制的人为环境(environment)。对这些群体的研究,显示了环境对其生活方式的严格限制,以及为了适应困难环境而发展的策略。文明社会(Kulturvölker, the civilized societies)则发展出和环境完全不同的关系。经由运输㉗、贸易和移民,文明群体(civilized groups)减少了对地方状况的依赖,建立了人为环境,创建了国家。拉采尔就像黑格尔(G. W. F. Hegel)㉘及许多当代德国人一样,认为国家是文明的最高成就。

研究原始和文明社会,必须依靠不同的方法。拉采尔认为民族(或人种)志(ethnography)的研究途径适合研究原始民族,因此他在19世纪80年代出版一部人类学巨著《民族学》(*Völkerkunde*,1885—1888):前两卷论述原始民族,第三卷是文明社会。拉采尔认为文明社会的主要地理特征是组织国家的能力,因此经由政治地理学(political geography)了解它们的特性是较便利的途径。拉采尔创造了政治地理学一词〔其实此名词早在18世纪已由法国人杜尔哥(Turgot)(图4-18)提出,并于1897年出版此领域第一部著作《政治地理学》(*Politische Geographie*)〕。

㉗ 译者注:拉采尔对交通〈verkehr〉很有兴趣,这个词不易翻译成英文,约相当于法文的 circulation,指空间流动的所有形式的通用字。

㉘ 译者注:黑格尔(Georg Wilhelm Friedrich Hegel, 1770—1831),德国哲学家。

第五章 科学的地理学之兴起(1780—1900):从缔造者到演化论

在相当短的时间内,拉采尔就构思出地理学的一个新的次领域,并发展其研究方法,这是一项重要的成就。但是他有没有成功地建立演化论的通则?答案是:"没有"。他的著作中关于环境(environment)影响人类社会有许多武断之处,其中有些论点很引人注目,却仅有薄弱的论述。事实上,由拉采尔书中提出的详细分析,证明其论述不足。

譬如他说:"一神教是沙漠环境自然形成的,因为在此气候区的夜晚,显然可见完整的天空;而多神教是热带雨林的自然结果,因为人们常看到破碎的天际,不可能了解统一性。"拉采尔因为这类叙述,常被认为是主张地理决定论或环境决定论者(environmentalist)。他的学生森普尔(Ellen C. Semple)[24]过分简化了他的许多论点,应负部分责任。事实上,拉采尔后来觉悟到人类社会和环境之间的关系是复杂的,他曾说:"人的演化及分布不容易建立通则。"

图 5-13 森普尔(Ellen C. Semple)

因此,拉采尔在论文里虽未能建立科学法则的通论人文地理,但成功地开启了一个新研究领域——人文地理学(human geography),许多社会生活的面向可经由"人与环境的关系"(man-milieu relationships)之分析来解释,尽管其关系不能被化约成一般规则。

(三)拉采尔的影响

拉采尔在19世纪80和90年代甚受欢迎,他对外国地理学者的影响较大。例如法国的维达尔·德·拉白兰士(Paul Vidal de la Blache,1845—1918)使用并批评他的思想,因而建立人文地理学(human geography)的另一概念〔即"可能论"(possibilist)〕;在英语世界里,由于森普尔而造成影响。但拉采尔对德国地理学发展方向的影响却有限,因为德国的区域研究并未产生人文地理学。

---

[24] 译者注:森普尔(Ellen Churchill Semple,1863—1932),美国地理学者。

拉采尔的主要成就在于彰显：地理学科是一个借着解释人类在地表的分布状况而带来迷人成果的学科。

八、结　　论

现代地理学(modern geography)是受19世纪几位德国地理学者构思而形成的，他们完全改变了这门学科的目的论(finality)。取代对地方区位和区域的描述，其目标着重解释空间分布，特别是人文活动的分布。在此追求下有两项观点可被选择：一是环境(environment)方面，强调环境(milieu)对人群(human groups)的影响；二是社会方面，对在形塑人类交互作用中，距离所扮演的角色。德国地理学者忽略了后者。尽管德国发展了对空间经济学(spatial economics)领域研究的兴趣，但就地理学而言，他们的兴趣仅在于"人与环境的关系"(man-milieu relationships)。

他们成功地使地理学转变成为一门拥有很强的方法论和明显解释力的学科，但在主要的目标上却失败了。到19世纪末，已证明没有通则可表达人类的社会演化。环境决定论(environmentalism)是个封闭的解释系统，相当僵硬，它不能处理人类的创造力。但"人与环境的关系"可作比较研究，而成为一个具有吸引力的领域。那时在法国已理论化的"可能论"成了重要研究途径，在别处也被广泛接受或利用。

因此，地理学在19世纪90年代末和20世纪50年代之间，其焦点维持在"人与环境的关系"。它被构思为建立在自然科学模式上的解释性学科。因为不可能建立人类空间分布与演化的定律，所以地理学无法建构为几个可被一般接受的通则，但亦可从不同面向来构思。其中曾经历三种主要取向，因而发展出国家学派(the national schools)的特征。

第五章 科学的地理学之兴起(1780—1900):从缔造者到演化论

思 考 题

5-01 工业革命对地理空间的发展有什么影响?
5-02 在工业革命后,地理学因"人与环境的关系"有了改变,请问这一改变是如何影响现代地理学的发展?
5-03 试述跨 18—19 世纪的"自然地理学之父"洪堡的地理学术形成背景、研究工作的方式以及他对后辈地理学者的影响?
5-04 试述跨 18—19 世纪的"人文地理学之父"李特尔的地理学术形成背景、研究工作的方式以及他对后辈地理学者的影响?
5-05 19 世纪 60 年代以后发展出来的新知识、新经济与政治对地理学的影响是什么?
5-06 试述跨 18—19 世纪的德国地理学者拉采尔(F. Ratzel)对人文地理学发展的贡献是什么?

参考文献

Agassiz, Elizabeth Cary, *Louis Agassiz. His Life and Correspondance*, Boston, Houghton Mifflin, 1887, vol. 2.

Bartels, Dietrich, "Die Harmonie Begriff", *Die Erde*, vol. 100, 1969, pp. 124—137.

Beck, Hanno, *Alexander von Humboldt*, Wiesbaden, Franz Steiner, 1959—1961, vol. 2, XVI—303 and 440p.

Beck, Hanno, *Carl Ritter, Genius der Geographie. Zu seinem Leben und Werk*, Berlin, Dietrich Reimer, 1979, 132p.

Berdoulay, Vincent and Olivier Soubeyran, "Lamarck, Darwin et Vidal: aux fondements naturalistes de la géographie", *Annales de Géographie*, vol. 100, n°561—562, p. 517—634.

Besse, Jean Marc, "Géographie et philosophies de la nature" in Marie—Claire Robic (ed.), *Du milieu à l'environnement*, Paris, Economica, pp. 89—121.

Botting, Douglas, *Humboldt and the Cosmos*, London, Michael Joseph, 1975, 295p.

Broc, Numa, "La pensée géographique en France au XIXe siècle. Rupture ou continuité", *Revue Géographique des Pyrénées et du Sud-Ouest*, vol. 47, pp. 225—247.

Broc, Numa, "Un bicentenaire: Malte-Brun (1775—1975)", *Annales de Géographie*, vol. 84, 1975, pp. 714—720.

Broc, Numa, "Eugène Cortambert (1805—1881), *Geographers*, 1978, pp. 21—25.

Broc, Numa, "Les grandes missions scientifiques française au XIXe siècle (Morée, Algérie, Mexique)", *Revue d'Histoire des Sciences*, vol. 34, 3, 1981, pp. 319—358.

Broc, Numa, "Quelques débats dans la géographie française avant Vidal de la Blache", in Paul Claval, *Autour de Vidal de la Blache. La formation de l'école géographique française*, Paris, CNRS, 1993, pp. 29—35.

Brown, E. H. (ed.), *Geography, yesterday and tomorrow*, London, Oxford University Press, 1980, 302p.

Buttmann, Günther, *Friedrich Ratzel. Leben und Werk eines deutschen Geographer*, Stuttgart, Wissenschaftliche Verlagsgesellschaft MBH, 1977, 152p.

Büttner, Manfred (ed.), *Carl Ritter. Zur europ? isch-amerikanischen Geographie an der Wende vom 18 zum 19 Jahrhundert*, Paderborn, Ferdinand Schöningh, 1980, 256p.

Capel, Horacio (ed.), *Ciencia para la burguesia*, Barcelona, Publicacions e edicions de la Universitat de Barcelona, 1983, 351p.

Capel, Horacio (ed.), *Geografia para todos. La Geografia en la ensenanza espanola durante la segunda mitad del siglo* XIX, Barcelona, Los Libros de la Frontera, 1985, 236p.

Capel, Horacio (ed.), *Naturaleza i cultura en el pensament espanyol*, Barcelona, Funcacio Caixa de Pensions, 1987, 143p.

Carazzi, Maria, *La Societa Geografica Italiana e l'esplorazione coloniale in Africa* (1867—1900), Florence, La Nuova Italia Editrice, 1972, XI—199p.

Claval, Paul (ed.), *Autour de Vidal de la Blache. La formation de l'école géographique française*, Paris, CNRS, 1993, 159p.

Dunbar, Gary, *Elisée Reclus, Historian of Nature*, Hamden (Conn.) Archon Books, 1978, 193p.

Ferrel, Edith, "Arnold Henry Guyot, 1807—1884", in T. W. Freeman (ed.), *Geographers* V, London, Mansell, 1981, pp. 63—71.

Fierro, A. *La Société de Géographie*, 1821—1946, Paris, Champion, 1983, 356p.

Gambi, Lucio, "Esquisse d'une histoire de la géographie en Italie", in Antoine Bailly et al., *Travaux de géographie fondamentale*, Paris, les Belles Lettres, 1974, pp. 9—37.

Giblin, Béatrice, "Elisée Reclus, 1830—1905", in T. W. Freeman and Ph. Pinchemel (eds.), *Geographers III*, London, Mansell, 1979, pp. 125—132.

Godlewska, Anne, "Traditions, Crisis and New Paradigms in the Rise of Modern French Discipline of Geography 1760—1850", *Annals, Association of American Geographers*, vol 79, 1989, pp. 192—213.

Godlewska, Anne, "L'influence d'un homme sur la géographie française: Conrad Malte-Brun", *Annales de Géographie*, vol. 100, n° 558, 1991, pp. 190—208.

Godlewska, Anne, "Napoleonic Geography and Geography under Napoleon", in Warren Spencer and Louis Salley Parker (eds.), *The Consortium of Revolutionary Europe* 1750—1850, Athens, Georgia, University of Georgia, Department of History, 1989, pp. 281—302.

Godlewska, Anne, *Geography unbound. French Geographic Science from Cassini to Humboldt*, Chicago, Chicago University Press, 1999, XII—444p.

Hard, Gerhard, Die *"Landschaft" der Sprache und die "Landschft" der Geographen*, Bonn, Dümmlers, 1970, 278p.

Hartshorne, Richard, *The Nature of Geography*, Lancaster Pa., Association of American Geographers, 1939, XV—504p.

Hartshorne, Richard, "The Concept of Geography as a Science of Space from Kant and Humboldt to Hettner", *Annals, Association of American Geographers*, vol. 48, 1958, pp. 97—108.

Humboldt, Alexandre de, *Essai politique sur le Royaume de la Nouvelle-Espagne*, Paris, 1811, 5 vol.

第五章 科学的地理学之兴起(1780—1900)：从缔造者到演化论

Humboldt, Alexander von, *Kosmos. Entwurf einer physischen Weltbeschreibung*, Stuttgart und Tübingen, 1845—1862.

Hunter, James R., *Perspectives on Ratzel's Political Geography*, Lanham, University Press of America, 1983, XXXIII—544p.

Kellner, L., *Alexander von Humboldt*, Londres, Oxford University Press, 1963, 247p.

Lefort, Isabelle, *La lettre et l'esprit, géographie scolaire et géographie savante en France* (1870—1970), Paris, C. N. R. S., 1972, 257p.

Lenz, Karl, "The Berlin Geographical Society", *Geographical Journal*, vol. 144, 1978, pp. 218—223.

Lenz, Karl (ed.), *Carl Ritter, Geltung und Deutung*, Berlin, Dietrich Reimer, 1981, 233p.

Linke, Max, "Carl Ritter, 1779—1859", in T. W. Freeman (ed.), *Geographers V*, London, Mansell, 1981, pp. 99—108.

Lowenthal, David, *George Perkins Marsh: Versatile Vermonter*, New York, Columbia University Press, 1958, 441p.

Marsh, George Perkins, *Man and Nature. On Physical Geography as Modified by Human Action*, London, Low & Son, 1864, 577p.

Milanini, Kemeny, Anna, *La Societa d'Esplorazione Commerciale in Africa e la politica coloniale* (1879—1914), Florence, La Nuova Italia Editrice, 1973, XI—258p.

Minguet, Charles, *Alexandre de Humboldt, historien et géographe de l'Amérique espagnole*, Paris, Maspéro, 1968, 633p.

Morissonneau, Claude, *La Société de Géographie de Québec*, 1877—1970, Québec, Presses de l'Université Laval, 1971, XVI—264p.

Nardy, Jean-Pierre, "Levasseur, géographe", in Paul Claval, Jean-Pierre Nardy, *Pour le cinquantième anniversaire de la mort de Paul Vidal de la Blache*, Paris, les Belles Lettres, 1968, pp. 35—89.

Nardy, Jean-Pierre, "Emile Levasseur, 1828—1911", in T. W. Freeman, Ph. Pinchemel (eds.), *Geographers* II, London, Mansell, 1978, pp. 81—88.

Nicolas-Obadia, Georges, "Introduction: Carl Ritter et la formation de l'axiomatique géographique", in *Carl Ritter, Introduction à la géographie générale comparée*, Paris, les Belles Lettres, 1974, pp. 3—32.

Overbeck, Hermann, "Ritter, Riehl, Ratzel. Die grossen Anreger zu einen historischen Landschafts-und Landerkunde Deutschlands im 19. Hahrhundert", *Die Erde*, vol. 2, 1951—1952, pp. 197—210.

Plewe, Ernst, "Carl Ritters Stellung in der Geographie", *Deutsche Geographentag Berlin 20 bis 25 Mai 1959*, Wiesbaden, Franz Steiner, 1960, pp. 59—69.

Plewe, Ernst, "Carl Ritter. Hinweise und Versuch zu einer Deutung seiner Entwicklung", *Die Erde*, vol. 90, 1959, pp. 98—166.

Ratzel, Friedrich, *Anthropogeographie, Oder Grundlage der Anwendung der Erdkunde auf die Geschichte*, Stuttgart, Engleborn, 1881—1891, vol. 2, XVIII—506 and XLII—781p.

Ratzel, Friedrich, *Völkerkunde*, Leipzig, Bibliographisch Institut, 1885—1888, vol. 3, X—96—

660, X—815 and VII—779p.

Ratzel, Friedrich, *Politische Geographie*, Munich, Oldenbourg, 1987, XX—715p.

Riehl, W. H., *Land und Leute*, Stuttgart, J. G. Gotta, 1861, XVI—464p.

Ritter, Carl, *Die Erdkunde in Verhältnis zur Natur und Geschichte des Menschens, oder allgemeine vergleichende Geographie*, Berlin, vol. 19, 1822—1859.

Sanguin, André-Louis, "En relisant Ratzel", *Annales de Géographie*, vol. 99, n°555, 1990, pp. 579—594.

Sarrazin, Hélène, *Elisée Reclus ou la passion du monde*, Paris, La Découverte, 1985, 264p.

Schultz, Hans-Dietrich, *Die deutschsprachige Geographie von 1800 zu 1970*, Berlin, Selbsverlag des Geographsichen Instituts der Freien Universität Berlin, 1980, 478p.

Semple, Ellen C., *Influences of Geographic Environment. On the Basis of Ratzel's Anthropogeography*, London and New York, Henry Holt, 1911, XVIII—683p.

Stoddart, David, "Darwin's Impact on Geography", *Annals, Association of American Geographers*, vol. 56, 1966, pp. 683—698.

Vila Valenti, Juan, "Origen y significado de la Sociedad Geografica de Madrid", *Revista de Geografia*, vol. 11, 1977, pp. 5—21.

Wanklyn, Harriet, *Friedrich Ratzel. A Biographical Memoir and Bibliography*, Cambridge, Cambridge University Press, 1961, X—96p.

Wright, John Kirtland, *Geography in the Making. The American Geographical Society*, 1851—1951, New York, American Geographical Society, 1952, 437p.

译者参考文献(请参见附表一)

第六章 国家学派时期(1890—1950)：德国与美国学派

一、对环境决定论的批判与地理学的三个基本概念 \ 104

二、自然地理学的发展 \ 106

三、地理学的德国学派 \ 111

四、索尔与伯克利学派 \ 117

思考题 \ 121

参考文献 \ 121

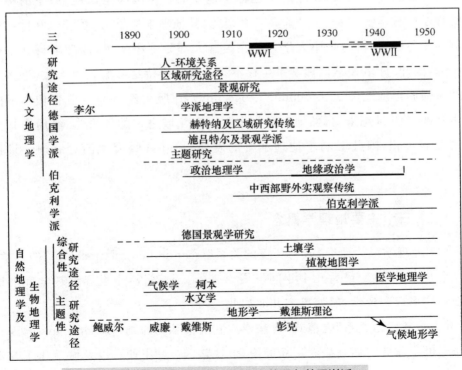

图6　国家学派时期(1890—1950)：德国与美国学派

一、对环境决定论的批判与地理学的三个基本概念

(一) 一个新的背景

从19世纪末到20世纪50年代,地理学处在一个较宁静的气氛中发展。那些直到第一次世界大战时仍然十分强烈的民族主义压力,已在二次大战之间于西方民主国家(如美、英与法国)中衰退,殖民地扩张已成过去。各国官员、殖民者,以及生意人皆已发展出对殖民地或国外的实用经验,建立与其事业或公司有用的地理知识;而学术性的地理学,对他们而言,已失去了部分的吸引力。

地理学在各国多被视为普通教育的基本课程。毕业后到中等学校教书的机会提供给选择了此学科的学生,而使得地理学系的存在具有正当性。即使在尚未将此制度化的国家,其地理学也稳定地发展。英国即是如此,那里的中小学地理学科教学在1900年之前并未系统化,其地理学最早的"系"于20世纪前叶创立于伦敦、剑桥与牛津大学。但在美国大部分中小学里,地理学科并未列为必修,因此,许多大学地理学系生存不易。为了维持足够的入学人数,许多地理学系强调经济地理学(economic geography),以吸引经济与企业管理学系的学生修课。19世纪末,自然地理学与主要研究领域之一的地形学,经历由兴而衰的发展过程,因此影响了地理学科的发展,幸好有些大学仍对地理学维持兴趣。

(二) 三个主要地理学概念

(1) 地理学成为研究"人与环境的关系"(man-milieu relationships)的科学。此概念是在19世纪最后几十年间发展出来的。照理说,全世界地理学界理论与实务应形成一致性,然而事实并非如此。

"人与环境的关系"之范式,无法建立它所揭示的通则(general laws),因此无法提供全球性的地理概念。新的聚落、铁路、航运、工业化以及城市化正改变着地球的面貌,区域地理学遂被认为是此学科的中心,它不仅提供"纵向"研究

第六章 国家学派时期(1890—1950)：德国与美国学派

"人与环境的关系"的可能性；而且"横向"探索社会关系。

（2）地理学者研究区域类型与结构。19世纪末的科学主义(scientism)或实证主义(positivism)立场，已在科学界中式微。以人类学为例，其解释原来植根于演化论或扩散理论的通则上，但20世纪最初10年以后，逐渐转向对个别文化特殊性(specificity)的兴趣。亦即，人类学者不再对文化演化的一般模式有兴趣，而是热衷研究文化的类型。在此知识环境下，地理学者发展区域类型与结构的探究是正常的。

（3）德国的施吕特尔(Otto Schlüter, 1872—1952)①提议将地理学定义为"景观科学"。因为"人与环境的关系"之范式将地理学分成自然与人文两部分，许多地理学者仍眷恋于过去统一性的研究途径。德国的施吕特尔乃提议将地理学定义为"景观科学"(science of landscape)。如此可避免自然与人文地理之二元性，并彰显地理学者是唯一对此研究对象感兴趣的科学家。

（三）国家学派(national schools)的角色

对大部分的地理学者而言，以上三个概念没有一个是完美的。"人与环境的关系"之研究，明显是地理学科的中心主题，但不幸并未建立通则，当时又未能提出另外通则化的途径。在如此背景下，区域或景观概念不容被忽略。大约有半个世纪之久，地理学是由此三个主要主题组成："人与环境的关系"(man-milieu relationships)、景观分析(analysis of landscapes)、区域类型和结构的描述(description of regional patterns and structures)。我们将这三种要素两两合并，得到三种可能性：

（1）地理学强调"人与环境的关系"及区域结构者（如法国地理学派）；

（2）强调"人与环境的关系"以及景观分析者（如伯克利学派）；

（3）强调景观分析以及区域结构者（如德国学派）。

20世纪前半叶的地理学并不是统一的领域。以其逻辑基础整理出上述三

---

① 译者注：详见本章第三节"地理学的德国学派"。

种形式,由于它们在不同的国度发展,遂形成国家学派时期。不过,其多样性并不如表面所示,不同国家的地理学者采用法国、德国或伯克利学派,有时混合引用。中欧与俄国(也就是后来的苏联),主要走德国路线;法国学派影响了葡萄牙、巴西、西班牙、比利时和英国的发展,这些国家对伯克利学派的文化地理学(cultural geography)并未引起较久的研究兴趣。荷兰、意大利、波兰与罗马尼亚等地,混合了法国与德国学派的课题;而北欧地理学者则容纳各派而持开放取向,他们与美国地理学界发展出较早的关联。

地理学并不是一门统一的学科,它在人文方面缺乏建构主义原则(principles of structuration)之共识。自然地理学的情况较佳,在重视精确性的时期里,它接近自然科学模式,且由于一些杰出的学者,发展出原创性的理论来阐释。对许多学生而言,自然地理学比人文地理学更具吸引力,这个情况一直持续至20世纪50年代末期。

二、自然地理学的发展

(一) 景观与环境的综合研究途径

19世纪末期,自然地理学采取了两个研究取向。对某些地理学者而言,他们的兴趣在环境的综合研究,这项"人与环境的关系"的范式中,自然地理学与人文地理学呈现交互作用。为了组织这项研究途径,阐述在某一个地方发生的所有交互作用有其必要。生态学出现于19世纪70年代,这门新兴但结构尚不完美的学科,缺乏基本原则来引导环境关系的分析。在德国以及那些受德国文化强烈影响的国家,当时的自然地理学之综合研究途径,基本上仍维持着描述的特性。但德国地理学者试着发展"景观类型学"(landscape typologies),其成就不小,强调地貌、植物与土壤间的关联。这就是帕萨尔格(Siegfried Passarge)[②]在景观研究领域的主要成果之一。

当时尚无法以生态学阐明环境因子引起作用的过程,自然地理学者们乃寻

---

② 译者注:帕萨尔格(Siegfried Passarge,1867—1958),德国地理学家,注重景观分析,是帕萨尔格学派(Passarge school)创始者,推动气候地形学(climatic geomorphology)研究。

第六章 国家学派时期(1890—1950)：德国与美国学派

找显示自然与生存力量的总效果指针，土壤与植物便是最佳因素。土壤学(pedology)是俄国地理学者道库恰耶夫(V. V. Dokuchaev，1846—1903)所创立。俄罗斯的地理环境相当单调：由平坦的地形组成，受单一风向影响、冬天处在数个月盛行的强烈高气压下。若由北向南行，植被(vegetation)从泰卡(taïga)③变成混合林（针叶树与落叶林相混合）、落叶林、疏林大草原、大草原(steppe)以至干燥型草原。道库恰耶夫指出有一条与此平行的土壤带，由北极灰土带(nordic podzol)到森林覆盖的褐土带、至短草原的黑色土壤或称"黑土"带(chernozioms)以及逐渐增加的灰色和含盐的副沙漠土壤。他解释，此土壤分区系因不同地区降水量以及温度的强度，促其土壤水上下移动而形成。在寒冷气候里太多的雨水溶蚀土壤中肥沃的矿物质，并造成酸性的灰土。而较少降水量及较高温度的蒸发作用形成褐土；在可溶解要素上下波动的平衡下形成黑土。而南部短草原干燥区的土壤上层常累积盐层与石膏层。

直到两次世界大战期间，土壤学一直被西方地理学者们忽视。对俄国以及后来的苏联，道库恰耶夫的分析曾被大加利用与修改，这说明了这个国家在自然地理学的景域学派(landschaft school)之持久与成功。

植被(vegetation)也被引用为一个环境中复杂互动的指针。20世纪初，由美国克列门茨(F. E. Clements)所发展的生态演替(ecological succession)之巅峰期（或称极盛相，climax stage）的观念，强调植物与它们的环境在拓殖(colonization)过程末期所达到的稳定关系。

植物地理学(botanical geography)的研究起源于洪堡（见前章）在拉丁美洲的研究，以及在19世纪30年代用此专有名词于其著作的瑞士植物学家冈朵(Alphonse de Candolle)④（图6-1）。20世纪前叶发展出两个植被制图学派。

---

③ 译者注：泰卡(taïga)，俄语，指西伯利亚北部广大寒带林，其南部副极地常绿林，树干高大形成树海，当地居民称其taiga，意为"大森林"。

④ 译者注：冈朵(Alphonse de Candolle，1806—1893)，德高望重的瑞士植物学者，是Augustin-Pyramus de Candolle之子，他承继其父亲搜集并建立的植物园，著有 *Géographie botanique raisonnée* (1855)，1867年起草植物的国际命名法。

一派着重于植物群系(vegetal formation)——如：针叶林、橡树林、竹林等，以 1/200 000 至 1/5 000 000 比例尺来制作地图。这是法国南图卢兹(Toulouse)的植物学家高森(Henri Gaussen，1891—1981)想出此，通过"植物群系地图"来表达环境的特性。他负责制作了法国植物学地图（比例尺 1/200 000），他的一位助理发展了世界植被图（比例尺 1/5 000 000）。第二个植被制图学形式分别发展于瑞士的苏黎世(Zurich)以及法国南部的蒙彼利埃尔(Montpellier)（因此被称为苏黎士-蒙彼利埃学派），以植物群丛(vegetal associations)为制图重心：始自植物的关联结构及在特定地方之发展。制出的地图比例为 1/5 000、1/10 000 或 1/25 000。地理学者们对这两种植被地图绘制法都极重视。

图 6-1 冈朵 (Alphonse de Candolle)

对于环境的综合研究，也强调人与环境的某些特定关系。流行病学(epidemiology)的兴趣随着现代医药的进步而得到发展，很快地发现某些疾病只发生在特定环境中。那些细菌——不论是微生物或病毒——依靠寄主族群维生。它们是病媒源，经此媒介传病给人们，这些结合被称为病原复合体(pathogen complex)。对它们的研究大部分发展于地中海与热带地区的国家。英国、荷兰、比利时、德国、奥地利、意大利、美国或法国的研究机构都深入这些问题的研究。以法国而言，某些医学院里开授这方面的课程。地理学者与这些医学院及巴斯德研究所(Pasteur Institute)合作，于 20 世纪 30 年代发展出医学地理学(medical geography)，其研究成果多应用于热带地区。1942 年邵尔(Max Sorre)出版了他的巨著《人文地理学的生物基础》(*Les fondenents biologiques de la géographie humaine*)，书中提供此领域完整的范围及明确的理论基础。一位在越南工作的法国医生马艾(Jacques May)在 1945 年定居于美国，并通过美国地理学会的支持而继续发展此领域。

第六章　国家学派时期(1890—1950)：德国与美国学派

(二) 气候、水文与地形的主题研究

20 世纪上半叶,自然地理学的进展以主题研究方面较有成就。生态学的建构,在 20 世纪 30 年代中期托尼(Richard Henry Tawney)研究营养链(trophic chains)之前进展不多,直到林德曼(R. L. Lindeman)⑤(图 6-2)在 1942 年发表能量原则(the energy principle)后,才有助于生态学的专业研究。

图 6-2　林德曼(R. L. Lindeman)

图 6-3　柯本(W. P. Köppen)

自 19 世纪 70 或 80 年代起,借助于逐渐增加在气压、温度、降水量、湿度和风的一系列观察,统计气候学有许多进展。费希尔(Theobald Fischer,1846—1910)最早提出其中一项成果,即借助于统计气候资料,显示夏季地中海气候的干旱。德气候学家柯本(Wladimir P. Köppen,1846—1940)(图 6-3)于 1923 年利用这份丰富的资料建立一套至今仍然有用的世界气候分类法。柯本的假想大陆提供了对已知全球气候的一个缩影,也建立了一些影响盛行风及洋流分布的机制。

物理学的进展也有助于彻底调查太阳和地球间辐射平衡与区域性的变动,这些研究开始于第一次世界大战前。1917 年挪威气象学者柏杰克(Bjernknes)发现造成寒带和温带气象呈动态变迁的锋面机制,但其概念并未立即被地理学

---

⑤ 译者注：林德曼(Raymond L. Lindeman,1915—1942)。美国生态学者,研究湖沼学(limnology)及生态学的物理及化学过程,27 岁英年早逝,但对环境科学有革命性的贡献,是现代生态系生态学(modern ecosystem ecology)之开创者。1941 年发表 Seasonal food-cycle dynamics in a senescent lake. *The American Midland Naturalist*,26(3):636—673. 及 1942 年发表 The trophic-dynamic aspect of ecology. *Ecology*,23(4):399—418.

者运用,热带与季风动力气候学的发展迟到第二次世界大战时。

水文学(hydrology)与气候学以相同的原因进展着:即资料的累积。陆域水文记录的资料较丰,且保存较佳,早先提供洪水预报,后来则供水力发电潜力评估。由于水文测量船的操作成本高昂以及测量工具尚未革新,海洋水文调查的进展缓慢。

地形学(geomorphology)是门结构较好的学科。归功于 18 世纪末,赫顿(James Hutton)提出的原则,奠定了方法学基础;阿加西(见第五章第四节)对于冰河地形作用的发现,为温暖及寒冷环境之地形史打开新视野。负责预防常发生在阿尔卑斯山区之灾难性湍急洪水的意大利、奥地利、瑞士或法国的工程师们,曾仔细研究过河流侵蚀作用。但地形学领域中的主要进步来自于美国。由于科罗拉多大峡谷探险家鲍威尔(John Wesley Powell,1834—1902)及麦克基(W. J. McGee,1853—1912)曾详细描述河流侵蚀与沉积的过程,使得戴维斯(William Morris Davis,1850—1934)(图6-4)得以在20世纪90年代建立常态侵蚀作用(以河流为例)的杰出理论,并且推及风、冰河与海洋等领域之侵蚀过程而完成之。

图 6-4 戴维斯
(William M. Davis)

当人文地理学正在寻找可能的理论来发展其基础时,地形学已由"侵蚀轮回理论"(the theory of erosion cycles)完成统一。该理论根据形成地形的作用力(如水流、风、冰河等)以及它们演化的阶段(幼年期、成年期、老年期),提供地形分类的全球系统。因理论的公式化,使得许多代的地理学者对地形学着迷。不幸的是,戴维斯地形学是以时间尺度为基础的,与人类事件和历史事件没有任何关联,于是将自然地理学者的注意力渐与社会生活割裂开。

戴维斯理论可用不同环境的实例来说明,其最佳追随者有致力于海洋侵蚀研究的约翰逊(D. W. Johnson,1878—1944)、气候突发事件的卡顿(C. A. Cotton,

第六章　国家学派时期(1890—1950)：德国与美国学派

1885—1970)、山足面侵蚀原(pediplanation)的金(Lester C. J. King)或海平面变化的博利(Henri Baulig,1877—1962)。

戴维斯理论被大多数国家的地形学者们所接受。法国的马顿(Emmanuel de Martonne)⑥(图6-5)亦为其中之一,但其并非满意该理论的所有概念。德国的彭克(Wilhelm Penck)则持反对态度,但彭克的理论较难懂而且影响有限。

在20世纪30及40年代,愈来愈多的地形学者认可气候对地形有影响,如此一来,一些着重景观分析的帕萨尔格学派(Passarge school)的成果就进入地形学主流,打开20世纪50年代气候地形学(climatic geomor-phology)之路。

图6-5　马顿(E. de Martonne)

虽然德国学者在"环境"(milieus)论题上发展了某些原创性的见解,但其自然地理学的发展仍属国际性,至于人文地理学的国家学派发展则为个别化。

三、地理学的德国学派

(一) 德国国家问题与地理学

要了解德国地理学的发展演化,应先了解其国家问题。19世纪50年代,李尔(Wilhelm Riehl)曾强调在德国社会转型下幼童教育问题的重要性。因为城市化与工业化,使得传统德国价值与技艺之传承教育失败了,那些价值与技艺原本由地方人士所代代传习。李尔极力主张德国教育系统的改革,他认为年轻的德国人必须认识他们的民族传统;他说服他们去旅行;当时"漂鸟"运动(Wandervogel movement)使得上千的德国青年背着背包、学习候鸟精神,展开他们的乡土之行,在德国教育史上发挥了一段久远的影响。在学校体系里,地理学被视为乡土科学(heimatkunde),其主要任务是教导年轻的德国人认识国

---

⑥　译者注：马顿(Emmanuel de Martonne, 1873—1955),法国自然地理学者、地形学者,是维达尔的学生,也是他的女婿。

家、国家的景观、人民和传统。如此一来,地理学被赋以文化保存的功能。

直到1871年普法战争结束,在凡尔赛宣布第二帝国(The Second Reich)成立之前,德国仍是个分裂的国家。德国人民对于他们自身的认同原有强烈的意识,但并不确定国界范围。他们觉得1871年《凡尔赛宣言》对德国人民的统一与德国领土的再结构是重要的一步,但这个过程仍未完成,因为不仅在俄国波罗的海的部分地区以及沿着伏尔加河特兰西瓦尼亚一带有说德语的人;同时在奥地利、列支敦士登、卢森堡与瑞士亦有说德语的人。此外,荷兰人和法兰德斯人(Flanders)与北德人有血缘关系,而且他们的语言与该区的低地德语区(Plattdeutsch)类似。中世纪大入侵时期,日耳曼人曾定居于阿尔及利亚部分地区、西班牙[安达鲁西亚使人联想到汪达尔人;加泰罗尼亚(Catalonia)原本是哥德兰地亚(Gotholandia),一支日耳曼族群哥德人的土地]以及北意大利(伦巴底亚 Lombardia 曾由伦巴底人 Lombards 所控制)。法国的国名(France)仍然提醒法兰克日耳曼人(Frank Germans)在这个国家诞生时的角色。对德国人民而言,国界应划到哪里才算公平? 这个问题是当时(19世纪末)德国地理学的中心课题。统计学兼历史学家梅茨恩(August Meitzen,1822—1910)提供德国地理学者一项假说。他对聚落历史一向有兴趣,而构想欧洲各类型乡村组织与其特定民族群体有关联——根据他的分类,不是罗马的、斯拉夫的、芬兰的就是日耳曼的。因此对地理学者而言,自有可能建立德国领域的科学基础。此方法建立在人种及社会假设上,但它的结果使地理学被视为自然科学,故以景观概念表达之。

(二) 施吕特尔与景域学派

19世纪90年代拉采尔的概念(见前章),对德国地理学界造成的冲击不及其他国家。德国地理学者并不确定地理学的未来,也多半不关心寻找法则与规律这个问题。但在非主流的经济地理学中有例外,使原创性的理念发展出来:譬如弗里德里希(E. Friedrich)曾介绍掠夺经济、破坏性经济学(destructive economy)

第六章 国家学派时期(1890—1950):德国与美国学派

理念;一位马克思主义学者魏特夫(Karl Wittfogel),后来研究水利专制政治(hydraulic despotism)的环境状况与社会概况;哈恩(Edward Hahn,1857—1928)研究早期农业,提出令人印象深刻的成果;克里斯塔勒(Walter Christaller)(图6-6)明确地发展中心地理论(central place theory)⑦贡献于空间经济学。

图6-6 克里斯塔勒(Walter Christaller)

图6-7 哈特向(Richard Hartshorne)

许多地理学者认为地理学必须聚焦于区域性分析。他们找到一位领导者赫特纳(Alfred Hettner,1859—1941),他提供德国地理学在1895年与20世纪30年代早期间许多理论性的思考。他强调康德的思考、洪堡的研究以及李希霍芬(Ferdinand von Richthofen,1833—1905)等对区域地理学贡献的重要性。他的理念对哈特向(或译哈子宏)(Richard Hartshorne,1899—1992)(图6-7)有很强烈的影响,并且提供哈特向1939年出版《地理学的性质》(*The Nature of Geography*)一书的中心假设。然而区域地理学并未成为德国地理学的标准版。

---

⑦ 译者注:中心地理论(Central Place Theory)是德国地理学者克里斯塔勒(Walter Christaller)以南德高地为样区,假设在一同质地形、土壤沃度、交通设施及理性居民等条件下,发展出来的假说;在此假设下,他以六角形推论,以 K 作单位,推论一个以中心地发展出来的阶层性服务范围:(1) $K=3$ 的市场原则,指出等级较高的中心地,其销售较高等级商品的服务范围较广,可涵 3 个六边形地;(2) $K=4$ 的交通原则,等级较高的中心地,交通比只卖低等级商品的中心地方便,可涵盖 4 个较小中心地范围;(3) $K=7$ 行政部门原则,设有行政部门的中心地,重要性往往会较高,故覆盖范围也高很多,一般可覆盖 7 个较小中心地范围。

中地理论亦可被应用于非商业性之服务业结构体系如教育、医疗等。但是,中心地理论是一有条件的假说,排除了各地的气候差异、历史发展和消费者个人偏好等因素的影响,因此,在使用时要注意其适用性。

施吕特尔(Otto Schlüter，1872—1959)在学术界之地位不如赫特纳，但他的研究对德国地理学有深厚影响。对他而言，地理学必须研究"景域"(landschaft)——此处使用德文，因为它比起英文术语有较宽广的意义：

首先，"景域"一词的意思是"景观"(landscape)。那时没有其他的科学对此研究主题有兴趣。假如焦点集中在此，地理学者们可以与其他相近的学科在边际之间泾渭分明。施吕特尔借助于他的研究，证明此一地理概念的丰富：通过历史的、考古学的、与花粉证据的仔细分析，他从古代中欧砍伐森林的阶段绘制地图——这是该区景观变迁(landscape transformation)的主要原因之一。

其次，landschaft 一词在德文亦指"区域"(region)。那些采用施吕特尔定义的地理学者无意采用与赫特纳不同的区域研究方法。但通过景域研究途径，他们将区域地理的研究范畴集中于特定类型的空间分区，寻找可见的特征：譬如，分散或集中的聚落，村庄、围篱、田地的结构，农作物、道路系统等的位置。至于不可见的特征：譬如，活动流量、居民的态度、想法和主观的感情则被遗漏。

景域学派(landschaft school)利用当时所有的科学工具与技巧来界定、描述与重组现在与过去的景观和景观单位。由此观点发展出相当科学的方法。但另一方面，它的基础并不稳定，因为它并未建立在对景观与区域性质之根本思考上。

(三) 保守主义革命与德国地理学

德国的知识背景，在 20 世纪的前几十年经历了深远的改变。这个过程大约从 1890 年开始，20 世纪最初 10 年加速，并且因第一次世界大战失利后签下被德国人民视为不公平的《凡尔赛和约》(1919)而加剧。他们认为德国外交官与战胜国间并未真正交涉谈判，而是被迫签约，因而刺激出强烈的民族主义。

第六章 国家学派时期(1890—1950):德国与美国学派

保守主义革命(conservative revolution)是奠基在针对西方民主自由主义(liberal principles)——一个源于18世纪的政治哲学——的尖锐批评之上。它并不承认机会与通路的平等是文明的中心。它的拥护者对于昨日文明的集体价值、牺牲的观念以及团结一致的道德观给予崇高的地位。他们以赞美男子气概、勇气与勇士的道德观来取代鼓励和平的态度,他们经常利用尼采(Friedrich Wilhelm Nietzsche)⑧(图6-8)的超人理念(the Nietzsche's idea of the superman)来批评基督徒以及自由主义的态度。

图6-8 尼采(F. W. Nietzsche)

保守主义革命享有哲学后盾,在两次战争期间它扩散了许多德国发展出来的右派意识形态,例如国家社会主义。既然人民需要了解现代世界权力的基础与领土问题,政治地理学(political geography)与地缘政治学(geopolitics)逐渐重要。豪斯霍弗尔⑨著作中的基本观念是透过一位瑞典政治科学家基兰(Kjellen)间接从拉采尔(参见前章第七节)借来的,也来自于外交与军事的资源与传统。但是,地缘政治学的目的是要探讨政治人物的策略,以及设定最佳方案来达成特定目标,而非分析国家的地理特性。

有些地理学者,如梅兹(Metz)与缪勒-威勒(Müller-Wille)利用景域主题来替国家社会主义分子的扩张政策作辩护,依赖景域证据作为合法性来并吞荷兰、比利时、法国东部与北部一大块土地及波兰或乌克兰。克里斯塔勒乐于合理化波兰的空间结构,即使他必须与纳粹当局合作。然而对大部分的德国地理学者而言,在当时政治的热情下,景域理念提供了发展学术研究一个安全方式。他们将注意力集中在人类聚落的特征上,探讨聚落的历史并且试着去了解它们

---

⑧ 译者注:尼采(Friedrich Wilhelm Nietzsche, 1844—1900),德国哲学家。
⑨ 译者注:豪斯霍弗尔(Karl Haushofer, 1869—1946),德国地缘政治学家。

的功能角色。劳腾萨赫(H. Lautensach，1886—1971)对伊比利亚(Iberic)半岛与朝鲜半岛的研究是此方法的好案例。

在第二次世界大战结束时，大部分德国地理学者们已避免与国家社会主义政体妥协，而且景域理念的误用已减少，因此景域主题能维持居于德国地理学派的中心，直到20世纪70年代结束，甚至更晚。在第二次世界大战前，很少有关景域的理念与景域学派方法论(the landschaft methodology)的通论陈述。但显著的例外是克雷布斯(N. Krebs，1876—1947)1923年发表的论文；及帕萨尔格(Siegfried Passarge)在1919—1921年出版的书。在20世纪50年代期间，这个情况改观了，人们试着提供景域学(landschaftskunde)更好的基础。许多方法论的研究出于克雷布斯以及年轻的地理学者们，如波贝克(H. Bobek，b. 1903)、卡罗尔(H. Carol，1915—1971)、劳腾萨赫(H. Lautensach)、许密添纳(H. Schmitthenner，1887—1957)、特罗尔(Carl Troll，1899—1975)(图6-9)或乌里希(H. Uhlig)。其中最重要的论文已由史托克保(W. Storkebaum)收集出版。

图6-9 特罗尔(Carl Troll)

景域学派强调聚落地理学，它仰赖历史与考古学证据。从档案研究中，梅茨恩最初假设的乡村景域之民族特性被反驳。敞田制度(the openfield systems)及其强制性的三期农作物轮作制并非传自公元5世纪入侵的日耳曼人，而是后来在8世纪至17世纪发展于欧洲中部的德国、瑞士、法国东部与北部、英国中部以及斯堪的纳维亚半岛南部。最早澄清这项事实的施瓦兹(Gabriele Schwarz)是采取景域学派来证明，虽然起初与民族主义运动有关联，但其发展出科学方法学并且提出精确的结果。

景域概念的限制在20世纪60年代开始被重视，因为学者们已不能满足于：强调视觉证据、对传统景观与传统社会的偏好，以及不能分析建立在城市吸引力的现代区域建构形式。巴特尔斯(Dietrich Bartels，1931—1983)企盼现

第六章　国家学派时期(1890—1950)：德国与美国学派

代化的方法论,提倡新地理学;哈德(Gerhard Hard,b. 1934)细查景域概念的意识形态之涵义,但他们的观点在许多德国同行间仍不普及。景域概念即使被批判,在20世纪70年代仍是许多研究的核心。

四、索尔与伯克利学派

德国景域学派是集体的创作,它的推动者施吕特尔是受人尊敬的学者,但它的影响与权威有限。伯克利学派(the Berkeley School)的情形完全不同,长达半个世纪之久的历史是一个人,也就是索尔(Carl Ortwin Sauer,1890—1975)的历史。

(一) 索尔的学养与理念

索尔诞生在德国移民家庭中（图6-10）,成长于美国中西部的一个小德国社区里。他上过德语学校并且在就读芝加哥大学时,借由到德国大学长期访问完成他的学业。从他年轻时的经验中,他对相当封闭的农民社区有研究兴趣。（当时在他居住的密苏里地区,德裔移民试着重建一个德国乡村社会。）并且他对无情的现代人际关系持有憎恶。在芝加哥大学时,他到地理学系里学习一些野外技巧,它们是由植物学家克列门茨(F. E. Clements)严谨细查植物群（聚）落(vegetal community)研发出来的。[当时克列门茨对其他社会科学发展亦具影响,提供帕克(Robert Park)与伯吉斯(Ernest W. Burgess)城市生态学的核心概念,亦即社会群系与演替(social formation and succession)概念。]

图6-10　索尔
(Carl Ortwin Sauer)

这种重视野外调查与地图学的研究法,赋予美国人文地理学一些特性,据此而可称之为美国地理学的中西部学派(Middle West school),其方法学已调整而特别适用于农业经济分析或城市聚落研究。

由于他的德国经验，索尔更关怀如何令地理学更具有结构性与综合性。此观点亦普遍存在于其同事之间。他将之发表于一篇基本论文中〈景观形态学〉（*The Morphology of Landscapes*，1925）。当他任教于加州大学伯克利（Berkeley）分校后，遂有机会发展自己的地理学研究路线。他与人类学系的同事克罗伯（Clyde Kroeber）交往密切，克罗伯专攻美国西南部印第安人社区的过去与现在。通过合作，索尔发展出物质要素（material elements）的野外技巧，此通常为一般地理学者调查时所忽略。代替将农田视为研究的基本单位，他试着将研究区中所分布的植物绘成地图，并且确定它们的种类与多样性。这在处理高度标准化与机械化的农业环境时，如此详细的探究也许并非必要；但是对那些用锄头耕种的农民而言，他们种植许多农作物于同一块土地上则是有用的。因为，这种详细地图显示杂草的存在及其种类。除去它们的困难，以及解释为何农民在栽种两三种作物之后，常弃耕该田地。

索尔知道文化是由物质技术、社会制度方法及结构性知识所组成的。身为一位地理学者，他认为即使仅就对物质组织之影响而言，也必须去探讨文化的社会性或知识面。

索尔多以大比例尺进行调查研究，故未曾扩张研究区为广大区域。他对区域地理学没有兴趣，也未以地图学的观念来通则化他的野外工作结果。以20世纪初即发展的三个人文地理学概念而言（见图6），他未采用区域性概念；景观概念是他野外工作方法论中的自然成果，而且在其相当了解的德国研究中，他为景域概念找到理论性的辩护。但索尔对于第三项概念——"人与环境的关系"（man-milieu relationships）——则特别予以注意。

（二）在文化及"人与环境的关系"方面的索尔

20世纪上半叶的大地理学者中，索尔与邵尔（Max Sorre，1880—1962）二人最清楚生态的实际状况。索尔的分析依赖一个观察到的简单事实：在他专研的原始与传统社会里，人们必须依赖他们生产的食物而生存。他将自己所成

第六章 国家学派时期(1890—1950):德国与美国学派

长的德裔农民社会的智能译成科学的箴言,在托尼(Tawney)仍未发明"营养链"(the trophic chain)这一名词时,索尔已集中焦点于人类族群生存核心的营养链,此可解释他对"农业起源与传播"的兴趣,而将自己的一本书以此命名。他研究美洲西南部、中美洲与加勒比海地区的传统农民,在与欧洲文明接触前,他们仅使用锄头,而其中许多人至今仍未使用过犁。就哈恩(Edward Hahn)描写的两条主要农业发展途径而言,索尔探讨使用锄头的那条,就他而言,使用锄头的农业在时间上先于使用犁的农业。前者依赖通过插枝繁殖的植物(主要在于根部,但并不是唯一的);后者依赖谷类。野生植物也可以插枝繁殖。值得播种的谷物,其品种在成熟时不会掉落谷粒,而收获时可以去穗而不失去谷粒。索尔诉诸于考古学的证据来证明他以下的直觉是正确的:分布在亚洲东南部、印度尼西亚以及新几内亚岛一带以插枝为基础的用锄农业,起源早于中东用犁的农业。

对他而言,地理学者研究文化的主要贡献应在于:他们探讨人类族群维生的生态基础。在此追求下,他们必须观察开发后居处可能生长的植物及动物,因为它们是农民依赖的食物,而被镶嵌在自然景观中。对他而言,文化——也就是那些代代相传的知识、技能以及态度的组合——有其基本的地理面向。它是生命实体,由植物与动物组成的。它具有景观面向,因为它涉及树木、树篱、房屋与田地等类型。工具与人工制品也与地理学者们有关,因为它们是用来调整景观的。

索尔所发展的文化地理学概念在某一方面是狭窄的,他认为地理学者不必注意人们的生活经验、社会组织以及社会或政治网络系统的建立方法。他的地理学观点是完全"垂直"的("人与环境关系"的概念),而忽略了"水平"的(社会-空间组织范式),其原因在于他对区域这个不可忽视的面向缺乏兴趣。尽管其观点有狭窄的一面,但索尔的文化地理学,如同当时德国的地理学,有非常严谨的方法论。要成为伯克利学派里的文化地理学者,最好拥有人类学与植物学方面的训练。麦克塞尔(Marvin Mikesell, b. 1930)——索尔早期的学生,曾叙述

与索尔的一段对话。麦克塞尔的博士论文是研究摩洛哥北部里夫山区(Rif mountains)的文化地理学,当地农民与牧羊人讲一种柏柏语⑩;城市居民则说一种阿拉伯语,且由于殖民的关系,法语与西班牙语亦被广泛使用。在此研究区的语言障碍是个困难,只懂法语的麦克塞尔想知道这个状况对其研究工作的影响。当他就此问题请教索尔时,他回答:"就研究里夫山区而言,唯一需要的外国语言是德文。"麦克塞尔感到难以理解,索尔解释说:"没有错,因为在摩洛哥此区的植物图鉴是由德国植物学者以德文出版的!"

透过对此狭窄领域的研究,索尔对于生态问题有很深的洞察力。他在1937年所写有关人类造成生态上的不平衡及其长期影响,是真正的预言。

但是索尔研究方法的限制是明显的。他所发展的方法论已与在美洲的原始或传统印第安人社会问题连接,但并不是那么容易地被转移至现代工业化环境——虽然那里的生态问题同样重要,而且造成更危险的不平衡。当被运用到现代化的美国,伯克利学派文化地理学的概念失去了它最具原创性的成分。重点不再被定位于生态关系上,而是移转至人为产物——农场、谷仓、树篱等形式,这些研究结果常令人着迷,但不如索尔的切题。

文化地理学的伯克利概念——强调景观是食物生产所形成的图案,一直活跃在美国及英语世界里,但现在更流行在人类学者之间。环境人类学的维达学派(Vayda school)应用最近发展的生态理论,除此之外,它的目标与索尔近似。克劳斯贝(A. W. Crosby)最近的研究《生态霸权》(*Ecological imperialism*)也接近索尔的基本观念。

在地理学者中,索尔传统活跃在研究拉丁美洲或研究与欧洲接触前的美国印第安社会的专业学者间。德尼凡(W. Denevan)对南美洲湿地的成脊状野外的研究是这些方法的最好例子。对北美洲以及其他发达国家而言,索尔的创思已被遗忘。地理学者们在研究相关领域上已依赖民俗学(folklore)分析技术,

---

⑩ 译者注:柏柏语(Berberian language)是北非伊斯兰教土著柏柏人(Berbers)使用的语言。

第六章 国家学派时期(1890—1950)：德国与美国学派

对扩散(diffusion)的强调超过生态关系。

许多伯克利学派的研究论文令人着迷，它们的概念如同德国的景域分析观念一样，适合传统地区的研究。但是地理学者们不能长期专注于研究过去，或只聚焦于原始住民。地理学也须研究有关现代城市化与工业化的世界。

思 考 题

6-01 19世纪末期到20世纪50年代地理教育的发展与地理学系的课程重点是什么？
6-02 试述19世纪末期到20世纪50年代发展出来的三个主要的地理概念与国家学派的关系。
6-03 19世纪末期自然地理学的发展有何重点？
6-04 试述德国与美国国家学派的主要学者及其影响。
6-05 国家学派产生的原因及主要学派研究的内容是什么？

参考文献

General presentations

Buttimer, Anne, *The Practice of Geography*, London and New York, Longman, 1983, XIII—298p.

Dickinson, R. E., *The Regional Concept. The Anglo-American Leaders*, London and Kegan Paul, 1976.

Dickinson, R. E., *The Makers of Modern Geography*, London, Routledge and Kegan Paul, 1969, XIV—305p.

Freeman, T. W., *A Hundred Years of Geography*, London, Duckworth, 1961, 335p.

Freeman, T. W., *The Geographer's Craft*, Manchester, Manchester University Press, 1967, XI—204p..

Harthshorne, Richard, *The Nature of Geography*, Lancaster Pa, Association of American Geographers, 1939, XV—504p.

Pattison, W. D., "The Four Traditions of Geography", *Journal of Geography*, n°5, 1966, pp. 211—216.

Physical geography

Acot, P., *Histoire de l'écologie*, Paris, PUF, 1988, 285p.

Chorley, R. J., R. P. Beckinsale, A. J. Dunn, *The Life and Work of William Morris Davis*, 1973, XV—874p.

Chorley, R. J., R. P. Beckinsale, A. J. Dunn, *Historical and Regional Geomorphology* 1890—1950, London, Routledge, 1991, 496p.

Deléage, Jean-Paul, *Histoire de l'écologie. Une science de l'homme et de la nature*, Paris, La Découverte, 1991, 330p.

Fairchild, Wilma B., "Jacques M. May (1896—1975)", *Geographical Review*, vol. 66, 1976, pp. 236—237.

Fierro, A., *Histoire de la climatologie*, Paris, Denoël, 1991, 315p.

Kormondy, Edward J., *Concepts of Ecology*, Englewood Cliffs, Prentice-Hall, XIII—209p.

Sorre, Max., *Les fondements de la géographie humaine*. vol. 1: *Les fondements biologiques. Essai d'une écologie de l'homme*, Paris, A. Colin, 1943, 447p.

The German school

Bartels, Dietrich, "Die Harmonie Begriff", *Die Erde*, vol. 100, 1969, pp. 124—137.

Berry, Brian J. L., and Chauncy D. Harris, "Walter Christaller: an Appreciation", *Geographical Review*, vol. 60, 1970, p. 116—120.

Christaller, Walter, *Die zentralen Orte in Süddeutschland*, Iéna, G. Fischer, 1933; trad. anglaise, *Central places in Southern Germany*, Englewood Cliffs, Prentice-Hall, 1966, 230p.

Eisel, Ulrich, *Die Entwicklung der Anthropogeographie von einer Raumwissenschaft zur Gesellschaftwissenschaft*, Kassel, Kasseler Schfriften zur Geographie und Plannung, 1980, 664p.

Filip, Karlheinz, "Leçons allemandes de géographie", *Mosella*, vol. 8, 1978, pp. 145—167.

Friedrich, E., *Allgemeine und spezielle Wirtschaftsgeographie*, Leipzig, G. G. Gscher, 1904, 370p.

Hahn, Eduard, *Die Haustiere und ihre Beziehungen zur Wirtschaft des Menschen*, Leipzig, Duncker und Humblot, 1896.

Hahn, Eduard, *Demeter und Baubo (Versuch einer Theorie unseres Ackerbaus)*, Lübeck, M. Schmidt, 1896.

Hahn, Eduard, *Die Entstehung der Pflug-Kultur*, Heidelberg, Carl Winter, 1909.

Hahn, Eduard, *Von der Hacke zum Pfluge*, Leipzig, Quelle une Meyer, 1914.

Hard, Gerhard, *Die "Landschaft" der Sprache und die "Landschaft" der Geographen*, Bonn, Dümmlers, 1970, 278p.

Hettner, A., "Die Entwicklung der Geographie in 19. Jahrhundert", *Geographische Zeitschrift*, vol. 4, 1989, pp. 305—320.

Hettner, A., *Die Geographie, ihre Geschichte, ihr Wesen und ihre Methoden*, Breslau, Ferdinand Hirt, 1927, VIII—463p.

Korinman, M., *Quand l'Allemagne pensait le monde. Grandeur et décadence d'une géopolitique*, Paris, Payot, 1990, 413p.

Meitzen, August, *Siedelung und Agrarwesen der Westgermanen und Ostgermanen, der Kelten, Rmer, Finnen und Slaven*, Berlin, Hertz, vol 4.

Meynen, E., "Alfred Kirchhoff, 1838—1907", in T. W. Freeman and Ph. Pinchemel (eds), *Geographers* IV, 1980, pp. 69—77.

Pfeiffer, Gottfried, "Leo Heinrich Waibel, 1888—1951", in T. W. Freeman (ed.), *Geographers* VI, 1982, pp. 139—147.

Plewe, Ernst, "Alfred Hettner, 1859—1941", in T. W. Freeman and Ph. Pinchemel (eds.),

第六章 国家学派时期(1890—1950)：德国与美国学派

Geographers Ⅵ, pp. 55—63

Rosenkranz, Ehrard, "Heinrich Schmitthenner, 1887—1957", in T. W. Freeman (ed.), *Geographers* Ⅴ, 1983, pp. 91—101.

Rössler, Mechthild, "*Wissenschaft und Lebensraum*". *Geographische Ostforschung im National-Sozialismus. Ein Beitrag zur Disciplingeschichte der Geographie*, Berlin, Hamburg, Dietrich Reimer Verlag, 1990, 288p.

Schlüter, Otto, "Bemerkungen zur Siedelungsgeographie", *Geographisch Zeitschrift*, vol. 5, 1899, pp. 65—84.

Schlüter, Otto, *Die Ziele der Geographie der Menschen*, Munich and Berlin, Antrittsrede, 1906, 63p.

Schick, Manfred, "Otto Schlüter, 1872—1959", in T. W. Freeman (ed.), *Geographers* Ⅵ, London, Mansell, 1982, pp. 115—182.

Schr der, Karl-Heinz, "Robert Gradmann", 1865—1950", in T. W. Freeman (ed.), *Geographers* Ⅵ, 1982, pp. 47—54.

Schultz, Hans-Dietrich, *Die deuchtsprachige Geographie von 1800 bis 1870*, Selbsverlag des Geographischen Instituts der Freien Universität Berlin, 1980, 478p.

Stoddart, David, "Darwin's impact on Geography", *Annals, Association of American Geographers*, vol. 56, 1966, pp. 683—698.

Storkebaum, W. (ed.), *Zur Gegenstand un zur Methode der Geographie*, Darmstadt, Wissenchaflisches Buchgesellschaft, 1967, Ⅷ—566p.

Tilly, Philip D., "Hermann Lautensach, 1886—1971", in T. W. Freeman, Ph. Pinchemel (eds.), *Geographers* Ⅳ, 1982, pp. 91—101.

Troll, Carl, "Die geographische Wissenschaft in Deutschland in den Jahren 1933—1945", *Erdkunde*, vol. 1, 1945, pp. 3—48.

van Valkenburg, Samuel, "The German School of Geography", in G. Taylor (ed.), *Geography in Twentieth Century*, London, Methuen, 1952, pp. 91—117.

von Drygalski, "F. von Richthofen und die deutsche Geographie", *Zeitschrift Ges. für Erdkunde zu Berlin*, 1933, pp. 88—97.

The American school

"A Conference on Regions", *Annals, Association of the American Geographers*, vol. 25, 1935, pp. 121—174, and more pecularly: R. B. Hall, "The Geographic Region", pp. 122—136.

Baker, Oliver E., "Agricultural Regions of North America, 1- The basis of classification", *Economic Geography*, vol. 2, 1926, pp. 459—493.

Blouet, Brian W. (ed.), *The Origins of Academic Geography in the United States*, Hamden (Con.), The Shoe String Press (Archon Books), 1981, Ⅻ—342p.

Clepper, Henry (ed.), *Origins of American Conservation*, New York, Ronald Press, 1966, Ⅹ—193p.

"Conventionalizing Geographic Investigation and Presentation, a Symposium", *Annals, Association of American Geographers*, vol. 24, 1934, pp. 77—122, and more pecularly:

Preston E. James, "The Terminology of Regional Description", pp. 77—86; Wellington D. Jones, "Procedures in Investigating Human Occupance of a Region", pp. 93—107; Vernon Finch, "Written Structures for Presenting the Geography of Regions", pp. 113—122.

Dicken, S. N., "A classification of the Agricultural Regions of Europe and North America on a Uniform Statistical Basis", *Annals, Association of American Geographers*, vol. 25, 1935, pp. 99—120.

Entrikin, J. N. and Stanley D. Brunn (ed.), *Reflections on Richard Hartshorne's The Nature of Geography*, Washington, Association of American Geographers, 1989, X—170p.

Harris, Chauncy D., "Geography at Chicago in the 1930s and 1940s", *Annals, Association of American Geographers*, vol. 69, 1979, pp. 21—32.

Hartshorne, Richard, "Location as a Factor in Geography", *Annals, Association of American Geographers*, vol. 17, 1927, pp. 92—99.

Hartshorne, Richard, "Recent Development in Political Geography", *American Political Science Review*, vol. 29, 1935, pp. 785—804 and pp. 943—966.

Hartshorne, Richard, "The Functional Approach in Political Geography", *Annals, Association of American Geographers*, vol. 40, 1950, pp. 95—130.

Hooson, David, "Carl O. Sauer", in Brian W. Blouet (ed.), *The Origins of Academic Geography in the United States*, op. cit., pp. 165—174.

James, Preston E., C. F. Jones (eds.), *American Geography: Inventory and Prospect*, Syracuse, Syracuse University Press, 1954, 590p.

James, P. E. and G. J. Martin, *The Association of American Geographers. The First Seventy-Five Years 1904—1979*, Washington, Association of American Geographers, 1978, XII—279p.

Jones, W. D., C. O. Sauer, "Outline for Field Work in Geography", *Bulletin of the American Geographical Society*, vol. 46, 1915, pp. 520—525.

Leighly, John (ed.), *Land and Life: a Selection from the Writings of Carl Ortwin Sauer*, Berkeley, University of California Press, 1963, 435p.

Leighly, John, "Berkeley. Drifting into Geography in the Twenties", *Annals, Association of American Geographers*, vol. 69, 1979, pp. 4—9.

Leighly, John, "Carl Ortwin Sauer, 1889—1975", in T. W. Freeman and Ph. Pinchemel (eds.), *Geographers* II, 1978, pp. 99—108.

Parsons, James J., "Carl Ortwin Sauer, 1889—1975", *Geographical Review*, vol. 66, 1976, pp. 83—89.

Parsons, James J., "Berkeley. The Later Sauer Years", *Annals, Association of American Geographers*, vol. 69, 1979, pp. 9—15.

Platt, Robert S., "The Rise of Cultural Geography in America", *I. G. U. Eighth General Assembly and Seventeenth International Congress Proceedings*, Washington, I. G. U., 1952, pp. 485—490.

Platt, Robert S. (ed.), *Field Studies in American Geography*, Chicago, Department of Geography Research Paper n° 61, 1959, 405p.

第六章 国家学派时期(1890—1950)：德国与美国学派

Sauer, Carl O., "The Morphology of Landscape", *University of California Publications in Geography*, vol. 2, 1925, pp. 19—53.

Sauer, Carl O., "The Education of a Geographer", *Annals, Association of American Geographers*, vol. 46, 1956, pp. 287—299.

Semple, Ellen C., *Influences of Geographic Environment. On the Basis of Ratzel's Anthropogeography*, London and New York, Henry Holt, 1911, XVIII—683p.

Spencer, J., "The Growth of Cultural Geography", *American Behavioral Scientist*, vol. 22, 1978, pp. 79—92.

Thoman, Richard S., "Robert S. Platt, 1891—1964", in T. W. Freeman, Ph. Pinchemel (eds.), *Geographers* III, 1979, pp. 107—116

Warntz, William, *Geography Now and Then. Some Notes on the History of Academic Geography in the United States*, New York, American Geographical Society, 1964, 139p.

The British School

Blouet, Brian W., *Sir Halford Mackinder 1861—1947: Some New Perspectives*, Oxford, School of Geography, Research Paper 13, 1975, 49p.

Boardman, Philip L., *Patrick Geddes. Maker of the Future*, Chapel Hill, University of North Carolina Press, 1944, 504p.

Coones, Paul, *Mackinder's 'Scope and methods of Geography' after a Hundred Years*, Oxford, School of Geography, University of Oxford, 1987, V—92p.

Freeman, T. W., *A History of Modern British Geography*, London, Longman, 1980, X—258p.

Freeman, T. W., "The British School of Geography", *Organon*, vol. 14, 1980, pp. 71—82.

Gilbert, E. W., *Sir Halford Mackinder, 1861—1947. An Appreciation of his Life and Work*, London, Bell and Sons, 1960, 32p.

Gilbert, E. W., "Andrew John Herbertson", *Geographical Journal*, vol. 131, 1965, pp. 516—519.

Jay, L. J., "Andrew John Herbertson, 1865—1915", in T. W. Freeman, Ph. Pinchemel (eds.), *Geographers* III, 1979, pp. 85—92.

Kimble, George T. H., "Laurence Dudley Stamp", *Geographical Review*, vol. 57, 1967, pp. 246—249.

Stoddart, David R., "The Royal Geographical Society and the New Geography", *Geographical Journal*, vol. 146, 1980, pp. 192—202.

Stoddart D. R., *On geography*, Oxford, Blackwell, 1986, XI—335p.

The Italian School

Corna-Pellegrini, Giacomo (ed.), *Roberto Almagià e la geografia italiana nella prima metà del secolo. Una rassegna scientifica e una antologia degli scritti*, Milan, Unicopli, 1988, 430p.

Gambi, Lucio, "Esquisse d'une histoire de la géographie en Italie", in Antoine Bailly et al.,

Travaux de géographie fondamentale, Paris, Belles Lettres, 1974, pp. 9—39.

The Russian School

Breitbart, Myrna, "Peter Kropotkin, the Anarchist Geographer", in David R. Stoddart (ed.), *Geography, Ideology and Concern*, op. cit., pp. 134—153.

Ezakov, V. A., "Vasily V. Dokuchaev, 1846—1903", in T. W. Freeman, Ph. Pinchemel (eds.), *Geographers* Ⅳ, 1980, p. 342.

Fedosseyev, I. A., "Alexander Woyeikov, 1842—1916", in T. W. Freeman, Ph. Pinchemel (eds.), *Geographers* Ⅱ, 1978, pp. 135—141.

Hooson, David, "Some Recent Developments in the Content and Theory of Soviet Geography", *Annals, Association of American Geographers*, vol. 49, 1959, pp. 73—82.

Hooson, David, "The Development of Geography in pre-Soviet Russia", *Annals, Association of American Geographers*, vol. 58, 1968, pp. 250—272.

Murzayev, E. M., "Lev S. Berg, 1876—1950", in T. W. Freeman (ed.), *Geographers* Ⅴ, 1981, pp. 1—7.

Saushkin, Yu. G., K. P. Kosmachev, V. I. Bykov, "The Scientific School of Baransky-Kolossovsky and its Role in the Development of Soviet Geography", *Organon*, vol. 14, 1980, pp. 83—89.

Zabelin, I. M., "Andrei A. Grigoryev, 1883—1968", in T. W. Freeman (ed.), *Geographers* Ⅵ, 1982, pp. 55—81.

The Spanish School

Bosque Maurel, Joaquin, "Los estudios de Historia de la Geografia en Espana", *Anales de Geografia de la Universidad computense*, Madrid, n°4, 1984, pp. 229—245.

Capel, Horacio (ed.), *El libro de geografia en Espana* 1800—1939, Barcelona, Universitat de Barcelona, 1988, 214p.

Gomez Mendoza, Josefina y Nicolas Ortega Cantero (eds.), *Naturalismo y geografia en Espana*, Madrid, Fundacion Banco Exterior, 1992, 413p.

Marti Henneberg, Jordi, *Emilio Huguet del Villa*, 1871—1951. *Cinquenta anos de lucha por la ciencia*, Barcelona, Publicaciones de Universitat de Barcelona, 1984, 240p.

译者参考文献(请参见附表一)

第七章　国家学派时期(1870—1960)：法国学派

一、传统与制度化：19世纪70年代的法国地理学 \ 128

二、维达尔前的法国地理学：雷克吕 \ 129

三、维达尔·德·拉白兰士 \ 133

四、法国传统区域分析 \ 137

五、维达尔与维达尔学派(Vidalian)之地理学者的区域与区域组织 \ 142

六、第一次世界大战后的法国地理学 \ 146

七、结论：地理学的法国学派之成就与限制 \ 150

思考题 \ 151

参考文献 \ 151

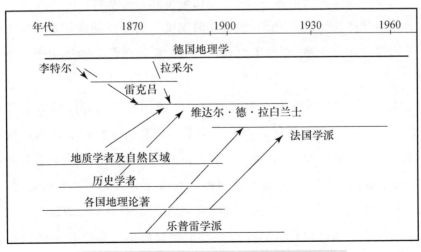

图7　国家学派时期(1870—1960)：法国学派

一、传统与制度化：19 世纪 70 年代的法国地理学

18 世纪,地理学是法国一个蓬勃发展的学科。但是将地图学作为核心的概念转换成现代解释性导向的学科路途颇为艰辛。19 世纪,法国地图学及地理学与陆军或海军间仍有很强的联系。譬如,法国远征古希腊南部(1828—1830)、阿尔及利亚(1840 年前后)以及墨西哥(1860 年前后)之各战役,皆准备了有用的地图与地理资料。在台湾淡水的红毛城堡里,曾展示着一张 1883—1885 年中法战争期间台湾北部的法国制的老地图。它提供了该区域正确的地势外观,并且标示出土地利用的情形(譬如,"这里是一片稻田低洼平原等")。严格来说,18 世纪法国"地图绘制员"(ingénieur-géographe)的传统,并未在 19 世纪末消失。

对历史地理学(historical geography)有兴趣者可追溯到 19 世纪前地图学的形成过程。这与当时地理学科主流研究取向颇不相同。"巴黎地理学会"(Société de Géographie de Paris)积极于实察探险,它出版第一手旅行记录。对世界地理描述的主要成果是区域地理,虽然并不一定能描绘出不同地理环境的差异。因为受统计学传统的影响,描述趋向标准化与客观化。

从事军事地势任务的军官们,仍是此时期唯一的专业地理学者。地理学在小学并不重要。在中学里,它与历史合在一起：它的角色是为历史事件提供环境背景。

19 世纪 70 年代早期发生了重大的改变。法国政府为想了解普法战争中法国失败的原因而委托一小群学者调查此事。调查由一位知名的人口统计学与经济史学者勒瓦瑟(Emile Levasseur,1828—1912)带领。该委员会获得的答案相当简单：法国官兵有两方面的能力逊于普鲁士官兵：一是外语能力；二是地理知能。因为这个报告,结果教育部委托勒瓦瑟在中小学校的课程里加入地理学。勒瓦瑟为了探讨地理学的新趋势及准备良好的课程结构而访问了普林斯顿大学的盖约特(Arnold Guyot,1807—1884)。自 1873 年起法国中小学地理课程至今一直被修改,但并未完全改变其原有的结构。当时,地理学科的教学主要朝向区域,强调人口学及统计学;尚无裴斯泰洛齐式①的教学导向,譬如没有野外实察,但对地图使用已相当看重。

勒瓦瑟供应中小学课本、地图集与挂图。为了培训中小学地理师资,他的改革是在大学中引进地理学。由于,法国中学地理教育比大学地理学科发展要早,教材中并未采用维达尔学派中的许多课题,因而流于形式与传统。

19世纪60年代,全法国只有两个地理学的教授职位,两个都是历史地理学领域:一个在索邦②,另一个则在法兰西学院③。增设地理学科的教授席位是从19世纪70年代开始,这种趋势对地理学发展甚有影响。起步虽然比德国慢,但20世纪初增为10席,20世纪30年代已有40席。

二、维达尔前的法国地理学:雷克吕

雷克吕(Eilsée Reclus,1830—1905)(图7-1)出生于法国西南部大圣富瓦(Sainte-Foy-la-Grande)的一个新教徒的家庭里,排行第二。他的父亲在靠近西班牙边境的奥塔斯(Orthez)另一个新教徒社区中担任牧师,他的母亲努力支撑着有9个孩子的大家庭,并且管理她所创设的裴斯泰洛齐式学校。

雷克吕11岁时,与他13岁的哥哥艾力·雷克吕(Elie Reclus)一起被送到德国的柯布伦兹(Coblenz)就读于一所有名的基督教联合兄弟教派学校(Moravian protestant school)。由于家境贫困,他们徒步穿越法国及部分德国。他们的母亲给了足够的钱买邮票以便每三个月写一次信给她。在搬回自己家之前,兄弟二人在外好几年,接受严格的中等学校教育。雷克吕讲德语如同德

---

① 见第四章第五节。

② 译者注:索邦(la Sorbonne)指巴黎大学。其前身自1257年起为神学院,几世纪以来,Sorbonne已成为法国"大学"的同义字。今专指巴黎大学的第三及第四大学,因为巴黎大学近年合并了巴黎地区的13所大学。

③ 译者注:法兰西学院(Collège de France)是1529年法兰西斯一世(François 1er)为了研究人文主义而设的,教授阵容一流但不授学生学位,是大学之外的研究教学机构。位于巴黎大学索邦校区旁。

国人,并且精通英语与西班牙文,意大利语也很流利。

图7-1 雷克吕(Eilsée Reclus)

他被送到柏林大学研究新教神学,上过李特尔的课,并萌发对地理学的爱好。1848年"法国二月革命"期间④,他放弃研习神学而改尊无政府主义(anarchism)⑤。回到法国后,因曾积极投入革命宣传,以致在1852年随着拿破仑三世的第二帝国来临而被流放海外。他停留英国一段时间后赴美国,曾在路易斯安那州担任教师工作,并且有一段短暂时间定居在哥伦比亚的圣玛尔塔山中(Santa Marta cordillera)。1856年因大赦返回法国并结婚。(他一生中结婚三次,其中一位太太是有一半黑人血统的;因此在无政府主义者之间,传说他与世界上各种族的女人都结过婚!)他在巴黎的阿谢特(Hachette)出版公司谋得一个职位,编辑《琼安纳旅游指南》(The Joanne Travel Guide)——相当于德国的《贝德克旅行》(The German Baedeker),并在此时完成地理学方面的训练。他偏好大自然:他的一些最成功的书在此时期出版,且与大自然主题有关。例如,为小孩子们写的一条小溪的历史,就是一本著名的关注生态的入门书。雷克

---

④ 译者注:"法国二月革命"((法文)Révolution de Février)即1848年2月,法国国王路易菲利浦拒绝修改有钱人才有选举权的选举法,引起巴黎市民暴动。国王被迫逃亡,革命党人组织临时政府,公布无财产限制的选举法,并选拿破仑的侄儿路易·拿破仑为总统,此为"第二共和"的开始。1852年路易·拿破仑独裁称帝,自号拿破仑三世,"第二共和"于是结束。

⑤ 译者注:无政府主义(anarchism)系个人主义发挥至极的社会组织理论。主张废除所有的政府,只保留自愿合作所形成的团体。提倡社会的秩序应是自然而然形成的,而并非由政府、法律强加其上产生秩序,认为压制犯罪适引发犯罪心理;无政府的自由国度里,人们反会自动尊重人我的权利。代表人物:如英国的戈德温(W. Godwin,1756—1836)1793提倡无政府的共产主义;法国人蒲鲁东(Pierre Joseph Proudhon,1809—1865),1840年倡导以个人主义为基础的无政府主义;俄国的克罗普特金(Pyotr Kropotkin,1842—1921)1876年抛弃亲王爵位,投身革命活动,推动以共产主义为基础的无政府主义;但其同胞巴枯宁(Mikhaïl A. Bakounine,1814—1876)与一些同路人则自19世纪中叶至20世纪初,在无政府主义的旗帜下,采取激烈的国际恫吓与暗杀等恐怖行为,湮没了无政府主义原初的理想。

第七章 国家学派时期(1870—1960)：法国学派

吕的散文简洁、和谐且富诗意。

1871年，巴黎公社⑥时期，雷克吕因支持反对分子而被军队逮捕并判无期徒刑。身为地理学者的他此时已享有国际声望，因此来自国外的抗议书与陈情函不断，终被减刑，于是第二次被放逐海外。在定居瑞士期间，遇见像巴枯宁等无政府主义者，并曾接待刚由圣彼得堡脱逃而来的俄罗斯革命地理学者克罗普特金(Pyotr Kropotkin)（图7-2）。当雷克吕到达瑞士不久，阿谢特出版社要求他写《世界地理学》(Universal Geography)。从1876—1890年，他每年

图7-2 克罗普特金 (Pyotr Kropotkin)

均写一大册（大约800页）！他与世界各地都建立了关系，设法搜集珍贵资料，并且善用最新的人口调查，地图是由当时法国最好的主题地图学家佩隆(Claude Perron)所制作。

雷克吕擅长撰写区域研究。他有为一个国家划分重要地区的本领。对从未去过的印度，他在书中所作的诠释，长达半个世纪皆被公认是最好的。至于当时刚开始探索的中非，他设法定出其主要的文化分界。

通过新的大赦法，雷克吕再次回到法国，他那时已是受人尊敬的地理学者。尽管许多人不赞同他的政治理念，但却喜欢他那些以描述为主、没有宣传文字的区域研究。

19世纪90年代法国爆发了无政府主义的恐怖行为事件，共和国的总统被暗杀。雷克吕拒绝谴责这项政治恐怖行为，于是他第三次被放逐海外定居于比

---

⑥ 译者注：巴黎公社(Parisian Commune)是普法战争后(1870年7月—1871年1月)，巴黎市民组织的革命政府。巴黎市民既惊惧战争期中被围城4个月；复怨恨战败与投降，不信任取代拿破仑三世帝国政权的"第三共和国"政府军，浴血内战至1871年5月28日，终被政府军枚平。2万余人被处决，7000余人被放逐，镇压行动造成法国阶级对立及内部分裂的历史伤痕。在马克思及列宁的著作中，将巴黎公社喻为社会主义无产阶级革命和专政的首例。

利时，并应邀在布鲁塞尔的自由大学(Free University)教授地理学。当他成为教授时已接近 70 岁，他的革命气质对学生们的吸引力远超过他所教的地理学。为了教学，他准备了 5 册《人与土地》(L'Homme et la Terre)。该书在他去世后，一部分由"世界书局"(Librairie Universelle)出版（阿谢特出版社已不想支持一位同情恐怖行为的人）。该书的内容是雷克吕第一次明确地将他对社会与政治的理念用在地理学研究上。今天看来，他的立场并非真正的激进。例如，他虽然反对殖民者对殖民地的人民剥削，但却支持欧洲的殖民扩张。例如，他曾移民哥伦比亚，他的女儿也以移民者的身份住在阿尔及利亚。

阿谢特是家非常好的出版社。雷克吕有广大的读者群，遍及社会各阶层。然而雷克吕仍旧奉行早年受教于李特尔所形成的地理概念，对理论化不感兴趣，且忽视当时的一些学术议题。他对达尔文主义反感，谴责生存竞争的说法，因为这与他所主张人类应互助合作的社会主义理念不一致。

雷克吕并没有追随者。但他最大贡献在于改进了地理学科的形象，并影响那些受过教育的法国中产阶级。他在法国以及海外的无政府主义者之间维持相当高的声望。他个人的论文与藏书后来被交给一位财富足以保存它们的日本仰慕者，但不幸毁于 1923 年的横滨地震与火灾。

1968 年之后，法国许多年轻的激进地理学者们(radical geographers)拥戴雷克吕为他们的伟大先驱。一个主要研究团体以雷克吕命名(RECLUS，它是数个字头的结合)[7]，在 1990 年展开新世界地理学(a new Universal Geography)，或称"雷克吕世界地理学"(the RECLUS Universal Geography)的研究工作。在这新的名望下其实有几分误解，雷克吕是位无政府主义者与革命者，但他的地理学绝不是激进地理学派。他的论著显示出利用 19 世纪中期的德国与法国地理学概念可能

---

[7] 译者注：RECLUS 是法国学界推崇雷克吕(E. Reclus)而发展的一个公共团体，以其姓为该组织名称之缩写，组织的全名为"区位及空间单位变迁研究网"(Réseau d'Etude des Changements dans les Localisations et les Unités Spatiales)。该团体是由布鲁内特(Roger Brunet)教授发起，1984 年底成立于法国南部蒙彼利埃(Montpellier)。起初由 25 个组织及公共单位组成：如 CNRS、Orstom、IGN、许多部会、la DATAR，以及地区性的参与者（如 Languedoc-Roussillon、Hérault 的省、市政府及 Montpellier 等大学），其研究主题为区域规划及地理学等。

第七章 国家学派时期(1870—1960)：法国学派

达到的成就。

三、维达尔·德·拉白兰士[8]

(一) 维达尔(Paul Vidal de la Blache, 1845—1918)的一生与经历

19世纪中叶的法国地理学，仍延续18世纪的传统，不易发展学科的现代化。新方向来自德国。对于来自德国的知识源头，法国地理学者相当尊重。雷克吕所景仰的李特尔，亦受年轻一代的地理学者推崇，但到了19世纪末期，拉采尔的影响力已变得最大。

出于这些德国根源，法国地理学者发展出一些原创的地理学观念，包括密度组成(formations of densities)、"生活方式"(法文 genres de vie 较英文的 ways of life 意思更广)，以及区域。他们利用了法国非地理学传统的社会及区域分析。德国的影响，再综合法国历史和社会的发展，由维达尔实现了——他是法国学派创立的关键人物。贝尔杜莱(Vincent Berdoulay)曾透彻研究过孕育他学术生涯的知识背景。第一本维达尔的传记已由桑干(André-

图7-3 维达尔·德·拉白兰士
(P. Vidal de la Blache)

---

[8] 译者注：维达尔·德·拉白兰士(Paul Vidal de la Blache)的姓名分析如下：他的名字是保罗(Paul)；但姓很长：维达尔·德·拉白兰士(Vidal de la Blache)。法国贵族的姓常以小写的 de 连接其"领地名"，不过，维达尔·德·拉白兰士并不是贵族。法国地理学界尊敬他对地理学的贡献，在各种行文中皆以全姓尊称"Vidal de la Blache"，除非在文中要经常提到他时，才在第二次出现时开始以简称 Vidal "维达尔"称之。中国大陆的地理学者将其译为"维达尔"，这个译名一方面与法语发音有些距离；而且中文"维达尔"与非洲"汪达尔"人，以及环境人类学的维达学派(Vayda school)极为接近。当然，简称维达尔·德·拉白兰士以拉白兰士(la Blache)亦合乎法国对长姓的简称，不过，法国地理学界少用 la Blache，其主要原因是近世有另一位地理学者Jules Blache，Blache 教授曾在里昂大学任教甚久，1975年左右逝世，他的姓与 la Blache 接近，若译为中文就是"白兰士"。

Louis Sanguin)于 1993 年出版。

维达尔出生于法国南部的佩兹纳斯(Pézenas)。他父亲在那里教中学,他们家是由中央山地南迁的中产阶级。在 19 世纪早期,他们在法国地中海与大西洋之间的罗哈给斯(Lauraguais)定居下来。南部人普遍健谈,然而维达尔却是个冷静的人,并且设法完全抑制他的情感。

他家在法国南部拥有土地,但租金不足以维生。男人多从事公职,不是教授就是官员。维达尔的哥哥以将军的身份自军旅生涯退休,他的儿子是位公务员,他们家族至今兴旺。

维达尔的父亲对他的期望很高,在他 11 岁时就被送到巴黎最好的中学就读——这应是维达尔学习隐藏情感的原因之一。

维达尔是个聪明的学生,他后来在最有名望的巴黎高等师范学校(Ecole Normale Supérieure)研读历史,并且荣获资助去撰写古希腊历史的博士论文。为了完成论文,曾住在雅典三年,并赴土耳其搜集资料,又到古希腊、中东以及埃及等地广泛旅行。在小亚细亚旅行期间,他用李特尔刚发表的有关该区之著作当作指南,并且决定成为地理学者。

1870 年回到法国后,他完成了博士论文,并设法获得刚在南锡大学(Université de Nancy)设立的地理学教授职位,旨在发展中学地理新课程。他在那里任教直到 19 世纪 80 年代初,接着转到巴黎高等师范学校,在那里他得天下英才而教之,并吸引了学校中许多人才到地理学领域,成为法国学派最具影响力的地理学者,其弟子如白吕纳(Jean Brunhes)、加洛斯(Lucien Gallois)、德芒戎(Albert Demangeon)、马顿(Emmanuel de Martonne)、布朗夏尔(Raoul Blanchard)、西翁(Jules Sion)等。

维达尔于 1898 年受聘巴黎大学(今索邦(Sorbonne)校区),在那里任教至 1908 年,因为健康理由提早退休。他退休后的学术活动依然活跃且多产,出版了一些最具原创性的书。尽管如此,他却对年轻一代的法国地理学者们失去了直接的影响力,这就是为何许多维达尔晚期发展的思想当时被忽略的原因。

(二) 维达尔地理学的精髓:密度的组成与"生活方式"

维达尔第一篇地理学论文就是他在南锡大学就职演说的讲稿,该论文探讨了地中海地区——这在他的思想理念发展上特别重要。他在演说中感谢苏伊士运河的开通⑨,强调海洋对地缘政治的新意义。但他使用的验证却是薄弱的:他像李特尔一般分析大陆与海洋间的关系,描述海岸线与海运贸易的设施,或依希波克拉底医学学说传统,寻求气候对人们行为方面的影响(参见本书第二章第六节)。但他对于那些结果并不满意。

19世纪70年代,他开始对统计研究与地图感到兴趣。佩隆(Claude Perron)、屠光(Turquant)及其他的地图学者们,那时正在利用世界各地人口普查数据来绘制概要或详细的密度图(the density maps),勒瓦瑟(Emile Levasseur, 1828—1911)也强调它们的意义。维达尔则在南锡大学任教时,发现了英国对印度做的人口普查之价值,以及密度图的意义。

维达尔发展出对新演化论者研究途径(new evolutionist approach)的好奇心;并且集中注意力于"人与环境的关系"(man-milieu relationships)。密度图提供最好的分析起点。在新演化论的研究里,维达尔及其追随者尽管在研究工作的第一步并不强调景观分析,但对于土地外貌感到兴趣,并使用较抽象的研究方法。

19世纪80年代期间,维达尔对于地理解释的研究更向前迈进。费希尔(Theobald Fischer, 1846—1910)当时刚发现地中海地区气候的独特性来自长夏的干旱,意味着即使气候宜人,却不利于农作。"人与环境的关系"必需通过环境的生产力来研究。人类群体使用不同的作物组合及(或)养牛以利用环境。通过这些不同"生活方式"(genres de vie),使得地理学者们必须探讨土地与人

---

⑨ 译者注:苏伊士运河(Suez Canal)于1869年开通。

民之间交织成的垂直关系。

"生活方式"的理念是复杂的。基本上,这个理念的创造是为了描述特定族群通过打猎、捕鱼、采集、农作等技巧,自其环境获取食物、纺织纤维,以及制作工具与建筑庇护所或房屋的材料。因此最先的焦点集中在文化的物质基础上,而且也在描述工人的时间表以及耕作、播种、收获等的季节上。如果对社会组织没有一些概念,则不可能了解发生在社会里的劳工分工——后者是"生活方式"分析的次要部分,但是是存在的状况。最后,地理学者们很快地发现意识形态与"生活方式"是相结合的,即维达尔所说的"习惯的力量"(the strength of habits)。即使有可能将一般农民转成牧牛者,也不太可能说服他们挤牛乳——因为他们会觉得没面子。

依照可行的技术,总有最好的方法去利用一地的自然环境。"生活方式"(genres de vie)的分析即针对人在地表形成的人文差异与其自然区域的相关探究。但是空间组织的类型非常复杂,所以无法使用如此直接、单向的理论来说明。

(三)"生活方式"及流动是区域分析的基础

维达尔对天然环境限制较严的地中海国家知之甚详,人们利用不同的地形发展贸易,传统社会里运输费用昂贵,通常限制了商业关系的可能性。这些国家在沿海陡峭或低平的海滨、山麓平原、丘陵或山脉,于很短的距离内即形成小的地形单位。每一个单位都拥有特定的"生活方式",如在山上养牛或羊,在丘陵地种果树与栽培旱地小麦,在山麓平原栽培需要灌溉的综合作物。虽然海岸沼地平原的疟疾妨碍了农业的发展,但辽阔的草原却适合冬天饲养牛羊。

每个环境都有一些难以突破的限制。譬如,山区的冬天常无足够的储粮供应牛、羊及居民——虽然那里的气候令人健康,而人口增加通常快速。山区居民冬季若将牛、羊移居海岸沼地[其专门术语是"山牧季移"(transhumance)],生活状况就会得到改善。至于,丘陵广阔的区域提供了品质优良的农产品——

如小麦、橄榄、酒——但却无法以这些产品养活所有居民。他们将酒或油卖到城里,得到足够的钱从平地或外国进口谷类食品等。而山地青年移居城市,习得新技术后其才能较易受到重视。

地理学无法简化到仅研究人类群体与他们环境之间的垂直关系。因为人们移居并且交易,地理学必须研究以这种方式发展的互补性。拉采尔已强调了交通(verkehr)的角色。对维达尔而言,对居民流动与移动的研究[flows and moves,(法文) circulation]是与"生活方式"的描述与分析一样的重要。区域差异的形成出于各区间之交易犹如出于生态、"生活方式"、与自然环境之间的适应关系,因此团结(solidarities)发展于需要互补的地区之间。许多国家的产生即在于要安全地稳住每一个人所需要的商业关系。

在此观点上,区域结构的分析不能仅以生态学为基础,它需要涉及经济与历史的方面。维达尔接着利用那些自 18 世纪中期以来,由非地理学者们所创的不同方向的区域研究。

四、法国传统区域分析

(一) 地质学者、自然区域、地方的名称以及区域组织

在 18 纪期间,许多人批评法国行政区划呈无政府状态。人们希望不要以国王的任意念头来分区,而是按着自然条件的原则来划分。在德国,这个问题与法国的一样急迫而且是"纯地理学"(reine geographie)学派思考的核心问题。法国更早即已寻求合理区域划分的原则,而且由不同学科的学者们进行。他们提出了三种解决办法:

(1) 比阿什(Philippe Buache,1700—1773),是地理学者及地图学者,等高线的发明人。他认为最好的解决办法是以流域及山脉来划分。法国大革命期间创造的新行政区"省"(départements),就是根据他的理念而创设的——但此办法仅是他奇特规划的部分应用。

(2) 主张根据子午线及并行线划分国家为正方形或长方形。它是由 1780

年艾斯林(Robert de Hesseln)出版的一本书中所建议的。艾斯林的一些想法是出自瑞典的相关实验。当时驻法国的美国第一任大使汤姆斯·杰佛逊曾读过艾斯林这本书,有助其设计格子型国土规划原则,后来被采用为美国西部领土的区划法则。此系统在法国及人民定居已久的国家是不适用的。

(3) 从18世纪60年代初,法国野外地质学者绘制了第一批地质图。其中一些人,例如德马雷斯特(N. Desmarest,1725—1815)和莫奈(Monnet),被图中岩石露头地带和农耕特色之完全符合所震撼。国土的分区于是以自然特性为基础。它们是自然区,却完美地解答区域再结构的问题。

许多地区的农民非常了解这些自然划分,他们称之为"地方或小地区"(pays,英文是 small regions),并且给了它们通俗名称。在18世纪80年代早期吉侯-苏拉维(J. L Giraud-Soulavie,1756—1813)超越了这个想法。根据他的说法,有平原、丘陵与山脉并列的法国东南部,自然区是依岩石露头的性质以及海拔高度两原则所界定,并决定了盛行的植被群系(洪堡了解此理念,而当他在拉丁美洲旅行期间曾将此理念系统化)。吉侯-苏拉维并察觉到:那些自然区不仅为当时的农民知悉,而且在封建时代或更早时即被了解。从档案文件里知道,许多地方(pays)的名称可追溯至古代。他在区域分析中引进了一个新的范畴:"历史区域"(historical region),这与自然区域有等同地位,在某些案例里,例如吉侯-苏拉维描述的法国东南部,它们是具重叠性的。

法国大革命之初,新的行政区划并未利用上述研究,一些专家与政客依据法国城市的范围来划分,这在当时是相当明智的选择。但已成的事实并未阻止地质学者研究自然区域的热情。许多19世纪上半叶出版的地质学专论中,曾将自然区之描述作为地质学野外实察成果上的应用。

19世纪40年代早期,两位法国最好的地质学者杜非纳(A. Dufrenoy,1792—1857)以及博蒙特(Elie de Beaumont,1798—1874)对区域分析有了进一步的贡献。他们提供了第一张全法国地质图,强调全国地质露头的原型。在法国北部,地质露头展示出一项以巴黎为中心低地的同心圆状结构,这项地质学

第七章 国家学派时期(1870—1960):法国学派

的事实说明了辐合河谷(即向心型水系)在城市的发展中所扮演的角色。法国南部有另一项同心圆状结构,但其中心点是在中央山地(Massif Central)的高地上。亦即法国是绕着北部的巴黎辐合中心建立,并由此控制那些由中央山地而分散出来的趋势。这是区域组织的理念,区间功能的连接由此引入。

(二) 历史学者、"历史区域"与"地理个性"的观念

历史学者们开始研究 19 世纪 20 年代与 19 世纪 30 年代的区域问题。地方史(local history)吸引了当时的许多学者们,特别是有关中世纪时期的。他们观察到当时各行省的地方生活(provincial life)很重要,许多行政区后来仍然存在。累积下来的资料对地理学者们很有用:因为学者们回顾当时区域划分的起源时,发现 19 世纪早期的学术出版品里有许多透彻的观点。

龙农(Auguste Longnon,1844—1911)在法兰西学院担任历史地理学(historical geography)教授时,是罗马史专家。他花了许多年的时间研究罗马高卢(Roman Gaul)的行政区划。它们当中最重要的城市是从独立的高卢部落承继而来,这意味着它们被罗马征服时已有二三百年历史。既然它们之中有许多仍然存在于现代法国,这表示这些历史区域已超过两千年。也有一些较小的行政区是在 4 世纪初戴克里先⑩行政改革时所划设。这些地方划设的持久性令人印象深刻。

米什莱(Jules Michelet,1798—1874)是 19 世纪最有名的法国历史学者,他撰写有关法国人民与法国革命历史的书籍在法国社会曾被广泛地阅读。米什莱受到赫尔德(J.-G. von Herder)对人之命运与其曾居住土地间关系的概念引导,于 1832 年出版巨著《法国历史——法国的概述》(*Histoire de France-Tableau de la France*),书中描写法国主要的地理特性,始于对法国区域多样性

---

⑩ 译者注:戴克里先(Diocletian,约 243—313),于 284—305 年为古罗马皇帝。

的描述——书中这一部分的科学基础尚不稳妥,但它所强调的理念却是基本的。法国在语言、传统与行为方面是如此多样,以致在形成一个统一国家时有自相矛盾。对德国人民而言,19世纪最主要的问题是界定德国边界轮廓。法国人多半接受既存的国界,但问题是如此多样传统与人民性向的国家,如何能达成统一。米什莱的答案是简单的:"各个区域透过它本身的美德——勇气、节俭、努力、虔诚等等贡献成为国家全体的特性,而巴黎协调了那些不同的部分。各省被它们自己的地方问题所困,而巴黎则是创造普世价值并影响一般大众生活的地方。"

米什莱对于法国区域组织深感兴趣,但却不同于地质学者们的路线。他省略了会影响道路网络(road network)及社会与经济机能的地质结构。他考虑了法国的精神建设,并且将它比喻为一个人。他以此方式开创"地理个性"(geographic personality)之理念。

(三)乐普雷学派(Le Play's School)与区域实察研究

乐普雷(Le Play,1806—1882)是位成功的采矿工程师,在法国煤田工作,

图 7-4　乐普雷
(P. G. F. Le Play)

并曾受雇于俄罗斯政府,担任开发顿内次(Donetz)煤田的顾问。从19世纪40年代起,他对劳工阶级的社会状况显出积极关怀。他通过广泛问卷来探究地方、家族结构和每个基本社会单位之不同成员的工作和其预算。他在19世纪50年代早期就想出大部分现代社会学中问卷调查的技术,而且通过令人印象深刻的通信网路(network of correspondants)应用于法国与欧洲不同地区。

许多乐普雷的追随者对农民社会的发展、农民的移出及保存某些传统社会组织特性的方法感兴趣。他们在19世纪的70、80与90年代发展了乡村社区的调查技术。

第七章 国家学派时期(1870—1960):法国学派

当时大学里压倒性地反天主教。乐普雷因为是罗马天主教徒,他的理念故未被适当接受。但地理学者们却知道乐普雷问卷调查的结果并且予以利用。有部分维达尔学派的地理学者,其野外实察技术即来自乐普雷。另一方面,雷赫西学派(the School of Les Roches)曾发展过乐普雷的教学经验,不过未在法国造成影响。

乐普雷的理念对英国的影响较大。这得感谢盖德斯(Patrick Geddes,1854—1933)由法国引入,并且用于英国城市调查与野外实察。他提倡"地方、工作与社会"的分析,使我们联想到乐普雷研究"地方、工作与家庭";他也设法介绍一些教学上的乐普雷式创意精神用于英国中等学校教育里。

(四) 有关国家特性的论述传统

19 世纪,法国发展出描述一个国家特性、组织和政治生活的文学传统以及社会学或政治学的论述。史泰娥夫人(Mme de Stael)所撰写有关德国的书,开创了此新类型研究的风气。后来历史学者基佐(Francois Guizot)做了一些有关英国的有趣研究。田纳(Hippolyte Taine)则因对法国的分析而著名。乐华-博琉(Anatole Leroy-Beaulieu)在 19 世纪 80 年代发表其对俄罗斯社会的透彻分析,他的观点在许多方面是有预言性的——他提出俄罗斯的现代化会受乡村社区中很强的集体性传统所阻挠。探讨这类国家特性中最著名的书籍是托克维尔(Alexis de Tocqueville)[11]于 19 世纪 30 年代晚期所写的《论美国民主政治》(On Democracy in America);美国学者普遍视它为 19 世纪对美国社会最深刻的分析,至今依然值得阅读。

这些书籍的目的并不在区域分析,但在构思整个国家图像时,经常要强调地理特性、空间组织,以及所有的区位。它们对于大比例的区域分析并没有影响;但就国家尺度的区域结构分析而言,它们是有价值的指引。这也是维达尔需要解决的问题之一。

---

[11] 译者注:托克维尔(Alexis Charles Henri Maurice Clerel de Tocqueville, 1805—1859),法国政治家及作家。

五、维达尔与维达尔学派（Vidalian）之地理学者的区域与区域组织

（一）维达尔区域观念的发展

因为维达尔认为地理分析的两个基本概念一是生活方式；二是研究流动、移民与贸易，他从不认为区域是自我封闭的实体。他的研究途径是以尺度逻辑（the dialectics of scales）为基础：为了解在某特定尺度上发生什么状况，例如 10000 平方千米者，必须要同时注意较小的 1000 平方千米及较大的 100 万平方千米的尺度里正发生些什么。

19 世纪 80 年代末期，维达尔被地质学者们发展的分析法所吸引，他投注许多心力于自然分区上，而且利用杜非纳（Dufrenoy）以及博蒙（Elie de Beaumont）的理念来解释法国区域组织，但他们的模式是静态的。维达尔因而对演化论的兴趣日增，他的演化哲学定位是近拉马克式（Lamarckian）[参见第五章、六、（二）、（三）]甚于达尔文式（Darwinian），他认为地球是一个不断变迁的有机体。

在 19 世纪 90 年代中，演化论的拉马克式诠释以及地理学的生物学概念在维达尔的思想上扮演一种逐渐增强的角色。当时，法国另一位著名历史学者拉维斯（Ernest Lavisse）决定写一份有关旧政体法国的历史巨著。就如同米什莱（Michelet）先前一样，他认为这种综合性的论著需要强调地理背景，于是要求维达尔准备一本《法国地理概述》（*Tableau de la géographie de la France*），后者乃出版于 1903 年。此书与 70 年前米什莱的《法国概述》（*Tableau de la France*，1832 年）之成就等量齐观。

这本书提供了一份对法国区域的精确描述。维达尔始于自然区域、人们定居的方式，以及表达其特征的农业活动类型。他以"生活方式"以及它们对自然环境的适应来进行这些描述。但亦显示随着经济生活的开展以及贸易与人口移动，区间"生活方式"的差异随之降低。社会互动的层级，依聚落类型及自然特性而异，在法国北部与东部的平原及地中海地区的层级最高，但各地互动间

第七章 国家学派时期(1870—1960)：法国学派

的关系却以不同样式发展；互动层级最低区在法国西部，该区聚落呈散村类型、"圈田"(bocage)[12]密集的围篱和极差的路况。他认为法国区域有三极：①北区、②东区及③西区，三区之间是④地中海地区的法国，此区面积广大、位置处于过渡。

各区因互动关系，生活方式的差异减少，同时发展出新社会之新形式。维达尔以这种方式强调法国四大区域成员对法国整体社会的不同贡献。法国的天然条件足以立国，但国家究竟是人为产物，其中的区域性差异多通过经济资源和社会形式之互补而予以克服。但统一的过程并未完全抹杀地方与区域的特性，它们在所贡献的整体性里扮演一种角色。维达尔强调了法国的"地理个性"以及巴黎的角色：他将米什莱的直觉赋予了一种明确的科学方式。

生活方式通过演化作用而转型。维达尔的地理观念并非决定论的一种。环境影响了社会群体(Milieus influenced social groups)，因为它提供的资源有限。人们则发展出某种特定生活形式来利用这些资源。但是通过贸易与互动，有发展新的专业化的可能性，地方所受限制松动了。一般化生活形式遂逐渐取代了地方性生活方式。在某个特定环境中，总是有着不同的可能性。维达尔写下："大自然提供可能性，而人们从这些可能性中做出选择。"曾经受教于维达尔的历史学者费弗尔(Lucien Febvre, 1878—1956)(图7-8)，后来宣称人文地理学的概念是可能论(a possibilist)的一种。

维达尔著的《法国地理概述》提供了法国革命时期的区域组织——因此该书是采用回溯的观点。维达尔不仅研究过去的社会，他发展出对工业革命与铁路之兴建带来社会互动新形式的兴趣。他在1909、1913年出版的论文以及最后一本著作《东部的法国》(La France de l'Est, 1917)里，强调城市在新形式的

---

[12] 译者注："圈田"(法文bocage，英文为enclosure)为西欧农田景观之一，广见于不列颠群岛、法国的不列塔尼半岛、中央山地及法国西南隅、西班牙大西洋沿岸。西欧沿海地区，湿度很高，利于牧草、树木生长，田上除有粮作之外，多草类或果树，长方形田地，每块约1公顷(10^4平方米)，周围植以树篱或筑短墙，田间以小路相通，路面常比田面低，作凹地形，如此田畴篱落相互交错的农村景观，称为圈田景观。

区域组织及工业区域成长中所扮演的角色。

维达尔在处理区域组织之际正是他的全盛时期。然而他最后的出版物对法国的影响却比《法国地理概述》要少,这是法国地理学界的不幸。

他发表的著述并不多,晚年着手撰写一本人文地理学的教科书,但在完成前去世。他的女婿马顿(Emmanuel de Martonne,1873—1955)仔细地编辑了他的手稿,在他去世的4年后(1922)出版了《人文地理学原则》(*Principles of Human Geography*)。该书始于对密度组成的描述,通过"生活方式"的观念来分析人与环境的垂直关系,并进行对流动、移动、人口迁移与交通的研究。维达尔的基本概念被精确地呈现了出来,但缺乏区域分析的应用面,只提出尺度逻辑的重要性。

(二) 地理学的法国学派与区域专论

当维达尔在巴黎高等师范学校教书时,曾吸引许多年轻聪明的学者走上地理学之路。他们提早完成博士论文,而被任命于当时创设的一些地理学新教职。他们服膺于老师,但所实践的地理学却在某些方面与老师不同。他们之中,少部分人在19世纪80年代、大部分人在19世纪90年代上过维达尔的课,但当时维达尔诠释的系统尚不完整,因此他们较维达尔晚年的研究更接近地质学的诠释,且较强调自然区域的角色。

维达尔要求他的学生做野外实察,并且要他们以区域专论(regional monographs)为博士论文。在1890年早期,加洛斯(Lucien Gallois,1857—1941)研究里昂(Lyon)周围小地区,是这种新类型地理论文最早的例子。第一批有关区域的博士论文完成在20世纪初,如布朗夏尔(Raoul Blanchard,1877—1965)(图7-5)研究法兰德斯(Flanders)、德芒戎(Albert Demangeon,1872—1940)(图7-6)研究皮咯第(Picardy)以及西翁(Jules Sion,1880—1940)研究东诺曼底(Eastern Normandy)。既然他们必须处理某些特定区域,维达尔以不同比例尺地图为论证的核心方法,在这些研究里就扮演着较轻角色。

第七章 国家学派时期(1870—1960)：法国学派

这些地理学者们准备他们的区域专论时，依赖访问与问卷（通常类似乐普雷式的）以及档案证据。他们在历史与地理之间建立紧密的联系，这对法国地理学

图 7-5　布朗夏尔（Raoul Blanchard）

图 7-6　德芒戎（Albert Demangeon）

是不可或缺的。但从不试着去撰写法国历史地理学，例如 15 世纪的法国或公元 8 世纪的中国之历史地理学。他们利用历史来说明目前他们研究的区域状况，但并不是为了研究历史。

在 1908 年与 1910 年之间，研究区域专论的地理学者中，有些人认为必需更明确地界定地理学的应用与法则——当时维达尔的人文地理学教科书尚未完成。白吕纳（Jean Brunhes，1869—1930）（图7-7）于 1909 年出版了《人文地理学》（*La Géographie Humaine*）。该书是此领域中的第一本法文教科书。他试着用实证主义的方法论来改善地理学的科学地位，此事由这位深信精神力量的激进罗马天主教徒来推动颇为奇怪。加洛斯（Lucien Gallois）于 1908 年写了一本有关《自然区域与小区名称》（*Régions Naturelles et Noms de Pays*）的书，这不啻是一本有关区域研究的宣言，而且在某一方面比维达尔的研

图 7-7　白吕纳（Jean Brunhes）

究更具影响力。德芒戎（Albert Demangeon）在他博士学位副修的论文里，编纂研究地理学所需要的档案资料。

当地理学被地质学者们攻击时,后者发现地理学者并非好的自然科学家。此外地理学者也被社会学的迪尔克姆学派(the Durkheim's School)所攻击。在1908年至1910年期间,上述的论著是对这些攻击的响应,为此而强调地理学需有较严谨的定义。并为了显示这门学科的特性,必需与其他学科划清界限并精确地界定它的方法论。法国地理学者当时正遭遇与德国施吕特尔(Otto Schlüter)同样有关地理学研究范畴的批判。施吕特尔曾界定地理学旨在研究景观(landscape)。法国地理学者则根据维达尔的教义(或至少是他们早期学习到的),认为地理学主要目标在研究"人与环境的关系"(man-milieu relationships)。他们描述为适应地方环境而形成的"生活方式"(genres de vie),并试着以此论点来建立对地表之科学性的区域描述。加洛斯认为地理学者们宜自我限制于研究"地理区"(geographical region)。对他而言,"地理区"是自然领域单元(natural territorial unit)经人类定居及活动转形而成。依据他的观点,以历史、工业或城市为基础的区域研究是超出地理学范围的。

图 7-8 费弗尔
(Lucien Febvre)

维达尔学派的地理学,比起维达尔自己的研究成果来得较浅薄且较少灵感,理论上的思考实际上并不多见。始终维系着对维达尔地理学兴趣者是其第一批追随者——如白吕纳、德芒戎以及费弗尔(Lucien Febvre)(图7-8)。而费弗尔于1922年出版的《土地与人文发展》(*La Terre et L'évolution Humaine*)被公认是人文地理学性质与范畴的最佳代表作长达30年之久。

六、第一次世界大战后的法国地理学

(一)区域专论及它们对法国舆论和年鉴学派的影响

许多区域专论(regional monographs)进行并出版于20世纪20年代至50年代,起初内容涵盖自然与人文地理学,后来渐渐变得专业化,强调乡村聚落与景观;自20世纪30年代早期开始,对城市、城市网络、与工业活动的兴趣增进。

第七章 国家学派时期(1870—1960)：法国学派

那些在第一次大战前完成的专论主要研究法国北部的低平原与高地地区；两次大战期间研究法国南部与东部山区的专论大增，那里的传统"生活方式"保存得较好且较具对比性。即使这些专论比起第一代追随者的论著较缺乏想象力，但它们却以详细及精确的调查，提供读者们有关法国区域的多样性；同时亦成功地改变法国人了解自己国家的方式。

这些区域地理的博士论文，倚赖历史资料的应用。幸亏有那些历史资料，地理学者们可以描述传统生活方式的性质，及其现代化过程所经历的变化。由于这些研究，历史学者们发现撰写那些历史遗漏的课题是可行的，譬如农民社区、土地利用、野外系统等的经济与社会史。从这个新观点的展开，费弗尔与布洛克(Marc Bloch, 1886—1944)两位同时代最好的地理学者，发展出新的历史概念。从 20 世纪 30 年代起，这种新的历史概念被发表于《经济、社会与文明年鉴》(A Annales of Economies, Sociétés, Civilisations)期刊中，因而发展出最近数十年的历史学之"年鉴学派"(Annals School of History)[13]，是法国史学的核心。

---

[13] 译者注：现代西方史学的变革以历史学的"年鉴学派"出现为标志。所谓"年鉴学派"，指法国自 1929 年以来主持与编纂《经济与社会史年鉴》的数代历史学家们。他们反对旧的史学传统，引入新的观念和方法于历史研究领域。他们的理论不仅震撼了法国史学界，而且对整个现代西方史学的发展影响深远。"年鉴学派"的发展大致经历三个阶段：第一阶段从 1929 年费弗尔和布洛克联合创办了《经济与社会史年鉴》至 1945 年；第二阶段从 1945 年之后，期刊改名《经济、社会与文明年鉴》至 1968 年，主要代表人物是费尔南德、布劳岱；第三阶段自 1968 年至今，此时期的学者们与传统年鉴学派将社会视为一个有机体的总体史学渐行渐远，而开始认为历史的间断性决定一切，研究历史上一些孤立现象，而传统政治史和人物史亦开始复兴。以至于许多人反对把第三代学者划入年鉴学派，而笼统称其研究为"新史学"。与此同时，历史人类学的研究得到重视，所谓历史人类学就是把历史学和人类学结合起来，在历史学领域内回答人类学所提出的问题。20 世纪 70 年代以后，更多的学者开始转向精神形态史研究，涉及的问题有集团心理、生死观、对性和宗教的看法等，跨学科的研究倾向得到进一步加强。第三代年鉴学派史学家的抱负是在历史学的基础上统一整个人文科学。总体而言，传统年鉴学派的研究存在一些缺陷：譬如反对和排斥历史哲学，片面追求方法论的革新；忽视政治史，片面追求结构和长时段的研究；对古代史、现代史和对欧洲以外的历史涉及不多；用不变的观点看待历史，忽视对人物和事件的研究。

(二) 区域地理学的力量与理论上反省的不足

维达尔 1918 年过世前,曾受阿尔蒙·科兰(Armand Colin)公司之邀,出版一套新《世界地理学》(*La Géographie Universelle*)丛书。因为大战的关系工作延宕,自 1925 年至 1948 年才完成,但大部分在 1936 年以前出版。加洛斯(Lucien Gallois)接替维达尔担任主编,他要求维达尔最著名的、早期的学生们,各以其最了解的国家为对象撰写之,譬如:德芒戎负责比利时、荷兰及英国,马顿负责中欧,博利(Henri Baulig)负责美国,等等。大部分法国学派有声望的人都参与了《世界地理学》的编纂工作。这套书写得很好,销路也很不错。

因为这些研究必须涉及国家现实,因此作者们必须比他们在做区域专论时更有想象力。例如,他们着手利用国家论文的传统。西格弗里德(André Siegfried,1875—1959)负责新西兰、英国、美国或加拿大的分析正是如此,他第一册书的名称《新西兰的民主政治》(*Democracy in New Zealand*),即强调他的托克维尔遗风(Tocquevillan inheritance)[14]。

这段期间有关地理学本质的研究不多。唯一杰出的例外是邵尔(Max Sorre,1880—1962)之综合巨著《人文地理学的基础》(*Les Fondements de la Géographie Humaine*),于 1942—1952 年之间出版了四册。大部分法国地理学者们认为地理学科的理论性问题已被维达尔解决,人们只需利用他的观点致力研究世界各区域的多样性。

法国地理学有了共同接受的范式,大家都强调其连续性,情况的确有许多改变,这个时期地理学的特性是,学科内开始发展出许多分支领域。

---

[14] 译者注:托克维尔遗风系沿袭托克维尔(Alexis de Tocqueville)19 世纪 30 年代晚期出版《论美国民主政治》(*On Democracy in America*)一书的风格。美国学者认为该书是 19 世纪对美国社会分析最深刻的著作。详见本章第四节(四)。

第七章 国家学派时期(1870—1960)：法国学派

(三) 人文地理学内分支学科之根源

从 19 世纪 90 年代起，已有一群地理学者对殖民地的地理学(colonial geography)感兴趣。德芒戎于 1922 年在他的《不列颠帝国》(*L'Empire Britanique*)一书里，以打破传统的方式，研究有关殖民地扩张与开发之地理基础成为这方面的最佳科学论文。后来，殖民地的地理学渐渐没落，却发展出热带地理学学派(school of tropical geography)，由罗勃肯及顾鲁(Ch. Robequain, 1897—1963 与 Pierre Gourou, 1900—2000)撰写的越南区域专论，展开地理学的这门新分科。

政治地理学(political geography)此时亦非常流行。瓦洛(Camille Vallaux)、西格弗里德(André Siegfried)与翁塞勒(Jacques Ancel)专攻这个领域，同时吸引了其他的作者，例如德芒戎的著作《不列颠帝国》以及他另一本广被阅读的论文《欧洲的衰落》("*Le Déclin de l'Europe*")。瓦洛师法拉采尔开始研究政治地理学，但他批评拉氏的一些观点并使之适应法国背景。翁塞勒则证明以维达尔的区域研究法建立政治地理学是有可能性，并且应用这个中心理念于巴尔干半岛的研究上。西格弗里德的贡献较有原创性，在其《法国西部政治地理概述》(*Tableau de la Géographie Politique de la France de l'Ouest*)一书里，创造了选举地理学(electoral geography)。此外，几年前帕克(Geoffrey Parker)提出非战主义概念的地缘政治学(a pacifist conception of geopolitics)——这是欧洲合众国(the United States of Europe)建构的目标——这些都显示此时期法国地理学者在政治地理上的一些研究工作。

文化地理学主要由白吕纳(Jean Brunhes)与德方丹(Pierre Deffontaines, 1894—1978)所发展。后者所指导的系列套书《人文地理学》(*La Géographie Humaine*)包括有关酒或蜂蜜的文明、植物的驯化、农耕史与地理学等等的有趣研究。

布朗夏尔(Raoul Blanchard)在 1913 年出版有关格勒诺布尔(Grenoble)的专论，创造了城市地理学(urban geography)这门分支领域研究。在两次大战期间,最有趣的城市研究,是由一位探讨城市特性与规划的历史学者拉维丹(Pierre Lavedan)所写。乡村研究吸引了许多学者,有关法国野外系统的基本研究是由布洛克(Marc Bloch)在1931年出版的,接下来的30年间,这项论题成为法国地理学者间最流行的主题。这个问题的专家当然是迪翁(Roger Dion,1896—1981),同时他也是少数研究历史地理学的学者之一。

七、结论:地理学的法国学派之成就与限制

地理学的法国学派很有成就,它的声望比美当时的德国地理学派。许多外国地理学者想知道为何法国区域研究比外国的同等级的研究要引人入胜。譬如,在《世界地理学》(*la Géographie Universelle*)套书系列中,德芒戎所撰著的一册被译成英文,并且当做英国中学最高年级的标准地理教科书超过20年。许多外国地理学者也常依据法国区域研究的概念。

若以维达尔的理念完全被了解当做准绳,那么法国地理学的发展显然未达到预期的程度。那些区域专论比起维达尔试着推动的研究而言较为呆板,它们经常忽略了尺度的逻辑、并且当城市化与工业化已是西方社会推动力之际,并未在研究中强调城市与工业的基本角色。

法国学派的基本限制并非来自许多维达尔追随者的无力了解他的某些观点,它的主要弱点存在于维达尔学派的范畴内。当一个乡村社会的经济,停留在无显著特点的状况时,尚可通过"生活方式"这个设计来充分描述它。但在现代城市化的社会里,劳动分工是如此复杂,以致必须利用其他工具,至少在现代环境下必须去调整运用"生活方式"的观念。在20世纪70年代早期,学者们已发现对"生活方式"的分析,只不过是一些从20世纪30年代起人类学者与社会学者所发展的对角色与地位较通则性分析中的特殊例子。

如此一来,法国学派(the French school)与德国景域论学派(the German Landschaft school)或伯克利学派(the Berkeley school)一样受到相同的基本灾难。它所擅长的是研究传统社会(traditional societies),所以到了20世纪中期,许多地理学者们开始对此情况感到挫败。

第七章 国家学派时期(1870—1960):法国学派

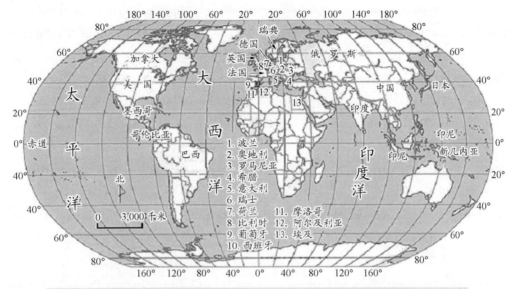

地图 7-1 国家学派发展时期(本书第六及七章),文中论及之国家与地区

思 考 题

7-01 法国学派的主要学者及其影响有哪些?(提示:世界区域地理学者雷克吕;人文地理学者维达尔)

7-02 试述法国传统区域分析中之自然、历史、实察与国家特性。

7-03 试述维达尔学派的发展与传承者。

7-04 第一次世界大战后,法国区域地理学的发展受到哪些影响?

参考文献

Baudelle, Guy *et alia*, *Geographes en pratiques* (1870—1945), Rennes, Presses Universitaires de Rennes, 2001, 390p.

Berdoulay, Vincent, "The Vidal-Durkheim Debate", in David Ley, Marwyn Samuels (eds.), *Humanistic Geography. Prospects and Problems*, Chicago, Maaroufa Press, 1978, pp. 77—90.

Berdoulay, Vincent, *La formation de l'école géographique française* (1870—1914), Paris, Bibliothèque Nationale, 1981, 245p.

Berdoulay, Vincent and Olivier Soubeyran, "Lamarck, Darwin and Vidal: aux fondements naturalistes de la géographie", *Annales de Géographie*, vol. 100, n° 561—562, pp. 617—634.

151

Blanchard, Raoul, *Grenoble. Etude de géographie urbaine*, Paris, A. Colin, 1912, 162p.

Broc, Numa, "Histoire de la géographie et nationalisme en France sous la IIIème République, 1871—1914", L'*Information Historique*, 1970, pp. 21—26.

Broc, Numa, "L'établissement de la pensée géographique en France: diffusion, institutions, projets (1870—1914)", *Annales de Géographie*, vol. 83, 1974, pp. 545—568.

Broc, Numa, "La géographie française face à la science allemande", *Annales de Géographie*, vol. 86, 1977, pp. 71—94.

Brunhes, Jean, *La géographie humaine. Essai de classification positive*, Paris, Alcan, 1910, 843p.

Buttimer, Anne, *Society and Milieu in the French Geographic Tradition*, Chicago, D. van Nostrand, 1974, XIV—226p.

Buttimer, Anne, "Charism and Context. The Challenge of 'la Géographie Humaine'", in David Ley, Marwyn Samuel (eds.), *Humanistic Geography*, Chicago, Maaroufa Press, 1978, pp. 56—76.

Chabot, Georges, "Les conceptions françaises de la science géographique, *Norsk Geog. Tidsskr.*, vol. 12, 1950, pp. 309—321.

Claval, Paul, "Vidal de la Blache et la géographie française", in Paul Claval, Jean-Pierre Nardy, *Pour le cinquentenaire de la mort de Paul Vidal de la Blache*, Paris, les Belles Lettres, 1968, pp. 91—125.

Claval, Paul, "Le rôle de la géographie régionale dans la géographie française autour de 1900", *Acta Geographica*, 1984, pp. 1—11.

Claval, Paul, "The Historical Dimension of French Geography", *Journal of Historical Geography*, vol. 10, n° 3, 1984, pp. 229—245.

Claval, Paul (ed.), *Autour de Vidal de la Blache. La formation de l'école française de géographie*, Paris, C. N. R. S., 1993, 159p.

Claval, Paul, *La géographie au temps de la chute des murs*, Paris, L'Harmattan, 1993.

Claval, Paul, *Histoire de la géographie française de 1870 à nos jours*, Paris, Nathan-Université, 1998, 544p.

Deffontaines, Pierre, 1948, *Géographie et religions*, Paris, Gallimard, 441p.

Bonnemaison, Joël, "Voyage autour du territoire", *L'Espace Géographique*, vol. 10, 1981, pp. 249—262.

Demangeon, Albert, *La plaine picarde*, Paris, A. Colin, 1905, 495p.

第七章 国家学派时期(1870—1960)：法国学派

Demangeon, Albert, *Le déclin de l'Europe*, Paris, Payot, 1920, 314p.

Demangeon, Albert, *L'Empire britannique*, Paris, A. Colin, 1923, Ⅷ—280p.

Dunbar, Gary, *Elisée Reclus, Historian of Nature*, Hamden (Conn.) Archon Books, 1978, 193p.

Febvre, Lucien, *La Terre et l'évolution humaine*, Paris, la Renaissance du Livre, 1922, ⅩⅩⅥ—472p.

Fierro, A. *La Société de Géographie*, 1821—1946, Paris, Champion, 1983, 356p.

Gallois, Lucien, *Régions naturelles et noms de pays*, Paris, A. Colin, 1908, 356p.

Giblin, Béatrice, "Elisée Reclus, 1830—1905", in T. W. Freeman and Ph. Pinchemel (eds.), *Geographers* Ⅲ, London, Mansell, 1979, pp. 125—132.

Gourou, Pierre, *Les pays tropicaux*, Paris, P. U. F, 1947.

Gourou, Pierre, *Pour une géographie humaine*, Paris, Flammarion, 1972.

Lafaille, Richard, "En lisant Reclus", *Annales de Géographie*, vol. 98, 1988, n° 548, pp. 445—459.

Les géographes français, Paris, Bibliothèque Nationale (Comité des Travaux historiques, Bulletin de la Section de Géographie), 1975, 203p. See more pecularly: M. Jean-Brunhes-Delamarre, "Jean Brunhes", pp. 49—80, A. Meynier, "Lucien Gallois", pp. 15—23, A. Perpillou, "Albert Demangeon", pp. 81—106, Ph. Pinchemel, "Vidal de la Blache", pp. 9—23.

Luckerman, Fred, "The 'calcul des probabilités' and the 'Ecole française de Géographie'", *Canadian Geographer*, vol. 9, 1965, pp. 128—137.

Nardy, Jean-Pierre, "Levasseur, géographe", in Paul Claval, Jean-Pierre Nardy, *Pour le cinquantième anniversaire de la mort de Paul Vidal de la Blache*, Paris, les Belles Lettres, 1968, pp. 35—89.

Nardy, Jean-Pierre, "Emile Levasseur, 1828—1911", in T. W. Freeman and Ph. Pinchemel (eds.), *Geographers* Ⅱ, London, Mansell, pp. 81—88.

Pinchemel, Philippe, "Vidal de la Blache" in *Les Géographes français*, *op. cit.*, 1975, pp. 9—23.

Reclus, Elisée, *L'homme et la Terre*, Paris, Librairie Universelle, 1905—1908, vol 5.

Rhein, Catherine, "La géographie, discipline scolaire et/ou science sociale", *Revue française de Sociologie*, vol. 23, 1982, pp. 223—251.

Robic, Marie-Claire, "La conception de la géographie humaine chez Vidal de la Blache d'après les

'Principes de géographie humaine'", *Les Cahiers de Fontenay*, *Géographie*, sept. 1976, pp. 1—76.

Robic, Marie-Claire (ed.), *Le tableau de la géographie de la France de Paul Vidal de la Blache*, Paris, CTHS, 2000, 301p.

Sanguin, André-Louis, *Paul Vidal de la Blache*, Paris, Belin, 1993, 384p.

Sarrazin, Hélène, *Elisée Reclus ou la passion du monde*, Paris, La Découverte, 1985, 264p.

Siegfried, André, *La démocratie en Nouvelle-Zélande*, Paris, A. Colin, 1904.

Siegfried, André, *Tableau politique de la France de l'Ouest sous la IIIème République*, Paris, A. Colin, 1913, XXVII—536p.

Sion, Jules, *Les paysans de la Normandie orientale*, Paris, A. Colin, 1908, 544p.

Tricart, Jean, "Cent ans de géomorphologie dans les Annales de Géographie", *Annales de Géographie*, vol. 100, n° 561—562, 1991, pp. 578—616.

Vennetier, Paul, "A travers un siècle de géographie humaine française dans les pays tropicaux", *Annales de Géographie*, vol. 100, n° 561—562, pp. 644—667.

Vidal de la Blache, Paul, *Etats et nations d'Europe. Autour de la France*, Paris, Delagrave, 1889, XII—567p.

Vidal de la Blache, Paul, *Tableau de la géographie de la France*, Paris, Hachette, 1903, 403p.

Vidal de la Blache, Paul, *Principes de géographie humaine*, Paris, A. Colin, 1922, VII—327p.

Vidal de la Blache, Paul, *La France de l'Est*, Paris, A. Colin, 1917, 280p.

Wrigley, E. A., "Changes in the Philosophy of Geography", in R. J. Chorley, P. Haggett (eds.), *Frontiers in Geographical Teaching*, Londres, Methuen, 1965, pp. 3—20.

译者参考文献(请参见附表一)

第八章 新地理学：20世纪60—70年代

一、前 言 \ 156

二、新社会需求的兴起 \ 157

三、新学术环境以及新逻辑实证论的影响 \ 158

四、新地理学、理论、模式与计量方法 \ 161

五、社会问题,社会关联与激进地理学

——马克思主义观点对英美地理学的影响 \ 166

六、生活空间、意义与人本主义的研究取向 \ 167

七、结 论 \ 170

思考题 \ 170

参考文献 \ 170

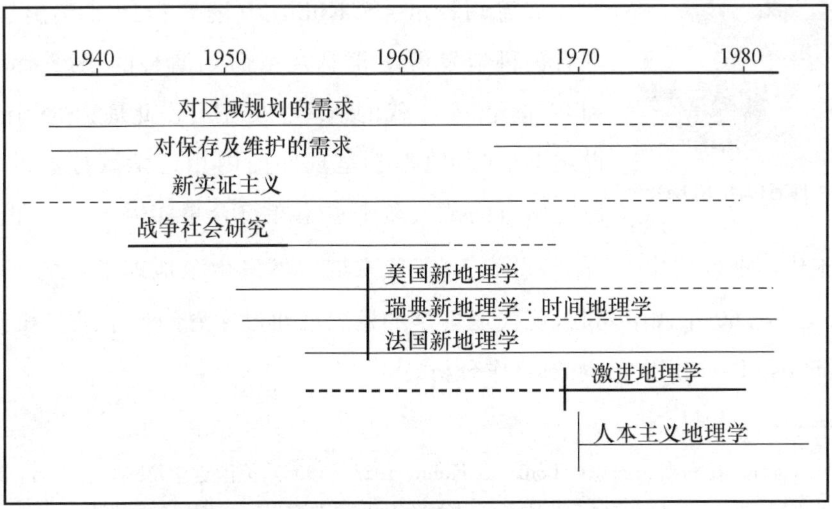

图8　新地理学:20世纪60—70年代

一、前　言

　　自19世纪初到20世纪50年代，德国与法国地理学的发展在世界上是数一数二的。英国地理学保持在探险及旅行方面的传统兴趣，而其新的发展则依循法国，即是对野外实察之强调、区域分析的尺度、历史地理方面的兴趣，以及早期城市土地利用规划等研究，虽然后者具英国地理学的原创性，但在20世纪30年代以前，这方面尚非地理学研究的重点。美国方面虽然有著名的地理学者出现，如戴维斯（William Morris Davis，1850—1934）与索尔（Carl Sauer，1889—1975），但缺乏强烈的社会需求以维持其稳定发展。

　　20世纪60及20世纪70年代，地理学的发展重心移向英、美两国，并在某种程度上延伸至北欧；同时期，欧洲大陆或其他地方偶尔出现相等的发展，但并未产生等同的影响。这种情形的部分原因是英语在各种国际关系中增强了角色；再者，美、英两国的研究制度有其特殊的社会学含义，有助于解释为何地理学的发展重心会戏剧性及快速地改变成英语世界导向；以及为何大家的注意力会投注在英语世界。

图 8-1　库恩（T. S. Kuhn）

　　库恩（Thomas S. Kuhn）①（图 8-1）1962 年出版了一本有关科学发展之常态及革命期演替的书，20世纪60和20世纪70年代的地理学史正可作此理论的例证。20世纪上半叶，地理学呈现同门内相近学派分享的范式，但这盛行的范式愈来愈不能符合事实需要。20世纪40和50年代渐渐发展出不满，20世纪50年代末期突然发生了地理学界的"科学革命"。20世纪60年代中期起，现代地理学的发展已通过库恩的科学进步机制（the mechanisms of scientific progress）作分析。

---

　　① 译者注：托马斯·库恩（Thomas S. Kuhn，1922—1996），美国哲学及科学史学者，著有《科学革命的结构》，（*The Structure of Scientific Revolutions*，1962），是20世纪科学哲学及历史著作中最具影响力者之一。

地理学史的发展并不单纯：它不是一次科学革命，而是好几次。一次发生在 20 世纪 60 年代初期，其他几次紧接着发生在 1970 年和 1975 年之间，这种改变类型是不同于库恩所提的模式化发展。我们并不同意库恩对现代地理学发展的一般解释，但它的确扮演着不可忽视的角色。

二、新社会需求的兴起

在 20 世纪前半叶，地理学的社会需求比起 1870 到 1900 年之间来得薄弱；西方民主国家的民族主义（nationalism）衰微，帝国主义（imperialism）已经达其目的。国家经济运作在自由原则之上，直到 20 世纪 30 年代经济危机前，除了苏联以外，其他国家政府的干涉都已减到最低程度。

随着 20 世纪 30 年代的经济不景气失业率上升，以致各国政府试着去诱导经济成长，某些地区特别受到传统产业衰落危机的打击。以英国而言，19 世纪兴起的煤田由于第一次世界大战以来的高工资而没落。在煤田地区的失业开始于 1920 年，20 世纪 30 年代某些地方已有 1/3 以上的劳动人口受影响。因此英国政府企图展开一个关于工业发展和区域规划的政策，这个政策被日渐增多的批评市场经济的知识分子们所赞许。

美国罗斯福总统②苦恼于阿巴拉契山地（Appalachian ridges）南部山区居民的贫困，乃创设田纳西河流域管理局（The Tennessee Valley Authority，T.V.A），其主要任务是完成整合的发展规划，包含在河流上设立水坝以控制洪水，水坝所产生的电力被用来促进工业发展。到了 20 世纪 30 年代末期，T.V.A. 的经验广为全世界所宣传，它和英国的产业政策同样具有极大的影响力。

苏联在 20 世纪 30 年代之前开始执行中央规划，到了 20 世纪 30 年代末期，许多人都高估了它的成就及在地理上的重要性。

在第二次世界大战期间，许多人与纳粹主义（nazism）对抗，以便建立一个

---

② 译者注：罗斯福总统（Franklin Delano Roosevelt，1882—1945），于 1933—1945 年担任美国第 32 任总统，是俗称的小罗斯福总统。

更为友善而和谐的社会。由于20世纪30年代经济衰退,使得批评市场经济的意见扩散,为了改善经济状况,人们要求成长。他们支持规划,以减低区域不均衡及改善城市生活,政府因此展开了许多新政策。第二次世界大战期间,社会安全体系(the social security system)及区域规划的概念(the idea of regional planning)散布在整个西方世界。

自19世纪以来,地理学一直以解释性的学科为主,但其三个主要范式(paradigms):区域分析(regional analysis)、景观研究(landscape studies)以及人与环境的关系(man-milieu relationships),并未形成通则性的法则。它们对于已发生之演化作用的历史重建有用,但注意力置于人与环境的关系而忽略了社会互动。地理学真正需要的是一种能够预测的知识,而既存的地理学无法符合新的社会需求,地理学者开始寻找强调社会和经济相互作用的分析,在这个领域中,空间经济学(spatial economics)[参见第六章第三节(二);及第八章第四节(一)、(二)等]提供了重大的成果,它促使地理学现代化。

三、新学术环境以及新逻辑实证论的影响

(一)二次大战与社会科学在新方法论和研究途径之发展

第二次世界大战期间,社会科学的观点及其方法论(methodology)经历了一次深刻的转变。由于战争的关系,许多工程师必须从事社会组织方面的工作,他们必须准备军事行动——例如轰炸或登陆,而且必须假想更有效率的工业动员形式(the forms of industrial mobilization)。很快地,他们发现将工程技术转移到社会领域不难,而且通常有益。这是一个强调回馈机制(feed back mechanisms)角色的时代,社会不就是经由回馈而获得调整的吗?

在第二次世界大战之后,研究朝着这些新的方向继续进行,回馈分析(feed back analysis)在20世纪40年代晚期发展成一个新的学科,即控制机械学

(cybernetics)。到了20世纪50年代,有人想出更为普遍的公式化。加拿大的生物学家贝塔朗菲(Ludwig von Bertalanffy)开始将系统分析(systems analysis)应用于自然世界(natural world)。同样的分析途径可以应用在社会科学,或是应用在探讨真实世界中兼顾自然及社会要素的地理学。

二战期间,计算机开始发展。地理学在处理方志系列(chrological series)的一些特定专题时,方法的发展上受到阻碍。在20世纪的最初几十年里,方志系列的领域中有一些重大的进步——这可以解释20世纪30年代末期计量史(quantitative history)的兴起,及其在战后的成功。地理学者仍然依赖较不复杂的技术:主题地图学(thematic cartography)。20世纪50年代初,方志系列的研究开始进步,证实对地理学者很有用的因子分析(factor analysis)已被心理学家应用,而计算机设备轻易地用在区域统计工作上。

遥感探测(简称遥测,remote sensing)从第一次世界大战时就已开始发展,当时航空相片(aerial photographs)被有系统地用在情报方面。在二次大战期间又有相当大的进步,红外线感光板(infra-red plates)使许多隐藏的空间形态呈现出来,雷达影像(radar imagery)使永远有云覆盖的区域有了清楚的照片。

得益于遥感探测,地理学者们第一次能从不同层次的分辨率(resolution)来直接观察真实世界。自希罗多德以来,地理学科一直是以比例尺逻辑(the dialectics of scales)为基础,但如今更容易实际操作了(参见第十四章第一、二节)。

(二)新逻辑实证主义的冲击

二战之后才开始被广泛使用的一些技术及研究途径,其实在之前就已存在。因子分析(没有计算机也可使用)及遥测就是例证。战后在社会科学方面若没有新观点的出现,则其改变不会如此巨大,逻辑新实证主义(logical neo-positivism)则是在研究策略中促成这项改变的工具。

在20世纪20年代早期,一群物理学家、数学家、自然科学家及哲学家定期在维也纳聚会。对他们而言,科学是文明发展的中心,但他们并不满意哲学家们对科学的界定——仅将其建立在一个较粗略的实证主义形式上。当时盛行的认识论强调观察及搜集资料的重要性,而忽略或低估了形成假设的过程以及科学研究中理论方面的重要性。"维也纳学派"(Vienna circle)③发展出一套更成熟的实证主义,因此有了新实证主义(或新实证论)(neo-positivism)这个名称。科学(science)曾经被当时发展在德语世界的保守革命(conservative revolution)支持者所激烈批评。"维也纳学派"谨慎地将科学研究方法再造,以驳斥这些攻击。

"维也纳学派"的历史是复杂的,著名的维也纳哲学家维特根斯坦(L. Wittgenstein,1889—1951)(图8-2)曾一度是其成员,而且采用了许多在那儿听到的评论,但他朝着不同的路线发展;另一位具影响力的成员是波普尔(Karl Popper,1902—1994)(图8-3),他与此社团保持相近的发展路线,但也发展出其个人的见解,对社会科学的影响深远。

图 8-2 维特根斯坦
(Ludwig Wittgenstein)

图 8-3 波普尔
(Karl Popper)

在19世纪末叶,许多专家认为科学方法可用于自然或生物学,但不适用于人文社会;对他们而言,即使社会科学和自然科学都在找寻事实,而且依赖资料

---

③ 译者注:"维也纳学派"(Vienna circle)是指20世纪20年代早期,由一群物理学家、数学家、自然科学家及哲学家定期在维也纳举办的聚会。其共同的旨趣在于为数学奠定逻辑基础及澄清经验科学的概念与假设。他们创立逻辑实证论(logical positivism),后来称做逻辑经验论(logical empiricism)。会员们发展了一个共同观点,并通过《科学的世界观》(*Wissenschaftliche Weltauffassung*)这部著作于1929年公布于世。

搜集的标准化程序,但他们在许多方面是很不相同的。社会科学转向文化主义(culturalism)及类型学(typologies)方面即是此一概念的表现。

对"维也纳学派"而言,当科学方法正确时,即可同样用在自然科学及社会科学两方面。关键问题在于建立假说,并且使用精确的观察和实验来检验这些假说。要依赖实验来解读社会运作的机制是不可能的,但是现代的分析方法提供工具以便从观察的比较中检验假说。

希特勒(Adolf Hitler,1889—1945)成为德国总理而展开政治及种族迫害(racial persecutions)时,新实证主义的理念随着"维也纳学派"成员的逃散而广布全世界。二战之后,愈来愈多的社会科学家认同其认识论的立场,认为社会科学家只需使用主流的方法论,而不必玩弄特别秘方。

愈来愈多地理学者被此取向所吸引。20世纪初所发展的地理学是以景观、区域或生态关系为主的特殊研究途径。因此,地理学在本质上依然是一门描述性的学科,并无法提出一般性的结论而建立科学法则及预测空间形态的演化。随着统计及数学工具在空间分布方面的应用,对回馈及对自我调整过程的理解以及出现的遥测新潜力,赋予了从未有的机会来建立有趣的科学成果。许多地理学者和其他社会科学家相信,一个新的科学纪元正在开始,学术盛世主义(intellectual millenarism)的气氛弥漫在学界。由于新发展的工具和概念,将使明日不同于今日。

四、新地理学、理论、模式与计量方法

(一) 新地理学的起源及发展

在20世纪50年代,位于西雅图的华盛顿大学地理系已有了富于创造力的教授,其系主任设法招募美国甚至整个英语世界国家里的一些最优秀研究生。新地理学(new geography)就是在那里开始发展。

任教于这个系的厄尔曼（Edward L. Ullman，1912—1976）专精于流量地理学（geography of flows），对于运输和迁移有强烈的兴趣，并且相信从20世纪初以来，地理学发展的弱点，是因为大多数的地理学者将焦点关注在人与环境或景观方面的研究，而忽略了影响人类分布的两大关系之一，亦即忽视经济与社会间互动的角色才是影响空间分布的主因。维达尔所彰显的法国区域地理，即借流通的概念强调了上述后半部原则的重要性。厄尔曼洞悉此点，对维达尔赞扬有加。

图8-4 杜能
(J. H. von Thünen)

厄尔曼要求其学生研究社会和经济的互动。此时美国经济学家艾萨德（Walter Isard）正好发表了一篇非常有助于系统性探讨空间经济学的专论，《区位及空间经济》（Location and Space Economy，1955），而且在同一年创立了"区域科学协会"（Association of Regional Science）。地理学者发现在他们自己的学科中仍然缺乏像区位理论（location theory）这样的基础。多亏杜能（Johann H. von Thünen）④（图8-4）或韦伯（Alfred Weber）⑤使得地理学者们了解农业活动的分布和制造业的区位。这样的理论可以用来解读过去的发展，也可用来预测未来。

中心地理论（central place theory）则为第三产业或服务活动的区位提供了一个类似的导引。此理论的提出使得研究当代城市网络变得可行。地理学者们发现此新取向的重要先驱者有两位，德国的经济学家廖什（August Lösch）及地理学者克里斯塔勒（Walter Christaller）⑥，亦即中心地理论同时被他们所发展。

---

④ 译者注：J. h. von 杜能（Johann H. von Thünen，1783—1850），德国农业经济学家，著有《孤立国》（The Isolated State，1826）提出早期的农业区位理论。

⑤ 译者注：A. 韦伯（Alfred Weber，1868—1958），德国经济学家，以工业区位研究著名，是社会学者韦伯（Max Weber，1864—1920）的弟弟，见第五章第六节（一）。

⑥ 译者注：克里斯塔勒（Walter Christaller，1893—1969），德国地理学者，研究南德聚落发展出"中心地理论"（central place theory），1933年出版。

第八章 新地理学：20世纪60—70年代

到了20世纪50年代末期，第一阶段的科学革命结束了，新的发展是建立在空间经济学上。就新实证主义的认识论（neo-positivist epistemology）而言，只要是未被曲解的理论都可以接受。由于地理学通过空间经济学提供的一套完整理论来诠释，所以地理学主要的工作就是去验证它们。大多数对此新取向热衷的年轻地理学者视空间经济学的基本假设为理所当然，而不试着去改善。新地理学是一门研究距离和社会互动的学科，每个人都意识到此事实，但厄尔曼式的认识论之思考却很快地消失了。

贝里（Brian J. L. Berry, b. 1934）、尼斯图恩（John D. Nystuen, b. 1931）、莫里尔（Richard L. Morrill, b. 1934）、得希（Michael Dacey, b. 1932）以及另外几位年轻学者，发现利用因子分析（factor analysis）、图表理论（graph theory）、模糊集合论（fuzzy set theory）等发展出计量研究的可能性。1963年，伯顿（Ian Burton, b. 1935）在其重要论文《计量革命及理论地理学》（"The Quantitative Revolution and Theoretical Geography", Canadian Geographer, 7, 1963, pp. 151—162)中写道："计量革命已完成"。

瑞典籍的马克思主义地理学者邦奇（William Bunge, b. 1928）是进行转型的首位代表性人物，其著作《理论地理学》（Theoretical Geography, Lund, 1962）强调新的发展与新实证主义者的科学概念应趋一致。德裔美国地理学者舍费尔（Fred K. Schaefer, 1904—1953）在1953年将20世纪初地理学的一些方法评属为例外主义者（exceptionalist），认为它们并未遵从科学方法论的普遍法则（the universal rules）。邦奇依据这篇论文，强调正进行变革时通则性的重要[舍费尔的论文当时除了哈特向（Richard Hartshorne）外，很少人注意到]。

1968年，古尔德（Peter Gould, 1932—2000）在《哈泼杂志》（Harper's Magazine）发表的一篇论文中使用"新地理学"（new geography）一词并促其普及化。次年，哈维（David Harvey, b. 1935）在其所著《地理学的解释》（Explanation in Geography, 1969）一书中使用新实证主义的观点来解释过去十年来的发展。在英国，人文地理学的哈格特（Peter Haggett, b. 1933）及自然地理学的乔莱（Richard Chorley, b. 1927）加速了新地理学的成功。他们共同编辑的书籍《地理教学待开发的领域》(*Frontiers in Geographical Teaching*, 1965)和《地理学待开发的领域》(*Frontiers in Geography*, 1967)将许多先前的成果加以系统化。

(二) 平行的发展

在其他地方有一些地理学者试着给予地理学更稳固的基础。瑞典的哈格斯特朗(Torsten Hägerstrand, 1916—2004)(图8-5)从20世纪40年代末期即为人文地理学寻找非传统的研究途径。当他还是学生的时候,即对于人口统计学家洛特卡(Lotka)的人口传记研究很感兴趣。他在瑞典南部农业技术革新的扩散研究中,将此理念转换:模仿洛特卡回溯各个人的传记一般,他回溯新技术在传播时的扩散途径。哈格斯特朗的新地理学理论基础有别于英美两国,它不依赖空间经济。

哈格斯特朗对创(或革)新分析(analysis of innovation)的中心假设很简单,他认为任一创新的扩散总有两个阶段:

图8-5 哈格斯特朗 (Torsten Hägerstrand)

(1) 它起源于一个地方而且首先由专门的期刊或专业的关系而扩散。散布于广泛地区的某些人采纳了这新工具、设备或消费形态。

(2) 在第二个阶段,经由口耳相传的过程而产生扩散。此时视地理作用形成的信息场(information field)而定。为了检验他的假说,哈格斯特朗建立了一个仿真实验:他使用计算机显示了实况与他的假说并未相互抵触。

很快地,哈格斯特朗的研究被认为是新地理学的典型范例,即使它是从其他的理论解释出发。在20世纪70年代期间哈格斯特朗沿洛特卡的研究路线有更进一步的发展。他以个人时空预算(time and space budgets)的重建为基础,为人文地理学提出一个归纳的研究途径,即时间地理学(time geography),

借人与物的流动性(mobility)之改善,为地理经验的转化提供了新见解。

20世纪60年代初期,新地理学的原创性取向也在法国发展。基本上强调理论的建立,依赖传统的区位理论(traditional location theory)以及现代的宏观经济学(modern macro-economics),其目标是想在区域组织方面达成新的理解。

(三) 创新浪潮下的地理学

新地理学在20世纪50年代开始于瑞典、美国和法国,而在美国最成功。很快的,它被全世界其他英语国家的大学所采用,特别是加拿大和英国。在1960年举行于斯德哥尔摩的"国际地理联合会"的大会(the Congress of International Geograpical Union),以及举行于挪威的维斯特拉斯岛(Vesteras)之"城市研讨会"期间,美国及英国地理学者发现了瑞典的研究取向,并将之整合于新地理学内,时间地理学遂成为新地理学在20世纪70年代的重要发展。此时,英语国家大部分忽略了法国取向,法国的影响仅限于意大利、西班牙和葡萄牙。

瑞典的新地理学在20世纪60年代初期,采用了美国的许多观点,稍后才于欧陆有所发展。法国第一批出版品出现于1962至1964年间。德国的克里斯塔勒受到广泛支持,虽然巴特尔斯(Dietrich Bartels,1931—1983)已出版新地理学的著作,但景域研究仍占优势。意大利的伯内蒂(Eliseo Bonetti)很早就为中心地理论所吸引,但其新地理学和西班牙及葡萄牙一样,从20世纪60年代晚期才开始发展。法国在1968年以前,其新地理学仍属狭隘,但其后此运动则转为充实。

东欧方面,地理学者基于意识形态安全的理由,主要从事自然地理学方面的研究;然而波兰的新地理学之普及性较早。由于吉望奇(Adam M. Dziewoncki)的中心地研究出现于20世纪60年代早期,接着其他新地理学的研究主题也普遍起来。东欧其他社会主义国家,计量方法比理论的发展更为普遍,因为地理学强调数学和统计的训练,有助于地理学者发展新地理学取向。

五、社会问题,社会关联与激进地理学
——马克思主义观点对英美地理学的影响

20世纪60年代的新地理学者对于他们的新实用知识感到自豪,他们觉得好的统计方法和练达的数据处理足以解决任何问题。为了城市地区,他们应用流量产生模式并以此为基础替市政府准备规划政策,目的是为了改善被视为机器的城市机能,以求社会互动可能性之极大化。

市政当局必须购置新运输建设所需的土地。为了减少成本,规划者通常选择将新设施设置在地价较低地方;为此他们切穿城市中最贫穷的部分,例如贫民窟或没落区。

除了促进城市居民使用汽车外,城市规划还有其他目标。提供中低阶层住宅是所有西方国家共同的社会关怀。在西欧,更明确地说是指荷兰、法国及英国,政府提供庞大资金兴建中、下阶层住宅。美国主要是借抵押贷款政策(mortgage policy)来推动住宅规划。上述两类政策的新地区之发展都非常快速,采取这些政策的理由是为了使城市免于败坏。规划者认为,在新发展地区中,人们将更快乐、家庭会更安定,犯罪率会更低,但他们很快地发现这些目标能达成者不多。

到了20世纪60年代末期,北美和西欧针对这些盛行的城市政策之批评愈来愈强。社工人员经常即是首批抗议者,他们的分析很快就获得一般大众的支持。接下来的城市运动被许多知识分子欢呼为另一个形式的革命,以致社会科学家开始怀疑是否他们在20世纪60年代所提倡的政策中存有保守偏见。

在美国,某些地理学者直接置身于此新式社会冲突。邦奇发起了到底特律的一个贫民窟非兹哲罗(Fitzgerald)的探查,他的野外实察小队指出这个社区的情况濒危,而市政规划必须为其最近的恶化负责。在英国,地理学者也愈来愈常出现在社会论战中。

在法国,对社会贫困的新意识、城市运动的支持及寻求不平等的理论解释都是由社会学家所发展。他们之中许多人曾受到一位马克思主义社会学家及哲学家——列斐伏尔(Henri Lefebvre)⑦的重大影响。当时在法国工作的一位加泰兰(Catalan)⑧学者卡斯泰尔(Manuel Castells，b. 1942)写了一本《城市问题》(*The Urban Question*，1972)的书，这本书在英语国家比在法国更为风行，特别是在地理学者之间。

在英语国家，年轻激进的新地理学者对于20世纪60年代新地理学之缺少社会内涵愈来愈有批判。他们正寻求新的理论基础为其攻击做辩护。哈维(David Harvey，b. 1935)在1969年所著《地理学的解释》(*Explanation in Geography*)一书中原为说明新实证主义研究途径。但于1972年他转向马克思主义而出版了《社会正义与城市》(*Social Justice and the City*)。他这个转变的影响极广。

图 8-6　哈维(David Harvey)

信服库恩范畴的地理学者为激进地理学(radical geography)的兴起而欢呼，他们视此为地理学发展过程中的另一次革命。历史是正加速进行，但是解释地理发展的原则并未改变。

事实上，激进地理学并未取代新地理学，后者的发展一直持续，只是它在20世纪60年代较少宣扬。但是随着人本主义地理学(humanistic geography)的兴起，情况很快变得更复杂了。

六、生活空间、意义与人本主义的研究取向

社会科学的新实证主义概念是建立在简单假设上。社会可以借由两类模式的发展来了解：

(1) 关于人的模式以及社会的模式，对社会的解释依赖两者适当的组合。

(2) 新地理学基本上是使用市场经济模式，人类被认为是理性的，而社会机制能自我调整。

---

⑦ 译者注：列斐伏尔(Henri Lefebvre，1901—1994)，法国哲学家及马克思主义社会学家，著有《马克思思想及城市》(*La pensée marxiste et la ville*)及《空间之制成》(*The Production of Space*)等书。

⑧ 译者注：加泰兰(Catalan)主要指西班牙东北部加泰隆尼亚地区(Catalonia)的人民及语言。

20世纪60年代初期开始,对于这两类模式已有一些疑问产生。由于马奇(March)和西蒙(Herbert Simon)的著作,使得有关人类并不是全然理性,也不是永远寻求最大金钱回馈之概念,获得愈来愈多人的支持。地理学者试着以人是适量满足者(satisficer)而非追求最大获利者(maximizer)的概念来从事研究。但关键问题更为深沉,新地理学似乎与此时的社会学和经济学一样,认为当人们试着去达成经济上的目标时,好像是一种不经历生老病死,不知痛苦为何物的生物;但人们实际生存的经验比这些盛行模式所仿真的复杂多了。

由此产生了一个地理学的新研究取向,即将焦点集中在人对空间和大地的经验,而非人和环境的关系或人与人之间的互动。意义开始被认为如同解释及因果机制一样重要的一个面向。人不再只被视为机器,他们被赋以想象及整套的价值观。当他们做决策时,所反映的不只是先前的刺激;而是基于个别的或集合的规划。人类行为仅能经由仔细检视人的愿望而了解。

这类研究取向在20世纪50年代初期即曾由英国的柯克(William Kirk, b.1921)及法国的达德尔(Eric Dardel,1900—1968)两位学者所提倡。基本上,他们感兴趣的是个人对其命运、环境及生活的社会之特殊意义。赖特(John K. Wright)也于不同时间在其著作中发展出类似的好奇心。

人本主义研究取向(humanistic approaches)正式开始于20世纪70年代初期。因为英国和北美的许多地理学者不满意盛行于新地理学的机械性解释类型,他们渴望地理学者对"地方(或场所)感"(sense of places)有兴趣,并希望恢复"地理个性"(geographical personality)这一研究范畴[参见本书第七章第四节(二)及第五节(一)]。

这些地理学者中的某些人,对于当时流行的解释类型非常反感。例如身为罗马天主教徒的布蒂默(Anne Buttimer, b.1938)即无法接受不含灵魂、抱负及希望(soul、aspirations and hope)的研究观点;或是缺乏善恶概念的社会分析。她主要依赖现象学(phenomenology)的研究途径,并且强调生存经验扮演的角色。在此同时,一些法国地理学者也强调"空间生活经验"(the lived experience of space)的重要性,但所持观点与布蒂默不同。

从 20 世纪 70 年代初期,两位加拿大地理学者格尔夫(Leonard Guelph)和雷尔夫(Edward Relph, b. 1944)开始发展出更理论性的思索。他们揭示关于作用者(human agency)争论之哲学层面,因而兴起了一个新的研究取向。雷尔夫重新发现了法国的达德尔(Eric Dardel)。其后他写了激进的《地方与非地方》(或译《场所与非场所》, Place and placelessness)。到了 20 世纪 70 年代末期,人本主义地理学已成为一个重要的研究领域。雷尔夫的思索最早在美国的叙拉古大学 (University of Syracuse) 如索弗(David Sopher, 1923—1984)、默瑟(John Mercer)、邓肯(James Duncan)等人及墨尔本大学 (University of Melbourne)的鲍威尔(Joe Powell, b. 1938)等同僚间获得回响。

图 8-7　布蒂默(Anne Buttimer)

华裔美籍的地理学者段义孚(Yi-fu Tuan, b. 1930)早期研究地形学,但愈来愈感觉人与其生存环境间的互动深具意义。他曾经阅读法国小说家纪德 (André Gide)的一本小说,发现西方和中国文明间的歧异,他对书里的一句话感到不悦。纪德写道:"家庭,我恨你。"这在一个中国人的观点里是完全不能接受的。但纪德在法国文学界及社会上享有很高地位,从未因为家庭观念的瑕疵而受到攻击。基于这样的一种认识,段义孚对文化及空间的生存经验发展出高度兴趣,当他在多伦多时,他促进了加拿大地理学者自省态度之兴起。从 20 世纪 70 年代初期开始,他的著作中愈来愈多研究"地理思想体系"(geosophy),采用其他形式探讨经验或诠释这个世界。1976 年他在《美国地理学者协会期刊》(Annals of the Association of American Geographers, A. A. A. G)上发表的一篇论文中使用"人本主义地理学"(humanistic geography)一词,这个名词很快就取代了早先用于这个新发展路线的名词 ——"现象学地理学" (phenomenological geography)。

20 世纪 70 年代末期,人本主义地理学成为一个重要的研究领域。由莱和

赛明思[David Ley(b. 1938) and Marwyn Samuels(b. 1942),1978][9]、迈尼希[Don Meinig(b. 1924),1979]或布蒂默及西蒙(Anne Buttimer and David Seamon,1980)等学者所编辑的著作,很清楚地显示出此一学术潮流的活力。

七、结　论

20世纪70年代末期,许多地理学者对于20年来地理学发展方向的激增感到困惑。激进地理学者倡导库恩的观点,将自己的研究取向当作地理学史上的最新范式,并等待胜利的到来。但是1975年之后,这个观点已无法维系下去。而人本主义地理学并非暂时的风尚,它沿着激进派的运动发展,建立在可与其他地理分析形式和平共存的假设上:人本主义地理学者不尝试对空间分布、区位和类型作解释;而着重人类赋予它们的意义。

这样的情况破灭了库恩观点在地理学方面的应用。地理学史并非由范式的演替所形成,它是循着一个核心经验发展出来的不同观点;以不同的尺度来解读空间分布;并提供机会使人类对其环境、生活的社会,以及不同类型现象间的联结和关系有更深一层的了解。

思 考 题

8-01　为什么1960—1970年期间地理学术发展的重心移向英、美及北欧?
8-02　请问20世纪50年代末期为何发生地理学界的科学革命?其后如何发展出人们期待的地理学新科学纪元及"学术盛世主义"的气氛?
8-03　什么是新地理学?试述其起源与主要领域的发展状况?
　　　(提示:计量地理学、区位理论、空间经济学、新实证主义、时间地理学、都市地理学、都市规划、激进地理学、人本主义地理学等)

参考文献

General Views

Bernstein, Richard J., *The Restructuring of Social and Political Theory*, Oxford, Blackwell,

---

[9] 译者注:这一段文字指:莱出生于1938年,赛明思出生于1942,二人合著的书于1978年出版。

1976; London, Methuen, 1979, XXII—286p.

Boulding, Kenneth, *The Image. Knowledge and Life in Society*, Ann Arbor, University of Michigan Press, 1955, 175p.

Gale, Stephen, Gunnar Olsson, (eds.), *Philosophy in Geography*, Dordrecht, Reidel, 1979, XXII—469p.

Gould, Peter, Gunnar Olsson (eds), *A Search for Common Ground*, London, Pion, 1982, 278p.

Gregory, Derek, *Ideology, Science and Human Geography*, London, Hutchinson, 1978, 198p.

Harvey, Milton E., Brian P. Holly (eds.), *Themes in Geographic Thought*, London, Croom Helm, 1981, 224p.

Johnston, R. J., *Geography and Geographers: Anglo-American Human Geography since 1945*, London, Arnold, 1979, 232p.

Johnston, R. J., *Philosophy and Human Geography*, London, Arnold, 1983, VIII—152p.

Kuhn, Thomas S., *The Structure of Scientific Revolutions*, Chicago, University of Chicago Press, 1962.

Olsson, Gunnar, *Birds in Eggs*, London, Pion, 1980, 56—244p.

On "New Geography"

Amadeo, D., R. G. Golledge, *An Introduction to Scientific Reasoning in Geography*, New York, John Wiley, 1975, XVI—431p.

Berry, Brian J. L., *Geography of Market Centers and Retail Distribution*, Englewood Cliffs, Prentice-Hall, 1967, X—145p.

Berry, Brian J. L. (ed.), *The Nature of Change in Geographical Ideas*, De Kalb, Northern Illinois University Press, 1978, X—167p.

Berry, Brian J. L., Frank E. Horton (eds), *Geographic Perspectives on Urban Systems*, Englewood Cliffs, Prentice-Hall, XII—564p.

Berry, Brian J. L., William L. Garrison, "Recent Development of Central Place Theory", *Papers and Proceedings, Regional Science Association*, vol. 4, 1958, pp. 107—120.

Berry, Brian J. L., William L. Garrison, "The Functional Bases of Central Place Hierarchy", *Economic Geography*, vol. 34, 1958, pp. 145—154.

Berry, Brian J. L., William L. Garrison, "A Note on Central Place Theory and the Range of a Good", *Economic Geography*, vol. 34, 1958, pp. 304—311.

Billinge, Mark, Derek Gregory and Ron Martin, *Recollections of a Revolution*, London, Macmillan, 1984, IX—235p.

Boyce, Ronald R. (ed.), *Edward L. Ullman. Geography as Spatial Interaction*, Seattle, University of Washington Press, 1980, XIX—231p.

Burton, Ian, "The Quantitative Revolution and Theoretical Geography", *Canadian Geographer*, vol. 7, 1963, pp. 151—162.

Bunge, William, *Theoretical Geography*, Lund, C. W. K. Gleerup, 1962, XII—210p.

Bunge, William, "Fred K. Shaefer and the Science of Geography", *Annals, Association of American Geographers*, vol. 69, 1979, pp. 128—132.

Chorley, Richard J., Peter Haggett (eds.), *Frontiers in Geographical Teaching*, London, Methuen, 1965, 578p.

Chorley, Richard J., Peter Haggett (eds.), *Models in Geography*, London, Methuen, 1967, 816p.

Garrison, William L., "The Applicability of Statistical Inference to Geographical Research", *Geographical Review*, vol. 46, 1956, pp. 427—429.

Garrison, William L., "Spatial Structure of the Economy", *Annals, Association of American Geographers*, vol. 49, 1959, pp. 232—239 and 471—482, and vol. 50, 1960, pp. 357—373.

Garrison, William L, Duane F. Marble, "The Spatial Structure of Agricultural Activities", *Annals, Association of American Geographers*, vol. 47, 1957, pp. 137—144.

Gould, Peter, "The New Geography: where the Action is", *Harper's Magazine*, 1968.

Gould, Peter, "Geography 1957—1977: the Augean Period", *Annals, Association of American Geographers*, vol. 69, 1979, pp. 139—151.

Hägerstrand, Torsten, *Innovation Diffusion as a Spatial Process*, Chicago, Chicago University Press, 1968, XVI—334p.; Swedish first ed., Lund, C. W. K. Gleerup, 1953.

Harris, Chauncy D., "Edward Louis Ullman, 1912—1976", *Annals, Association of American Geographers*, vol. 67, 1977, pp. 595—600.

Hart, John Frazer, "The 1950s", *Annals, Association of American Geographers*, vol. 69, 1979, pp. 109—114.

Hartshorne, Richard, "'Exceptionalism in Geography' Reexamined", *Annals, Association of American Geographers*, vol. 69, 1979, pp. 205—244.

Harvey, David, *Explanation in Geography*, London, Arnold, 1969, XX—521p.

Huggett, Richard J., *Systems Analysis in Geography*, Oxford, Clarendon Press, 1978, 208p.

Isard, Walter, *Location and Space Economy. An Introduction to Regional Science*, New York, John Wiley and Cambridge, the Technology Press of M. I. T., 1956, XIX—350p.

Kuhn, Thomas, *The Structure of Scientific Revolutions*, Chicago, Chicago University Press, 1962.

McCarty, Harold, "Geography at Iowa", *Annals, Association of American Geographers*, vol. 69, 1979, pp. 121—124.

Mayer, Harold M., "Urban Geography and Chicago in Retrospect", *Annals, Association of American Geographers*, vol. 69, 1979, pp. 114—118.

Ponsard, Claude, *Economie et espace*, Paris, SEDES, 1955, 467p.

Schaefer, Fred K., "Exceptionalism in Geography. A Methodological Examination", *Annals, Association of American Geographers*, vol. 43, 1953, pp. 226—249.

Taaffe, Edward J., "Geography of the Sixties. In the Chicago Area", *Annals, Association of American Geographers*, vol. 69, 1979, pp. 133—138.

Trewartha, Glenn T., "Geography at Wisconsin", *Annals, Association of American Geographers*, vol. 69, 1979, pp. 16—21.

Ullman, Edward L., "Geography as Spatial Interaction", in Revzan D., E. A. Englebert (eds.), *Proceedings of the Western Committee on Regional Economic Analysis*, Berkeley, 1954. Repris dans Ronald R. Boyce, Edward *Ullman. Geography as Spatial Interaction*, op. cit.

Wolpert, Julian, "The Decision Process in Spatial Context", *Annals, Association of American Geographers*, vol. 54, 1964, pp. 537—558.

On Radical and Humanistic Geography

Bowden, Martyn, "The Cognitive Renaissance in American Geography: an Intellectual History of a Movement", *Organon*, vol. 14, 1980, pp. 65—70.

Buttimer, Anne, *Values in Geography*, Washington, Association of American Geographers, 1974, 58p.

Buttimer, Anne, "Grasping the Dynamism of Lifeworld", *Annals, Association of American Geographers*, vol. 66, 1976, pp. 277—292.

Buttimer, Anne, David Seamon (eds.), *The Human Experience of Space and Place*, London, Croom Helm, 1980, 199p.

Castells, Manuel, *La question urbaine*, Paris, Maspéro, 1972, 451p.

Dardel, Eric, *L'homme et la Terre. Nature de la réalité géographique*, Paris, PUF, 1952, 134p.

English, Paul W., Robert S. Mayfield (eds.), *Man, Space and Environment. Concepts in Human Geography*, New York, Oxford University Press, 1972, 624p.

Entrikin, J. Nicholas, "Contemporary Humanism in Geography", *Annals, Association of American Geographers*, vol. 66, 1976, pp. 615—632.

Gould, Peter, Rodney White, *Mental Maps*, Harmondsworth, Penguin Books, 1974, 204p.

Guelke, Leonard, "An Idealist Alternative in Human Geography", *Annals, Association of American Geographers*, vol. 64, 1974, pp. 193—202.

Guelke, Leonard, *Historical Understanding in Geography. An Idealist Approach*, Cambridge, Cambridge University Press, 1982, X—109p.

Harvey, David, *Social Justice and the City*, London, Arnold, 1973, 336p.

Kasperson, Roger, "The Post-Behavioral Revolution", in Roger Leigh (ed.), *Contemporary Geography: Western Viewpoints*, Vancouver, University of British Columbia Geographical Series n° 12, 1971, pp. 5—20.

King, Leslie J., "The Seventies: Disillusionment and Consolidation", *Annals, Association of American Geographers*, vol. 69, 1979, pp. 155—157.

Kirk, William, "Historical Geography and the Concept of Behavioural Environment", *Indian Geographical Journal*, Silver Jubilee Edition, 1952, pp. 152—160.

Ley, David, Marwyn D. Samuels (eds.), *Humanistic Geography*, London, Croom Helm, 1978.

Lowenthal, David, "Geography, Experience and Imagination: towards a Geographical Epistemology", *Annals, Association of American Geographers*, vol. 51, 1961, pp. 241—260.

Lowenthal, David, "Past Time, Present Place: Landscape and Meaning", *Geographical Review*, vol. 54, 1964, pp. 319—346.

Lowenthal, David, Martyn J. Bowden (eds.), *Geographies of the Mind*, New York, Oxford University Press, 1976, 263p.

Lynch, Kevin, *The Image of the City*, Cambridge, The M.I.T. Press, 1960, Ⅶ—194p.

Meinig, D. W. (ed.), *The Interpretation of Ordinary Places*, London, Oxford University Press, 1979, Ⅷ—255p.

Paterson, John, *David Harvey's Geography*, London, Croom Helm, 1984, 220p.

Peet, Richard, "The Development of Radical Geography in the United States", *Progress in Human Geography*, vol. 1, 1977, pp. 240—263.

Peet, Richard (ed.), *Radical Geography*, Chicago, Maaroufa Press, 1977, Ⅸ—387p.

Pocock, D. C. D., *Humanistic Geography and Literature*, London, Croom Helm, 1981.

Quaini, Massimo, *Geography and Marxism*, Oxford, Blackwell, 1982, 204p.; Italian First Edition, *Marxismo e Geografia*, Florence, La Nuova Italia Editrice, 1974.

Relph, Edward, "An Inquiry into the Relations between Phenomenology and Geography", *Canadian Geographer*, vol. 14, 1970, pp. 193—201.

Relph, Edward, *Place and Placelessness*, London, Pion, 1976, 156p.

Relph, Edward, *Rational Landscapes and Humanistic Geography*, London, Croom Helm, 1981, 231p.

Sack, Robert D., "The Spatial Separatist Theme in Geography", *Economic Geography*, vol. 50, 1974, pp. 1—19.

Sack, Robert D., *Conceptions of Space in Social Thought*, London, Macmillan, 1980, ⅩⅢ—231p.

Seamon, David, *A Geography of the Lifeworld*, London, Croom Helm, 1979, 227p.

Soja, Edward W., "The Socio-Spatial Dialectics", *Annals, Association of American Geographers*, vol. 70, 1980, pp. 207—225.

Tuan, Yi-Fu, "Geography, Phenomenology and the Study of Human Nature", *Canadian Geographer*, vol. 15, 1971, pp. 181—192.

Tuan, Yi-Fu, *Topophilia*, Englewood Cliffs, Prentice-Hall, 1974, Ⅹ—260p.

Tuan, Yi-Fu, *Space and Place*, London, Arnold, 1977, Ⅸ—235p.

Tuan, Yi-Fu, "Humanistic Geography", *Annals, Association of American Geographers*, vol. 66, 1976, pp. 266—276.

White, Gilbert F. (ed.), *Papers on Flood Problems*, Chicago, University of Chicago, Research Paper n° 70, 1961, 288p.

Wright, John Kirtland, *Human Nature in Geography*, Cambridge, Harvard University Press, 1966, ⅩⅩ—361p.

译者参考文献(请参见附表一)

第九章 迈向后现代地理学（1960—1990）

一、前　言 \ 176

二、对于环境的再度关心 \ 177

三、西方马克思主义地理学的危机 \ 184

四、区域研究兴趣的再兴 \ 187

五、新技术环境里的文化与区域组织 \ 189

六、柏林墙倒塌后的地理学 \ 193

七、迈向后现代的地理学？ \ 195

八、结　论 \ 197

思考题 \ 198

参考文献 \ 198

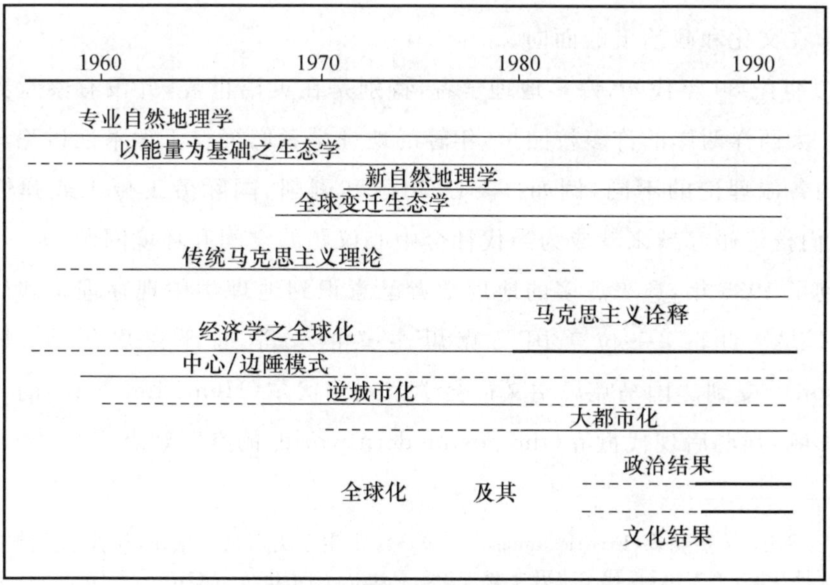

图9　迈向后现代地理学(1960—1990)

一、前　言

即使社会需求（social demand）在20世纪60年代的新地理学（new geography）和20世纪70年代的激进地理学（radical geography）之起源里，扮演着一定的角色，但地理学的演化仍被学术因素所支配，地理学者们尽可能地尝试建构地理学科为一门政治正确的科学。20世纪60年代期间，他们对学理上的兴趣源自当代的新实证认识论（neo-positivist epistemology），激进地理学之适时出现，由古尔德尔（Alvin Gouldner）在20世纪70年代初所陈述的《西方社会学之迫切危机》（*Impending Crisis of Western Sociology*），以及伯恩斯坦（Eduard Bernstein）就社会科学对社会关联性之反省，可见一斑。

这种情况与今日全然不同，改变来自于世界本身的转型。当大家都在谈区域性或全球性污染和温室效应的时候，我们不可能忽略环境的限制。当真正的马克思主义系统已在东欧崩溃时，要谈及马克思主义研究取向的优势自有其困难；当新形式的张力和冲突以民族主义（nationalisms）及基督教的基本教义主义（fundamentalisms）为主要维度在世界各地隐然出现时，就不可能不意识到地理学在文化和政治上的面向。

20世纪80年代初，许多地理学者，特别是在英语世界，并没有察觉到这些趋势。大西洋两岸的许多校园里，年轻的地理学者们沉浸于学术性讨论马克思主义内各派理论的不同，例如：核心/边陲和剥削、国际劳工分工或弹性累积等，他们拒绝研究越来越成为当代社会中心议题的空间和环境问题。

到了1985年，愈来愈多的地理学者已意识到地理学中现存理论和研究定位之不足。此时，一位美国马克思主义的文学批评家詹姆森（Fredric Jameson）①受到法国马克思主义社会学家列斐伏尔（Henri Lefebvre）的一些著作之影响，强调后现代世界（the postmodern world）的空间观点。

---

① 译者注：詹姆森（Fredric Jameson），1934年出生于美国俄亥俄州，任教于美国Duke大学，文学批评家，著有《后现代主义及文化理论》（*Postmodernism and Cultural Theories*, 1989）及《文化转向》（*The Cultural Turn*, 1998）等。

第九章 迈向后现代地理学(1960—1990)

后现代主义或后现代主义者(postmodernism or postmodernist)这些用语,出现于20世纪初,但是20世纪60年代末期才被广泛使用。因为当时出现新的建筑风格,以抗衡从20世纪30年代至20世纪60年代主控全球建筑领域的现代建筑之国际学派(international school of modern architecture)。詹姆森(Fredric Jameson)相当了解那些建筑师之间的讨论,而且相信在建筑学里产生的思潮只是一个更普遍转型的反应。由于交通流动性和新通信设施的增加,世界面临剧变;阶级利益上的旧有紧张关系被名牌商品及文化取向等之竞争所取代。人们正进入一个空间角色渐增的世界,地理学变得比以前更为切身有关;这就是詹姆森所传递的主要信息。其他的社会科学家,像吉登斯(Giddens, Anthony)[②]、厄里(J. Urry)或曼(M. Mann)所显示的对空间问题之兴趣,亦见证了詹姆森所叙述的转变。

世界发生的转型之真正意义是什么?后现代主义的观念是否适宜说明地理学的演进?这是我们试着要回答的问题。

二、对于环境的再度关心

在20世纪60年代和20世纪70年代的早期,人文或自然地理学者们因为注重学术关怀,而对环境问题的兴趣转淡。这是颇令人费解的,因为当时环境保育(environmental conservation)已渐成热门问题。在好长一段时间里,自然地理学者在努力朝向环境综合研究时,受限于生态学中缺乏统合性的主题。透过能量的观点(energy perspective),这种情况改变了,地理学者有了可依赖的稳定基础,但是几乎所有的自然地理学者们,当时是拒绝这项可能的发展。

(一)自然地理学的演进

20世纪50年代自然地理学界有了一个新发展取向——气候地形学

[②] 译者注:吉登斯(Giddens, Anthony),1938年出生,英国社会学者,著书数十余册,并被翻译为多国文字,担任伦敦"政经科学学院"主任(LSE)(1997)。是"建构理论"(theory of structuration)之提出者,著有:*The Constitution of Society*;*Outline of the Theory of Structuration*, Basingstoke, Polity Press, 1984,等。

(climatic geomorphhology)。至少它在法国的成长环境与人文地理学上的理论和计量革命之发展环境相类似。

自然地理学逐渐成为自然科学的一部分。例如，地形学需具有对物质抗力、工程学、风化、侵蚀和沉积过程、年轮纪年学（dendrochronology）、冰河年表（glacier chronology）、同位素定年（isotopic dating）、地层化学（the chemical interpretation of surface layers）的知识和分析技术。在地形学系里，人们忙着用显微镜检视花粉或沙的风化面，或以人工水道建立侵蚀过程的模式。

水文学也以类似路线发展。流量及溶解或固体负载物资料的累积需要计算机设备才能探讨。海洋水文学（marine hydrology）的进展归功于提供可连续测量设备的新水文测量船。

直到 20 世纪 60 年代初，动力气象学（dynamic meteorology）和气候学仍依赖地面或空中的观察。最近的主要进展来自于人造卫星提供了长期的全球天气状况。气象学（meteorology）因此变成一项大科学，而且面临随之而来的财务与组织问题。因此动力气候学者必须窄化其专业性，因而失去属于地理学领域之开阔性。

有一些自然地理学的领域处在自然科学或地球科学系里比在地理学系中更为实用，譬如土壤学（pedology）和植物地理学（botanical geography）。到了 20 世纪 80 年代末期，气候学（climatology）、地形学（geomorphology）及大地水文学（continental hydrology）的发展情况也具有相同趋势，而这些领域原先都是地理学者在自然地理学中探讨的主干。

（二）生态学的面向

直到第二次世界大战，生态学仍然是一门结构薄弱的学科。虽然托尼（Tawney）在 20 世纪 30 年代曾详细地说明它的一些基础概念，譬如：生态栖位

(niche)③、小的生物栖所(biotope)、生态系(ecotope)等,但是缺乏统一的研究取向。植物及动物群丛(association)的动态、竞争和互补、与领域性的课题都值得研究,但是它们依赖不同的概念组合和测量技巧,以至于难以统合地建构该学科。

这种情形在1942年改变了。在一份简短的书面报告里,林德曼(Lindeman)提出以能量(energy)为基础的生态学。在后续的几年中,这一条新的研究路线提供给从19世纪末开始发展的生态学拥有共享生命组织的概念。由于奥德姆(Eugen P. Odum)出版的《生态学的基本原理》(*Fundamentals of Ecology*, 1957),使得所有的科学家们获知这方面发展的新成果。

地理学自19世纪末已发展成探究"人与环境的关系"的学科。因为新地理学的兴起,研究取向改变了,地理学者们不免感到沮丧,因为他们无法在城市与区域规划(urban and regional planning)中与经济学者们竞争。为了提供金融运作的社会生活及建立更令人满意的空间组织,他们必须对社会和经济互动的网络多加调查及了解,以致放弃了对生态学的关怀。

20世纪60年代初,生态学再度受到舆论的关注。美国出版的一些论著呈现此新取向——例如福格特(William Vogt)的《生存之路》(*Road to Survival*, 1947);卡森(Rachel Carson)的《寂静的春天》(*Silent Spring*, 1962)。有些地理学者也意识到关注此波发展的重要性。洛温塔尔(David Lowenthal, b. 1932)在1958年出版了马什(George Perkins Marsh, 1801—1882)的传记。马什是19世纪末,保育运动崛起时的主要推动者,第一位提出生态主义(ecologism)观点的人。托马斯(W. L. Thomas)于1955年在芝加哥举办的大型研讨会《人类在改变地球外貌时所扮的角色》(*Man's role in changing the face of the Earth*)也是对此关注的证明。

对新地理学而言,生态问题不在课题之内。自然地理学者们原可利用奥德

---

③ 译者注:生态栖位(niche),指在生态系中,每一种生物都有其生活位置及特殊的功用;故一物种(species)在自然界中扮演的角色及担任的职分,即为其生态栖位。小的生物栖所(biotope),指小的生物群聚(small community);或指气候、土壤及生物状况一致的生物栖所(栖地)(habitat)。生态系(ecotope),是生态系(ecosystem)的同义字;或指在全球生态系下的部分生态系。群丛(association)是指单位空间内生存的同种动、植物,譬如台湾的樟科与壳斗科群丛。

姆的书重新界定自然地理学的范围,并对环境研究采取全球性面向。但是他们局限在专业中,很少有人真正对生物地理学(biogeography)内行到可认同生态学的观点。虽然有些地理学者觉得必须探究这些新的学科,但是在专业领导自然地理的英语国家里当时没有太大的影响力。法国的拉里戈利(Gabriel Rougerie, b.1918)曾广泛使用奥德姆的著作,但并未成功地吸引同事们的好奇——这是很奇怪的现象,因为气候地形学曾强调在地形演育过程中环境的角色。而普遍采用综合法研究景观的德国,很多自然地理学者也知道以能量为基础的生态学概念,但是他们的自然地理学领域也未曾演变出新的定义。

(三)苏联地理学者对环境的研究

苏联的情况不同。苏联地理学者们为地形的分析发展出系统性的方法,并且在土壤学、植物学、水文学等方面的探讨也很深入。由于冷战僵局,他们在20世纪50年代被要求研究核子武器对地球气候的影响,因而提出核子冬天(nuclear winter)的概念。从20世纪50年代末期开始,这项因核子试爆以及万一核战发生造成地球环境毁灭性破坏的概念,就广泛地被苏联和平主义者宣传。苏联地理学者们警觉到从地方到全球,在环境不平衡及危机下问题之严重。

苏联实行计划体系,导致地理学者对国家生产力的发展少有影响力。他们被允许从事规划政策的理论探讨——例如巴阮思基(N. N. Baranskiy, 1881—1963)提倡在区域性发展中,重视生产力的协调运用——但是他们却从未直接参与区域和城市的规划工作,挫折感油然而生。即使他们在研究工作中拿不到因经济发展而被牺牲的环境资料,但亦逐渐警觉到,再发展下去,环境将陷入不可逆的状况。

从20世纪70年代中期起,苏联地理学者们展开生态运动,批判将严重污染的工厂设置于贝加尔湖(Lake Baikal)岸边的政策。他们报道有关南部干草原土壤的侵蚀状况,并且质疑为了停止这些地带荒漠化而提出的造林计划。某种程度上由于他们的行动,一种对环境的忧虑在苏联滋长,它说明了在切尔诺贝利(Chernobyl)灾难之后舆论的强烈反应。但是让地理学者参与环境保护的

第九章　迈向后现代地理学（1960—1990）

可能性依然有限，因为学者们缺乏资料而无法陈述咸海的生态灾难。

（四）人文地理学及移返环境学与生态学

自20世纪70年代末期开始，地理学者们的态度出现了改变。新地理学者们发现生态学不能再被排斥在外，因为人与人的互动虽然重要，但是人们必须进食、利用原料、使用能源来移动等，因此，法国地理学者对于"大自然地理学"（natural geography）④再生兴趣，而既存的自然地理学（physical geography）却不能满足此新浮现的好奇心。为了建立内涵更具一致性的人文地理学，学者们必须重新建构自然地理学（physical geography）。

"大自然地理学"（natural geography）的建构，以能量（energy）为基础的生态学范式是其核心，它提供地理学者以工具来分析人类社群及其环境的垂直关系。在无法组织有效运输的原始或传统社会里，所有的资源必须靠当地提供，这些社会生存于地方性的生态基础上（a local ecological basis）。但是随着运输技术的改善，限制逐渐松绑，地方虽仍有其生态基础，但已不再局限于当地，因此人们较少意识到生态资源的角色。在低度科技社会中产生的环境意识之回馈机制，亦与工业革命及其结果之关系松散。

生态学的能量循环观念（energy cycle conception of ecology）对废弃物的分析很重要。人类必须处理自己的排泄物，只要它是由有机物所组成，量又不太大，就易于在当地生态系（ecosystem）中再循环。但是因为人口聚集成长，这种再循环就成问题，结果在工业化和城市化社会里，环境污染持续恶化。

社会的时间尺度比起自然地理学者（physical geographers）传统上使用的时间尺度要短。人们必须保证食物、工具和能源的稳定生产。"大自然地理学"必须强调每日和季节的循环规律，探索它们不规律的结果，并且估测它们产生

---

④　译者注：此处所称的natural geography与传统地理学科中的physical geography，二者在探讨地球问题的面向时切入的途径不尽相同：前者着重生物面向，后者着重物理面向。但physical geography已被地理学界译为"自然地理学"，故此处建议将natural geography这个研究"与大自然有关的地理学"之名词简译为"大自然地理学"。

的风险。如此一来,自然地理学(physical geography)和识觉研究(perceptual studies)相遇,人们对环境危险的反应依据在风险评估上。

"大自然地理学"之重建出自新地理学(new geography)和识觉研究两者的发展。这项工作开始于20世纪70年代,但在20世纪80年代才开始累积。一群人数渐增的自然地理学者(physical geographers)发现,他们在此领域的角色,比起他们在20世纪60和70年代专业化的次领域时期更为重要。

(五)全球性环境问题与全球变迁

生态学在最近的20年里有许多改变。自19世纪末发展的化学要素之循环分析,在最近的30年间,成为了解全球变迁的核心。其主要概念在于人类活动所引发的改变,足以转换全球环境。

这个概念在马什的时代里已经普及。这位美国新英格兰地区的居民目睹自己家乡佛蒙特州(Vermont)的森林被砍伐,身为一位美国外交官,他游历过地中海各国。当比较了古代典籍中所记载的、与他所目睹的地貌后,他感受到大片森林被砍伐后的冲击,并将地中海国家在那时期衍生的诸多弊害拿来比对,为了避免如此灾难性的演变发生在自己国家,遂提倡环境自觉政策。

马什所描述的转变是地方性的以及区域性的。有些地理学者强调人类要为干燥地区的沙漠化负责。但是在20世纪初,除了亨廷顿(Ellsworth Huntington,1876—1947)之外,这类的地理学者非常稀少。美国在20世纪30年代发生环境灾难,阿巴拉契山区(the Appalaches)的洪泛不断,以及俄克拉荷马州西部与得克萨斯州北部沙暴所引起剧烈的土壤侵蚀,使得保育成为公共议题及政治问题。当时,索尔即已开始强调人类需对地貌的改变负责。

化学要素循环的分析,将人类活动对全球影响的研究提供了新的面向。工业革命依赖浓缩式能源的利用,在过去两个世纪里主要来自化石燃料(譬如煤炭、石油等)。热带地区因人口成长的压力,南美洲、非洲与东南亚森林快速被砍伐,林地的清除主要还是借助于火焚。因此工业化与森林开垦,释放于大气里的二氧化碳急剧地增加,一部分被溶解于各大洋中,但是溶解量不足,以致全球温室效应(the greenhouse effect)的危险无法遏止[⑤]。

有些工业用气体被认为导致了大气层中臭氧层的缺口,此现象在20世纪70年代末期于南极被发现,现在则以不规则、有时却剧烈地扩大着。由于化学家与物理学者们的研究,生态学获得一个新的面向。全球变迁迫使人类发展出一种对环境更敏锐的责任感。地理学应该参与这种新形式的世界公民论坛。

(六)遥感探测、地理信息系统与全球变迁

全球变迁很难评估。没有遥测就不可能搜集到森林开垦、灌木林火灾、火山气体放射或大气层转变的资料。改变正影响整个地球,但它们的冲击却因地形和天气的情况而有所不同。在脆弱的地区,只要雨量或气温有少许改变,就可能在当地引发巨大转变,在这些地区里,特别需要地理学者们贡献心力于环境问题的研究。最近20年,非洲的撒哈拉地区及部分的东非受到剧烈的干旱影响,印度半岛及南美洲也受到类似的侵袭。

若没有地理信息系统(Geographical Information Systems, GIS),监控世界许多地方的改变是不可能的。它们建立了在广泛地区比较季节性和年代变化的信息。许多地理信息系统的专家并非地理学者,他们仅在计算机方面受过训练,而研究地理学的资料如同任何数据库一般,地理信息系统提供地理学在生态领域开创新的研究机会。

---

⑤ 译者注:自工业革命以来,人类的经济活动大量使用化石燃料,造成大气中二氧化碳(CO_2)以及CH_4、N_2O、HFC_n、PFC_n、SF_6等温室气体的浓度急速增加,产生全球升温、海平面上升,以及全球气候变迁加剧等现象。为了抑制人为温室气体的排放,联合国自1992年做出全球管制的宣示。1997年12月于日本京都举行《联合国气候变化框架公约》第三次缔约国大会,通过具有约束效力的《京都议定书》(Kyoto Protocol),以规范工业国家未来之温室气体减量责任。2005年2月16日,《京都议定书》在联合国生效,成为国际公法。

三、西方马克思主义地理学的危机

(一) 西方马克思主义解释之繁增

因为激进的批判,地理学者在20世纪70年代已不再似往昔般依赖自由派经济学(liberal economics),他们当中许多人仍然认为地理学必须应用大理论(big theory)⑥,基于此,西方马克思主义理论造成的危机应对此后的新取向负责。

激进的地理学者们被西方马克思主义理论所诱,因为它提供了许多对社会不平等、不均衡发展和剥削等现象解释的可能性。他们当中许多人从20世纪60年代起就依赖——核心/边陲模式。此时市场经济学正在强调妨碍经济成长的恶性循环,而罗斯托(Rostow)提出从经济起飞朝向持续成长的序列性。这也是社会二元化(social dualism)需对低度开发负责论经常被强调之时。但这些理论当中,无一可解释发展的困难并提供在政府设计经济政策时应用之准则。西方马克思主义的剥削理论(theory of exploitation)会吸引发展中国家的人,是因为它提供这些国家在面对困境时可推卸责任:一切都是过去殖民主义或今日的新帝国主义造成的。

20世纪60年代末期,远东各经济体的起飞挑战了西方马克思主义经济学家。后者正忙于解释西方国家和日本如何阻碍了发展中国家的工业扩展,但证据显示这些起飞的经济体中,西方投资对其工业发展呈现的关键性挹注。20世纪70年代,西方马克思主义地理学者花大部分的时间,去寻找对不平等发展及意外形式的新解释。他们强调资本主义体系有如下转化:

1. 在西方国家里获利率下滑,于是政府必须支持资本家企业

它的支持是透过将生产成本社会化:供屋政策是这种方式的最好说明。但是政府干预并未成功地减少太多制造成本。在发达国家的核心区域里经济活动的累积导致了负面外部效应以及昂贵的控制政策,于是将新工厂设置到没有福利系统也没有污染管制的地方遂成为引人注意的做法。到了20世纪70

---

⑥ 译者注:大理论(big theory)指在20世纪20年代早期自然成长的具有统一性领域的理论(unified field theory),奠基于假说(hypothesis)的理论分类的发展,强调空间-时间之经验面向。

年代末,一个国际分工的新马克思主义理论因此展开。

2. 西方马克思主义的地理学者们并不同调

有些学者仍然使用旧的核心/边陲模式;另外许多学者则被列斐伏尔(Lefebvre)的资本主义系统已演化为新阶段的观念所吸引。他们强调从20世纪初的福特主义模式(the Fordist model)——以规模经济、生产线和地理上的集中,转变到后福特主义生产方式⑦。后者之信息过程逐渐扮演着重要角色。

所有西方马克思主义的解释有其共同性:它们并不强调空间变量。他们采用旧有的核心/边陲模式,以剥削来解释发达与发展中国家间的对立,并强调早期商业资本主义的继承性。福特与后福特主义生产模式的分析也是历史性的,并没有显露其地理上的因素或在此转型中的地理维度。国际分工理论(theory of international division of labour)之社会性教义(tenets)超过空间性。

(二) 修补西方马克思主义理论的尝试

到了20世纪70年代末,许多西方马克思主义地理学者们对于他们使用的理论开始感到不自在。年轻时的马克思对于空间问题曾感兴趣,但他在努力建树奠定理论后却于《资本论》(*The Capital*)一书中除去了空间。此在列斐伏尔20世纪70年代初期所写的《马克思主义的思想与城市》(*La pensée marxiste et la ville*)里已论及于此。果然,西方马克思主义理论应用于空间问题的限制性

---

⑦ 译者注:"福特主义"(Fordism)原指美国于20世纪20年代亨利·福特(Henry Ford, 1863—1947)使用的一套企业策略:借生产线制造程序提高生产力与工资,同时缩短工时,因此使使工人亦能购销自己的产品,并进而有稳定社会之效应。20世纪80年代政治经济学中的调节学派(regulation school)延伸其含意而以二战后福特生产方式(标准化模具与大规模生产作业之扩散;低技能而僵固的劳动分工;工资协商机制之建立等)及国家福利政策之配合,来诠释战后30年为资本累积之稳定时期。地理学者中有强调其空间表征(譬如:发达国家之区域不均衡发展;产业在后期趋向边陲地区及朝发展中国家扩散)。

上述之生产方式其实随时间不断演变,于20世纪70年代中期后逐渐彰显了其他特性:标准化之生产程序为弹性作业与雇工所替代;大型企业之垂直分解;产业之水平分工与重新整合;外包制度兴盛;产销策略联盟;以及实时供需关系等。为调适此种新的产销程序而产生了一些管理制度的变化并反映在产业之空间分配与大都市经济上。此种趋势在一些学界论著中被称为"后福特主义"(Post-Fordism)。西方马克思学派则加注为弹性(资本)累积时代,诠译其为化解福特主义后期资本主义危机之手段。

很快就出现了。在20世纪80年代初，西方马克思主义地理学者开始忧虑他们在解释上的理论基础。

哈维(David Harvey)为了提供西方马克思主义一个现代观点，使空间在其中扮演一个角色，写了《资本的局限》(*The Limits to Capital*，1982)。他在西方马克思主义理论上维持了主流地位，借用危机分析来引介空间和地理学。只要在世界的某些部分资本累积达到高水平，就会有一种新的生产形式出现，其可能结果就是危机的形成，它的影响局限在当地，唯一去除过时设备的方法就是在别处安置新的生产投资，先前累积形式所生的负面外部效应，以及因敌对工会组织所加予的僵硬限制，都在此方式中规避了。

但是在《资本的局限》里，哈维对历史的解释仍然采取过度累积的正统观点(the orthodox views over accumulation)，空间仍然只扮演着有限的第二角色。

在哈维书里所示范的非空间大理论与一般空间中层理论之间的反差，事实上是从1975年来所发展的新马克思主义理论的一个结构性特色。这个二分法最早是由一位法国经济学家博耶(R. Boyer)在1976年时介绍的，他所建立的一个调节理论(regulation theory)是混合了西方马克思主义与市场经济学。对他而言，经济体沿着由市场经济学家所描述的路线正常地运作着，但矛盾一旦出现，为了解决矛盾，一些大变动必然发生，经济会从一个调节体系(system of regulation)移到另一个体系。市场经济学无法解释这些危机，于是乃由西方马克思主义经济学(Marxist economics)来解释。

博耶及法国调节学派(regulation school)以及哈维、斯科特(Alan Scott，b. 1938)和斯托尔珀(Michael Storper, b. 1954)等人所提的主张类似，将马克思主义的大理论(Marxist mega-theory)与市场经济学的中层理论(meso-theory)结合的建构，使西方马克思主义地理学者对任何可引发他们兴趣的中层理论有所依循，但这样的立场很难在知识基础上被肯定。从1985年起，这个危机冲击着英语国家中的西方马克思主义地理学者。如今西方马克思主义的角色只提供学者们一个科学的意识形态。在理论的建构上，西方马克思主义的学者们自认还不够充分。

第九章 迈向后现代地理学(1960—1990)

四、区域研究兴趣的再兴

(一) 从理论及通则性模式撤退

在 20 世纪 60 年代,经济学的建构似乎非常良好而常被其他社会科学所模仿,它所依靠的是引用少许有关人类理性和经济交换条件的一般性假设,借此发展出两套令人印象深刻的通则性理论,即宏观经济学(macro-economics)与微观经济学(micro-economics)。更专门化理论的发展是针对次领域的,像是空间经济学(spatial economics)、福利经济学(welfare economics)或国际贸易理论(international trade theory)。新地理学也建立在类似的路线上,强调区位理论(location theory),亦属于微观经济学。历史学者们以他们对经济循环的解释为荣。美国学者帕森斯(Talcott Parsons)在社会学方面的成功,与其理论公式引起经济学之联想有关。

20 世纪 70 年代中期以后大理论较不流行。宏观经济学与微观经济学无从解释 20 世纪 70 年代初期以来西方国家的经济不景气;凯恩斯(John Maynard Keynes)(图 9-1)学派的药方都已失灵。当一个政府试着通过增加公共支出来改善就业问题时,它也补助那些生产获益弹性较高货品的外国公司,而无助于发展本国的制造业。赤字预算已证明没有能力降低失业率;它们产生高通货膨胀而对经济活动影响有限。

图 9-1 凯恩斯 (John M. Keynes)

历史学者们重新发现历史并不是由价格曲线所形成的,它要处理人的问题。因此在许多出版品中,历史研究的定位有了改变。他们以专注于人们生活方式、日常工作、关心与实际运作的研究来取代对影响社会基本趋势的一般性分析。

(二) 对区域现实面研究兴趣的复苏

区域研究在20世纪60年代和20世纪70年代期间几乎已从英语世界里消失了,但在20世纪80年代开始再度吸引年轻学者。有好几个原因可说明这个演化:1)传统区域经济学(traditional regional economics)的弱点提供了地理学新的机会;2)研究者的方向较不热衷调查,而是作更有效的类型解释;3)与人本主义地理学发展联结,认为地理学者不仅处理空间问题(space),也要处理地方(或场所)(place)和领域问题(territories)。兹分述如下:

1. 在西方经济兴盛的那个时期,市场经济学在解释区域变动上并不出色

因为它强调大尺度的研究取向,注重投资的角色,并没有探讨像是有效劳工的性质与劳工市场的结构等因素,因此区域政策主要依赖补助或控制投资。此类政策在20世纪70年代和20世纪80年代里失败了,由于各国经济体的持续开放,企业家宁愿到他国投资也不顺从自己国家规划里设计的诱因。

因此由下往上的发展理论开始有吸引力。事实上它并非一种理论,而只是一个意象但能符合当时心理学的时尚。它的流行部分起因于"小即是美"(Small is beautiful.)的口号。许多人认为我们社会的弊害与大企业的影响有关;一个新社会应该建立在地方基础上。徐朵(Walter Stöhr)对发展的审思在20世纪80年代初这种知识气氛里得以传播。

2. 马克思主义理论中的新哈维见解,无法解释在假说上有其必要性的再结构之空间观点

在资本主义发展的过程中,旧有的工业区不能够为下一阶段生产力提供最好区位,这是很容易了解的。但这不能解释那些动态性企业所作的区位选择,他们可选择的范围很广。这个解释必须透过详尽的历史过程来研究,因此马克思主义地理学者中的历史地理学(historical geography)研究甚为成功。格雷戈里(Derek Gregory, b. 1951)探讨英国约克郡(Yorkshire)工业革命的博士论文就是这种新趋势的佳例。

第九章 迈向后现代地理学(1960—1990)

对于当代社会有较强兴趣的地理学者于是试着探索区域结构的本质。例如斯科特借用意大利经济学家贝卡提尼(Becattini)的著作而分析产业地区是新弹性经济的中心要素。

经济不景气严重打击着英国北部和西北部。英国政府遂对区域特殊性在经济演进里的角色之深入研究有兴趣。库克(Phil Cooke)展开一项受大力资助之有关场所(或现场)(locale)的研究规划——避开区域(region)这个词汇是因它的传统意涵。在因通勤而扩大了的日常生活世界里,他关注地方性劳力市场,而将此市场视为一基本经济单元。

3. 区域地理学的新研究兴趣也表达了地方(或场所)感的重要性

如此一来,一个主观的取向被引进到区域研究里。在尝试发展此取向的20世纪80年代初,并不常有说服力。情况自普雷德(Allan Pred, b.1936)出版其瑞典南部斯堪尼亚(Scania)自18世纪末演进的专著后有了改变。首先,他描述18世纪末和19世纪初,国家进行土地整并过程中所引发的空间及社会重组,其农村发生的社会变革——无田地的农民被排斥在农村社区之外。他指出当时人们的生命周期、移动性及共享的伦理道德是如何被这些转变所影响。另外,通过一位农夫对一个出口港的访问,描写了富裕农民的环境及其抱负与乐趣。

区域研究的复苏以不同形式出现。就某种程度而言,它是受当代世界经济因技术进步引发区域重组所形成的。

五、新技术环境里的文化与区域组织

(一) 快速交通、电信与区域组织

在英语世界里,区域组织理论并没有在新地理学里扮演主要角色。在欧洲大陆情况则不同,直到电信革命(telecommunications revolution)来临前,经济规模促成制造业集中。既然交通与信息转移的费用仍然重要,许多经济活动近于中央的位置者较外围位置更为方便,因此一个国家内的核心地区以及国际间

的工业化(industralization)国家都位居优势。

直到20世纪60年代,工业发展的空间分布与城市化(urbanization)和不均衡发展相吻合。在20世纪60年代初,许多地理学者们开始探讨城市中心(urban centres)的吸引力会因为新的电信设施而衰退的道理。因为信息既然可瞬间转移,因此所有区位在信息传递过程中具相同潜力。

20世纪70年代末或20世纪80年代初的人口普查结果支持这个诠释。自工业革命开始以来,发达国家中城市人口首次停止成长。城市愈大,人口衰退愈严重。市郊区域也失去成长动力;一部分乡村地区再一次快速地增加人口。1976年贝里(Brian J. L. Berry, b. 1934)对这种人口分布的趋势称之为逆城市化(counter-urbanization)(参见第十三章第五节)。

在20世纪80年代里,逆城市化并未停止。但一些大城市复苏了并且再次快速地成长;大都市区化(metropolization)已成为空间再结构的关键。这新趋势的理由是什么?瑞典的通信过程研究,对此改变透露了一些讯息。瑞典伦德(Lund)大学地理学者童维思特(Gunnar Törnqvist, b. 1933)曾在20世纪60年代末强调人们面对面的沟通关系在经济生活中的重要性。即使电信使得信息的交换更容易也更快速,但评估风险、评定合伙人的资格、探查市场或着手进行新产品时,个人接触仍是必需的。生活应以日数为基础单元。当在两个城市之间的旅游时间够短时,人们一天之内可能来回而做有效接触,这样的条件才有利于商业。

由于电信提供了方便性,经济生活的全球化已改进许多。直到20世纪60年代初,只有为原料、能源、消费或投资成品货物而设的世界市场,并没有一个为中间产品设立的市场。由于维持公司凝聚力的内部接触管理费用之考虑,很难将工厂分散到太广阔的地方,或将其外包给分散的小企业。有了新电信的设备,中间产品的世界市场及企业的服务业自20世纪60年起快速发展。

公司逐渐成为跨国的或多国的企业,较小企业则参与中间产品的世界市

第九章 迈向后现代地理学(1960—1990)

场。随着国际贸易的扩展及对人际接触的需求增长,经理必须会见那些在遥远国家经营企业的人,并且必须在发展中国家的新地点组织其生产。那些最易进行接触的地方就是靠近大国际机场处,此乃区域组织新形式里的关键要素。多亏20世纪60年代童维思特的眼光,这个理论现在能够解释区位的改变。在传统的社会里,农业及矿业资源掌控了80%以上的劳动力;集中服务业的城市的网络,反映初级产业的分配。因为工业革命及能源集中的形式,初级产业活动的就业人口衰减,工业转型所需的工人增加,而工商服务开始成长;城市的区位仍然反映出初级活动(农业和现在的矿业)的分布,但易迁移的活动之比例开始成长。中心位置的优势即反映出这种情况。

今日,区域组织已停止从基层进行工作,而是由层峰下传指令。由于生产力增加,农民与矿工所占劳动力的比例降至10%以下,且经常低到5%或4%。劳动力对经济活动分布的影响不大。同时在运输成本下滑后,相对原料、能源和市场的中心性之区位优势亦减弱。与过去运输障碍相比,较不重要的信息障碍(information constraints)则成为现在最主要的考虑。公司必须将它们的总部以及通信活动设置在主要都市中,以便接近世界其他重要都市区。分支工厂则多设置在比大城市便宜的郊区土地,其位置偏好具舒适感、可提供户外运动,以及文化活动的参与性;同时也必须近机场以便总部来人易于访视。通常,整体区域性组织多由那些有频繁班机往来的城市的分布位置所支配,较小的市镇发展的范围有限,宜位于离区域性机场路程1~1.5小时以内。此外,由于单位土地的农产量已大为增加,部分先前的农耕区现在已恢复为林地或草地。

最近几年区域组织的新形式已经成立,这方面的分析有利于对工业化和工业化国家的发展进程深入了解。如此一来,通过对全球性生态和经济发展过程之解释,20世纪60年代新地理学所追求之普遍性理论的梦想开始实现。

(二)电信、媒体与新形式的文化

世界文化的场景也与空间组织同样历经巨变。历史上的社会特性常基于民俗(或常民)文化及高层文化间的基本对抗性：前者,透过对前辈言行的模仿、代代相传；后者,则依赖文字来传达高层文化。

现代化过程将扩大高层文化范围与提升常民文化两者作联结。文字的普及归功于19世纪的小学教育,以及20世纪加长的学校教育,结果产生巨大影响。譬如：许多传统技术被有科学基础的现代化技术所替代；国家内体认公民责任者之比率增加；小说成功地扩大了文学群众。

低层与高层文化间的差距已缩小,但尚未因现代政府对文化提升的赞助而消失。新媒体改变了问题的性质：电影和电视的普及,口语不再限制于小众传播(small scale communication),当代社会已逐渐地被大众文化(mass cultures)主导并替代过去被隔离的流行文化(popular cultures)。这种转型由大众态度和行为的不断标准化(standardization)可见其影响。同时,现代媒体主要是为娱乐而传播,许多社会性的或有价值的内容已被停止传送,因此部分国民文化贫乏,这种演变在大城市中尤其惊人。

高层文化也正在改变。接受高等教育的机会比过去容易,因而不再被认为是特权,结果,高层文化失去了它们作为社会导向的意义。高层文化若发展出新方式会受到赞美,且被允许享受成果甚于对提升社会应扮演的角色,文化内容来自宗教、哲学以及理性,并提供凝聚政治结构所需要的意识形态。基本上,一个国家的特质来自价值共享的一般高层文化。现代社会见证了各种特殊性文化的爆发流行。它们之间的内容有很大差异,其中有许多纯粹是技术的,其余则是由特殊价值定位。如何对一般生活及社会赋予意义则未能提供共识。

大众和特殊性文化(mass and specialized cultures)的消融效果,一方面解释了传统政治意识形态的衰退；另一方面对广布的虚无感有责任。但在一个标准化的世界里,人们正试着去复原其认同感,因此有区域主义的再兴(resurgence of regionalisms)以及基本教义的复活(rise of fundamentalisms)。

第九章　迈向后现代地理学(1960—1990)

六、柏林墙倒塌后的地理学

(一) 柏林墙倒塌的地理学原因

十年前无人能想象欧洲铁幕会在如此短促而又没有爆发第三次世界大战的情况下消失。20世纪80年代初,苏联仍然强盛;它的军队曾入侵阿富汗,获得突围至温暖海域的途径从未如此便捷。它和其他社会主义国家的经济问题虽然严重,但农业生产力仍是关键,在此部门里它有令人印象深刻的成果。此外,苏联的太空和国防工业最能与西方国家相匹敌。

但东欧国家政、经系统的缺点比欧美国家想象得还要深沉。20世纪80年代开始,苏联的领导者和一般大众都已心知肚明,要赶上并且超越欧美经济是不可能的。欧美国家早在1944年的布雷顿森林会议⑰上就已选择了重建自由贸易。其过程漫长,但"关税及贸易总协定"(the General Agreement on Tariffs and Trade)从1948年起就提供了降低关税的协商结构。由于这种经济式裁军协定(以及电信和快速的空中交通)的发展,经济全球化得以快速进行。它增强了竞争,提供机会给许多国家参与工业生产,并解释了成本的快速下降。市场经济的主要优点来自它从地理重组时所开启的可能性。

这种情况在东欧集团里相当不同。苏联专家从20世纪50年代中期起试着将东欧转型为可比美西方的欧洲经济共同体,但因为他们经济体系的内部逻辑而未成功。因为他们的经济是中央规划,不允许对外开放。每个国家都被视为自给自足的实体而被掌控,企业并不被允许直接与外国公司协商。在缺乏真正价格的系统下,贸易的自由化是有困难的。结果,苏联集团无法演化成社会主义的世界系统。更由于缺乏对基本通信建设和计算机生产方面的投资,再加上对各种自我管理组织的不信任,使得情况更糟。

---

⑰　译者注：布雷顿森林会议(Bretton Woods Conference)是1944年7月,44国代表在美国新罕布什尔州的布雷顿森林召开的会议,正式的名称为"联合国货币金融会议",与会的国家商讨解决经济问题的方案。会议的结果是设立两个国际性机构"国际货币基金"(IMF)及"国际复兴开发银行"(IBRD)。后者即"世界银行",二者皆为联合国专业机构,总部设在美国华盛顿特区。

(二) 新的政治情势

从 1945 至 1989 年,国际情势为美国与苏联之间的对抗所支配。尽管有许多危机与紧张时期,整体而言却是个稳定时期。同时世界的经济组织以及它的区域平衡正在转型。全球化使得生产中心转移到新兴工业化国家。后者大部分是位于环太平洋地区。中国大陆的经济起飞尚在进行,但它的军事力量和区域的影响已是 18 世纪以来最强的时候。第二次世界大战时被摧毁并缺乏能源的西欧已成为世界经济巨人之一,德国又恢复了它的地位;曾是战败国的日本,更成为世界经济强国。

地理的现实面与世界政治组织之间已开始脱节。殖民帝国在第二次世界大战之后的 20 年间已经消失了,但被预期的主要世界组织再造并未发生。

西方与东方两体系(壁垒)间的对立,原基于意识形态,但对一些基本概念仍具有共通性。对于政治制度应该增进经济生产来提升人民福祉而言,资本主义与社会主义有着相同的理念。西方与东方两体系最后都仰赖发展自 18 世纪启蒙运动时期的历史哲学(philosophies of history)。它们仅在手段而非目的方面有所分歧。

美国评论家福山(Fukuyama)于 1990 年出版了一本促人深思的书《历史之终结》(*The End of History*)。即使其标题有点令人误解,它的内容是极迷人的。随着柏林墙倒塌的并非历史,而是受 18 世纪进步历史哲学所主导之政治思想的一个时代。逐渐成功的民主理念说明了其意识形态之核心部分现在已成为现实[参见第十三章第十节(二)及注⑪]。

无论东方或西方,国家政府组织的理论正当性全是依赖在国民经济的成就以及能确保其全面性的繁荣。19 世纪末和 20 世纪初,政治结构的主要论点即是有关国家的经济功能。但它却随着全球化而消失,使政治面中出现一个大空洞。领域组织(territorial organization)的新形式和政府的新类型将会是什么？这是下一世代全球化世界中所将面临的主要问题之一。

由于进步的意识形态(progressive ideology)崩溃了；许多人回顾以往，仰赖更古老的意识形态为其生活意义。在强化认同感下，他们强调种族、区域或国家传统；或为了抵抗现代性(modernity)而回归基本宗教信仰。后历史的世界(the post-history world)面临了民族主义和基本教义(nationalisms and fundamentalisms)之高涨。地理学者必须分析它们，同时须寻找政治原理以提供给全球系统的运作。

七、迈向后现代的地理学？

地理学在我们的世界里有其重要性。当考虑最近数十年来空间组织的再结构时，新地理学、激进地理学或人本主义地理学之间的争论变得可笑。一个世代之前，许多人认为随着科技的进步，社会将逐渐地变得更流动而免受生态限制(ecological constraints)。对他们来说，地理学只是一门过去的科学。

最近的演化却出现相当不同的影像。地理学在后现代社会(postmodern societies)里的重要性有如在传统或工业化社会里一样，它的重要就是因为人们总是依赖环境。不过他们不再只依赖当地生态系统为生，其消费是来自遥远地区所生产的物品。所以人们不仅对居住的环境，同时对全球性生态平衡也需关注。人们利用交通设施提供新的可能性而在较宁适的地区安居，因此比起以前更依赖通信和交通系统。空间组织逐渐与高层通信网路关联，而较少反映资源的区位了。

地理学的重要性在于人们并不是居住在一个抽象的空间里。人类的经验是与景观、聚落和遗迹(landscapes, human settlements, monuments)相联结的。空间被转换为领域(territories)，而集体的认同(collective identities)经常是源自于此。

自20世纪80年代以来，社会科学家愈来愈意识到人类生活的空间面向。

当 17 世纪社会科学出现时，他们依赖一个隐形假设：社会被认为是自发性的结构，亦即它不受物质条件所约束。这种研究取向在法国革命后 19 世纪初曾受批评，而在当时所强调的是社会经验的历史面向而不是空间的面向。

哈格斯特朗（Torsten Hägerstrand）的时间地理学（time geography）对社会学者有很大的冲击。既然它强调社会组织的传记性，则非常接近后者的传统关怀。20 世纪 70 年代，吉登斯（Anthony Giddens）试着为后马克思社会学发展一个较令人满意的结构。哈格斯特朗的时间地理学提供他工具并且帮助他聚焦于社会组织的通信面向。在马克思主义的研究取向里，厄里（John Urry）也发现地理学和社会学之间的界线必须彻底地进行研究，以便能提供社会学新的见识。曼（Michael Mann）对社会组织的历史演进之著名评论则是社会学者对空间问题逐渐感兴趣的另一实例。曼说明社会的演替形式是如何被生态系统、通信设施和军事干预所约束。社会学发现，如果将人视为不受空间限制，则难以对其了解。

20 世纪 80 年代以来，地理学的改变首先来自于世界的转变。因此，政治研究、全球变迁及其因果、空间组织及空间意识形态等课题都益受重视。这些新的发展与 20 世纪 60 年代和 70 年代的研究风格非常不同。地理学正在脱离困扰其一世代之久的诡异学术争论，并且重新发现真实世界问题的重要性。

如此的演变是属于后现代（postmodern）的吗？这个术语在哲学和社会学里的流行，主要来自哲学家李欧塔（Jean-Francis Lyotard）1979 年所写的论文。其后，詹姆森（F. Jameson）亦强调世界上社会、政治与文化演化中的空间面向的新趋势。地理学者察觉到过去发展的理论与今日世界运作的力量间差异加大，于是试着为地理学的课题定位，但却难以完全掌握 1950 年以来发展的知识性工具，于是，乃借用"后现代性"（postmodernity）这个包罗万象的标语来涵盖这项剧烈的转变。

假如后现代是对以理性主导解释世界有所批判，那么当代地理学的演进可说是后现代的，因为它的表现是从大理论的撤退，以及增加对人与地方复杂性的敏感度。基本上出于一个批判的角度,后现代的观点也与社会科学联结,而更加关注到知识的条件、论述的角色及社会情况的文化面向。问题是要解释透过何种机制、事件、人物及场所之描述而赋予意义。这样的需求在英语国家特别重要,因为在某方面也是20世纪70年代学术争论的延伸,通常也牵涉了相同的地理学者。它在后理性及后历史情况下,见证了知识论的新定位。因为这些定位的声音喧哗,在谈到后现代地理学(post-modern geography)时,遂有聚焦于争吵的趋势。事实上,地理学最近的转型是比这些更深沉,而且其含义也相当多元。地理学能进入后现代性是因为地理学者对其经历的世界问题之接纳。其结果是对该领域回归到更实质的概念思考,及对空间知识的认知论条件有更细致的反省(参见第十三章第十节)。

八、结　　论

本书的绪论里曾提出一个诠释地理学演进之架构,舍弃库恩的范式承继与科学革命论,而提出地理学的演化是基于在同一全盘视野上,不断在各种研究取向的扩充。

地理学过去是、现在仍然是在一般人未认知到的空间尺度上研究事物之分布。它涉及实地野外工作和直接的现实经历、依赖精确的位置观察、并受益于地图学和遥感技术来呈现;它从揭露事物分布的操作开始。

地理学自18世纪末即在为他所钻研的事物分布上找寻一般性解释。在此过程中有两个一般性模式常被引用;空间组织不是被视为有机体就是被当作机器。直到20世纪中期,第一个见解——有机体占了主要地位,它引导"人与环境的关系"(man-milieu relationships)作为主要焦点。社会互动的水平面向并没有被忽略,且在拉采尔及维达尔的人文地理学里皆扮演重要的角色。但是人们需等待到20世纪50年代末才在这个方向有透彻的探讨。对新地理学而言,社会被认为是机器,其中大部分是经过功能性的探讨。

反对新地理学的批评来自于机械模式的局限。社会科学家无法对人类的

苦难与社会的不平等保持漠不关心的态度,即使其具有功能性。社会正义应为地理学者所关怀,此乃激进地理学者所给的讯息。人类不是自动贩卖机(automats),而社会也不是机器,这是人本主义地理学的立场。人们自文化继承生活过程,而根据他们个人经验与新生的共同态度来完成或修改。地理学者刚开始将此观点包含于他们的学域,在此存在着学科里的研究前端。

下一章将以法国地理学作为实例,回顾英语世界之外的最近演进形态。第十一及十二章将显示地理学史中,文本及族群因素研究的重要性。第十三及十四章将讨论全球化对地理学的挑战以及地理学的前景。

思 考 题

9-01 配合社会需求,新地理学在 20 世纪 60 年代之后哪些领域的发展较活跃?
9-02 试述针对环境问题的地理学发展状况。
9-03 马克思主义地理学曾有何危机?
9-04 试述区域研究的再兴。
9-05 试述迈向后现代地理学的趋势。

参考文献

Physical geography

Acot, P., *Histoire de l'écologie*, Paris, PUF, 1988, 285p.

Deléage, Jean-Paul, *Histoire de l'écologie. Une science de l'homme et de la nature*, Paris, La Découverte, 1991, 330p.

Fierro, A., *Histoire de la climatologie*, Paris, Deno? 1, 1991, 315p.

Kormondy, Edward J., *Concepts of Ecology*, Englewood Cliffs, Prentice-Hall, XIII—209p.

Lindeman, R. L., "The Trophic Dynamic Aspect of Ecology", *Ecology*, vol. 23, 1942, p. 399—418.

Odum, Eugene P., *Fundamentals of Ecology*, Philadelphia, W. B. Saunders, 1957, 546p.

Rougerie, Gabriel, *Géographie des paysages*, Paris, PUF, 1968, 128p.

Rougerie, Gabriel, Nicolas Beroutchachvili, *Géosystèmes et paysages. Bilans et méthodes*, Paris, A. Colin, 1991, 302p.

Sorre, Max., *Les fondements de la géographie humaine*. vol. 1: *Les fondements biologiques. Essai d'une écologie de l'homme*, Paris, A. Colin, 1943, 447p.

第九章　迈向后现代地理学（1960—1990）

Human Geography

Agnew, J. A., Duncan, J. S. (eds.), *The Power of Place: Bringing together Geographical and Sociological Imaginations*, Boston, Unwin Hyman, 1989.

Arac, M. (ed.), *Postmodernism and Politics*, Manchester, Manchester University Press, 1986.

Becattini, G., *Mercato e forze locale: il distretto industriale*, Bologna, Il Mulino, 1987.

Becker, J., "Postmoderne Modernisierung der Sozialgeographie", *Geogra-phische Zeitschrift*, vol. 78, 1990, pp. 15—33.

Bell, Daniel, *The Coming of Post-Industrial Society*, New York, Basic Books, 1973.

Bell, Daniel, *The Cultural Contradictions of Capitalism*, New York, Basic Books, 1976.

Berdoulay, Vincent, *Les mots et les lieux. La dynamique du discours géographique*, Paris, C. N. R. S., 1988.

Berque, Augustin, 1990, *Médiance. De milieux en paysages*, Montpellier, Reclus, 1990.

Berry, Brian J. L., *Urbanization and Counterurbanization*, Beverly Hills, Sage, 1976, 344p.

Bondi, Liz, "Feminism, Postmodernism and Geography: Space for Women?", Antipode, 22, 1990, pp. 156—167.

Boyer, R., *La théorie de la régulation. Une analyse critique*, Paris, La Découverte, 1986.

Carson, Rachel, *Silent Spring*, Boston, Houghton Mifflin, 1952; new ed., 1962, XIV—368p..

Castells, Manuel, *La question urbaine*, Paris, Maspéro, 1972, 421p.

Claval, Paul, "Le marxisme et l'espace", *L'Espace Géographique*, vol. 6, 1977, pp. 145—164.

Claval, Paul, "Forme et fonction dans les métropoles des pays avancés, in Augustin Berque (ed.), *La qualité de la ville. Urbanité française, urbanité japonaise*, Tokyo, Publications de la Maison Franco-Japonaise, pp. 56—65.

Claval, Paul, "Postmodernisme et géographie", *Géographie et cultures*, vol. 1, n° 4, 1992, pp. 3—24.

Compagnon, André, *Les cinq paradoxes de la modernité*, Paris, le Seuil, 1990.

Cook, Philip, "Individuals, Localities and Postmodernism", *Theory, Culture and Society*, vol. 5, n° 2—3, 1989, pp. 475—492.

Cosgrove, Denis, Stephen Daniels (eds.), *The Iconography of Landscape*, Cambridge, Cambridge University Press, 1991, IX—318p.

Curry, Michael R., "Postmodernism, Language and the Strains of Modernism", *Annals, Association of American Geographers*, vol. 81, 1991, pp. 210—228.

Dear, Michael, "Postmodernism and Planning", *Environment and Planning. D. Society and Space*, vol. 4, 1986, pp. 367—384.

Dear, Michael, "The Postmodern Challenge: Reconstructing Human Geography", *Transactions of the Institute of British Geographers*, New Sery, 13, 1988, pp. 262—274.

Entrikin, J. Nicholas, *The Betweenness of Place. Towards a Geography of Modernity*, Baltimore, Johns Hopkins University Press, 1991, XII—196p..

Feyerabend, P., *Against Method*, Londres, Verso, 1975, 339p.

Fukuyama, Francis, *The End of History and the Last Man*, New York, Free Press, 1991; trad. fse, La fin de l'histoire et le dernier homme, Paris, Flammarion, 1992, 452p.

Geertz, Clifford, *Local Knowledge. Further Essays in Interpretative Anthropology*, New York, Basic Books, 1983.

Giddens, Anthony, *The Constitution of Sociey. Outline of the Theory of Structuration*, Cambridge and Oxford, Polity Press and Blackwell, 1984.

Gilbert, Anne, The New Regional Reography in English- and French-Speaking countries, *Progress in Human Geography*, vol. 12, 1988, pp. 297—316.

Graham, Julie, "Postmodernism and Marxism", *Antipode*, vol. 20, 1988, pp. 60—65.

Gregory, Derek, "Postmodernism and the Politics of Social Theory. Guest Editorial", *Environment and Planning. D, Society and Space*, vol. 4, 1987, pp. 245—248.

Gregory, Derek, "The Crisis of Modernity? Human Geography as a Critical Science Theory", in Peet, R., N. Thrift (eds.), *New Models in Geography. The Political Economy Perspective*, Londres, Unwin Hyman, vol. 1, 1989, pp. 348—385.

Gregory, Derek, "Areal Differenciation and Postmodern Human Geography", in Derek Gregory and Rew Walford (eds.), *Horizons in Geography*, Basingstoke, Macmillan, 1989, pp. 67—96.

Gregory, Derek, "Interventions in the Historical Geography of Modernity: Social Theory, Spatiality and the Politics of Representation", *Geografiska Annaler*, vol. 73 B., 1991, pp. 17—44.

Harris, Cole, "Power, Modernity and Historical Geography", *Annals of the Association of American Geographers*, 81, 4, 1991, pp. 671—683.

Harvey, David, *The Limits to Capital*, Chicago, University of Chicago Press, 1982, XVIII—478p.

Harvey David, *The condition of postmodernity*, Oxford, Blackwell, 1989, X—378p.

Jackson John B. (ed. by Erwin H. Zube), *Landscapes*, Boston, Boston University Press, 1970, 160p.

Jackson Peter, *Maps of meaning*, London, Unwin Hyman, 1989, XVII—213p.

Jameson, F., "Postmodernism, or the Cultural Logic of Late Capitalism", *New Left Review*, 146, 1984, pp. 53—92.

Jencks, C., *The language of post-modern architecture*, Londres, Academy, 1977. Trad. française, *Le langage de l'architecture post-moderne*, Paris, Deno? 1, 1979.

Jencks, C., *What is postmodernism*, New York, St Martin's Press, 2nd edition, 1987.

Johnston, R. J. (ed.), *The Future of Geography*, London and New York, Methuen, 1985, 342p.

Johnston, R. J., *A question of place. Exploring the practice of human geography*, Oxford, Blackwell, 1991, 280p.

Le Dantec Jean-Pierre, *Dédale le héros*, Paris, Balland, 1992, 261p.

Lefebvre, Henri, *La pensée marxiste et la ville*, Paris, Casterman, 1972, 157p.

Lefebvre, Henri, *Le droit à la ville*, Paris, Anthropos, 1968.

第九章 迈向后现代地理学(1960—1990)

Ley, David, "Modernism, Post-Modernism and the Struggle for Place", In: Duncan James, Agnew John (eds.), *The Power of Place*, Londres, Allan and Unwin, 1989, pp. 44—65.

Lovering J., "Postmodernism, Marxism and Locality Research: the Contribution of Critical Realism to the Debate", *Antipode*, 21, 1989, pp. 1—12.

Lowenthal, David, *George Perkins Marsh. Versatile Vermonter*, New York, Columbia University Press, 1958, 441p.

Lyotard Jean-François, *La condition postmoderne. Rapport sur le savoir*, Paris, 1979, Ed. de Minuit; *The Postmodern Condition*, Manchester, Manchester University Press, 1986.

Lyotard Jean-François, *Le postmoderne expliqué aux enfants*, Paris, Galilée, 1986.

Meschonnic, Henri, 1988, *Modernité Modernité*, Paris, Verdier, 1988.

Mitchell, Don, *Cultural Geography. A Critical Introduction*, Oxford, Blackwell, 2000, XXII—325 pages.

O'Connor S., *Posmodernist Cultures: an Introduction to Theories of the Contemporary*, Oxford, Blackwell, 1989.

Olsson, Gunnar, *Lines of Power, Limits of Language*, Minneapolis, University of Minnesota Press, 1991.

Perez-Gomez, Alberto, *Architecture and the Crisis of Modern Science*, Cambridge, Mass., The M.I.T. Press, 1983, X—400p.

Pohl, Jürgen, *Geographie als hermeneutische Wissenschaft: ein Rekonstruc-tionversuch*, Kallmünz/Regensburg, M. Lassleben, 1986, 256p.

Porteous J. Douglas, *Landscapes of the Mind: Worlds of Sense and Metaphor*, Toronto, University of Toronto Press, 1990.

Portoghesi Paolo, *Au-delà de l'architecture moderne*, Paris, L'Equerre, 1981, 307p. Italian or. ed., Bari, Laterza, 1980.

Pred Allan, *Place, Practice and Structure: Social and Spatial Transformations in Southern Sweden* 1750—1850, Cambridge, Cambridge University Press, 1986.

Pred, Allan, *Making Histories and Constructing Human Geographies. The Local Transformation of Practice, Power Relations and Consciousness*, Boulder, Col., Westview Press; 1990.

Pred, Allan, *Lost Words and Lost Worlds: Modernity and the Language of Everyday Life in Late Nineteenth Century Stockholm*, Cambridge, Cambridge University Press, 1990.

Pred, Allan, "On Postmodernism, Language and the Strains of Modernism. Straw Men build Straw Houses? *Annals of the Association of American Geographers*", vol. 82, 2, 1992, pp. 305—308.

Pred, Allan, *Recognizing European Modernities. A Montage of the Present*, New York, Routledge, 1995, 291p.

Pred, Allan, Michael J. Watts, 1992, *Reworking Modernity: Capitalisms and Symbolic Discontents*, New Brunswick (N.J.), Rutgers University Press, 1992.

Rorty, Richard, "Lyotard and Habermas on Postmodernity, in: Bernstein Richard J. (ed.), *Habermas and Modernity*", Cambridge (Mas.), M.I.T. Press, 1985, pp. 161—175.

Rougerie, Gabriel, Nicolas Beroutchachvili, *Géosystèmes et paysages*, Paris, A. Colin, 1991, 302p.

Rykwert, Joseph, *The First Moderns. The Architects of the Eighteenth Century*, Cambridge, Mass., The M. I. T. Press, 1983, IX—585p.

Saushkin, Yu. G., K. P. Kosmachev, V. I. Bykov, "The Scientific School of Baransky-Kolosovsky and its Role in the Development of Soviet Geography", *Organon*, vol. 14, 1980, pp. 83—89.

Scott, Allan, Michael Storper (eds.), *Production, Work, Territory. The Geographhical Anatomy of Industrial Capitalism*, Boston, Allen and Unwin, 1986, XIX—344p.

Smith, Neil, *Uneven Development: Nature, Capital and the Production of Space*, Oxford, Blackwell, 1984.

Soja, Edward W., *Postmodern Geographies. The Reassertion of Space in Critical Social Theory*, Londres, Verso, 1989.

Thomas, William L. Jr. (ed.), *Man's Role in Changing the Face of the Earth*, Chicago, Chicago University Press, 1956, vol. 2, 1193p.

T. rnqvist, Gunnar, "Flows of Information and the Location of Economic Activities", *Lund Studies in Geography*, Ser. B, *Human Geography*, n° 30, 1968, pp. 99—107.

Vattimo, Gianni, *La fin de la modernité, nihilisme et herméneutique dans la culture post-moderne*, Paris, 1987, Le Seuil, 189p.; éd. italienne, Garzanti, 1985.

Venturi, Vincent, *Complexity and Contradiction in Architecture*, New York, The Museum of Modern Art, 1966

Vogt, William, *Road to Survival*, New York, Sloane Associates, 1948, p. 335.

Wagner, Philip, "'Médiance. De milieux en paysages', Review of Augustin Berque", *Geographical Review*, vol. 82, n° 1, 1992, pp. 88—92.

Wolch, Jennifer, Michale Dear (eds.), *The Power of Geography. How Territory shapes Social Life*, Boston, Unwin Hyman, 1987, XVI—393p.

Wusten, Hermann van der (ed.), *Postmoderne Aardrijkskunde. De sociografische traditie voortgezet*, Muiderberg, Dich Coutinho, 1987, 305p.

译者参考文献（请见附表一）

第十章　最近演化出来的多样性：20世纪50年代以来的法国地理学

一、前　言 \ 204

二、寻找更适合现代世界的地理学：马克思主义之插曲（20世纪40年代末至20世纪50年代）\ 205

三、区域规划与应用地理学的争执 \ 208

四、气候地形学与系统性自然地理学的发展 \ 211

五、新地理学与区域研究的现代化 \ 213

六、社会地理学和政治地理学 \ 216

七、对实际境遇、历史地理学和文化地理学兴趣的恢复 \ 220

八、结　论 \ 221

思考题 \ 223

参考文献 \ 223

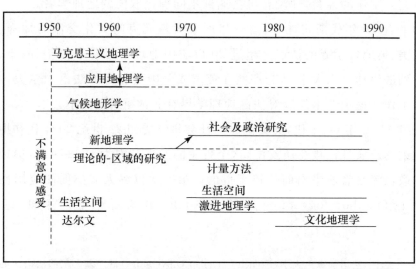

图10　最近演化出来的多样性：20世纪50年代以后的法国地理学

一、前　言

前面几个章节里提出了当代地理学发展的主流观点：新地理学、激进批判论、人本关怀、区域研究的复苏，以及在全球化社会里对空间与场所的体验与取向等均各有其角色。不过发展的时间及演变的途径依不同国家而有差异。20世纪50年代以来的法国地理学史即可验证这些差异。

在两次大战期间，法国地理学与其他国家学派（national schools）较少接触。在20世纪40及50年代里，参考的学术著述仍以德国学派为主。1960年之后有了改变，对其他国家文献的兴趣快速增长。法国地理学的发展遂逐渐与外国发生的事件相关联，但在时间序列上基本是反映法国国内对规划的需求，以及法国知识环境的改变。

第二次世界大战后，许多年轻的法国学者曾在美国大学的社会学、人类学或政治科学领域里从事研究工作。它说明了法国这些学科的演进与美国的强烈关联性。虽然在20世纪40年代末和20世纪50年代，法国大部分地理学系的毕业生被派到低度开发的地中海国家或法国殖民地。但是他们在那里拥有实际研究与工作的经验，却没有机会遇到不同理论取向的地理学者。

20世纪60年代期间，法国借着与加拿大魁北克间文化交流的加强，而促进了对美、英地理学界的认识。超过20位法国地理学者花了一年、两年、甚或三年住到法语加拿大大学①，与那些在英国或美国受教育的法语加拿大地理学者一齐工作。这项学术经验对法国地理学界有非常重要的影响。

20世纪40至60年代，英美世界的社会科学受到20世纪20年代初期发展于维也纳的新实证论概念所支配，这个现象的发生是因为1933年后，奥地利和德国的政治流亡者所带出而传播于世的。第二次世界大战亦促使应用性研究的方法论（methodology of applied research）出现新趋势。譬如，运筹学

---

① 译者注：法语加拿大大学（French Canadian Universities）指加拿大东部法语区的大学，特别是魁北克省。

第十章 最近演化出来的多样性：20世纪50年代以来的法国地理学

(operational research)②及控制论(cybernetics)③的发展,促进了将现实世界模式化(modelization of reality)。

但法国的情况不同。20世纪50年代期间,只有一些社会科学家注意到这些新的发展以及其对社会科学的重要性。当时法国学界的主要兴趣在结构主义(structuralism)。由于少数学者如列维-斯特劳斯(Claude Lévi-Strauss, 1908—1973)、杜梅泽尔(Georges Dumézil, 1898—1988)或巴特(Roland Barthes, 1915—1980)的影响,新实证论路线在法国发展不佳。地理学者虽未曾直接涉及结构主义运动(structuralist movement),但当时的知识背景自有其影响。

自19世纪70年代起地理学即被认为是自然科学,这个概念必须改变。就社会科学观点而言,地理学的发展宜聚焦于人之互动,并且避免旧的"人与环境的关系"(man-milieu relationships)之范式。在法国,马克思主义对其早期发展阶段扮演了关键角色,虽然后来失去了它的影响力。

二、寻找更适合现代世界的地理学：马克思主义之插曲（20世纪40年代末至20世纪50年代）

（一）不满的情绪

20世纪40年代,一种不满的情绪蔓延于法国地理学界。当时流行的范式是区域地理学,只有区域专题被接受为博士论文。研究城市化和工业化区域的学者在处理许多地理分布现象时缺乏有效工具。自20世纪30年代布洛克

---

② 译者注：运筹学(或作业研究)(operational or operations research)是运用科学的数量方法(主要是数学模型)研究对人力、物力进行合理筹划和运用,寻找管理及决策最优化的综合性学科。

③ 译者注：控制论(或模控学)(cybernetics)之理论核心是讯息传递和沟通的调节与控制。源自1948年由Robert Wiener(研究信息传递、沟通和控制的一般理论之先驱)所造的字,cyber-此前缀似来自希腊文,原意是船上控制方向的舵轮。这套学问或理论涉及两种过去截然不同的领域：复杂电路系统和大脑神经系统,并试图提出其共通的模型,故在译名上多元化。如"计算机控制学"指计算机在复杂的机械设备中常扮演信息传递控制的角色;如"神经机械学"指大脑神经系统的"机械模型"等。

（Marc Bloch）与迪翁（Roger Dion）的先驱性研究后，对农地结构的研究已有许多进展，其焦点集中于乡村景观（rural landscape）的起源以及传统农业上。但牵引机的广泛利用以及农地合并销毁了大部分的旧式农地形态与农业系统。那时确有对工业化地区的良好描述，以及对城市生活与吸引力的敏锐分析，但是对其起源的一般性解释及其功能运作方式却缺少理论性的建构。就研究地中海区域或热带地区之传统社会的地理学者们而言，区域范式仍然有用；但是就法国而言则不然。

这种不满表现在一系列的文章与论文中。萧雷（André Cholley，1886—1968）原本是地形学者，但是对区域性质以及区域组织之重要性自有其洞见。他于1942年出版了一简短的《地理学研究指引》（*Guide de l'étudiant en géographie*）。该书由区域研究的实际操作开始，对主要概念提供了清楚定义及改进的建议。邵尔（Max Sorre）出版了4册的《人文地理学理论基础》（*Les Fondements de la Géographie Humaine*，1942—1952年），在书中摘要并且综合了人文地理学半个世纪来的研究成果，而且对这门学科的生态基础给出了精彩的说法。兰农（Maurice Le Lannou，1906—1992）反对当时盛行的实证论，而在其《人文地理学》（*La Géographie Humaine*，1948年）中要求发展更富人文精神的地理学。

（二）乔治、马克思主义与地理学者的新研究路线

乔治（Pierre George，b.1909）批评了地理这门学科的保守观点。当时他是马克思主义信徒，强力支持苏联及东欧新社会主义国家。在这些国家的生产力发展上，"规划"扮演着主要的角色。乔治高估了其中区域和城市部分，他相信这些国家的地理学者们必然相当深入此领域，事实上他全然误判，但是许多年轻的法国学者被他的分析所吸引并且梦想着一个不同的世界。在20世纪50年代期间，法国地理学在许多方面成为马克思主义式的学科。

第十章 最近演化出来的多样性：20世纪50年代以来的法国地理学

马克思（Karl Marx）与恩格斯（Friedrich Engels）的《德意志意识形态》（*The German Ideology*）一书于20世纪30年代初期在莫斯科出版，第二次世界大战后被翻译成法文。社会学者，如弗里德曼（Georges Friedmann）与列斐伏尔（Henri Lefebvre）以及地理学者乔治都着迷于城市与乡村关系的主题，这是马克思年轻时极欲探讨的。乔治是位睿智的教师，从20世纪40年代末起，引导学生趋向此领域，并指导数十篇博士论文的研究。

图 10-1　恩格斯（Friedrich Engels）

如此一来，地理学者的兴趣不再仅限于研究乡村地区，而将同样多的注意力集中在城市上。但在两者之间经济关系的研究是传统的，其焦点主要集中于地租上。年轻的地理学者们花数年的时间掌握土地税收与地籍图业务的庞大档案。他们寻找数十万笔土地的地主，精选哪些算是城市居民；并且从每个城市中心绘制地租来源地区图。地租在18世纪末或19世纪初的确是城市的基本经济来源，但此时却仅占一小部分，显然其他收入来源比地租更重要，但大多数的年轻马克思主义地理学者并未能探究出那些其他的要素。

乔治认识到维达尔学派的基本缺点。他在20世纪50年代初期出版的有关人口地理学（population geography）的书里，批评"生活方式"（genres de vie）分析形成的偏颇；以及因而导致对传统乡村社会的过分强调。他着迷于经济生活的新方向、能源消耗日增的重要性、所得地理学（the geography of incomes）、生活的水平与社会的不平，等等课题。他也强调人口地理学的转型，他是地理学者也是人口统计学者，他要求他的一些学生撰写有关工业地理学的博士论文。当时，有另一位卓越的马克思主义地理学者德雷什（Jean Dresch，1906—1996）对投资地理学（geography of investments）产生兴趣。他的一些学生研究现代企业资本，又由于他是干旱地区以及阿拉伯世界的专家，他的学生们便研究以这些国家为主要贸易对象的西欧或美国的进出口公司。

在20世纪50年代里，地理学者们毫无疑问地必须将他们的研究朝向现代城市化或工业化社会作重新定位。乔治的诊断没错,但是,他所开出来的处方并未发挥作用。从他20世纪50年代与20世纪60年代出版的主要书籍里,可看出马克思未曾发展出对空间组织的基本看法。事实上,马克思早已从他的理论里删除掉任何空间考虑,因此,当地理学者试图了解城市化与工业化问题时,马克思主义无法提供地理学者所欠缺的理论原则。

对新方法的需求也被非马克思主义地理学者所察觉。城市研究因而有了进展。夏尔多内(Jean Chardonnet)发表了许多有关工业区域性质的好论文,地理学者们因此感到自己的研究无法适当解释正在变迁的世界。法国学术界在第二次大战后期曾快速发展:历史学者经常称1945至1975年这段时期为"光辉的30年",因为自20世纪以来,法国在此时期第一次经历相当快速的人口增加、工业化与城市化。

三、区域规划与应用地理学的争执

(一)区域和城市规划缺乏理论基础

当时经济学比地理学的地位高。经济学者可解释西方经济持续高度成长的原因。透过凯恩斯理论(Keynesian theory)④,经济学者相信可避免失业且刺激成长。他们提供工程师赞赏的科学知识类型,由数学方程式之分析,显示彻底的理论性思考。政治学者亦被经济学专家清晰的结论所吸引。

法国地理学者渴望有适当形式的理论发展,但空间经济学在法国传统上并不很强,多亏彭萨德(Claude Ponsard,1927—1990)当时出版了两本卓越的书,即1955年的《经济与空间》(Economie et Espace)以及1958年的《空间经济理论史》(Lhistoire des théories économiques spatiales)。令人遗憾的是他的书并

---

④ 译者注:凯恩斯理论(Keynesian theory)指英国著名经济学家凯恩斯(John Maynard Keynes,1883—1946)提出的经济理论,凯恩斯将经济学由描述性及分析性转变为政策导向性;认为政府对经济开明干涉的做法,优于自由放任政策。虽然经济学理论有一支称为凯恩斯经济学,但他从未创立学派,著有《就业、利息与货币一般理论》(1936)。

第十章　最近演化出来的多样性：20 世纪 50 年代以来的法国地理学

不易懂，需要具备经济学上的基础，因此没有多少地理学者得益于他。

配合法国的高度成长，城市与区域规划等领域的实质需求在法国扩增。第二次世界大战前准备的土地利用政策与城市土地使用分区管制，是奠基在城市成长将减慢的理念下，但大战之后，城市成长的速度加快，大部分的规划都已经过时了。20 世纪 40 年代末期和 20 世纪 50 年代，大家都知道必须发展城市和区域规划的新概念，有些基本建议已被普遍支持，例如，政府的介入是为了缩小法国区域间的空间不平衡，以及应限制巴黎的成长（Gravier，1947）。

20 世纪 40 年代末期至 20 世纪 50 年代初期，经济学家在这些主题上的经营并不比地理学者们更好。前者没有可以应用在区域发展的经济理论；同时古典经济学家对市场力量有信心并且不希望干预市场。唯一具有直接空间意义的经济理论，是研究国际与区间关系的赫克歇尔-俄林-萨缪尔森（Heckscher-Ohlin-Samuelson）分析。它解释不同自然和人文资源区之间的贸易；当交易发展后、产品的价格以及生产因素会逐渐地趋向相同。透过市场的机制，空间的平衡可以不经过国家部门的介入而达成。

许多经济学家与非经济学家对于这些结果并不感到欣慰。在赫克歇尔-俄林-萨缪尔森理论里有复杂的假设——无规模经济，无外部经济（no economies of scales, no external economies）——意思是指仅在没有进展的情况下那个模型是有效的。在 20 世纪 50 年代里没有人意识到这些限制，因此有佩鲁（François Perroux，1903—1987）成长极理论（the growth pole theory）的成功。知名经济学家佩鲁强调古典经济学设想的成长扩散过程并不真实。他所叙述的过程是不同的：经济成长经常是被大公司所推动。这些公司并不生产他们所使用的所有机器、零件或产品；他们从其他公司订购，后者因此倾向于设置在他们的大客户之附近。19 世纪期间，成长经常以这种聚集化的途径发生。这样的过程在 20 世纪是相似的吗？佩鲁并未回答这个问题，他的叙事（最初它并不是真正的理论）在规划者之间却非常成功。

（二）应用地理学

区域规划在20世纪50年代尚建在不稳定的基础上。经济学家对其专业秘诀表现出比其他社会科学家更有自信，但是在区域经济的性质与形成区域经济动态的不均衡的原因尚未被完全了解的情况下，地理学者自然试着与经济学家竞争。

为了响应社会对规划的需求，有些地理学者决定发展地理学科的实用方向，建议改变课程，以提供更多空间给城市与经济分析、地图学与遥感探测等课程。当时的社会一直增加规划师的职位，应用地理学者乃竞争其位。但应用地理学者并不一定成功，因为他们不懂经济学家与规划学者所使用的语言和理论，也不熟悉计量方法和抽样技巧。他们唯一有利的条件是拥有地理实察训练，可惜在20世纪50年代末和20世纪60年代初，这方面的能力并未增加地理学与大多数规划组织的关联性。

马克思主义地理学者对城市和工业发展有兴趣，但是他们并不希望"帮助资本主义逃避其矛盾对立"，因此对应用地理学发出严厉批判。当地理学的情况开始改善而地理学者正开始逐渐熟悉经济观念时，这种批判造成破坏性的反面效果。乔治对20世纪40年代最早的规划报告曾有贡献，此时则处境困难。许多他以前的学生因属于激进马克思主义者要求他谴责应用地理学。他并未答应，但主张针对应用地理学中富有批判性者称之为"行动地理学"（active geography）。他这种做法更增加了地理学专业领域的知识混淆。

20世纪50年代初期，马克思主义的拥护者很多，但在1956年苏联出兵布达佩斯之后开始减少。这种弃离现象反映出马克思理论对空间分析的有限性。许多左翼地理学者（left wing geographers）支持应用地理学而不喜欢马克思主义激进分子的虚伪态度。到了20世纪60年代，只有少数的地理学者着迷于马克思主义，其中最具影响力的是拉哥斯特（Yves Lacoste, b.1929），他是乔治以前的学生，主要研究低度开发的问题。1968年的学生动乱，是最

第十章 最近演化出来的多样性:20世纪50年代以来的法国地理学

后一次引爆马克思行动主义(Marxist activism)。但到了20世纪70年代初,马克思主义已不再流行于法国地理学者间,他们不被马克思社会学的列斐伏尔学派所引诱——他们在20世纪50和20世纪60年代曾与他一起工作,现在不再被列斐伏尔以及卡斯泰尔(Manuel Castells)、洛伊克内(Jean Lojkine)或利皮耶兹(Alain Lipietz)的著作所打动。法国地理学界当时已免疫于英国和美国新一代地理学者所喝彩的马克思主义之意识形态。

20世纪60年代初期,法国地理学者不满的情绪激增。法国地理学界对现代社会及其城市化和工业化方面的研究虽有一些进展,但未能发展出适合规划的理论基础,仅描述并解释过去的发展,却无预测的工具,也没有规范性的学说来说明如何改进经济与社会生活的空间面向。在持续的人文地理学危机下,年轻学者们遂转向情况较佳的自然地理学。

四、气候地形学与系统性自然地理学的发展

(一)气候地形学

20世纪30年代末期,法国地理学者们对气候影响于风化、侵蚀及地形演化的问题产生兴趣。在半干燥或干燥的地中海国家,地形学者被景观中许多岩石或冲积扇所吸引。对热带国家的研究,金(Lester C. King,b.1934)描述南非山麓平原、巴西东部、安哥拉及印度南部的德干地区之穹隆或圆锥的地形。对温带国家的研究,发现更新世(pleistocene)冷期之冰河前缘发展对地形演化的影响。这些发现使学者们着迷,第二次世界大战期间,动力气象学大有进展,而热带地区天气形成过程的知识亦开始发展。

法国有一群活跃而聪明的地形学者,他们当中许多人切断与戴维斯传统的关系,而博利(Henri Baulig)却仍试着将侵蚀循环的观点与新发展路线作调和。20世纪30年代里一位气候地形学(climatic geomorpology)的先驱比罗(Pierre Birot,1909—1980)强调过程的重要性,并且使年轻地形学者转向岩石结构、地面堆积物、花粉等的分析。德雷什(Jean Dresch)探讨干燥沙漠地形学。这个新

学派最初的代表人物是特里卡尔(Jean Tricart，1920—2003)，他经常与一位研究更新世的地质学者喀约(André Cailleux)合作。特里卡尔的名声最初依赖他在法国东部冰河前缘形成过程的分析，但他很快就成为气候地形学的主要代表人物。在许多方面，气候地形学是戴维斯理论的当然成果：常态的侵蚀作用已经被阐明之后，可研究的边际问题仅是例外气候。但是对 20 世纪 50 年代初激进马克思主义的特里卡尔而言，戴维斯理论是"资产阶级"且反动的。他认为自己提出的气候解释比戴维斯的更先进！

特里卡尔的许多论点似是而非，但他对气候地形学与结构地形学(structural geomorphology)中不同部分之综合工作留下完整纪录，这对其学生和其他学者都非常有用。当许多马克思主义地理学者诽谤应用地理学的时候，他提倡的应用地形学(applied geomorphology)是成功的。他在斯特拉斯堡(Strasbourg)大学教书，20 世纪 50 年代和 20 世纪 60 年代，其研究室曾吸引许多法国和外国的学生来研究。

20 世纪 50 年代期间，特里卡尔对自然地理学领域的影响，犹如乔治在人文地理学领域，为自然地理学的分支学科(如地形学、气候学等)提供了清晰明确的概念以及理论基础。通过他的环游世界而发展出多彩多姿的地形学专门知识。参与他的野外实察总是获得宝贵而有益的经验，因为他将观察到的与得自其他地方的证据加以比较。

总括而言，特里卡尔的全球性影响或许不全是正面的。他主张的自然地理学属于高度技术性，需要具备矿物学、地质学、地质工程学等的训练。那些跟随他的年轻地形学者逐渐和第四纪地质学者(quaternary geologists)采取相同研究路线；最后，有些转到地球科学系去发展了。

(二) 生态学、生物地理学与景观

20 世纪 50 年代本应向其他值得发展的取向发展,因为那时奥德姆(E. P. Odum)的《生态学基本原理》(*Fundamentals of Ecology*)一书已问世,一些地理学者了解这本书的重要性,譬如拉里戈利(Gabriel Rougerie, b. 1918)试着在 20 世纪 60 年代初期使生态学(ecology)的方法大众化,但是失败了。

法国地理学在生物地理学(biogeography)方面的研究一向很弱——除了植物学者,如在图卢兹(Toulouse)的高森(H. Gaussen,1891—1981)或在蒙彼利埃(Montpeller)的安贝杰(Louis Emberger)。20 世纪 60 年代,许多地理学者认为下一个将发展的领域将是生物地理学。比罗(Pierre Birot)愈来愈提倡这方面的自然地理学。他出版了有趣的世界景观带(the landscape belts in the world)研究。

伯特兰(Georges Bertrand,b. 1935)曾在图卢兹的高森(Gaussen)研究室接受地理学以及植物学双重训练。他在 20 世纪 60 年代末期,撰写有关西班牙坎塔布连山脉(Cantabrian Mountains)生物环境,这篇有原创性的博士论文,使其成为法国生物地理学界之领导者。他发现当时自然地理学里的苏联景域学派(the Soviet landschaft school),并采用苏联流行的系统分析方法(system analysis approach)。当时以能量为基础的生态学新取向,令自然与人文地理学者推展出新视野之际;他却采取对自然力量与回馈作详尽而冗长之测量与探讨,导致同僚们误认为自然环境太复杂,恐怕难以发展模式有效地描述!

法国自然地理学的学者们的确未在最适当的时刻做出最佳选择。结果在 20 世纪 50 年代和 20 世纪 60 年代初,地位正盛的自然地理学开始衰落。但自 20 世纪 80 年代末期,因为对生态学过程以及对环境、灾害及灾害评估的人文意义有了新的兴趣,自然地理学的现代化目前正在更稳定的基础上发展。

五、新地理学与区域研究的现代化

(一) 法国新地理学发展的情况及对区域组织的重视

在北欧、美国和英国,新地理学注重距离在人类互动中的角色,此与纳入计

量方法以及区域研究的衰微两方面有关。法国的新地理学观念则与区域研究相连接,并与其后发生的计量革命有所区别。

法国在20世纪50年代里的区域研究,常以机械式重复分析为基础。一些维达尔的地理学基本概念,自1908年到1910年之后已被遗忘,因此学者认为回归法国学派的起源应有助于地理学的现代化。法国当时最著名的区域地理学者之一的朱利亚尔(Etienne Juillard,b.1914)在1962年的《地理学年鉴》(Annales de Géographie)上发表了一篇激发思考的文章《论区域定义》(La région. Essai de définition),反对以区域的自然和景观概念对抗城市中心化和极化的概念。如此一来,他走回维达尔晚年著作中论及的主要课题。

各地新地理学的研究核心是探讨久被忽略的距离对社会互动的影响。在法国,此新研究路线顺应着一般取向,但它较深入强调空间连接的结构及其建构的网络系统,以及产生的空间组织。为了解释区域动态,法国新地理学探讨了被英美地理学者所忽略的宏观经济学机制。

法国新地理学并没有依赖英国或美国新地理学所用的经济学。布德维尔(Jacques Boudeville)提出成长极(polarized growth)的理论基础,提供各区域间关系之分析,使此关系的进展结果不至于被忽视。20世纪60年代末,新地理学研究法的发展有助于领域组织(territorial organizations)的普遍性解释(见克拉瓦尔,《区域、国家、大空间:区域整合的普通地理学》,Paul Claval, Régions, nations, grands espaces. Géographie générale des ensembles territoriaux, 1968)。对区域组织的改良分析被认为是来自新发展路线的成果。

(二) 计量方法及其在法国的取向

法国地理学者中只有少数人懂得经济学且有能力采用新地理学的概念。从20世纪20年代起,区域研究青睐类型学(typologies),但大多数的法国地理学者对类型学在社会科学上发展的解释模式不感兴趣。他们希望利用新方法,特别是计量方法,以更精准和确实的基础建立更多的类型。对他们来说,理论

第十章 最近演化出来的多样性：20世纪50年代以来的法国地理学

和模式都不被认为是新地理学的重要部分,他们主要的兴趣在归纳性的统计方法,例如因子分析(factor analysis)。他们常依赖由法国地图学者贝丹(Jacques Bertin, b.1918)所发展的因子分析(factor analysis)的视觉形式(visual form),或者法国数学家本泽柯瑞(Benzecri)的相符分析(correspondance analysis),这两种方法都对类型学的发展有效。

20世纪60年代初期,卡雷尔(F. Carrère)和潘什梅尔(Ph. Pinchemel, b.1923)已开始发展这条研究路线。第二代新地理学者在1968年与学潮同时期出现于法国。与其先驱者相比,他们理论指向较少,更依赖归纳性方法。

20世纪70年代中期,法国计量地理学者发现系统分析吸引他们的三个原因：① 苏联地理学对其中一些人的影响较强烈；② 许多人坚持科学观点而将对因果关系的研究等同于将现实简化,他们强调辩证法的角色,系统分析遂被视为辩证法的现代科学形式；③ 系统分析能涵盖自然与人文地理学。

(三) 返回区域研究

大多数新地理学者于20世纪70年代仍然认为现代学科的基础任务之一是建立区域组织的类型。20世纪80年代期间逐渐显出系统分析不是一个有用的研究取向。由于对系统分析的失望,他们的兴趣逐渐移回区域研究。法国新地理学领导人物之一的柏内(Roger Brunet, b.1931),乃依赖结构主义理念提出研究区域地理学的新方法。他在20世纪80年代初期,强调空间组织最小单位是chorems(与语言学家所称的词素(morphems)类似);1986年他提出新世界地理学(new universal geography),且称之为"雷克吕世界地理学"(RECLUS Universal Geography)(参见第七章第二节)。在过去这些年里,超过50位法国地理学者忙着诠释全世界的区域结构和区域组织。

在20世纪90年代后期法国地理学的研究中,经济和城市方面已不再似20世纪60年代与20世纪70年代初期之位居学科中心。学者们已开始应用社会、政治或文化地理等领域的研究成果。其中一些人且发觉必须努力于区域组织理论的更新,因此最近几年陆续出版一些有关社会和文化力量运作形成之空间结构的书籍。

六、社会地理学和政治地理学

因为马克思主义在法国地理学者间不再流行,所以20世纪70年代里没有发生与英语系世界的大学中曾经历的激进运动。法国地理学界亦未发生人本主义革命(humanistic revolution),事情以不同的方式发展。

(一) 生活空间地理学

有些法国地理学者对当时大部分地理学界的论述品质感到不满,他们知道传统研究法有缺点,但亦惋惜辞句优美的论文之消失。费蒙(Armand Fémont, b. 1933)认为良好的作品有助于表现区域的气氛(the atmosphere of regions),譬如可带出在渔村社区内、山区居民中及市场人群之不同伦理环境特性。由于对真实人物的重视,他发展出在识觉(perception)研究的兴趣,例如对法国诺曼底(Normandy)的商人或产业界人士与自20世纪60年代以来因产业合并而引进的新管理阶层之间的态度研究,发觉差距很大。他在20世纪70年代早期写过一些很好的论文、后期又发表原创性短论《区域,实际(生活)空间》(*La région, espace vécu*,1976年)来表达其理念。

对1972年至1973年的一群法国地理学者而言,"空间生活经验"(the lived experience of space)是地理学研究的一个基本部门。英美地理学者在当时发展出对地方(或场所)感(the sense of place)的研究兴趣。但在法国研究"生活空间"(the lived space)一组人的知识根基完全与英美的地方感的研究不同。20世纪70年代末期情况改变了。有关地方感的英语文学(literature)、小说(novels)、现象学和人本主义研究取向(phenomenological and humanistic approaches)的论文均被广泛阅读。法国地理学者终于发现对此新方向贡献最早、而以前却完全被忽略的学者达德尔(Eric Dardel,1900—1968)。

第十章 最近演化出来的多样性：20世纪50年代以来的法国地理学

（二）达德尔被重新发现

依照法国当时对中等学校教师培训的规范，达德尔拥有历史学和地理学两方面的素养，但他自认是历史学者。他的博士论文是讨论法国北部的渔业史。他从未任教于大学，却是一位非常成功的中学教师，在教职生涯的最后20年里主持一所实验中学。他出身于信仰新教的家庭，新教教义在他的生活里很重要，同时他娶了新教牧师连阿德（M. Leenhardt，1878—1954）的女儿。连阿德牧师曾在太平洋中的法属新喀里多尼亚群岛（New Caledonia）度过20年的光阴，是20世纪30年代法国最著名的人类学者。达德尔在参加岳父连阿德牧师每礼拜天中午的家庭聚餐时，常会遇见罗马尼亚裔的宗教史大师伊利亚德（Mircea Eliade，1907—1986）以及他的小舅子科尔滨（Henri Corbin）。科尔滨是将海德格尔（Martin Heidegger）⑤介绍给法国大众的哲学家，并且将海德格尔（图10-2）的书籍译成法文。但德语流畅的达德尔自从表示希望翻译一本海德格尔的书之后，就和科尔滨处于长期对立的状况。

图10-2 海德格尔（Martin Heidegger）

达德尔于1952年出版了《人类与土地：现实地理学的性质》（*L'homme et la terre, Nature de la réalité géographique*）。这是他写过唯一有关地理学的小书。因为搜集在哲学丛书里被法国地理学期刊所忽略。这本简短的书，以优雅的法文赋予地理学以哲学的取向。书中主要的议题如：人类在这个世界上存在的意义是什么？他们如何达成给予他们存在的意义？这些问题是海德格尔式的，但它们与作者的新教哲学属同一性质。这归功于他认识了伊利亚德，而使他能够解读宗教的不同起源以及涵盖渎神和敬神的复合地理学（complex

---

⑤ 译者注：海德格尔（Martin Heidegger），1889—1976，德国哲学家，存在主义首倡者之一。认为人类处境就是揭露人和存有关系的一种手段，这种想法受世人重视。其经典之作为《存有与时间》（*Sein und Zeit*，1927；英译本，1962）。

geography)。

从 20 世纪 80 年代初起,达德尔的书籍广泛地为法国地理学者们所阅读,他的书给予对"空间生活经验"的研究一个更哲学性和现象学的面向。

(三) 社会和政治地理学

1. 社会和政治地理学在 20 世纪 70 年代和 80 年代的发展有其重要性

法国地理学者以不同的观点进入政治及社会地理领域。20 世纪 60 年代,一些地理学者沿着法国新地理学观点的区域组织之经济基础开始这方面的研究。20 世纪 70 年代初,他们认为对空间组织有影响的社会和政治力量已被忽略,因此决定探讨社会学及政治科学对空间过程知识的贡献(Claval,1973,1978)。

对社会地理学(social geography)的研究兴趣已呈现在 20 世纪 50 和 20 世纪 60 年代的出版品里。这些研究集中于社会阶级的描述,分为经验的或马克思主义两类。他们认为社会差异是出于经济后果。但他们在分析社会生活里没有距离的角色,也没有考虑在阶级意识(class consciouness)的发展中空间的重要性。

其后的法国新社会地理学者则聚焦于社会生活中空间和距离的角色,而且因此探讨引导社会关系的制度化系统。他们特别关注科层体制和政治组织(bureaucracies and political organizations),那是控制许多生活在广阔地区的群体之有力工具。他们利用韦伯式(Weberian)的纯权力、威权和非凡能力(charism)来说明在政治过程中不同距离的衰减效应(decay effects);并使用沟通理论(communication theory)来显示技术革新(technical innovation)对团体意识(group consciousness)演进的冲击。

2. 另一批左翼地理学者们发展了社会地理学

20 世纪 80 年代初,佛利蒙(Armand Frémont)成为一些马克思主义地理学者团体的领导者,并且在 1984 年编辑了一本有关社会地理学的重要论文集。

这些地理学者曾是、而且现在仍是非常活跃的。他们不愿意依赖列斐伏尔

第十章 最近演化出来的多样性:20世纪50年代以来的法国地理学

和其他马克思主义社会学家或经济学家的理论诠释,但是却热衷于社会困乏、贫穷和剥削的问题。今日,他们之中一些人颇接近英国或美国的激进地理学(radical geography),并且依赖其新形式的马克思主义理论。

3. 法国大学里的政治地理学在20世纪70年代中期以前呈现消失状态

在两次大战期间,法国地理学者曾强烈批评豪斯霍弗尔⑥的地缘政治学(geopolitics)以及地缘政治学与国家社会主义(national-socialism)的结合。法国当时发展地缘政治学是为了探究欧洲的和平条件,并非为了寻求权力:为了免于与任何国家的社会主义者妥协。自1945年之后,由于马克思主义和法国共产党控制了科学界的舆论,探究政治地理学(political geography)变得不可能,因为在政治上会被认为不正确。这种知识恐怖主义(intellectual terrorism)对法国的影响长达30年。当时敢出版有关政治地理学教科书的地理学者唯有戈特曼(Jean Gottmann,1915—1994),因为他是犹太人,而且在1941年曾逃离纳粹党,所以没人能指控他会与纳粹主义(Nazism)勾结。

政治地理学的禁忌在20世纪70年代中期消失了。对于注重理论的新地理学者而言,政治机制的探究必须与社会力及规范平衡(见Claval,1978)。开始从事此领域之研究者,例如桑干(André-Louis Sanguin)当时他在加拿大法语地区教书,对美国政治社会学和地理学的发展很感兴趣。另一位瑞士法语区的激进地理学者拉费斯坦(Clauale Raffestin)在地理学里使用了一些由符号学者或福柯(Michel Foucault,1926—1984)所发展的概念。

拉格斯特(Yues Lacoste)成功地介绍了地缘政治学。他在20世纪50年代末和20世纪60年代里一直是最重要的马克思主义者。1968年他成为毛主义者(Maoist),并且由于他应用马克思主义对低度开发区的分析,在当时激进学生之间很受欢迎,特别是在那些从中东、非洲或南美洲来的学生之中。1976年他创办了新的定期刊物 *Hérodote*,撰文攻击地理学所扮演的军事性角色。

---

⑥ 译者注:见第六章第三节(三)及注⑨。

他同时出版了小册子《地理学的首要服务是制造战争》(*La géographie. ça sert, d'abord, à faire la guerre*),其中意思更为明确。但是很快地,*Hérodote* 期刊的定位变了,改为仅涉及政治问题。其研究方法既不新颖也非原创性,议题多为边界问题、国际冲突和问题地区。作者经常依赖多方实地考察、详尽的档案知识,并且强调说明危机和冲突的起源之特殊情况。撰文者多半自我约制不引用任何大理论。

由于 *Hérodote* 刊载的文章重心是政治人物的策略,在人们逐渐怀疑理论的价值时,强调现实情况的论文很快就大受欢迎。拉格斯特在未受到地理学者或其他社会科学家批判的情况下,重新介绍了地缘政治学这个术语。

七、对实际境遇、历史地理学和文化地理学兴趣的恢复

拉格斯特的地缘政治学之成功有部分原因在于最近 20 年里知识环境的转变。这种发展不仅地理学受影响,历史学和人类学亦同样受到影响。历史学的"年鉴学派"(Annales School)⑦在计量经济史的领域里赢得其首度胜利,即最重要的"年鉴学派"历史学家之一的雷豪-拉杜希(Emmanuel Leroy-Ladurie)改以经济事件重组、或以气候变迁史撰写出卓越的专论。例如,他对比利牛斯(Pyrénées)山区的中世纪异教小村社区蒙泰尤(Montaillou)的研究。

反映于对实际境遇(concrete situations)⑧和文化分析(cultural analysis)的新兴趣是:法国地理学者们重返他们在 20 世纪 60 年代和 70 年代所忽略的历史地理学和文化地理学(historical and cultural geography)。新的历史地理学者以经验主义方法论为主,他们集中焦点于法国景观史(history of French landscapes)、西方城市史(history of western cities)等,其中一些人的研究特别提出文化的取向。

文化地理学的确是 20 世纪 80 年代以来法国地理学中经历较大转变的领

---

⑦ 译者注:"年鉴学派"的注释详见第七章第六节(一)。

⑧ 译者注:境遇主义(situationnisme):20 世纪 60 年代出现在法国学生中间,以反对现存社会结构为目的的运动。

第十章 最近演化出来的多样性：20 世纪 50 年代以来的法国地理学

域。法国文化地理学者知道外国有关识觉（perception）的研究，并且经常研究，但是他们对其社会学的面向较其心理学的面向要敏感。社会地理学（social geography）的发展、通过达德尔的重新发现，以及从语言学者（linguists）和民族（或人种）志学者（ethnographers）借用的类别上，这些都教导社会地理学者们注意那些看似个体意见的集体决定。识觉是由文化所形成的，而文化是由社会环境传递给每个个人。

法国文化地理学主要处理文化传播的空间取向。贝尔克（Augustin Berque, b. 1942）的《日本的生活空间》（*Vivre l'espace au Japon*）以及《自然与人为的关系》（*Le sauvage et l'artifice*）两书开启了人与空间和人与自然关系的新观点，以及它们在文化偏好上的依赖。波尼迈（Joël Bonnemaison, 1940—1998）对南太平洋、法属瓦努阿图岛（Vanuatu）的研究，重新介绍了神话对地理学之重要性。

八、结 论

当今法国地理学的特性是结构复杂。自然地理学被分类为数门专业化的次领域，如气候学、水文学、地形学、土壤学、综合研究的生态学及其对人类社会的意义，包括全球变迁的自然灾害等课题。区域地理学一向是地理学科的重要部分，但它涵盖了不同的研究途径：① 沿着最初在 20 世纪 60 年代发展的理论路线，目前正着手于核心与边陲的组合、逆城市化与城市化过程之空间组织形式。② 人类群体领域的重要性已成为法国地理学者主要关怀之一。此外，它还综合了对社会和识觉的研究途径。

20 世纪 70 年代和 20 世纪 80 年代初期曾以系统分析为研究方法的一些地理学者，今日使用曼德柏（Mandelbrot）的碎形几何（fractal geometry）或普里戈金（Ilya Prigogine）对因果关系的批判（criticism of causality）来以偶发事件过程（haphazard processes）解释社会和空间组织的形成。

比较法国和美国或英国地理学的演化时期，显示了明显的相似处，即 20 世纪初对研究方法发展的不满意；强调经济模式和计量方法的新地理学发展；20

世纪 70 年代初对社会和政治现实的兴趣渐增,以及从 20 世纪 60 年代和 20 世纪 70 年代之注重理论性,而于 20 世纪 80 年代后转回更实际的区域研究。

但差异处和相似处一样明显。相较于北美或英国所经历的决裂性取代;法国地理学的改变呈现渐进式,从未形成巨变,而是以连续发展取代了革命。

上述的相似处反映了双方社会和经济演进的对应以及这些普遍因素对地理学操作上的影响。此相似处亦来自国际间理念的扩散,法国地理学者已逐渐对国外发生的事变得好奇,且更主动地引进理论和方法。相反地,由于语言的隔阂,英国或美国的地理学者通常忽略了法国地理学的发展。

法国与美国或英国地理学间的差异与学术机构的结构(structure of Aacademic institutions)及科学研究的社会学(sociology of scientific research)等方面有关。要解释科学争端和发展,探讨英语世界的研究所及其年轻的学者群是必要的。学术社群在法国较为支离破碎,大多数准备博士论文的学生既无酬劳也无奖学金,他们必须半工半读;因为大部分地理学系的空间严重不足,不太可能提供研究室给学生们,所以没有组织良好的年轻学者社会团体出现,每个人都独自做研究。

有些差异是反映长久以来的发展特色——例如法国对区域描述、空间组织或者对类型学的偏好。

德国地理学已并纳了英国和美国 20 世纪 60 年代以后的发展结果,但它却坚持一些较重要的方向。沃思(Eugen Wirth)的《理论地理学》(*Theoretische Geographie*)以现代的观点来分析距离在社会系统里的影响,但同时它强调主要文化差异的角色。韦伯(Max Weber)对"理想典型"(ideal types)的一些观点仍是存在的。

意大利地理学者们一直对发现史和旅游叙事感兴趣,它的确说明了由识觉的研究(perceptual studies)在 20 世纪 70 年代后地理学科复兴上所扮演的角色。

即使在这个旅行方便、通信系统有效率,以及在英语优势的条件下导致地

第十章 最近演化出来的多样性：20世纪50年代以来的法国地理学

理学逐渐一致化的时期里，继续存在于各国间的差异，仍显示出欧美世界在科学研究态度上的复杂性。

思 考 题

10-01 法国在"光辉的三十年"（1945—1975年）期间，哪些方面得到快速成长？此时期的地理学有哪些大方向的发展？

10-02 法国地理学自第二次世界大战至今与马克思主义的关系如何？主要与哪些领域相关？马克思主义曾引爆法国地理学界吗？

10-03 试述第二次世界大战后期，法国应用地理学发展的社会需求及地理学界对此的反应。

10-04 当代地理学的主流观点有哪些？就法国而言，说明知名的地理学者如彭萨德、乔治的主要研究内容及其领域。

参考文献

General

Johnston, R. J. and P. Claval (eds), *Geography since the Second World War. An International Survey*, London, Croom Helm, 1984, 290p.

French Geography

Berque, Augustin, *Vivre l'espace au Japon*, Paris, PUF, 1982, 222p.

Berque, Augustin, *Le sauvage et l'artifice. Les Japonais devant la nature*, Paris, Gallimard, 1986, 314p.

Berque, Augustin, 1990, *Médiance. De milieux en paysages*, Montpellier, Reclus, 1990.

Berque, Augustin, *Les raisons du paysage*, Paris, Hazan, 1995, 192p.

Berque, Augustin, *Ecoumène*, Paris, Belin, 2000, 271p.

Bertrand, Georges, "Paysage et géographie physique globale. Esquisse méthodologique", *Revue de géographie des Pyrénées et du Sud-Ouest*, vol. 39, 1968, pp. 249—272.

Birot, Pierre, *Le Portugal. Etude de géographie régionale*, Paris, A. Colin, 1949, 223p., cf. p. 76.

Bonnemaison, Joël, *La géographie culturelle*, Paris, CTHS, 2002, 152p.

Boudeville, Jacques R., *Problems of Regional Economic Planning*, Edinburgh, Edinburgh University Press, 1966, 192p.

Brunet, Roger, *Les campagnes toulousaines*, Paris, Boisseau, 1965, 728p.

Brunet, Roger, Olivier Dollfus, *Mondes Nouveaux*, Paris, Hachette-Reclus, 1990, 551p.

Carrère, F. , Ph. Pinchemel, *Le fait urbain en France*, Paris, A. Colin, 1963, 360p.

Cholley, André, *Guide de l'étudiant en géographie*, Paris, Presses Universitaires de France, 1942, 231p.

Claval, Paul, *Géographie générale des marchés*, Paris, Belles Lettres, 1963, 360p.

Claval, Paul, *Régions, nations, grands espaces. Géographie générale des ensembles territoriaux*, Paris, M.-Th. Genin, 1968, 837p.

Claval, Paul, *Principes de géographie sociale*, Paris, Marie-Thérèse Genin et Litec, 1973, 352p.

Claval, Paul, "Contemporary Human Geography in France", *Progress in Geography* 7, 1975, pp. 253—292.

Claval, Paul, "Le marxisme et l'espace", *L'Espace Géographique*, vol. 6, 1977, pp. 145—164.

Claval, Paul, *Espace et pouvoir*, Paris, PUF, 1978, 257p.

Claval, Paul, *La logique des villes*, Paris, Litec, 1981, 634p.

Claval, Paul, "Urban Land Economics and Urban Geography in France since the 60s", *Urban Geography*, vol. 5, n° 4, 1984, pp. 281—291.

Claval, Paul, "Social Geography in France", in John Eyles (ed.), *Social Geography in International Perspective*, Beckenham (Kent), Croom Helm, 1986, pp. 13—29.

Claval, Paul, "Les géographes français et le monde méditerranéen", *Annales de Géographie*, 97, 542, 1988, pp. 385—403.

Claval, Paul, *La géographie au temps de la chute des murs*, Paris, L'Harmattan, 1993, 343p.

Claval, Paul, *Initiation à la géographie régionale*, Paris, Nathan-Univeristé, 1993, 288p.

Claval, Paul, *La géographie culturelle*, Paris, Nathan-Université, 1995, 384p. ; 2d ed. , A. Colin, 2003, 287p.

Claval, Paul, *Epistémologie de la géographie*, Paris, Nathan-Université, 2001, 266p.

Dardel, Eric, *L'homme et la Terre. Nature de la réalité géographique*, Paris, PUF, 1952, 134p.

Dauphiné, André, *Espace, région, système*, Paris, Economica, 1979, 167p.

Di Méo, Guy, *L'Homme, la Société, l'Espace*, Paris, Anthropos, 1991, 319p.

Di Méo, Guy, *Géographie sociale et territoires*, Paris, Nathan-Université, 1998, 320p.

Dion, Roger, 1959, *Histoire de la vigne et du vin en France*, Paris, chez l'auteur, 768p. .

Frémont, Armand, *La région, espace vécu*, Paris, PUF, 1976, 223p.

第十章　最近演化出来的多样性：20 世纪 50 年代以来的法国地理学

Friedmann, Georges (ed.), *Villes et campagnes. Civilisation urbaine et civilisation rurale en France*, Paris, A. Colin, 1953, 480p.

George, Pierre, *Introduction à l'étude géographique de la population du monde*, Paris, I. N. E. D., 1951, 384p.

George, Pierre, "La vie et l'oeuvre de Max. Sorre", *Annales de Géographie*, vol. 71, 1962, pp. 449—459.

George, Pierre, *L'action humaine*, Paris, PUF, 1966, 246p.

George, Pierre, Raymond Guglielmo, Bernard Kayser, Yves Lacoste, *La géographie active*, Paris, PUF, 1964, 394p.

Gilbert, Anne, The New Regional Geography in English- and French-Speaking Countries, *Progress in Human Geography*, vol. 12, 1988, pp. 297—316.

Gottmann, Jean et. al., *L'aménagement de l'espace*, Paris, A. Colin, 1952, 140p.

Gottmann, Jean, "Maximilien Sorre", *Geographical Review*, 53, 1963, pp. 464—465.

Gravier, J.-F., *Paris et le désert français*, Paris, Flammarion, 1947.

Hautreux, J., M. Rochefort, "Physionomie générale de l'armature régionale française", *Annales de Géographie*, vol. 74, 1965, pp. 660—667.

Juillard, Etienne, "La région: essai de définition", *Annales de Géographie*, vol. 71, 1962, pp. 483—499.

Juillard, Etienne, *La "région". Contribution à une géographie générale des espaces régionaux*, Paris, Ophrys, 1974, 230p.

Labasse, Jean, *L'organisation de l'espace*, Paris, Hermann, 1966, 605p.

Le Lannou, Maurice, *La géographie humaine*, Paris, Flammarion, 1948, 252p.

Martonne, Emmanuel de, "Géographie zonale: la zone tropicale", *Annales de Géographie*, vol. 55, 1946, pp. 1—18.

Meynier, André, *Histoire de la Géographie Humaine en France*, Paris, PUF, 1969,

Perroux, François, *L'économie du XXe siècle*, Paris, PUF, 1961.

Phlipponeau, Michel, *Géographie et action. Introduction à la géographie appliquée*, Paris, Armand Colin, 1960, 227p.

Ponsard, Claude, *Economie et espace*, Paris, SEDES, 1955, 467p.

Ponsard, Claude, *L'histoire des théories économiques spatiales*, Paris, Armand Colin, 1958, 202p.

Rougerie, Gabriel, *Géographie des paysages*, Paris, PUF, 1968, 128p.

Sorre, Max., *Les fondements de la géographie humaine*, Paris, A. Colin, 1943—1953, vol. 4.

Tricart, Jean, "Cent ans de géomorphologie française dans les Annales de Géographie", *Annales de Géographie*, vol. 100, 1991, pp. 578—616.

Vennetier, Paul, "A travers un siècle de géographie humaine française dans les pays tropicaux", *Annales de Géographie*, vol. 100, 1991, pp. 644—677.

German Geography

Ehlers, Eckart (ed.), 40 *Years after*: *German Geography*, Bonn, Deutsche Forschungsgemeinschaft, Tübingen, Institute for Scientific Co-operation, 1992, 285p.

Italian Geography

Celant, A. and A. Vallega, *Il pensiero geografico in Italia*, Milan, Franco Angeli, 1984, 260p.

Corna-Pellegrini, Giacomo and Carlo Brusa, *Italian Geography* 1960—1980, Roma, AGEI, Vareze, ASK edizione, 1981, 312p.

Di Biasi, Adalberto, Berardo Cori, Giacomo Corna-Pellegrini et al., *Geografia*, Turin, Fondazione Giovanni Agnelli, 1990, XI—329p.

Spanish Geography

Capel, Horacio, "La Geografia espanola tras la guerra civil", *Geo Critica*, n° 1, University of Barcelona, 1976, 36p.

译者参考文献(请参见附表一)

第十一章 地理知识形式与制度的关联

一、前 言 \ 228

二、对"比较研究"(comparative studies)的兴趣 \ 229

三、对"深厚描述"(thick descriptions)的兴趣 \ 232

四、社会组织形式、地理知识(geographical lores)以及社会对地理知识(geographical knowledge)的需求 \ 235

五、学术地理学的社会变迁 \ 243

六、结 论 \ 245

思考题 \ 246

参考文献 \ 246

一、前　言

先前的章节中陈述了西方地理学的各主要传统，它们很早就发展出明确的领域。这种情况相当特别，因为在大部分的社会里，地理知识并未从它们应用的环境中独立、而自主地朝向空间和环境科学发展。非西方的传统在地理学内常被忽略，因为它们未曾个别发展、未曾明确寻求理性解释，即所谓因果关系。它们所牵涉的因果关系有时是属于秘术型（magic type）的。然而并不是说这些传统是无价值的：事实上，它们经常得自于精确的观察以及依赖可靠现象间的相关性。

下文的目的并非叙述非西方传统的地理学，而是显现如何以西方的知识传统来诠释它们。下面两点特具意义。

（一）地理学并非在真空状态中发展，它一直是特定社会的产物

地理知识与社会组织间的关系应被详细探讨。从西方传统推论出来的课题有助于对非西方传统的了解。科层体制（或称官僚体系，bureaucracies）需要明确形式的地理资料，这在西方或东方都类似，因为行政行动背后的逻辑相同，例如所有机关皆需要名册。本章将讨论这方面的问题。

（二）在传统社会里的空间思考（spatial thinking）大部分是规范性的

它设立许多规则指示在适当的地方建造适当的房子、在不同的环境里的适切举止、如何区划田野、花园、公园或街道以表达宗教信仰，以及指示耕作、播种和收割的正确时令。有些对规范性思考的杰出研究已经出版，例如惠特利（Paul Wheatley, b. 1921）的《四方之极》（*The Pivot of the Four Quarters*）。在过去，这类专论因为缺少分析性和规范性（normative）思想之间的关系，故通常被地理思想史的学者们所忽略。下一章将探讨这方面的课题。

任何历史的研究里有许多限制，为了减少这些限制而诉诸于"比较研究"

(the comparative studies)(参见本章第二节);或采用新方法论(new methodologies),以基尔兹(Clifford Geertz)所主张的"深厚描述"(the thick descriptions)来了解地理学演化的特色(参见本章第三节)。在免除地理学者因自己社会身份造成研究限制的主要办法,即是探讨社会需求的性质、并注意自己如何涉入或者另行发展一种自我方向(参见本章第四和第五节)。

二、对"比较研究"(comparative studies)的兴趣

(一)陈述西方地理学传统时,宜挑选各时期中最具整体事象意义者

写历史需要选择观点,但你一旦依赖某一种观点,就会排斥一部分现实。既然没有一种方法来避免这种偏袒,唯一改善的方式就是发展比较研究(comparative studies),以便调整为较正确的眼光,这就是我们在上面数章所为。第七和第八章探讨主流地理学的发展(也就是用英文出版的论文)。第九章涵盖相同的时期,不过探讨的是法国地理学,与一般定位相似,但发生的时间与方式不同。因此强调这门学科在特别观点上的明显对比。

(二)改善观点的另一种方式是讨论地理学内分支学科的发展

地理学就整体而言,它与其他社会科学如社会、政治和文化等的关系常被遗漏,但它们对地理学科内一些特定次领域有其影响力。

最近30年里出版的一些地形学史,针对这些问题提供了有趣的例子。在《衰退中的地球》(*The Earth in Decay*,1969)一书里,达维耶(Davies)阐明了17和18世纪的研究是如何受到加尔文教徒(calvinist)因天谴星球的观点所影响。在贝金赛尔(Beckinsale)、乔莱(Chorley)和邓恩(Dunn)的《地形研究史》(*The History of the Study of Landforms*,1991)这部不朽著作的第一册里,他们亦强调地形学的发展直到19世纪30年代仍涉及创世的神学问题——此时已在赫顿(James Hutton)及普莱费尔(John Playfair)之后了[参见第四章第四节(三)]。该书也探讨地质学和地形学在19世纪中之关系是何等接近,以及在控制山区洪水或是改善主要河川航行中工程师们所扮演的角色。在某些国

家里，例如法国，陆军官员们在地形学界里特别活跃而且提供有意义的科学成果。

农业地理学提供了次领域研究形式的另一佳例。在19世纪90年代之前，未曾出版过探讨农业或乡村景观(rural landscape)的地理专书。这个事实显示了一个主要问题，在绝大部分由乡村农民所形成的社会时期，忽略了农业地理学。只有两三份的农业论文出自罗马时期，以及一份始自中古时代。这意指以农业为基础的环境知识代代传递，而没有达到高层文化圈。从18世纪早期起学术界的态度开始改变，此后对农艺学和农业经济学的兴趣持续成长，稍后并对长期被忽略的社会成员——农民，感到好奇。

乡村地理学(rural geography)最早的概念出自于农艺学(agronomics，作物轮种、田地系统、敞田、圈地、精耕和粗放农业)、农业技术(犁、锄、斧、割草机、收割机、耕耘机等的形式与使用)、法规(有关田地系统)、农业应用化学(有关土壤与肥料)，与农业经济学(维生农业对比于商业农业、乡村市场和价格、市场组织)。归功于那些从19世纪初在全西欧发展的乡村小说，使得乡村社会和农民社会的特征被深入了解。

如此一来，乡村地理学的发展受到与乡村关联的其他学科的影响更甚于来自主流地理学者。由地理学者所发展的唯一概念，但并非真正的原创性概念，就是"生活方式"(genre de vie)的观点，它提供有用的手法来处理传统农业社会，但却不适用于现代商业化的农业形式。譬如，"生活方式"的概念无法关照美国中西部农业特征。针对现代化乡村生活，地理学者们只能依赖来自于农场经济学(farm economics)的洞见。到了20世纪30年代初，乡村景观(rural landscape)与田地系统(field systems归功于法规史history of law)的分析提供了乡村地理学另一个工具，它强调农场组织系统，也就是乡村结构。然而这些研究再一次表现其意义于传统社会而不在现代社会。

因此，直到20世纪60年代乡村地理学仍为一个结构松散的分支学科。它解释了传统农作系统特色，但是对传统乡村社会本身的解释不足，而在现代化过程上更是薄弱。由于乡村社会学与人类学的进步，以及由俄罗斯经济学者恰亚诺夫(Chayanov)所写的一本书之重新发现,农民社会的特征在20世纪30年代和20世纪40年代末才开始被真正了解。

农场会计学(farm accounting)的新形式说明了农场生态金字塔(farming ecological pyramids)似的经济面向,而且显示农场兼为半产品与消费品的生产与转换者。这些新式会计学也强调在农作系统里信息和交通的成本,并且注意到被忽略的区位因素。由于对杜能(Von Thünen)的重新发现以及对区位动态的新了解,在20世纪60年代,也就是新地理学的时期,农业地理学方获得了理论性基础。对于杜能的重视当然是出自主流地理学的新取向,但是该理论的发展也依赖其他对乡村世界研究的进步,而不能简单地视为新地理学的反映。当新地理学在20世纪70年代初衰退时,乡村经济学和乡村生活的空间观点的理论性研究并未受到影响。

(三) 采取比较研究的另一方式是将地理学思想的分析集中在某一过去时期

例如,18世纪的地理学是什么?回顾过往,将当时许多自然科学家视为地理学者似乎是正常的,因为他们提供许多有关地球的区域差异。例如沃尔内(Volney)是18世纪末法国最好的地理学者,只是他不这么认为,别人也不如是想。当时的地理学者是地图学者,他们探讨区位,或为复杂景观发展出文学描述——他们极少应用自然科学的研究成果。

如果想了解在特定时期的地理学之理念,一些因错误假设而被忽视的总体观点即变得很有意义。后者常表现出当时的知识概念,且经常符合当时社会需求。以18世纪而言,"医药之父"希波克拉底提出的体液理论(Hippocrate's theory of humours)(参见第二章第六节)被认为合理。于是,建立在"体液理论"的各类解释因而流行,特别是在法国。法国今日认为葡萄酒品质优劣是受葡萄园的影响的概念,即出自该理论。德国人一向认为葡萄品种是唯一重要因素;而法国人则认为葡萄酒品质不仅取决于葡萄品种,也反映了栽植区的土壤和天气状况——他们坚持体液理论。

三、对"深厚描述"(thick descriptions)的兴趣

(一)"深厚描述"的重要意义

美国人类学者基尔兹(Clifford Geertz)在20世纪60年代及20世纪70年代研究亚洲印度尼西亚与北非摩洛哥时发展了人类学研究法的新概念,他对印度尼西亚巴里岛(Bali I.)的若干研究是最好的实例。以19世纪一位寡妇被火祭时,现场目睹者详细描述的例子开始,提供呈现当时岛上居民理解的印度教观点、参与者的态度以及寡妇本身等待死亡的态度,并试着进入巴里文化的内在逻辑。为了达成这个目的,他使用了他所谓的"深厚描述"(thick descriptions)技巧。当呈现一个仪式时,他根据先前对巴里岛宗教的了解,不选择细节,而是涵盖所有仪式概念而不采用科学分类。出于对参与者行为的细节观察以及他们自己对仪式说明的正确记录,他试着消除自己的观点,而借此对其观察的事件有深刻了解。

他的研究方法实际上是将已发展了数世纪的对古代宗教和语言的文本研究方法移入野外实察。这些学者与专家在寻找他们研究的文本意义时,尽量忘记自己的观点而采用原文作者以及那些当时读者的看法。依赖此科学研究概念的领域被称为诠释学(hermeneutics)。许多历史学者与社会科学家自19世纪卓森(Droysen)之后,认为它也必须被使用于对过去或社会的研究上。基尔兹的功劳在于找到实际的方式应用这个概念。

许多历史学者受到基尔兹观点的吸引。自20世纪70年代初起,有些专论重新定位沿着这项研究路线,譬如:勒华-拉杜里(Le Roy-Ladurie)的《蒙泰尤》(Montaillou)即是"深厚描述"的例子,他引用罗马天主教的宗教裁判所(Inquisition)对该教区所有成员之冗长盘问报告,使得他轻易地达成研究。美国历史学者达恩顿(Robert Darnton),研究18世纪及法国大革命时期的历史,他利用警方记录掌握当时法国人口中不同分子的心理状态。

迄今为止,极少数地理学者利用了"深厚描述"方法。但有一个实例可透露此研究法的价值,例如普雷德(Allan Pred)对瑞典南部的研究。地理学者们很久以来便知道他们所描述的社会类型是历史发展下的,工业化前某地区与今日各地区不应在同一基础上比较其社会关系类型。普雷德的研究即是显示在同一场所的不同时间里所经历的不同经验。

(二)"深厚描述"与地理学史:地理论述的研究

为了解在特定的时间和特定地点里真正的地理学是什么,使用"深厚描述"方法似乎相当适合,故最近几年里在该领域里出版了若干有趣的著作。

使用"深厚描述"观点的第一种方式是深入分析所有与空间问题相关的文本(texts)。贝尔杜莱(Vincent Berdoulay, b. 1947)采取这样的路线。因为任一时期的地理学文章可诉诸于不同的风格,或者[用福柯(Foucault)的话]不同的论述类型。贝尔杜莱即是寻找对某一特定时期里曾有的不同论述,他以这种方式显露了地理学的发展和被应用的环境。他也部分依赖福柯来寻找每一种论述的内在逻辑,而且以此方式解释地理学思想的发展。近年他出版了令人激励的地理学史一书《文辞与地方:地理学论述的动力》(*Des mots et des lieux. La dynamique du discours géographique*,1988年),书中他提倡此法,并彰显其部分优点。

(三)"深厚描述"与地理学史:古代地理学与地图学

"深厚描述"的方法也已被应用于另外两项课题里:贾可布(Christian Jacob)的古希腊地理学史,以及贾可布、哈利及伍尔奇(Christian Jacob, Brian Harley and David Woolridg)的地图学史。

本书第二章陈述古希腊地理学时曾大量依据贾可布的研究,但并未细述他在诠释上的精微之处。贾可布从所有涉及空间问题的古希腊文本的研究开始,如:诗、旅游叙事、小说、技术专论、哲学著作,以及少数的当时专业地理学者与地图学者的作品。他以此方式发现了许多前人未注意到的特征,例如在古希腊社会里神话、文学与地理学间的紧密关系。在当时学习环境里,地理学知识被需要的原因之一是为了诠释与记忆荷马史诗,以及对许多神话故事的了解。因此古希腊地理中对神及英雄描述之丰厚,一如对景观、人口与生产。虽然就现代读者而言或许会失望。

这种关系并不是单向的。伊卡洛斯(Icarus)的游历在古希腊文学里非常受欢迎(参见第二章第七节),它提供了一种新的描述方式:对地球鸟瞰式的观点。此种文学形式有利于地理学的演变,因为它有助于地理学基本研究法中尺度(比例尺)的改变,提供地理学者们以有效的方法来呈现地理知识给一般读者。

贾可布并非只聚焦于文本。其博士论文及小书有研究古希腊地理学和民族学的,他的许多论文及最近一本书是研究古希腊地图,他将地图学用相同的方法论来研究,把地图当成文本:分析它们画在怎样的材质上?用什么工具、何类的墨水或颜色?构成地图的线条是什么?有经线、纬线和罗盘方位线吗?地图图例是如何设计的?如何处理书页边的空白和插图?这是他调查的第一部分。为掌握古希腊地图的复杂性、技术的精密以及它们目的多样性,他也记下地图的长度与宽度、被存放和处理的方式,以及它们为一般大众、水手、将官或政治家等不同需求者所绘载的内容。由于地图是一种艺术,地图是美丽的而且可以充当装饰品之用。在荷兰画家弗美尔(Vermeer)的台夫特(Delft,荷兰西部的城市)画作里,画中墙上有许多地图并不一定为其屋主之贸易需要而挂在那里;地图展示着拥有者希望去生活的环境。

地图的运用是多方面的。在中世纪里,地图稀少而大部分为国王或教会拥有。例如中世纪最著名的地图——赫里福德世界地图(Hereford World Map),仍然是这座城市①大教堂里最吸引人的宝物。当时地图被订做不是因为有实用性,而是可以让拥有者展现其声望,提供人们欣赏其领地的辽阔。

哈利(Brian Harley,1932—1991)对地图学史提倡类似的研究途径,而在其最近20年的著作里加以发展。他从英国埃克塞特(Exeter)搬迁到美国密尔

---

① 译者注:赫里福德(Hereford)是英国赫里福德郡(Herefordshire)的首府。

第十一章 地理知识形式与制度的关联

沃基(Milwaukee)即是为了参与上一代地理学史的重要工作之一：由伍尔奇(Woolridge)和哈利编辑而由威斯康星州大学地理系出版的地图学史巨著。这整个规划试着将地图当作复杂对象来深究：追溯它们改进的条件、它们受委托制作的原因、被存放、展示、流通和使用的方式，等等。这样的方法学避免只集中焦点于测定经纬线的进步，以及对投影系统精细化的能力。它对西方和非西方社会中地图学的应用提供了新的见识。

"深厚描述"的研究途径于是提供了一种新角度，容许拓宽对既往的好奇，而可更透彻地调查过去或异地社会(foreign societies，所有过去的社会也都是某种程度的异地社会)中的地理学角色。它促进对社会组织形式、地理传知与地理学之社会需求三者间关系的更系统化之思考。

四、社会组织形式、地理知识(geographical lores)以及社会对地理知识(geographical knowledge)的需求

（一）传统生活方式里暗含的地理知识

生产活动与社会生活涉及实际的地理概念，如：① 方位；② 环境及其可开发的方式；③ 社会组织与社会互动的空间性。

对小规模的、原始的或传统的社会而言，方位定向不需要理论基础，生活其中的人不懂而且不会使用罗盘指针。英属哥伦比亚捞捕鲑鱼的渔夫根据逆流或顺流、以及向河或离河而组织捕鲑鱼的空间，这样的知识一般而言不需明示——在这些社会里无需方位理论。在传统社会里，有些专业团体流动性极高，牛贩和马贩经常商旅，他们并没有使用地图，依赖详细记忆已足以让他们往来遥远的地方。游牧民族亦然。一般而言，宗教缘故使得定位周详，那些"基本方位"(cardinal points，即东、西、南、北方)遂被用来当成定位和描述旅线的基础，它们同时还和宇宙论(Cosmology)的信仰有关。将于下一章探讨规范性思考时再详谈。

农民必须清楚自己土地的品质、适用的肥料、能种植的作物与最有利的轮作方式。当与杂草抗争时,需要它们茁长的知识;在树林地区,必须选择焚烧何处以开垦空地,可供种植二或三年,直到土壤沃度耗尽及杂草再入侵。

狩猎或采集者的社群出现相同的特性。康克林(E. G. Conklin)证实菲律宾的胡纳努斯人(Hunanoos)可以判断并且利用超过300种以上的植物。狩猎者对于他们所追捕的动物的领域彻底认识,他们了解动物所赖以为生的植物,及动物每日的行动和其定期的移栖。

在传统社会里,无论自然发展或被文明创造出来的有关生态金字塔(ecological pyramid)②之实用知识,皆相当精彩。但它不算地理学,它是纯地方性的,欠明确且未经通则化。如果人们一直住在一个单调少变化的环境里,他们虽然了解自己居住地的特性,但因缺乏比较的基础,难以发展出对不同环境的好奇。但是,如果在短距离内接触到地形与土壤有大改变时,人们会产生有关环境品质的真正地理知识(geographical lores, geographical knowledge)。但其范围仍然有限,且并不明确,因为它只是农业或狩猎操作之复杂组合的一部分。

地方环境经常是多样的,当地居民未必了解不同环境在开发上的属性。例如在西非环境里的每一个生态栖位(niche)③都有不同的族群安居或开发,形成族群专业分工。在马里(Mali)的尼日尔河内陆三角洲上,玻索族(Bozos)渔民沿着常流河的河岸与湖边居住;狄欧拉斯族(Diolas)在干旱的平原耕种,耕地直至主要洪水地区的南端;而游牧民族贝尔斯族(Peulhs)在雨季期间居住在北部半干燥的平地,并且在洪水退却后迁至季节性的洪水区。每个族群都昧于三角洲中他们从未利用的环境属性。

---

② 译者注:生态塔(ecological pyramid)或称食物塔(food pyramid)指生态系各级营养层,由最低至最高层排列犹如塔状。第一层营养层的生物数与量最多,生产率亦最大,如陆上绿色植物及海洋中的蜉游生物等,是生态系中的生产者;第二层以上为消费者,它们以生产者为营养基础,再透过彼此的食物链关系,分为初级、次级、三级至塔顶最高层。

③ 译者注:生态栖位见第九章第二节(二)注③。

第十一章 地理知识形式与制度的关联

这样的实例显示出对一地环境熟悉却没有转换成地理知识的原因：在于社会的隔离，使得人们对于非居住地或不直接供应食物及物品的土地不做无谓的研究。他们对空间分布的唯一概念是社会性的：为了发展贸易，他们必须知道哪里有什么族群，可提供怎样的产品交换。

在原始和传统的社会里，族群的敏锐环境意识基本上限于当地。他们没有必要为了通则化而将识觉提升至另一层次来发展出地理学。对生活地区直接认识有赖于流行活动来作一些延伸，但其范围终受限于垂直关联的分析，并仰赖其中一个或数个为人所知的地方。

因为原始的或传统的社会被分割成小单位，群体间的主要关系仅被保留在当地，也就是说没有发展任何理论的必要。长距离的对外关系常由少数专人主控，他们知道当地所缺乏的各类货物来源在哪里。

通过模仿与口授（imitation and oral instruction）来确保空间知识的传递：如界定方位的程序、环境开发，以及组织社会关系和贸易网络。原始的族群以及传统社会的农民，通常在空间定位（orientation）和生态知识（ecological knowledge）上有丰富的智能，因为这些智能是复杂实务的一部分，而未经独立表达。它们通过模仿和口头指导而被传承，它们完全被高级文化所忽略而且没有创造出对地理知识的社会需求，这方面的研究是民族学（或人种志）（ethnography）的基础，并不算是地理思想史的一部分。

（二）私部门的社会组织形式与其对地理学的需求

在传统的社会里，阶级较高的上层人口牵涉长距离的互动关系，而且是文化和政治空间组织的重要部分，但此种互动结构对地理学知识的需求极小。社会结构中的下层人口主导环境开发，而精英分子通常联系地方之间或者它们与城市中心间的关系，在这方面，他们必须解决空间问题并且需要一些地理知识。

在那些密度够高且贸易重要的区域里，定位问题可经旅程组合予以解决，也就是说科学性的地图学是没有必要的。从罗马时代留存了世界上最古老的地图之一，柏丹格图表④。它提供了罗马系统的主要道路和城市以及距离的图解指示。早期的地图学者大部分的研究依赖这样的旅程指南；对更科学形式的定位需求来自航海者，他们评估经度，因为需要更精确的航海工具。

许多地理问题是为了解答那些社会低阶人口的需要。发展贸易并不需要知道那些遥远地区的环境性质以及开发它们的最好方式。只要与该地上层阶级关系良好，即足以评估与其贸易（或文化和政治的）关系之可行性。

私人行号(private firms)如想活跃在商业领域里。首先，必须为车、驮马队或运输船解决定位问题。长久以来的旅途经验提供它们有效的答案。其次，商人们必须与人联络并获得当前的信息：譬如，将与怎样的伙伴在遥远的城市或区域共事，使用何种语言、何种计量单位和钱币？这些问题皆在通过稳定的合伙网络的发展，获得解决。所以，涉及长距离关系的商人，需要掌握关系网络区的地理知识，及每个据点要会见的人。

当商业关系发展于相连接的区域间一段长时间后，这种为了贸易需要的地理学知识很容易就被传递到每一个关系内。商人与儿子或雇员们一起旅行，并且将他们介绍给与其有商务关系的人认识。为了改善双方间的关系，有时派他们出国当好几年的学徒，使其熟悉当地的商业习惯和技巧，并且改善他们的沟通能力。只有在与新地区发展关系时，一些额外的信息才被需要。譬如为了发展商机并确知如何适应当地新环境，商人寻求了解在健康方面的风险、产品和交通设备的状况、在战争与冲突上的问题。这些说明了西方国家的商界在19世纪70和80年代里对地理学实际却短暂的兴趣。一旦商业关系建立于新开放贸易的海外国家，他们就恢复以传统、灵活、且较便宜的方式取得其商业信息。

---

④ 译者注：柏丹格图表(Peutinger Table)是法国阿尔萨斯地区科尔马市(Colmar, Alsace)的修道士在1256年复制罗马地图于12张羊皮纸上，其中11张今存于奥地利维也纳的国家图书馆内。图上有距离、东西南北，及黑、红、绿、黄、蓝及玫瑰色等。

第十一章　地理知识形式与制度的关联

（三）公部门的组织形式与社会对地理学的需求

政治形式的空间组织，发展出社会对地理学的主要需求。其原因在于政治系统必须涵盖所有统治领域，掌握绝对的空间治理权。故任何政府必须将其意愿执行至其宣称的领土上，因此需要最基础的地理知识。政府拥有其治理地区的名单，有时候名单中亦有不存在或是错误的资料。当法国与西班牙在1660年协议《比利牛斯条约》(the Pyrénées Treaty)时，有关塞当(Cerdagne)的新边界有一项协议；但这两个国家并没有相同的地方名单。因此自那时起，在法国的国土里却有西班牙的领土耶维亚(Llivia)［参见第十四章第一节（一）］。

一个国家地理状况的表达，至少可借地图为之；简单的社区清单也可行。构成国家的基本要素并不是点，而是主要的社会领域，例如西欧的教区(parishes)。一个国家正是这样的社区团体之集合，它说明了一些古老的地图之特定形式。在最早的日本群岛的图标里，并无海岸、河川、山脉或任何其他地形特色之描述。日本看起来模糊如一串葡萄，其中每一个社区为一颗葡萄所代表。这种拓扑几何图标已完全表达了政府的需要。比例尺不需要很大，制作这种地图的唯一困难就是社区名单的建立并且了解其相对位置。

政府控制其领域最经济的方式就像私人公司经营其商业领域。基本上，中央政府不一定要知道它所控制的领域里的人口及其生产作物，它只需要委派完全明白其所管理地区问题的当地公务员。因此即使没有对全国不同区域的环境和社会的详细知识，治国也是可行的。这样组织的形式自有其结构上的缺点，因为它们具有内在的分离倾向。既然君主没有真正控制地方主管人员的可能性，后者没有理由详细报告在他们行政区内所发生的事件以及他们可以负担的税收。即使忠于其最高权威，他们仍可自由地发展自己的政策。封建体制乃在中央政府不真正懂得地理学以及治理法则的状况下而兴盛。避免此缺点的唯一方法是建立另一种类型的行政结构，也就是科层组织制度，并且供以精确的地理资料。

政治需要成为许多国家发展地理学最主要的推力。政府将人口、资源和产品等清单以小比例尺绘制于其控制的地图上。它必须系统性地登记出生与死亡并作定期人口普查。在传统的社会里,中央政府为了减少通信费用而依赖断续的信息链。因此对不同地区课税时并未客观了解其经济生产量,通常指定地方负责人必须课征某一定额税,认为他们熟识当地社区及其限度而可以有效方式分担之。但此法未必公平,其体制在许多方面而言没有效率,且从一地点到另一地点实际课税的标准很不相同。系统的不公平刺激了人民的不满。因为缺少对该课税财产的全面了解,收税者失去了控制。

建立现代化国家的第一步就是组织有效的财政系统。既然产品主要来自土地,要达成改革就该通过土地登记制度以及大比例尺地籍图的供应。随着社会的工业化,能源的流动、原料、制成品和一些附加价值的生产点皆应被绘制成地图。

(四) 科层组织的水准

要经营科层体制[5]是昂贵的,因为它流畅的功能依赖雇用有资格的公务员,并按期支付他们薪水。并不是所有国家都可以发展出完整的科层体制。第一,它需要文书。而文字发明后即有科层政治组织发生,譬如:埃及、美索不达米亚、中国以及就某种程度而言之中美洲。第二,它需要大量受过教育的专家。第三,属政治性的,它基于令人民以相同方式促进国家功能和社会荣誉(帝国版本)或者使每一人民分享相同的利益和义务(民主版本)。

罗马的扩张主要发生在公元前 1 世纪和 2 世纪间,当时罗马仍是共和国。征服一个地方是通过先授权给带领军队的执政官(consuls),其次是统治领地的地方总督(proconsuls);当时科层化极有限而且以低成本经营。它面临了两个主要缺点:① 有些不诚实的地方总督对地方急切开发而导致反抗;② 准许地方总督对领地收税,使其有抗争中央政府的可能,最后造成政治的动荡不安。

---

[5] 译者注:科层体制的详注见第一章第一节注④。

第十一章 地理知识形式与制度的关联

当奥古斯都成为皇帝后,他进行了令人印象深刻的改革并且缔造了帝国政治结构。为达成目的,他发展了最近已被尼葛雷(Claude Nicollet)彻底分析过的地理政策(geographical policy)。奥古斯都在罗马授权制作帝国的大地图,以将其统治下的领土清单具体化。他推广通用的土地调查法并且在不同时期依行政区而编制了人口普查——其中在巴勒斯坦的普查被记录在《圣经》的新约福音里。

西欧的大国太庞大,以至于不容易现代化。行政系统的合理化从15世纪的北意大利较小的城邦(city-states)开始,从该处延伸到西班牙、法国、英国和瑞典。从17世纪末起,由日耳曼的小型或中型的邦国开始领先行政合理化。大约在1750年,所有建立现代科层体制的地理技巧都已被发展,而且扩散至全欧洲。

(五)民族主义(nationalism)与现代国家对地理学的需要

现代国家采用科层结构对地理学有其基本需要,此重要性也来自构成其组织的政治哲学基础。在传统国家里,统治权(sovereignty)源自于神明授权。但现代社会奠基于民主,治理人民的合法性唯一来源就是人民本身。权力对社会而言是内生的,而不是超乎其上的。

由于民主理想,国家性质改变了。它给予每一个人民治理政府的权利。因此产生新问题:什么是人民(people)?如何界定一个民族国家(a Nation State)的边界?这有不同类型的答案。在美国,国家(nationhood)是依据美国宪法自动自发地建立在顺应民主原则上;古希腊是依赖其领土上具有的古希腊文化传统而不论其种族之真正成分;法国或瑞士主要依其领土原则,其他各国则或多或少结合了种族传统。

现代国家的问题之一是如何提供给公民可以提升其集体意识(collective consciouness)的教育。在美国,这样的目标曾是(现在仍是)通过中小学扮演民主程序的入门角色而予以达成。在古希腊,一门特别的学科,乡土文化学

(laography)⑥是透过对地方文化的再认识来探讨真正的古希腊,而该学科目标的达成主要是透过地理学训练。

有些改变的征兆正在发生。美国《国家地理》(*National Geographic*)自几年前开始倡导美国学校系统地理学科应占较重分量,此乃意味美国社会已更顺应其他国家的模式。既然许多新移民并不同于19世纪欧洲移民,热烈坚持美国的民主理念,那么对领土的重视可能会形成更好的整合。

西欧方面,欧洲共同体(European Community)⑦的建立与发展,正改变欧洲民族国家的性质。譬如共同体的决策中心仿佛由上面侵蚀此性质;而区域扮演的新角色犹如从下面侵蚀。就一些西欧国家的教育体制而言,地理学科的角色渐减;就政治动机而言,地理学的社会需求的确有显现衰退的征兆。

(六)战争、军队与地理学的社会需求

军队是地理学的大消费者(顾客),至少在地理学的地图学方面。早期战争未采用地图,多依赖士兵与军官对战区地形的认识。17世纪起情况改变,军队越来越多,而且作战行动(manoeuvers)在较广大的地区进行或实施演习。它们的组织依赖新决策原则,全体军官开始肩负搜集资料提供给作战术选择的新责任。操作的方向已不再依赖个人或朝臣评议会对战区地势判断;而是采用阶层式结构,在做最后决定前,由全体人员讨论各种可能性。地图是此阶段的基本

---

⑥ 译者注:乡土文化学(laography)被认为是古希腊大哲学家亚里士多德(Aristoteles)创立的,遵循其定义及其对"laographic research"的分析,古希腊已于大学的哲学学门中成立,通常以Department of Byzantine Philology and Laography名称出现,在此试译为"拜占庭语文学与乡土文化学系"。

⑦ 译者注:欧洲共同体在1993年11月1日已更名为欧洲联盟(简称欧盟,European Union—EU),它是一个集政治和经济实体于一身、在世界上具有重要影响的区域一体化组织。欧盟现有28个成员国,即法、德、意、荷、比、卢、英、丹麦、爱尔兰、希腊、西、葡、奥地利、瑞典、芬兰、塞浦路斯、匈牙利、捷克、爱沙尼亚、拉脱维亚、立陶宛、马耳他、波兰、斯洛伐克、斯洛文尼亚、罗马尼亚、保加利亚及克罗埃西亚。总人口约5.07亿(2014年),总部设在比利时首都布鲁塞尔。欧盟采用统一外贸政策和农业政策,创立了欧洲货币体系,建立了统一预算和政治合作制度,逐步发展成为欧洲国家经济及政治利益等的代言人。

第十一章 地理知识形式与制度的关联

要件,但军官之中许多人没有受过读图训练。有很长一段时间,大比例尺地形图扮演着重要的角色,特别是展开围攻时。这些优良的大比例尺地形图集,内容包括法国主要城市、港口和边界碉堡等,从17至19世纪中期即被保存,它们是建构法国城镇历史地理最好的资源。

为了作战或演习,军官们需要有关地形的资料,例如对行动造成阻碍之沼泽、河流、山脉、陡崖、森林、果园。从卡西尼(Cassinis)(参见第四章第三节)时期起发行的地形图就配合这些需要。在运用那些作战策略中,集中部队并且提供食物和军火是必要的,行程和地图对后方勤务亦不可或缺。

随着大炮的发展,炮兵作战需要更精确的地图。从19世纪初起,弹道学(balistics)进步了许多。枪炮和目标测定后,调整射击估算仍属必需。地形图的制作必须以实地调查为基础,对任何地点之精确性要少于50米的失误。配合弹道火箭(ballistics rockets)的发展,精确地图学的需要变得更迫切。

海军的需求基本与陆军相似。随着18世纪的新海军技术发展,水文图表在海岸巡防上扮演的角色日益重要。从19世纪50年代起,气象预报被视为基本要件。

由于国家主义(nationalist)、行政和军事原因,政府在完成地理学的社会需求上贡献多多;也因此扶持了学术性的地理学。

五、学术地理学的社会变迁

(一)自发性知识的地理学:业余博学者时期

一般而言,自发性地理学(an autonomous geography)的社会需求是有限的。因为人类生产所需的空间及环境知识已为农、猎、矿业活动的实用技巧所涵盖;此非连续的信息链已能使一个复杂社会运作而不需要一个全部结构性的空间与环境学科。但社会需求的引发并不全然属于经济或政府等功利。人们对地理的好奇心有其他的动机:对宇宙的兴趣及其对社会现实的影响,对异乡事物与对可见山脉后面所发生的事情的好奇。地理学且试着解答因规范性思

考而提出的空间问题。

早期的学术地理学（academic geography）产生于制度之外，而出自于独立探索者和对大地（earth）及各种现象之分布作思考的学者们。这些人出自于真正的求知欲而出版研究成果。不幸的是只有极少数社会可以承担这样的发展，因为这意味着该社会拥有一群有时间和金钱去旅游学习的博学阶级（learnt class, learnt amateurs），他们能多方面阅读并通过通信获得信息。依照不同背景，此阶级由大地主、或是富有商人、或地位较高的官员所组成。因此，独立的科学发展总是与一些社会不平等的状况相关联。在古希腊，一些最早的地理学者以教书谋生，当时老师被视为精神导师，且扮演的角色相似于东方宗教里的教派领袖。从文艺复兴起，西欧国家中存有一种精英群体，包含绅士名流、商人和公务员等。

然而，学术性的地理学无法不经制度化而进展。在现代社会里，出版业可以对一些地理学者通过出版其著作而提供支持（譬如 19 世纪法国的雷克吕），但学术地理学发展的主要资源是来自中学和大学体制。

（二）学术系统的逻辑

为了在大学开课，一门学科必须迎合若干社会需要，例如符合已长达两个世纪的业余博学者（learnt amateurs）的求知欲、或是对民族认同的新探索。当学科一旦与学术系统结合，它就会依其特定的逻辑发展。

要判断大学里一门学科的品质有两个重要标准：① 它吸引学生或资金援助的潜力，也就是该学科所配合的社会需求；② 它遵守学界对它界定和批判的方式。强烈的社会需求对于新学科整合到学术体制内是必要的。学科的社会需求衰退则较少有戏剧性效应，因为在制度里总有一些惯性。

为了组织它所包含的领域，一门科学性学科总是试着界定原理、法则和程序。当它有良好结构时，知识的扩散比较容易而有效。但太重视这些内在要求亦是危险的，因为可能导致疏忽社会需求与其演化。但是学术性学科对探究知识性的倾向常超过其与社会的关联性。

不过这个缺点受到一些内在限制：

（1）过分学究形式的知识很难引起学生的学习动机；

（2）因为课程的规定，教授们对于非基本面的探究毕竟有限；

（3）定期出版的要求逼使研究符合效率；

（4）既然一门学科必须以一致性来呈现，学术性研究强调正面较负面为甚。批评的观点虽被允许，但它必须以再结构的建议来增补。

研究与教学之结合是有利的，它鼓励将最新研究成果整合到有一致性的解释体系内。然而它的限制也很明显，因为除了那些准备博士论文者外，研究工作常是在兼任的基础上进行。也就说学术研究并不完全适合担任对大量资料作系统性的分析，因此有新类型的制度的出现，此即"大科学"（big science）多由科学实验室发展。

（三）地理学与"大科学"

"大科学"（big science）的特点是由许多人同做某项复杂的探索工作，以及理所当然地使用昂贵的仪器设备。地理学领域里有关天气、水文、人口与经济的资料搜集与处理，常需设立专门的实验室或社会经济研究机构。

支付"大科学"的代价不低。它们通常科层化，工作由许多在实验室专职的人员担任，一周只需工作 35 或 40 小时，而不似大学教师工作 60 或 70 小时。他们的生产力较低，也缺乏大学教学环境内对于自我复制的限制机制。因此"大科学"必须受外在条件控制。如果没有产生有价值的研究成果，就无法支持昂贵的研究经费。此外，其知识环境亦比大学环境较少激发想象力和创造力。

结果是：不同的动力导致了研究分工。学术性研究注重于概念化与探索性，而"大科学"较关切资料的正确处理及贮存。

六、结 论

地理学发展的条件，因时期与国家而有差异。陈述这门学科的整体演进时

如果忽略这种差异就会有明显危险。"比较研究"法与"深厚描述"法之运用对地理思想的动态性提供了较深认识,并且促进对社会需求本质的反省。

大多数社会对地理学的社会需求不高,因为社会仍可透过片断联结的信息来运作。人们对地方和区域分布的好奇经常存在,但很少能获得解答,除非博学的有闲阶级对这些问题感兴趣。地理学的主要需求来自于国家,特别是科层组织。"大科学"的庞大研究机构与大学对政府的科层(官僚)经营管理分别提供了有用的知识形成。

社会对地理学的需求大部分出自于功能的需要;另一部分则来自于规范性空间思想重要性的发展。

思 考 题

11-01 什么是"比较研究"?请举例说明如何运用于地理学研究。
11-02 什么是"深厚描述"?请举例说明如何运用于地理学研究。
11-03 试述"地理知识"的社会需求。
11-04 何谓生态金字塔?
11-05 何谓"乡土文化地理"?其与地理学科的关系如何?
11-06 试论昔日与今日"学术地理学"的异同。
11-07 何谓"大科学"?地理学术发展与大科学的关系如何?

参考文献

General studies

Chaunu, Pierre, *L'expansion européenne du XIIIème au XVème siècle*, Paris, PUF, 1969, 396p.

Chaunu, Pierre, *Conquête et exploitation des nouveaux mondes*, Paris, PUF, 1969, p. 445

Dainville, François de, *La géographie des humanistes*, Paris, Beauchesne, 1940, XVIII—562p.

Demangeon, Albert, *L'Empire britannique*, Paris, A. Colin, 1923, VIII—280p.

Eisel, Ulrich, *Die Entwicklung der Anthropogeographie von einer Raumwissenschaft zur Gesellschaftwissenschaft*, Kassel, Kasseler Schriften zur Geographie und Plannung, 1980, 664p.

Godlewska, Anne, " Napoleonic Geography and Geography under Napoleon", in Warren Spencer and Louis Salley Parker (eds.), *The Consortium of Revolutionary Europe* 1750—1850, Athens, Georgia, University of Georgia, Department of History, 1989, 281—302.

Gomez Mendoza, Josefina and Nicolas Ortega Cantero (ed.), *Naturalismo y geografia en Espana*, Madrid, Fundacion Banco Exterior, 1992, 413p.

Hooson, David, "Some Recent Developments in the Content and Theory of Soviet Geography", *Annals, Association of American Geographers*, vol. 49, 1959, pp.73—82.

Jacob, Christian, *Géographie et ethnographie en Grèce ancienne*, Paris, Armand Colin, 1991, 183p.

Miquel, André, *La géographie humaine du monde musulman jusqu'au milieu du XIème siècle*,

Paris, Mouton, 4 vol., 1967—1988, L—426, 707, XX—543 et 387p.

Nardy, Jean-Pierre, "Levasseur, géographe", in Paul Claval, Jean-Pierre Nardy, *Pour le cinquantième anniversaire de la mort de Paul Vidal de la Blache*, Paris, les Belles Lettres, 1968, pp. 35—89.

Nicolet, Claude, *L'inventaire du monde. Géographie et politique aux origines de l'Empire romain*, Paris, Fayard, 1988, 345p.

Rhein, Catherine, "La géographie, discipline scolaire et/ou science sociale", *Revue française de Sociologie*, vol. 23, 1982, pp. 223—251.

Rössler, Mechthild, "*Wissenschaft und Lebensraum*". *Geographische Ostforschung im National-Sozialismus. Ein Beitrag zur Disciplingeschichte der Geographie*, Berlin, Hamburg, Dietrich Reimer Verlag, 1990, 288p.

Saushkin, Yu. G., K. P. Kosmachev, V. I. Bykov, "The Scientific School of Baransky-Kolossovsky and its Role in the Development of Soviet Geography", *Organon*, vol. 14, 1980, pp. 83—89.

Schultz, Hans-Dietrich, *Die deutschsprachige Geographie von 1800 zu 1970*, Berlin, Selbsverlag des Geographsichen Instituts der Freien Universit? t Berlin, 1980, 478p.

On the history of rural studies and rural geography

Chayanov, A. V, *The Theory of Peasant Economy*, Irwin, 1966.

Claval, Paul, "Les sciences sociales et l'espace rural: découverte des thèmes, attitudes, politiques", *Histoire et espace dans le monde rural*, *Ethnologie de la France*, Cahier n° 3, 1988, pp. 15—40.

On the relations between bureaucracies, statistics and geography

Bourguet, *Déchiffrer la France. La statistique départementale à l'époque napoléonienne*, Paris, Editions des Archives Contemporaines, 1988, 476p.

John, Victor, *Geschichte der Statistik*, Stuttgart, Ferdinand Enke, 1884.

Meisten, August, *Geschichte und Technik der Statistik*, Berlin, 1886; Stuttgart and Berlin, J. G. Gottz, 1903, X—240p.

Ozouf-Marignier, Marie-Vic, *La formation des départements. La représentation du territoire français à la fin du XVIII° siècle*, Paris, Editions de l'Ecole des Hautes Etudes en Sciences Sociales, 1989, 363p.

On the relations between bureaucracies and cartography

Berthaut, Colonel M. A., *La carte de France*, 1750—1898, Paris, Service géographique de l'armée, 2 vol. 1898—1899.

Berthaut, Colonel M. A., *Les ingénieurs géographes militaires*, 1624—1831, Paris, Service géographique de l'armée, vol. 2, 1898—1902.

Buisseret David (ed.), *Monarchs, Ministers and Maps. The Emergence of Cartography as a Tool of Government in Early Modern Europe*, Chicago, Chicago University Press, 1992, 210p.

Capel, Horacio, *Geografia y matematicas en la Espana del siglo XVIII*, Barcelona, Oikos-tau, 1982, 389p.

Capel, Horacio (ed.), *Los Ingenieros Militares en Espana*, siglo XVIII. *Repertorio biografico e*

inventario de su labor cientifica y espacial, Barcelona, Publicaciones de Universitat de Barcelona, 1983, 495p.

Capel, Horacio, Joan E. Sanchez and Omar Moncada, *De Palas a Minerva. La formacion cientifica y la estrutura institucional de los ingenieros militares en Espana en el siglo* XVIII, Barcelona, Serbal, 1988, 390p.

Godlewska, Anne, "The Napoleonic Survey of Egypt. A Masterpiece of Cartographic Compilation and Early Nineteenth-Century Fieldwork", *Cartographica*, Monograph 38—39, 1988, XIII—169p.

Harley, J. B. and David Woodward (eds), *The history of cartography*, vol. 1, *Cartography in Prehistoric, Ancient and Medieval Europe and the Mediterranean*, Chicago, Chicago University Press, 1987, XXI—599p., vol. 2, Book 1, *Cartography in the Traditional Islamic and South Asian Societies*, 1992, 604p. vol. 2, Book 2, *Cartography in the Traditional East and Southeast Asian Societies*, 1994, XXVII—970p. vol. 2, Book 3, *Cartography in the Traditional African, American, Arctic, Australian and Pacific Societies*, 1998, XXI—639p.

Kain Roger J. P., Elizabeth Baigent (eds.), *The Cadastral Map in the Service of the State. A History of Property Making*, Chicago, University of Chicago Press, 1992, 416p.

Konvitz, Joseph, *Cartography in France*, 1660—1848. *Science, Engineering and Statecraft*, Chicago, University of Chicago Press, 1987.

Pelletier, Monique, *La carte de Cassini. L'extraordinaire aventure de la carte de France*, Paris, Presses de l'Ecole Nationale des Ponts et Chaussées, 1990, 263p.

Skelton, R. A., "The Origins of the Ordnance Survey of Great Britain", *Geographical Journal*, 128, 1962, pp. 415—430.

Taylor, E. G. R., *The Haven-Finding Art. A History of Navigation from Odysseus to Captain Cook*, London, Hollis and Carter, 1956.

Wright, John Kirtland, *The Geographical Lore of the Time of the Crusades*, New York, American Geographical Society, 1925; Dover, 1964, XXXIII—563p.

On the role of geographical societies

Carazzi, Maria, *La Societa Geografica Italiana e l'esplorazione coloniale in Africa* (1867—1900), Florence, La Nuova Italia Editrice, 1972, XI—199p.

Fierro, A. *La Société de Géographie*, 1821—1946, Paris, Champion, 1983, 356p.

James, P. E. and G. J. Martin, The Association of American Geographers. The First Seventy-Five Years 1904—1979, Washington, Association of American Geographers, 1978, XII—279p.

Lenz, Karl, "The Berlin Geographical Society", *Geographical Journal*, vol. 144, 1978, pp. 218—223.

Milanini Kemeny, Anna, *La Societa d'Esplorazione Commerciale in Africa e la politica coloniale* (1879—1914), Florence, La Nuova Italia Editrice, 1973, XI—258p.

Morissonneau, Claude, *La Société de Géographie de Québec*, 1877—1970, Québec, Presses de l'Université Laval, 1971, XVI—264p.

Vila Valenti, Juan, "Origen y significado de la Sociedad Geografica de Madrid", *Revista de Geografia*, vol. 11, 1977, pp. 5—21.

Wright, John Kirtland, *Geography in the Making. The American Geographical Society*, 1851—1951, New York, American Geographical Society, 1952, 437p.

译者参考文献(请参见附表一)

第十二章 规范性空间思想与地理学史

一、前 言 \ 250

二、分析性与规范性的思维 \ 250

三、规范性思想的动力 \ 255

四、西方传统的规范性思想与城市和区域规划 \ 259

五、非西方传统的规范性思想与地理学 \ 264

六、结 论 \ 267

思考题 \ 267

参考文献 \ 268

一、前　言

　　地理学史多聚焦在分析性和理性的知识层面,但地理思想并不仅限于描述或解释。每一种文化有其自己的方式来界定地点的方位和其明确位置,有自己一套技巧来利用环境,也有自己的社会和空间相互作用的系统。它们时而明确,但经常隐而不显。它们依赖经验知识——一种前科学(pre-scientific)但却能根据某种标准对现实世界加以合理评估。为明了地理学在某一特定环境中的角色,应将其视野遍及所有形式的空间意识,如此方能显露追寻空间知识的原因及其解答方式,并显示不同空间理念形式之间的关系。

　　民族地理学家(ethnogeographers)的主要研究是探索人们如何利用经验知识以组织及开发其环境。但地理学者和民族(或人种)志学者(ethnographers)普遍忽略了规范性思路。规范性思路吸引了一些文学史的史学者以及宗教学者,他们出版许多有关理想世界的起源、演进和意义的作品。伊利亚德(Mircea Eliade)①的著作即为了解宗教经验中的空间意义[场所(places)既神圣又污秽]及其在空间组织基础上的利用。

二、分析性与规范性的思维

(一) 分析性思维

　　分析性思维(analytical thought)始于描述现实,并试图透过因果关系来解释它;其所产生的推理性知识为人类行动效率的必要基础;当设立某个目标后,再依赖科学规则去选择最好的方法来达成它。分析性思维唯一的限制来自于它不能创造价值、设立标准,以及将目标按轻重排序。

　　由于理性思维的成功,在最近两个世纪里许多人尝试去扩大分析取向的范

---

　　① 译者注:伊利亚德(Mircea Eliade)研究东亚、南亚等区域的宗教文化,是纽约MacMillan公司于1987年出版的《宗教百科全书》(*The Encyclopedia of Religion*)之主编。

畴；其想法是推导出全面性的标准，再为了行动找出部分的标准。为了达成这个结果发展出功利主义（utilitarian）和实证主义（positivist）哲学。他们的方法简单：观念是从人类的快乐必须增加至最大极限开始，它是引导行动的基本原则，从而推导关于社会组织、经济生产、交易、教育、健康，等等规则。既然不完美的市场机制无法提供每人所应得到的公共财货，那么政治制度须加以改革。西方民主社会，特别是其社会福利制度的版本，多归功于功利主义哲学。

尽管功利主义者的努力，这些概念仍然有限制。因为在伦理规则的推演上勉强而武断，亦无法为美学提供坚强基础。从康德时期起，西方哲学家普遍认识科学中分析性思维的限制；伦理的和美学的标准必须奠基于其他原则。

（二）规范性思维

规范性思维（normative thinking）与分析性思维有很大的不同，它并不从分析世界开始，而直接出自于对某种真理的掌握而后建立主要原则，因此各种抵达真相之核心（heart of reality）的方式未必相同。真理（truth）经常透过宗教启示（religious revelation）而显现，乃是宗教启蒙或沉思的结果。它可能根据人类心智而直达世界和生命真理的观念——它是古希腊以及早期现代理性形而上学（modern rational metaphysics）的基础。对柏拉图（Plato）（图12-1）而言，我们的世界只是属美好宇宙的观念中微弱而不纯的反映。对亚里士多德而言，科学研究必须照明事物的本质，对他来说，每一样事物都被它本身内在的原则所驱动而试着实现其内在本质；因为这个原因，规范性思维对他而言——如同对功利主义者（utilitarians）而言——是分析性思维的结果。

图 12-1　柏拉图（Plato）

自古以来，在西方世界曾多次试着统一人类思想中的分析性和规范性两种成分。譬如，亚里士多德的哲学对中古时代的基督教哲学影响相当大。自13

世纪的托马斯·阿奎那(Thomas d'Aquino)②起,许多基督教徒认为有价值的规范可以从理性知识中推导出来,即使道德与生命的根本原则须依赖上天启示——这说明了耶稣会信徒对中国文明、宗教、伦理与政治规则的兴趣。在文艺复兴时期,柏拉图的真相概念(Plato's conception of truth)重新被发现,而在当时所发展的态度里扮演了重要角色。对柏拉图而言,真相起因于心的直觉,它涉及重建纯净形式的努力,这导致可以透过简单的几何图形来表示。以此方式,柏拉图的形而上学(Plato's metaphysics)具有空间维度,而这在亚里士多德的著作里是没有的。

分析性的研究可揭开世界运作的实际过程。以功利主义的观点(utilitarian perspective),目标可从行动的效果来界定(即使它们是以错误的假设为基础)。对每一个人提供良好的身心健康不好吗?当然好,因此在西方传统里科学本身作为规范性思维自有其重要性。如果不研究医学史及控制传染病的相关假设,则不可能了解为何城市规划如此关注公共卫生。

(三) 规范性思维的两个主要形式:规则与模式

萧伊(Françoise Choay)曾出版了一本有关《法则与模式》(*La règle et le modèle*,1981)的书。她集中焦点于自文艺复兴后流行的城市文化概念,并且认为有关空间的规范理念可以用两种方式来表现。第一种始于阿尔贝蒂(L. B. Alberti,1404—1472)在15世纪中叶完成的一本论建筑学的书《论建筑》(*De re aedificatioria*)。此书一直到19世纪中叶都是所有建筑学论文的基础,当时一种新的形式已经出现——但仍有若干要点是从阿尔贝蒂借用来的。第二种方式可最先由莫尔1512年出版的《乌托邦》(*Utopia*)③来说明。自16世纪起常出现这类理想国家或地方的著作;但这种文学类型的成功主要始于17世纪,此后

---

② 译者注:托马斯·阿奎那(Thomas d'Aquino)即 Saint Thomas Aquinas,1225—1274,多米尼克教派的神学家及哲学家,出生于意大利那不勒斯附近罗卡塞卡(Roccasecca),著有"*Of God and His Creatures*"(英译本)等著作。

③ 译者注:托马斯·莫尔(Thomas More),1478—1535,英国人道主义者、政治家及作家,曾为英王亨利八世的枢密大臣及大法官,因为否定英王为英国教会教长而被斩。所著之《乌托邦》(*Utopia*),犹如柏拉图(427—347BC)著之《理想国》(*Republic*),皆为传世经典。

第十二章　规范性空间思想与地理学史

维持不坠。

阿尔贝蒂的书被认为是建筑师与城市规划者的手册,它提供了他们一套规则可应用于任何类型的建筑物或城市环境。而这些规则的正当性是由一短篇的介绍性叙事所提供,阿尔贝蒂依赖罗马时代维楚弗斯(Vitruvius)的论文(唯一被保存下来的有关建筑学的罗马书籍)说明了从狩猎或游牧民族的帐篷茅舍到文明人们的砖石建筑之造型谱系。这些短篇的章节并非基于历史实况,而实际上是虚构的故事。它们的功能是提供所有建筑设计一个规范基础。阿尔贝蒂将其规则的权威性奠基于遥远的过去建筑里,其形式简单到足以对其内构原则大做文章。

像许多15世纪的佛罗伦萨人一样,阿尔贝蒂受到柏拉图哲学的影响至深。对他而言,推理可解释真实世界,进而使人洞悉概念世界。后者亦即是和谐世界。以此方式,美的事物可以透过纯粹理性达成,因此阿尔贝蒂提出四项规则作为赋予建筑品质的依据。一个建筑必须达成:① 坚固(soliditas);② 顺应委托人所需(commoditas),也就是符合功能;③ 和谐(simmetria);④ 美观(venustas)。其中两项规则涉及实用性,另两项则涉及美学,而它们可以被视为具相同基础。由于全都是理性的,而且从最基本原则所推导。对和谐的重视,连同它数学的内涵显然可归诸柏拉图哲学。房屋、皇宫或教堂的美观起因于它们的权衡比例是计算出来的,而它们的装饰吻合罗马建筑师所使用的柱范。

托马斯·莫尔的《乌托邦》则不然,它是虚构的旅游故事。讲故事的人在第一部分说明他如何在比利时法兰德斯区的安特卫普港结识了一位加入亚美利哥·韦斯普奇(Amerigo Vespucci)——进行南美洲旅程的人,他因为脱离远征队后游历了远西之地,发展出这篇故事。第二部分则是对乌托邦国(Utopia of State)的描述,特别详细描述其首都城市亚马乌罗提(Amaurote)。此书不啻提供了这个国度的区域地理学。书中叙述"乌托邦"最初是半岛,后来被它的居民转建为岛国,为的是希望避开任何外在的影响,以便彻底维持其理性的社会组织原则。这本书提供了许多有关首都和其他城市的街道区划和建筑物之细节，它也报道了乌托邦的工艺技术以及社会和政治生活。

基本上，莫尔对于地理学或空间规划并无兴趣。他写该书是想借助于一个理性社会的设计来强调当时西欧社会的弊害。西方社会是基督教社会，理应优于依理性原则所建立的社会，"乌托邦"则证明其相反结果。莫尔以此方式尖锐批判当时的社会。

诚如萧伊的分析，乌托邦模式并不能对仅希望局部改造世界的人有所引导，它提供的是一个较好世界的全景。它的功能是使人们意识到他们所在社会的弱点和弊害，并且为了它的改革而需引发的社会和政治行动。

（四）空间与规范思想

通过对阿尔贝蒂和莫尔的著作分析：可见规范性思想对空间的关系可以是直接的也可以是间接的。在阿尔贝蒂的著作里是直接的，他的论文重点是想象建筑物的方式，较少关注街坊或城市的规则；莫尔的规范思想是非空间性的，他显示了如何将之转换为现实，以这些规范处理社会正义和符合公平原则的社会关系，以及如何建构经济生活而不至于导致社会的不平衡。它们有助于一种特殊地理（specific geography）的安排。莫尔希望针对他当时的王国以及一个理想社会所须依赖的标准来提供一个醒目的文学形式。他的书相当成功，而其形式因为有效而经常被后人袭用。

至于，非空间性规范思想中的空间呈现常不明确。对权力本质、公民职责和权利基础的审思是西方规范思想的根源，但以往甚至于现在并未被广泛认知。戈特曼（Jean Gottmann）的《领土的重要性》(The Significance of Territory)一书对此被忽略部分的规范性思想有精彩的见解，其主要的来源是国际法。但若从社会契约观点来研究，也可能同样丰收。

空间的规范思想容易透过规则来呈现，它也可以用模式来作表达工具。莫尔的《乌托邦》并不是第一个，但却为这种文学类型定名，并且最先使之广泛传播。文艺复兴时期的新美学典型可经建筑师费拉莱特(Filarete)于1460年所提议的新城规划而显示。这是在印刷术发明之前的事,故这项规划在19世纪末的维也纳才经刊印。费拉莱特称该城为斯福津达(Sforzinda)(出自于米兰公爵的名字Sforza),新城规划是部分以文字、部分以草图来表达的。在那时也有纯粹以图像来表达的理想国:若不是一个梦想城市的规划图就是它们街道或广场的绘画。这些图像有助于现代城镇规划的发展。

三、规范性思想的动力

(一) 分析性和规范性思想动力的观点比较

分析性思想随时间演进而发展。它依赖一种"假设-演绎"(hypothetico-deductive)的方法学。出自于观察与经验,世上因果关系链上一个相关假设首先被猜想出来,接着被测试,由此而增加许多推导结果。随着新现象的发现,新的假设必须被构思,一方面解释现实的新部分;另一方面经常以简短而更有效率的方式来解释那些旧时已被描述或分析过的部分。分析性思想不断演进,因为在面对真实世界时真理只能片断地被发现。真理不能乍想即明,它是日积月累达成的,现代科学之不断的转换正是证明了其存有内在的驱动力。

规范性思想则不同,它依赖对真相的直觉,主要的问题乃在于如何应用它而不是在于逐步发现它。这并不意味空间的规范性思想脱离了演进,而是指它的历史演变的驱动力不同于分析性思想。它与社会需求间的关系更为复杂。规范性思想经常刺激了分析性空间知识的社会需求,社会地理学即是主要在种族隔离的不平等意识形态下发展出来的。国境和边界分析,以及由政治地理学者对少数民族问题的投注,是从18世纪末时法国大革命开始的民族意识形态(the ideology of the national State)发展出来的,且于19世纪后半叶在中欧和东欧大为盛行。另一方面,分析性知识也会刺激规范性思想的发展,例如环境的意识形态响应了20世纪50年代以来的生态激变:英、法及阿拉斯加海岸受油轮海难污染、瑞士巴塞尔(Basel)地方的 Ciba 工厂④火灾及随后的莱茵河污染以及乌克兰的切尔诺贝利(Chernobyl)核灾等。

也有一些内在的因素来说明规范性思想的演进。以启示真理为基础的教义,不论其启示录为何形式,都常会受到重新评估。基督教是以使人性丧失纯真的原罪(Original Sin)观念为基础;显然地,《圣经》提供了基督教徒们一个堕落的故事,《圣经》与福音聚焦于那些由原罪衍生而来终成为今世的一些最严重的罪恶。对中世纪的基督教徒而言,社会和权力本质上并非不好,因为它们保护了人类以避免自己的弱点,然而仍有意见不同者。人性是全然地腐败吗?有一些个人是可拯救的吗?上帝是否能够透过他的恩惠选择一些罪人?宗教改革源起于对这些问题的根本不同答案,后来意见之不同更形严重。18 世纪时卢梭翻转了整个基督教哲学。既然在自己的童年经验里他只发现纯真,他认为罪恶的来源并不存在于个人而是在社会里,他因此给予基督教信仰有关赎罪的一项新意义。一旦旧有的社会被破坏并且被代以新社会,赎罪即可发生在此世今生,而不必等待另一个世界的最后审判。人们可以等待旧政权及其所附带的不公平和腐化被推翻时的光荣时刻,而不必等待最后审判时的死者复活。如此一来,相同的基本意识形态既说明了天主教时期因人们相信国家的正面角色而带来的政治安定;也说明了两个世纪以来,全世界将革命视为救世主的信念。

有关原罪和堕落的历史并没有随着卢梭和他对社会为罪恶来源的责难而终止。19 世纪期间,特别是在新教徒的加尔文派或路德派的国家里,有愈来愈多的人认为上帝智能的最精彩表现即是大自然;有些人甚至于认为大自然与上帝是同一体。一个对原罪的新解释因而发展,它不再是内生于个人的;也由于人们无能力构想出公平的社会契约,因此也不是内生于社会的;它是内生于全人类而表现于人之如何对待大自然。例如,从清教徒祖先信条中培养了自然哲

---

④ 译者注:Ciba AG 是 1884 年建于瑞士巴塞尔的化学工厂;1970 年又结合 J. R. Geigy 成立 Ciba-Geigy 联合化学工业集团。

学的新英格兰超越论者(transcendantalist)如爱默生(Waldo Emerson)和梭罗(Henry Thoreau)与提供美国生态运动信条基础的年轻苏格兰移民缪尔(John Muir)之间有一信念路径可循。

(二) 分析性与规范性空间思想之间的双向互动影响

地理学和分析性与规范性空间思想两者间的关系是复杂的。某些情况下地理学课题是从新空间范式的应用而发展，政治地理学可提供一例。当20世纪初开始发展政治地理学时，它主要探讨边界以及划定疆土的问题。其所以如此是出于两项因素：

(1) 地理学被认为是自然科学，故不愿聚焦于变动性的流量与社会关系以及对非物质现象的呈现，而探讨政治系统的领土基础是安全的。

(2) 当民族自决原则对国际政策已变得重要时，对边界的关怀自然受到鼓舞。

分析性与规范性两种空间思想间的关系也以相反方向起作用，新的证据也可重新将规范定位。美国保育主义起源于19世纪80年代并且在其后40年期间扮演了重要角色。在有关人类破坏环境的责任方面——特别是在地中海国家——马什(George Perkins Marsh)的论文对新环境意识作了贡献〔参见第九章、二、(二)及(五)〕。由此分析性知识对于规范思想起了作用。在伟大的森林学者平肖(Gifford Pinchot)引导下，它成了政治运动，且在老罗斯福(Theodore Roosevelt)时代里曾发生影响。为了保护美国西部的脆弱大自然，停止出售公共土地给新移民的政策得归功于老罗斯福，而且为了避免耗尽本国资源，他鼓励寻找海外天然资源。美国公司开始在国外探测油田；美国报纸逐渐改用由加拿大进口的纸，加拿大的森林为美国高消费水平付出代价。保育论哲学(conservationist philosophy)也引导威尔逊总统的许多政策，譬如禁酒和移民限额措施等。在这两种政策下，一来保护美国人民免于酒精之害；再者，免于当时认为与其他(次等)民族混血将发生的危险。

后来保育主义几乎消失，直到尘盘（Dust Bowl）⑤大旱灾发生。此灾难被新闻记者以及地理学者广泛记载，而给予保育运动一个新的起程。随着战后的繁荣，运动再次沉寂，然后 D. D. T 杀虫剂的损害性影响对运动的恢复扮演了主要角色。在这个阶段，化学家和生物学家比地理学者更为活跃。分析性知识对规范性生态思想及新价值发展的影响非常明显。

（三）大学里分析性与规范性空间思想的教学

地理学与规范性思想之间的关系更为接近。学界须给有识之士提供就业机会，两种形式互补的课程遂经常在相同的大学里，甚至于在相同的系所里开授。传授区域的分析性和城市地理学给地理系学生，后者中许多人日后又从事教职。另一方面有关空间规范性思想则为城市和区域规划课程中之核心，虽然后者也含有分析性学科的训练。在这些课程里，规范性思想并未被武断地呈现，而是以比较性方式被介绍，但从事规划的学生们必然依赖它。也就是说为了针对特定问题寻找解答时，自会如阿尔贝蒂一样应用一定规则。在城市和区域规划课程里，规划理念的思想史的重要性一如地理学（或其他，如经济学、社会学）中的思想史。

政治地理学的领域里也有类似的演进，因为一直到 20 世纪 70 年代末，政治地理学的角色仍有限，其过程目前仍属最初阶段。然而政治地理学（political geography）正与地缘政治学（geopolitics）间进行分裂，地缘政治学已不再与纳粹主义关联。今日它被使用时是当注意点不仅在于政治过程中的空间维度，而且是集中于政治舞台上的主角以及他们所用的策略；他们的抉择非仅斟酌情势，而且具有价值面向。由此，地缘政治学的课程包含有左派和右派政治哲学以及其空间表现，或领土教义（territorial doctrines）及其演进。

目前对于常称之为政治生态学（political ecology）的兴趣日增，这个领域包

---

⑤ 译者注：尘盘（Dust Bowl）属美国大平原（Great Plains）中长期干旱的地带，由科罗拉多州（Colorador）东南至堪萨斯州（Kansas）西南，新墨西哥（New Mexico）东北，并包含得克萨斯州（Texas）及俄克拉何马（Oklahoma）部分地区，20 世纪 30 年代中曾遭遇大旱灾。

含为了改善环境情况而应采用的态度与政策。它将规范面向引入另一个学术领域。目前课程虽然不多,但对其增列正表现了大学教育的深度转型;一直到不久前,科学与社会科学的系所里禁止规范性思维,仅在建筑、法律以及医学院里受欢迎。

在这些新发展中,对于客观性的传统关怀说明了对规范性思维的介绍方式。学术机构不需要为规范性思想背书,因为它非属客观,但是因为此方面的知识在许多专业教育中显然有用,而被容许。不过常以一种比较方法来呈现不同的理念给学生,而任由其选择其中之一。为了使选择合理,而对这些不同理念的基础与结果加以解释和比较。

即使分析性与规范性思想的本质与演变大不相同,西方科学的发展验证了它们之间经常是关联的。若想对一社会的任何特定领域中所发展的知识和偏好有一通盘了解,必须整合此二要素以观之。

四、西方传统的规范性思想与城市和区域规划

(一) 长期无关联的两个领域

自最早的城市出现后,城市规划即是一种实务工作,只在文艺复兴时期才成为一种范式。具有特定含义的城市特性(或城市规划)(urbanism)这个名词出现得更晚,它最早是由 19 世纪 50 年代在西班牙由加泰兰(Catalan)地区的城市规划家赛贺达(Ildefonso Cerda,1815—1876)所创,而于 19 世纪末或 20 世纪初,被其他西欧语言采用。

城市规划从 15 世纪或 16 世纪起由两类专业人员发展而成,一为建筑师,负责建筑物设计、街道区划、一些邻里组织、还有富有透视效果的主要大道之构想。在欧洲历史上新的市镇不多,但其中最有名的,例如 17 至 18 世纪的皇家宫城多出于建筑师的构想。为数众多位于边界的新镇堡则由军事工程师负责。总之,建筑师担负了城市美学方面的工作,而依此身份参与了规划部分的城市扩

展。另一方面技术专家也参与了城市发展的设计，特别是郊区的街道区划，他们主要的功能是使城市可以运作。随着新一代的土木工程师在道路、桥梁，以及后来在水路方面技术上的良好训练，他们的角色从18世纪中期大为增进。这一类城市规划者的成功彰显于19世纪工业革命带给西欧城市拥塞之时，整个时代的行政官员与工程师都在设法拯救城市并且改善交通和市民健康状况。例如巴黎的奥斯曼（Haussmann）和阿尔方（Alphand）、巴塞罗那的赛贺达（Cerda）、普鲁士的鲍梅斯特（Baumeister）、米兰的贝雷提（Beretti）。

由于城市规划中上述两种领域（建筑师及技术专家）未被整合，因此许多城市问题难以解决，例如房屋的供给，尤其是针对较低阶层人们而言。于是在19世纪末城市规划有了新的意义，而首次被认为是统盘性政策。此种理念在英语世界是由从生物学家变成城市规划者的格迪斯（Patrick Geddes）介绍宣扬，相同的观念则同时发生在其他的西方国家里，如荷兰、比利时、德国、意大利、法国与美国。

规划干预的尺度在20世纪30年代增大了许多，当时的经济大萧条危机使得区域间的不均衡严重到舆论不能忍受。在地理学里的区域描述是旧有的传统，但只有在19世纪的最后十年期间，研究方开始聚焦于区域的观念、演进和运作的力量以及领域组织问题。城市地理学稍后在20世纪10年代和20世纪20年代发展，直到第二次世界大战结束时，研究城市和区域的地理学者与规划师的关联有限。格迪斯是其中的例外，他从法国社会学家乐普雷（Le Play）的著作里得到启示，而对地理学深感兴趣，且与雷克吕（Reclus）发展了密切而恒久的关系，因为他的儿子娶了雷克吕的孙女。格迪斯对英国地理学的发展颇有影响，但可能限于在中等学校阶层，因为在那里他对实地考察的重视而被热诚地接受；他在伦敦所主持的乐普雷之家有助于将各种形式的实地考察推广。

第十二章 规范性空间思想与地理学史

(二) 城市规划的规范基础

20世纪初,当城市规划真正经过制度化后,规划者的主要努力在于熟悉城市问题,因此重视分析的工作。对于像格迪斯具有强烈的功利主义背景的人而言,自不需要辩护公共干预的正当性。既然城市环境不完美而且不让大多数的城市居民感到快乐,显然市政当局有改善它们的责任。

负责教导城市规划的教授们与许多执业者逐渐意识到城市和区域规划需要更明确的基础。这个领域在20世纪30年代开始由吉迪翁(Siegfried Giedion)或芒福德(Lewis Mumford)等人认真探索,但他们的城市规划史仍算不上是关键之作。现代城市设计形态起源于20世纪60年代开始被真正了解。

然而15世纪的阿尔贝蒂在此领域扮演重要角色,当时他在佛罗伦萨以对柏拉图的诠释作基础,发展出一个结合建筑与城市设计的一致性概念。

自古以来城市规划者皆应用几何形的地面区划。关于网格式的传统可追溯至米雷(Milet)的希波克拉底(Hippocrates),当他在公元前5世纪受托重建雅典的比雷埃夫斯(Piraeus)时即曾使用过。当时也有圆形的规划,虽然较不盛行;几何学的使用是出于实用或宇宙观,但没有被视为和谐的设计要素。许多文艺复兴时期的城堡型市镇之几何形城市规划,除了防御的考虑外,并无其他理由。西班牙开拓者在美洲所建的新市镇也是如此。

透视学的再发现——与托勒密(Ptolemaeus,约90—168)的《地理学》在15世纪的再发现有关[参见第三章第五节(一)],因而改变了上述情况。画家学会如何将并行线聚敛于地平线上一点而成就了"透视",显示他们精通这项新技术的最好方式就是在绘画里画一些建筑物以作为背景。不久,艺术家们都发现以此方式表现出的建筑美学的效果。如果建筑物的高度相同、风格或类型相同,并且是排成一列时,效果特别显著。同时古希腊及罗马喜剧也刚被发现且重新演出,而剧情被认为应发生于城中。画家因而被要求制作城市景象的舞台装饰,他们采用透视效果强调之。

　　16世纪的前几十年期间，难有机会将这些画家们的梦想转变为砖石实体，当时唯一大规模工程是与因应炮学发展的新城堡建造有关。一些负责设计的军事工程师也沉迷于街景的透视，但其实现之可行性受限于军事和场地的现实需要。

　　文艺复兴时期的大地主们培养了市郊或乡居品味，他们将所建的别墅围绕花园或大公园，而将设计委托给建筑师们。博拉曼特（Bramante）负责了梵蒂冈的眺望楼花园（the Belvedere dardeus）。文艺复兴时期的建筑师们学习通过在公园设计上的经验来使用透视的新可能性。在16世纪70年代至80年代初期，梵蒂冈政府的要员之一红衣主教蒙塔多（Cardinal Montalto）要求年轻建筑师冯塔纳（Domenico Fontana）设计他罗马宫殿里的大花园。当被选成为西格斯特五世（Sixte-Quint）的教宗后，他决定使罗马市现代化。罗马由于路德教徒的日耳曼军队劫掠后，自1526年起即被忽视，他乃委托冯塔纳来规划城市的扩展。后者深信由长远并经组织的透视所创造之美学效果，遂决定借由城内主要纪念碑间的大道来建构整个地区，而使用方尖石塔和凯旋纪念物（拱门）来连接他所设计的长轴线。

　　冯塔纳使用的基本规则是属于阿尔贝蒂（Alberti）的，但由于透视带来的美学重要性，建筑师不再仅处理城市内有限小地区。他们获权对沿着城内主要轴线的建筑物高度和风格加以规范。建筑师们并没有规划一切，但城市规划首次以全城的尺度来构想。

　　因此对于以城市尺度来从事城市规划的最早正当化，乃承继于阿尔贝蒂对于造型的规范性思想。

（三）城市规划新概念的提升

　　由冯塔纳开始，基于透视原则的城市规划非常成功。此原则在全欧洲，从圣彼得堡到里斯本，而后延至海外都被应用。郎房（L'Enfant）少校的华盛顿规划结合了其他美国城市常用的规律方格，和另一组串联纪念建筑的对角线大

第十二章 规范性空间思想与地理学史

道。像许多其他的建筑师一样,他认为一个城市的主要地标间的重大透视伟景强调了象征角色,这对首都城市特别重要。当 1909 年美国建筑师格瑞费斯(Griffith)被征选规划澳大利亚的新首都堪培拉(Canberra)时,他将整个规划建构于连接国会、政府和高等法院的主要大道之上;当巴西建筑师尼麦耶(Oscar Niemeyer)在 20 世纪 60 年代初被要求设计巴西新首都巴西利亚(Brasilia)时,他的设计是基于同样的视点(vision)。

然而此类规划价值的正当性已在 17 世纪当新柏拉图理论的建筑学的要义被批评后就逐渐失去。只有在人们认为美观有理性基础时,建筑上的美观、和谐和实用才能被等同对待。具体而言,那些说明音乐和声中的比例应在视觉的美感(visual beauty)上扮演类似的角色。但在 17 世纪 60 年代期间,人们发现对耳朵为真者却不适用于眼睛。如此一来建筑学和城市规划逐渐失去他们一直享有的规范性支持。因此从 17 世纪末起,西方建筑美学的理性的关怀乃在机能主义的意识形态(functionalist ideology)里寻到它的归宿。既然机能与美学等同,于是功利主义在城市规划中被赋予最重要的角色。

城市不断发展。城市规划师仍然使用透视秘诀,但已失去出于内心的自信,因此乃有 19 世纪建筑师与规划师的折中主义(eclecticism)。既然城市不洁净,人们开始思考如何来改善卫生情况的方式,于是基本规范是以分析性知识为基础。当时的医学研究建立了一些社区的高死亡率与当地腐物污秽气味之间的因果关系。在太狭窄的街道上气流不通畅被视为这种情况的主要因素,因此补救的方法是将老旧地区的街道拓宽。即使这项分析错误,此种标准仍被采用。

对于城市的弊害之心理和社会诠释在 18 世纪后半期开始发展。英国哲学家洛克(John Locke)在 17 世纪末已提出对"人"的新概念。以往人的知识潜力是被认为天生,对许多人而言那是造物者的施舍。对洛克而言,人的大部分知识潜力是通过他每天面对的环境而发展的。到了 18 世纪中,洛克的观点被他的追随者更为扩大:人的头脑被比喻为软蜡,在它上面每一样东西都会留下痕迹。如果某些人出了什么问题，他们不必被怪罪，那是他们幼时居住环境的错。

不久，18世纪末和19世纪初的英国激进哲学家们（radical philosophers）以及他们的领导人边沁（Jeremy Benthan）更进一步。为了改革社会，他们决定重新建构人类的环境。边沁对于他那个时代的监狱有特别的兴趣，并且构思出一种圆形监狱模式，囚犯在那里通过不断地被看守而会转化。与这相同的一套观点也鼓舞了社会改革者。从欧文（Robert Owen）开始了一项新传统，以供应较好生活环境改善工人情况。19世纪以至部分20世纪期间，洛克概念的关联心理学，提供了价值标准给理想国式社会学家与城市改革者介入此领域的正当性。

现代城市规划混合了文艺复兴时代的美学传统（即使从17世纪末起其重要性被降低，但仍然有用），以及18世纪和19世纪的卫生学与环境主义。这个经历应被地理学者了解，因为它说明了西欧的许多城市形式。由于自20世纪20年代之后城市规划对城市和区域地理学的发展有影响，它也对地理思想史的学者具有意义。

五、非西方传统的规范性思想与地理学

（一）非西方传统的规范性思想的主要来源

从文艺复兴时期起，即使有生态学等例外情况，西方的规范性思想已主源于现代哲学与意识形态而超越宗教。但非西方的规范性思想的最主要来源仍是宗教，经常透过神话而显露宇宙概念的发展。

伊利亚德（Mircea Eliade, 1957）已显示了这种宇宙观的大体结构。此世界被视为较大系统的一部分，在那里存有主宰大地（earth）和人类命运的力量。宗教的主要功能即是作为围绕着我们周围的现实和实际统治它的外在世界间的联系，它必须建立此二世界间的关系。假如人们希望在此世界奏效，他们必须影响运转此世界的超自然力量，而这些力量沿着特殊渠道抵达地上，故值得

第十二章 规范性空间思想与地理学史

选择影响它们的最佳地点。伊利亚德列举了许多宗教系统里的世界轴线的角色,这种宇宙概念能直接反映在人们的空间组织里。

赛文(Olivier Sevin,1992)与邓肯(James Duncan,1990)不久前强调小乘佛教与印度教对锡兰与爪哇的地理影响。依邓肯的说法,要了解康提(Kandy,斯里兰卡中部的城市)唯有通过阅读佛教的地图;而赛文强调佛教、印度教和伊斯兰教(或称回教)对爪哇的影响(至少到18世纪印度教维持为最重要的因素)。在长期独立的爪哇中部或东南部伊斯兰教领地里,宇宙论有助于形成封闭的空间概念而集中于梅鲁山(Meru)上或在与它相当的槟榔古岗山(Penanggugan)上。各处的方位与此主山脉有关,每一王国各以相同方式被认为是个封闭的宇宙。例如在首都城市日惹(Yogyakarta)里,王宫被视为与梅鲁山相等,意指它是王国的真正中心。国内其他地方依它来定位。领土以同心圆圈来划设:① 先是首都;② 王国的中心部位,在那里王子们拥有稻田;③ 外围地方。宗教概念有效地转换为影响人民生活各面向的社会和地理组织系统。

改变这种宇宙论规范系统的原因不多,唯一内在的更新动力需源于宗教与宇宙信仰的革命。此种转变并非不可能——例如它们可以起因于宗教复兴运动——但应属例外。更新的主要动机来自于外在限制的改变。赛文指出印度教的宇宙论有助于封闭性的政治哲学,随后的空间组织系统完全符合稻作自给式经济,农人们的余粮被统治精英或国王予以集中且并吞。随着长途香料贸易的发展,这种自我本位的组织形式逐渐被当地商人认为是一种约束。其中许多人遂受到取代印度教系统的伊斯兰教的引诱,但由于荷兰殖民政府认为保护和平宁静的小农邦较为有利,伊斯兰教的胜利才被延迟。就某种意义上,它延迟到今日才发展。

规范性思维的宇宙论系统是属于历史的过去,但它们内在的逻辑缔建了稳定性。在此点上,它们与分析性思想很不相同。它们的支配只能被其宗教教义的内在动力或者其他宗教或意识形态的侵入而减弱。也就是说规范性思想必须从特定的观点来书写。

有关规范性思想对地理学冲击的研究已发展于日本［例如他们强调奈良（Nara）盆地的野外图案］或韩国（在那里强调新儒学的意义）。风水（geomancy）是规范思维宇宙论的主要集成，不幸它未被地理学者作为主要的研究内容。

（二）分析性地理学的介绍与传统的规范性思想

值得我们探究的是在非西方国家分析性地理学的传统和发展与其既有规范性传统之间的关系。直到现在，仅有极少数研究曾探讨这个问题。

竹内启一（Takeuchi Keiichi,1974）的著作中，对西方地理学的传入日本有良好记载。我们知道西方地理学是如何以及由谁引进以及它如何在日本成为一个学科的情形。一直到第二次世界大战德国地理学对日本的影响仍然很强。在一个强烈民族主义的社会里，地理学在学校系统里的重要性说明了这门学科开设很早。

20世纪30年代初，日本哲学家和辻哲郎（Tetsuro Watsuji）认识到海德格尔（Heidegger）的思想，于是在撰写有关风土（fudo）的书里，将他介绍到日本。和辻哲郎了解，日本传统的风土是一种与地上运作力有关的规范性空间思想形式，相当于中国的风水。他在一本以现代方式反映这项传统的书里，表达了他的海德格观点，其结果是一个对地理决定论意义的强烈主张，也是对日本地理特征旨趣的开展。20世纪30年代和40年代初期，日本的右派意识形态高涨而且利用了这项主张；战败后，它不再被使用为意识形态，但也并未消失。当法国地理学者贝尔克（Augustin Berque）探索日本的人与自然的关系时，他依赖这项日本思想方式，而且统称之为介质（mèdiance）：一种"人与环境的关系"（man-milieu relationships）的转化。

通过西方哲学的影响并经输入西方地理学后，日本形式的风水之改变正是西方分析性思想对非西方的传统规范性思想干预的佳例，但对此课题的探索迄今尚属肤浅。

六、结　论

规范性的空间思想对地理学者极具魅力。为了解地理学所描述的许多空间分布现象，它应该被研究。在非西方的国家里，经与地方官僚体制内图志与行政资料的关联，它往往是空间呈现的唯一形式。

对规范性空间思想演进的影响力迥然不同于那些在分析性思想领域里的运作力，对其研究显示了宗教与意识形态史的重要性。其改变并非仅直接起因于新问题的发现，而可来自对教义的重新解释或规范理念新的发展。我们不可能论述到非西方文化史中的空间形成而不考虑其文化中规范性思想的发展。

地理史只是思想史中的一小部分，它必须经由对以下更广阔领域的研究来完成：① 研究在各种环境里，人的处境与他们利用环境的方法；② 研究空间、距离，以及为了社会生活所需克服的可能障碍；③ 当空间特性可被敞开研究时，其分析性的或规范性的系统将显明呈现。

思 考 题

12-01　试述地理思想与文化中的前科学的关系。
12-02　试述民族地理学者的主要研究方向。
12-03　什么是"分析性思维"？如何发展出功利主义和实证主义？
12-04　什么是"规范性思维"？其主要形式是什么？
12-05　试问萧伊(F. Choay)的《法则与模式》一书曾提出哪两种方式来表现空间的规范理念？
12-06　请问15世纪的阿尔贝蒂撰写的建筑学提出哪四项规则作为建筑品质的依据？
12-07　试说明莫尔的《乌托邦》是怎样虚构的旅游故事？就社会的规范性思维而言，它的价值何在？
12-08　试比较地理学与分析性和规范性空间思想的关系。
12-09　18世纪卢梭怎样扭转了传统的基督教哲学？此种意识形态对于其后两个世纪的影响？
12-10　基督教原罪的观念在19世纪的新教徒国家中有怎样的新诠释？产生了哪些自然哲学家？
12-11　试说明现代城市与区域规划的历史传统。
12-12　西方与非西方传统的规范性思想的来源有何差异？请进一步以爪哇地区以及日本、中国的规范性思想与地理学的发展为例说明。
12-13　地理学史宜以怎样广阔领域的研究来完成？

参考文献

On normative spatial thinking

Alberti, Leone-Battista, *De re aedificatoria*, about 1445, firts printing, Florence, 1485.

Chastel, André, *Art et humanisme à Florence au temps de Laurent le Magnifique. Etudes sur la Renaissance et l'humanisme platonicien*, Paris, PUF, 1st pub. 1959; 3rd edition, 1982, 579p.

Choay, Françoise, *La règle et le modèle*, Paris, le Seuil, 1981, 381p.

Claval, Paul, "Les ressources naturelles, Chronique de Géographie Economique V", *Revue Géographique de l'Est*, vol. 10, 1970, pp. 87—124.

Claval, Paul, "Notre monde et les autres mondes: la pensée normative et l'espace", *Revue des Sciences Morales et Politiques*, vol. 143, 1988, n° 1, pp. 7—18.

Claval, Paul, "Forme et fonction dans les métropoles des pays avancés, in Augustin Berque (ed.), *La qualité de la ville. Urbanité française, urbanité japonaise*, Tokyo, Publications de la Maison Franco-Japonaise, 1986, pp. 56—65.

Cosgrove, Denis, Stephen Daniels (eds.), *The Iconography of Landscape*, Cambridge, Cambridge University Press, 1991, IX—293p.

Damisch, Hubert, *L'origine de la perspective*, Paris, Flammarion, 1987, 415p.

Edgerton, Samuel Y. Jr., *The Renaissance Rediscovery of Linear Perspective*, New York, Basic Books, 1975; Icon Edition, 1976, XVIII—206p.

Eliade, Mircea, *Das Heilige und das Profane*, Hamburg, Rowohlt, 1957; éd. fse, *Le sacré et le profane*, Paris, Gallimard, 1965, 187p.

Gottmann, Jean, *The Significance of Territory*, Charlottesville, The University Press of Virginia, 1973, X—169p.

More, Thomas, Utopia, 1512; *Utopia. A Norton Critical Edition. A New Translation. Backgrounds. Criticism*, New York, Norton, 1975, XII—239p.

On "fudo", "feng-shui" and Oriental normative thinking

Berque, Augustin, "Espace et société au Japon: la notion de Fudo", *Mondes Asiatiques*, vol. 16, 1978—1979, pp. 289—309.

Berque, Augustin, *Le sauvage et l'artifice. Les Japonais devant la nature*, Paris, Gallimard, 1986, 314p.

Berque, Augustin, "La transition paysagère, ou sociétés à pays, à paysage, à sanshui, à paysagement", *L'Espace Géographique*, vol. 18, n° 1, 1989, pp. 18—20.

Berque, Augustin, *Nippon no fûkei, Seiôno keikan* (Compared History of the Landscape Relation), Tokyo, Kodansha, 1990.

Clément, Sophie, Pierre Clément, Shin Yong-hak, *Architecture du paysage en Asie Orientale*, Paris, Ecole Nationale Supérieur des Beaux-Arts, 1987, 239p.

Eitel, Ernest J., *Feng-shui. The Science of the Sacred Landscape in Old China*, London,

Synergetic Press, 1973.

Feuchtwang, Stephen, *An Anthropological Analysis of Chinese Geomancy*, Vientiane, Vithagna, 1974.

Forêt, Philippe, *Mapping Chengde. The Qing Landscape Enterprise*, Honolulu, Hawai University Press, 2000, XVIII—209p.

Lip, Evelyn, *Chinese Geomancy*, Singapore, Times International, 1979.

Nemeth, David J., *The Architecture of Ideology. Neo-Confucian Imprinting on Chenju Island, Korea*, Berkeley, University of California Publications in Geography, vol. 26, 1987.

Ravier, Guy-Charles, *Traité pratique du Feng-Shui*, Lausanne, Editions de l'Aire, 1991, 32—117p.

Watsuji, Tetsurô, *Fudo, ningengakuteki kosatsu*, Tokyo, Iwanami-shoten, 1935. English translation, *Climate. A Philosophical Study*, Tokyo, Japanese Governement Printing Bureau, 1961.

Wheatley, Paul, *The Pivot of the Four Quarters*, Chicago, Aldine, 1971, XIX—602p.

Wheatley, Paul, "The Ancient Chinese City as a Cosmological Symbol", Ekistics, vol. 39, 1975, pp. 147—158.

Yoon, Hong-Key, *Geomantic Relationships Between Culture and Nature in Korea*, Taipei, Orient Cultural Service, 1976.

Normative spatial thinking in other contexts

Duncan, James, *The City as Text. The Politics of Landscape Interpretation in the Kandyan Kingdom*, Cambridge, Cambridge University Press, 1990.

Sevin, Olivier, "Java entre hindouisme et islam", *Géographie et cultures*, vol. 1, n° 3, 1992, p. 89—103.

Yoon, Hong-Key, *Maori Mind, Maori Land*, Bern, Peter Lang, 1986, 138p.

On Japonese geography, "fudo" and Western influences

Geographical Institute of the University of Kyoto (ed.), *Chiri no shiso (Geographical Thought)*, Kyoto, Chijin Shobo, 1982, 320p.

Geographical Institute of the University of Kyoto (ed.), *Kukan, keikan, imeji (Space, Landscapes and Images*, Kyoto, Chicjin Shobo, 1983, 249p.

Hattori, N., "Contemporary Significance of Watsuji's Work Fudo (Climate)", *j Hobun Gakubu Kiyo (Section of Literature)*, vol. 13, 1977, pp. 201—234.

Hisatake, Tetsuya, "The Development of Cultural Geography in Japan", in Hideki Nozawa (ed.), *Indigenous and Foreign Influences in the Development of Japanese Geographical Thought*, op. cit., 1989, pp. 15—41.

Isida, R., *Nihon ni okeru kindai chirigaku no seiritsu (Establishment of Modern Geography in Japan)*, Tokyo, Taimeido, 1984, 310p.

Kiuchi, Shinzo (ed.), *Geography in Japan*, Tokyo, University of Tokyo Press, 1976, X—294p.

Kobayashi, S., "Environment, Personality of Peoples and Geography. An Essay on the 'Fudoron' Discussion Concerning the Relation between Environment and Personality of People", *Annals of the Japan Association of economic Geography*, vol. 22, n° 2, 1977, pp. 32—44.

Minamoto, Shokyu, "The Beginnings of Modern Geography in Japan: From the Mid-Nineteenth Century to the 1910s", in Hideki Nozawa, *Indigenous and Foreign Influences in the Development of Japanese Geographical Thought*, op. cit., 1989, pp. 49—55.

Noma, Saburo, "A History of Japanese Geography", in Shinzo Kiuchi (ed.), *Geography in Japan*, op. cit. 1976, pp. 3—17.

Nozawa, Hideki (ed.), *Cosmology, Epistemology and the History of Geography, Japanese Contri-butions to the History of Geographical Thought* (3), Fukuoka, Kyushu University, 1986, 82p.

Nozawa, Hideki (ed.), *Indigenous and Foreign Influences in the Development of Japanese Geographical Thought. Japanese Contributions to the History of Geographical Thought*, Fukuoka, Kyushu University, 1989, 84p.

Suizu, Ichoro (ed.), *Geographical Languages in Different Times and Places: Japanese Contributions to the History of Geographical Thought* (1), Kyoto, Geographical Institute of Kyoto University, 1980, 130p.

Suizi, Ichoro, "Background of the Language of Geography in Japan", in Ichoro Suizi (ed.), Geographical Languages in Different Times and Places, op. cit.

Takasaki, M. and K. Otake, "Cartography", in Shinso Kiuchi (ed.), *Geography in Japan*, op. cit, 1976, pp. 17—27.

Takeuchi, Keiichi, *Modern Japanese Geography*, Tokyo, Kokon Shoin, 2000, XIV—250p.

Takeuchi, Keiichi and H. Nozawa, "Diffusion, Succession and Innovation in the History of Geographical Thought in Japan", *Geographical Review of Japan*, Series A, vol. 58, 1985, pp. 103—112.

Takeuchi, Keiichi and H. Nozawa, "Recent Trends in Studies on the History of Geographical Thought in Japan. Mainly on the History of Japanese Geographical Thought", in Nozawa, Hidaki (ed.), *Indigenous and Foreign Influences in the Development of Japanese Geographical Thought*, op. cit., 1989, pp. 1—14.

Takeuchi, Keiichi, *Modern Japanese Geography. An Intellectual History*, Tokyo, Kokon-Shoin, 2000, XIV—250p.

Watsuji, Tetsurô, *Fudo, ningengakuteki kosatsu*, Tokyo, Iwanami-shoten, 1935. English translation, *Climate. A Philosophical Study*, Tokyo, Japanese Governement Printing Bureau, 1961.

Yoshikawa, T., "General Comments on the Development of Physical Geography in Japan", in Shinzo Kiuchi (ed.), *Geography in Japan*, Tokyo, University of Tokyo Press, 1976, pp. 29—33.

译者参考文献(请参见附表一)

第十三章 全球化:对地理学的挑战

一、前 言 \ 272

二、运输与交通:新的网络结构 \ 272

三、经济竞争 \ 277

四、全球化下的经济 \ 279

五、人口集中、逆城市化及大都市区化 \ 284

六、乡村的终结与城市生活方式的普世化 \ 288

七、新网络结构转化下的社会生活 \ 291

八、全球化与文化角色的加重 \ 294

九、全球化与生态限制 \ 294

十、理念的发展与变迁:从现代性到后现代性 \ 295

十一、政治世界的平衡 \ 299

十二、地理学的另一次企图 \ 301

思考题 \ 302

参考文献 \ 302

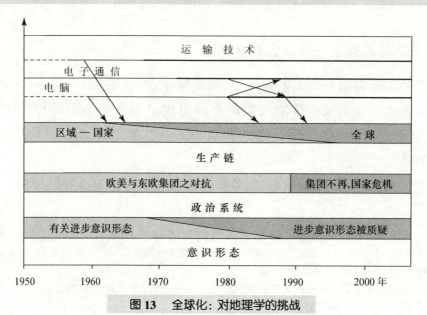

图 13　全球化:对地理学的挑战

一、前　言

　　过去 40 年里,世界发生了极大的变化。这些转型大部分在 20 世纪 60 年代已经被预测到。譬如:石油应用日广,使得随处都有浓缩能源可用;工作的机械化及旅行的动力化,感觉地球表面积日益缩小;电话与汽车的便捷,促其快速扩散到世界各地;因为医学进步而使死亡率降低,第三世界(Third World)①的人口爆炸无可避免;家庭的规模虽然日趋缩小,但每个儿童多能长大成人。现阶段的演变反映出 20 世纪 60 年代已开始的机制与趋势。我们分析这些转变,以便了解其演化的特性②(Paul Claval, 2003)。

二、运输与交通:新的网络结构

　　40 年前人们已知如何减少运输费用,譬如:建造更大船只、更具承载量的火车列、加大输油管线及输电线的直径,或以高压输送电力以减少耗损等(Bauchet, 1988; Mérenne, 1991; Vigarié, 1993)。电话原理知识始于 19 世纪 80 年代,电视发明在两次大战之间,现代计算机创于二战期间(为了制作原子弹的计算之需)。这些发明的应用价值,当时并无法预知。

(一) 集装箱及一般货品的输送

　　有些创新起初看来不怎么样,但却影响深远:集装箱(container)就是一例。将所有货品都装在标准规格的金属柜内是多么简单的构想!这样可方便货物在港内装卸和船上堆置,集装箱的产生就是为了能大量承载这种货柜。

　　当 20 世纪 50 年代引用后,很长的一段时间里它仅占远程运输中极小比

---

　　① 译者注:第三世界原则上包括发展中国家,如非洲、亚洲及拉丁美洲等早期殖民地。但是,随着冷战(Cold War)的结束(1991 年),以及一些发展中国家渐增的经济竞争力,如今这个名词已逐渐失去其分类上的明确性。

　　② 译者注:本章系本书作者克拉瓦尔(Paul Claval)教授摘自其 2003 年出版的《21 世纪地理学》(La Géographie du XXIe Siècle)之相关章节而成。

例。后来变得重要,是因为码头添设了快速装卸机械,并划设专区供分类堆置,以利于便捷联运。

集装箱的设计也减少了货物的损失——譬如,密封的集装箱降低了沿途盗窃风险。但是主要效益来自其他方面,这应从传统港口在国际商贸中的任务来解释。以往货品从各地经公路、铁路或内地水运送至港口卸下,然后重新封包。运货公司将之储存,累计货物至一船可载的运量后,才将它们运送到各个目的地。有许多装卸、封包、分类、储存的技术工作均须在港口执行。但自从集装箱革命(container revolution)后,港口在运输组织链上的功能消失了许多,港口收到集装箱后即将之转运,而不再参与接送货品之间的整理工作。负责货品运输者不需在港口解决问题、运程也不再依赖当地船主,而是交由掌握全盘运输网的货运公司处理。

集装箱革命的效果在20世纪60年代已可察觉,此后则愈来愈显著(Samii 1997)。它使得机器、零件、货品等的长距离运输变得简易而能及时抵达。20世纪60年代的学术界强调海岸地带对多种产业的吸引力,譬如,重工业中的炼油厂、化石产业、炼钢厂等,以及一些轻工业。但40年后的今天,无人再提起经济活动海岸化(maritimization of economic activities)的不可避免性。海岸仍是那些依赖进口能源和矿砂等工业的最佳区位,但集装箱革命已经消除了以往海岸对出口产业所占的优势,港口不再是经济动力的关键中心地。如果海岸仍然吸引人们,那是因为去享受海水浴和水上活动。

集装箱革命使得处理货品的组合和分类变得简单。它因此减少运输链(transportation chains)上的中继点,并使得物资的全部旅程可在远地规划与管控(Massot, 1995),它将运输规划与组织首次独立于道路及集装箱运送的节点。

(二) 汽车的角色

过去40年来,汽车货运占运输的分量愈来愈重,而水运与铁路的角色不断下降(Dupuy, 1995)。汽车货运本来就主宰短途运输,现在仍然如此,但它在长途运输的重要性亦稳定增加。

对人们而言,汽车革命的效果显示在短途与中距离的旅程。一般家户甚少驾车超过三四百千米,除非与度假关联。人们通常为日常活动(工作、购物、休闲)或周休活动(譬如,周六购物,周日出游)而用车。其主要优势在于能提供门到门的联系,但当停车费太贵或途中塞车时则失宠。

城市的结构因汽车而作了调整。它的范围变得更大、但人口密度降低。就业与商业中心,以及最近出现的娱乐及休闲场所(entertainment and leisure places)不断增加,使得都市区成为多核心体(polycentric structure)。

(三) 便捷的客运与转运中心

担负现代运输主职的喷气式飞机在 20 世纪 50 年代后半期开始营运。当时可以一次运送 100 人到 150 人。大型喷气式飞机在 20 世纪 60 年代末期问世,而正常载量激增至 450 人至 500 人。当载客率增高后,每一航里的载客成本骤降。直至 20 世纪 60 年代,航线将所服务的城市直接联系。当巨无霸喷气式飞机出现后[3],用此方法无法服务较小城市。为了使一航线上至少每天产生 500 名乘客,起点与终点城市各需有一定规模,且其间应有重要的经济联系,因此在巴黎、纽约之间,或东京、洛杉矶之间的每日大喷气式飞机航运可以满载,而却无法使里昂与休斯敦,或是丹佛与名古屋之间有直接航线。

航空公司很快就以巨型喷气式飞机所创的条件作了调适。它们将城市之间的客运分为两级:小型与中型的航站之间以较小客机,安排约 50~150 座位的短程服务;另外,在大型航站则有足够旅客来填满巨型客机作长程航行。次要航线的任务是将长途旅客先送至主要航站。在航空公司的飞航地图上,可以看出这样的新网络结构。美国诸航空公司各选择适宜机场,再以轴心模式建立

---

[3] 译者注:目前的巨无霸已由法国的空中巴士公司(AirBus)2005 年 1 月推出,新型机种名为"空中巴士 A380",最大载客量若以经济舱安排,可达 853 人(是目前巨无霸机"波音 747-400"的两倍),其最大航距 15 700 千米(地球最长的周长在赤道约 40 075 千米)。

第十三章 全球化：对地理学的挑战

航运网络结构(Marcadon et. al., 1998)。

巨型喷气式飞机就航空运输而言,将旅程以及城市清晰地划分为两个层次：一面是朝向长程而国际性的关系；另一面则是中短程国内城市关系。

铁路则是便捷客运革命的另一动力。转变始于1964年日本新干线的东京与大阪之间的营运。为了达到高速,这种高速铁路线上停靠车站数目减至最少。为此巴黎至马赛的高铁绕过里昂。高铁系统所造成的轴心站数极为有限。日本新干线上的名古屋有500万人口,而大阪有1500万人口,均使每列车都得停站,而里昂因仅有100万人口,而不足以使每列车都停靠。

（四）通信网路(communication networks)

一通电话涉及起始成本(信息转码及其输出)、线上成本(能量的耗用及部分信息的减损)、转接成本(找到正确转接人)以及终点成本(接受与译码)(Westly & Mac Lean, 1957)。

转码及译码技术经过二元数字化后,代替了20世纪50年代或20世纪60年代的模拟系统(Griset 1991)。直至20年前,资料传收是基于电磁方式。这是一种简单技术,使得价廉的电话及其转接变得可行,但得依靠电话线路。便宜而小巧的无线传送体或接收器开始了手机革命(cellular revolution),信息以无线电波的方式传送。这涉及两个层次的中继接转：地方性的中继站从手机接送信息,借卫星传向远方；另一方则将远来的信息传至手机附近地区。

回顾电信(telecommunications)技术革命时,多半观察者都认为其中最重要的一项即是手机(the cellular)：它起于15年前(即20世纪90年代),但已快速而深刻地改变了人们的行为。大家从此不断通话,无需固定设备而能与父母、朋友、商业伙伴联系。因为它改变了人们的日常生活方式,又使雇员在出勤时以此与公司保持联系。不过此项发明的冲击主要在于地方,在区域、全国及国际层次的网络组织上,尚无主要影响。

传统的电话线路系统改进后,也使线上传讯方便：它可使信息经压缩后经

光纤传递,这使得通信的距离成本变得极低。结果导致不需选择最短距离的线路通信;只要线路不拥塞,选择迂回的较长路线也无妨。因为信息是以光速传递,故选择较长路线也不致延宕误时。

成本较高之处在转接环节。用人工转接曾长达半世纪之久,在 20 世纪 30 年代改为电机形式,而在 20 世纪 60 年代后改为电子化。这些技术革新将通信网路结构彻底转变。在手工转接时代,网络是以接线盘(或称总机)(switchboard)的复杂阶层来建构。接线生将他接线盘上的通话人接到与更高一层次的接线盘联话,逐步接到长距离外的受话人。现代电子化的接线盘的功能远超过前代。接近通信者处仍有一接线盘,但不再需要复杂的收送转接阶层系统:因为计算机已接手处理,瞬间自动选择最不拥塞的路线为通信人联通。

航空运输系统的演进亦雷同:阶层结构趋向扁平,最后只剩两个层次(Dupuy,1995)。

(五) 网络

电话出现于 19 世纪末;计算机主机自第二次世界大战之后体积不断缩小,而效能不断提升。两者的联接应用始自 30 年前(20 世纪 70 年代),其威力展现表现在计算机日趋小巧及价廉。20 世纪 70 年代的雇员仅能在办公室以终端机连接大计算机来工作,今天个人计算机已进入家庭,用户人数不断增加。

20 世纪 80 年代初,美国实验室内部开始用电话网络联结计算机,并发展出软件使其联线方便,这就是网络(Internet)的肇始,1994 年已广知于世界。任何人只要有一部电话,就可将他的计算机和世界上其他人的计算机联线而交换信息。建立网址(sites),相互直接通信,并经转寄获取不断更新的最新信息。今天的网络(Web)信息已网罗我们日常生活中的每一方面:技术、休闲、旅游、政治(Boyle,1996; Crang, Crang & May,1999; Kitchin,1998; Shield,1996; Smith & Kollock,1999)。

网络提供书写世界的一切优势,另加上瞬间实时性以及低廉成本。只要能联上一条电话线,即使那些生活与世隔绝者亦能参与一切知性活动。各处的网址综合成一个巨大无比的图书馆,容易查阅而多半免费。经常使用网络者会发现,网络上可以得到别人的真实言论,不需他人代言,也无官方管控。

三、经济竞争

(一) 产业革命与自由社会

从18世纪末起,产业革命刺激了经济竞争。蒸汽机首先领导了工作的机械化而降低了制造品成本,且应用到铁路与航运运输上,扩展了销货范围。

经济进步的速度在19世纪加快,并使规模经济与外部经济(scale and external economies)的角色加重。国际移民日益重要。已工业化(industralization)的国家在未发展国家中的投资不断增加,前者从后者进口自己农地无法生长的粮食和不能产出的能源与原料。

电信新技术开始起了作用。电报使得信息传递快捷,因而促使有关市场上的相对供需信息,以及交易货物的品质,首次从远方传来。市场的运作改为商家非面对面地就不在场的货品进行谈判,于是巨额的食品市场(粮食)、原料市场(煤、石油)、矿料市场(铜、锌、铅等等)都成了抽象市场。

直到第一次世界大战,借开放市场来增加彼此利益的自由思想已普遍被接受。北半球温带地区的加拿大、美国西部、西伯利亚、中国东北,或是南半球的巴西南部、乌拉圭、阿根廷、澳大利亚、新西兰、南非,都变成了新土地。这些依赖已工业化的国家移来人口定居并带来所需要的设备,但在经济上其性质似乎与母国并无差异,只是更先进而已。因而出现了一个形容这些国家的名词:"年轻"国家("young" countries)。

(二) 两次大战期间及自由经济的危机

19世纪末激活的演进,在两次世界大战期间继续发展。19世纪对欧洲移民开放的新国家愈来愈与欧洲那些已工业化的国家类似——譬如加拿大与美国同为北美经济空间的一部分。但那些欧洲移民不多的国家,经济发展慢,工业化也有限。

在 1900—1950 年的半个世纪里,与产业革命相关的新技术扩散。日本比欧美国家要快,印度和中国只发生在经济部门中的小部分。这期间,真正经历了产业突破的是苏联,其人口比例中有工业训练水准者与西欧相近,因为乌拉尔山区(Urals)的制钢业兴起于 18 世纪,所以苏联工业化已有相当历史。

(三)知识扩散与经济竞赛的新形式

在自由经济(liberal economies)理论的各项假设中,争议最大的乃是劳工的均质性(homogeneous)。直到 20 世纪 20、30 年代甚至 40 年代,工业上应用的理论技术尚不完备,工人与技术人员的训练有赖师徒传授。因此,地理位置的意义重要,当时技术与知识的扩散,是从一地传到另一地,如想超越这种局限一隅的技术劳工市场,则必须将部分技匠、工头、劳工运送到新区,由他们训练当地无技能的生手,促成技术与知识的传播。

19 世纪初期,从英国将纺织、钢铁、铁道等新技术扩散到美国、比利时、法国、普鲁士及其他各地,全靠少数技工和工程师,这是国际大移民开始之前的事。当这些国家的新技术兴盛后,所有"年轻"国家都接纳技术员工移入而促进了其新经济方式,于是工业化延伸到欧洲各国相关的移民地区,而其他地区的扩散过程则受阻,因为很难使熟练的技工不移居美国、澳大利亚或阿根廷等地,而改赴中国或非洲的中部落户。

20 世纪 20 年代后情况改变。技术研究愈来愈靠科学知识,员工训练不再靠师徒间模仿与口头传授,而改由学校的教育系统来完成。二次大战后,第三世界国家快速发展学校教育,并使之部分普及化。技术扩散的情况在 20 世纪 40 年代至 60 年代间完全改观。发展中国家从此有了足够技术员工来操作与维护复杂的机器,以及担任工业制造的管理和会计工作。企业家也发现

第十三章 全球化:对地理学的挑战

了将他们的工厂转移到第三世界来赚钱的可能性,结果效应呈现迅速。美国、加拿大、澳大利亚和许多其他环太平洋的国家和地区的市场一下子就被中国台湾、香港地区,韩国制造的衣物、刀具、餐具、无线电收音机等淹没。

不到十年工夫,昔日工业化国家失掉了自19世纪末以来的工业劳工垄断,而受到了"去工业化"(deindustralization)的打击。昔日被视为美国经济心脏地之工业带(Industrial Belt)④,现在成了锈铁带(Rust Belt)。

由于技术性知识寓形于科学,其扩散更为容易。但劳工市场绝非属于均质性质,尤其高级人才为然。训练为工程师或企业管理人员愈来愈依赖科学及系统方法。不到半世纪内,训练方式变得更为多元。书本不再是唯一工具,其他方式的教学成为必要,譬如去相关企业部门实习,而企业的高级经理人员有了国际市场。

雇员的价值观,不仅来自培养他们的大学或管理学院、工学院与专门学校,也来自他们到企业实习的培训期,这些将反映在他们日后的工作上。有些职场因为更容易接触到不同工作经验的人,因而加深其能力并拓展其见识,譬如,在大都市区工作即有此优势,因为都市区的劳工市场拥有高度多元的异质性(heterogeneity)(Huriot, 1998;Fujita & Thisse, 2002)。

四、全球化下的经济

过去40年来世界经历了一场重要的经济转向(economic turn):全球化(globalization)。基本上此趋势来自运输、通信、数据处理方面的技术革新,以及由此而衍生的经济与技术知识性质的转型(transformation)。

在20世纪60年代,企业的生产活动大多分布在公司总部所在国,即使它们从国外进口原料和能源,并将大部分产品输出。今天,将生产活动集中于一国之内某一地区已非必要。趋势是将生产场所分散于颇遥远的地方,这导致国际间组装零件的流量大增。

---

④ 译者注:指美国东北部从大西洋滨至芝加哥间的地带,为美国工业集中地区。

如何解释此一转型？两项因素似乎成为此转变的先决条件：

（1）各国选择的贸易自由化（liberalism）、去管制（deregulation）、降低关税等相关政策，因而产生了一般关税贸易总协议（GATT，General Agreement on Tariff and Trade），及其后继的世界贸易组织（WTO，World Trade Organization）；

（2）能源的丰沛、生产自动化、部分家庭事务的外移以及工时缩减等，这些趋势是从产业革命以来即在进展，此时配合通信技术及网络架构的革新与企业转型，全球化于是快速形成。

（一）生产链与企业

现代消费货品多半出自复杂的生产程序。于是乃有对"生产链"〔une filière（法文），or chain of production〕的研究，来描述和分析各阶段的层层运作：包括产品的组成、所用原料、所需的组件以及如何整合成最终产品。此"生产链"甚至从原料和所用能源开始，其后端可延伸至下游的市场、运输和销售。简言之，此生产链包括三部分：① 最上游的供应段（phase of supplying），含原料、能源或组件；② 最下游的配销段（phase of distribution）；③ 以及在二者之间的生产段（phase of production）。

（二）公司管理：内外沟通问题

某些公司承担生产链上的各阶段工作，这就是所谓的垂直整合。但在大多数情况下，生产链是由不同的公司分工合作。自柯司（R. Coase）以来的经济学者深知这并非出于技术问题，而是考虑公司内部信息传递成本的结果（Coase，1937）。

公司须依赖销售货品或服务等产品以谋利。但无法像机器般一直依固定程序运作。以经理人员而言，面对不断变化的状况：有些是与公司本身生命周期有关者，例如：区位、设备、人力的调整；另一些是有关外在环境的变化，例如原料、能源及零件的供应地，运输成本，市场评估或与中介人的关系以及产品名声等。

信息成本涉及两方面:① 为获得公司所需的信息以及将之传送给应该知道的员工;② 这些搜集来的信息内含不确定性。当一个公司与远地打交道时,它有两个处理办法:

(1) 将生产链上全部或部分工作整合而将信息传送的成本内部化;

(2) 经过市场而与远处的生意伙伴协商谈判(Coase,1937;Williamson,1975)。

信息在一个整合后的公司内部传送比较简易,但因整合而增加的公司规模使得组织更为复杂,更难使结构因应外部环境变化而导致僵化,不易作所需的调整。

在市场上与之协商谈判的伙伴不会透露他们所知的一切,因为信息供给谈判位势。为减少这种信息不足的先天缺陷,直接面对的谈判非常重要,这样可使你易于评估对方的诚意与可信度(Törnqvist,1968;1970)。借视频会议(video-conference)也可做有效谈判而无需担负旅行成本。

在不完全了解环境时,企业借市场来节省那些对其行业中非属关键的生产或营运,这种选择可减轻负担而增加了弹性调整空间。对这种企业演进,地理学者多半用新马克思主义概念下的福特主义和后福特主义⑤的生产模式来解释,例见博耶及斯科特的研究(Boyer,1986;Scott,1988a),但我们宁愿选择更简单的说法。

(三) 信息成本以及生产链的空间均衡(Robbins,1992)

在"生产链"内的生产阶段的内部信息传递非常频繁。此时必须保证原料供应无虞(同时为了降低成本,需将仓储量降至最低)、确定零件供应流畅,并准备将最终产品送出。这些操作需要各类信息:譬如,原料方面需知道其质与量、零件和组件是否合乎标准规格、其他有关生产技术的管控等。它们形成了大量信息传递,而这需依赖管理人员到所属各厂直接与各部门主管接

---

⑤ 译者注:见第九章第三节(二)的2及注⑦。

触。另外一种信息更需面对面的直接沟通,此乃有关人力管理与人事权责等的安排。

有趣的是一些公司将生产过程中不同阶段的工作交由不同工厂完成。这样或可收益于较低廉的供料、劳工和土地成本,但另一方面得付出较高的信息代价。这是由于在各厂之间以及厂与公司间必需传递信息来控管与确认。主管人员与雇员需要不断来往联系,包括维修的技工、装试新设备的工程师,以及去各地评估厂长问题的经理们。其实,避免长途旅程对公司非常重要,一方面可节省成本;另一方面,需常访查支部或工厂的主管或工程师们多半宁愿当日往返,而不愿留宿旅馆(Törnqvist,1968;1970)。这意味着来回旅程以 200 千米内最佳,因此 20 世纪 60 年代生产链的制造阶段都分布在同一区域内。

在这方面,现代的电信和快捷运输革命对生产链的制造工厂的空间均衡起了重大冲击(Bakis,1988a;Barnes & Gertler,1999;Castells,1989;Hepworth,1989;Kellerman,1993)。另外在技术或储存管理方面,今日由于高量传讯线路及快讯计算机,一切原始资料可不经整理而直接传至总部。这免除了分部或工厂操纵信息,而结果使得管理风格改变。过去分部人员被要求对当地情况详实报告,并服从上级交给的命令——后者通常属于负面的(Claval,1987)。今日的远距通信已可持续管控,下属不实报告的风险减少,犯错后可实时被纠正。因此对下属管理的口号也变了:不再是要求"服从和报告"(Obey and report),而代之以激励"想象力和主动性"(Be imaginative and take initiatives)(Claval,1987)。

但人员之间的直接接触仍属必要。由于新交通模式,一天之内可与更远距离的人交往。30 年前的企业多将分部或工厂置于距总公司 200～300 千米之内,因为在此范围内乘汽车或火车可以当日往返。今日借飞机可延伸至 1000 千米、1500 千米甚至于 2000 千米之外的距离(Törnqvist,1968;1970)。这导致了根本性的后果:过去许多经济部门,生产链的制造阶段都在同一国家,企业家很难向公司所在地的当权者及其政策挑战。如今交通革命使得生产链的制造阶段分散于各地,以公司为中心的距离半径常为 1000～2000 千米,这一空间规模正是研究国际关系的专家们所称的"区域"(region),也称次洲级(subcontinent),譬如北美东部、西欧、日本与中国沿海等地区。由于对分部控制及访查的需求皆降低了,企业不再介意送其高层管理人员往返于更远的地区,于是生产活动的分布属于全球性的尺度了。

这些演进对生产活动的空间分布有决定性的影响。西方企业所控制的生产活动持续向成本较低地区转移,直至"根留本国":即仅留企业总部、商业与金融部门,以及部分的研发单位。

(四) 全球经济景象

半世纪前,企业在国外维持一个分支部门或工厂的费用常超过其投资带来的利润。今天情况不同:电信及快速运输设施有利于控制遥远的部门或工厂,特别是坐落在离主要机场(即转运轴心)不远者。总部的决策者易于来访、并协同分支部门或工厂与当地商人谈判协商,以此方式打进当地的经济市场最具弹性。

20 世纪上半叶的工业区位显得相对稳定。全球化带来的尖锐竞争或摧毁了旧工业区域,或逼使其困难地重新定位。社会主义经济体如仍维持其中央主导的计划经济,则势必被全球化竞争淘汰。同时,新形式的工业集中出现于他处,特别是在新兴工业国家中。

不到 30 年间,世界重心已从大西洋沿岸移转到太平洋沿岸,后者的许多国家或地区经历了经济不断提升的光辉 25 年——从 1972 年至 1997 年⑥。经济年增长率不曾低于 6%,有时甚至高达 10%。欧美国家以往从不知会有如此高的经济增长率。因此它们的再结构过程开始加速进行(Cox, 1997; Daniels, 1993; Dicken, 1986; Know & Agnew, 1994; Scott, 1997)。

---

⑥ 译者注:中国台湾自 1979 年至 1997 年 19 年的年平均经济增长率是 7.55%。

五、人口集中、逆城市化及大都市区化

(一) 传统的空间组织形式:从下而上的建构

一个世纪以前,当时的经济动态形成一个简单的经济空间结构。领域的组成是由下而上,为的是大部分经济活动人口均从事初级产业。他们开发当地自然资源,其产品依各地特性发展出相对优势的专业化。城镇的出现即是依农民矿工形成的聚落区发展出商业活动,并提供服务业。因此在第一级产业专业化的必然性上加上了另一种专业化:服务业活动(service activities)。这导致了城市阶层(urban hierarchies)及其网络(networks)结构。从小镇、小城、中型城市到区域都市,最后是一国的首都。一个双系统的区域组织于是形成:一方面是区域间出于竞争形成的专业化;另一方面是对分散人口提供服务形成的中地阶层(hierarchies of central places)⑦。

第三种趋势是上述双系统下逐渐形成的:即在全国空间尺度下,一些经济活动积聚于具有高度"向心性"(centrality)的地区,因为只有该区可达广大市场而享有更大的规模经济(Krugman,1980)。同时在这些核心地区经济活动是高度多样性的,故亦享有更大的外部经济(Fujita and Thisse,2002;Huriot,1998)。显示这种动态的最佳案例即是美国东北部的工业带。美国大部分的产业转型及高层次的服务业都集中在那里。

部分经济活动流过国界。决定经济区位的基本原则在此阶层同样适用:边陲国家的初级产业依照相对优势而专业化,而转型的产业则向主导国际事务的国家集中。因此,第三世界与发达国家形成对立的状况。

(二) 今日的组织形式:由上向下发展

后来对自然资源利用的技术愈来愈有效率,对初级产业的人力需要比往日减少,而运输费用也大为降低。这两方面对其他各种经济活动的空间分布影响

---

⑦ 译者注:见第六章第三节(二)及注⑦。

是小的,但影响深远。空间组织不再以下层的初级产业区位构成,新的建构是从上而来,这是因为在机动性扮演主要角色的世界里,运输轴线及其交汇处,以及通信节点愈来愈重要(Benko,1998;Benko & Lipietz,2000;Fujita et al.,1999;Krugman,1996)。

今日通信系统的效率已达到一个程度,为了服务一个区域全境,往日金字塔式的阶层已不再需要:城市组成的区域内部规则性已消失。大都市对周围整个地区具有强大吸引力,而使通信系统不再依赖底层的城市阶层。

一个世纪以前在全球呈现的人口集中趋势,目前仍在加强中吗?还是我们正见证逆城市化及大都市区化(counterurbanization and metropolization)这些新趋势的出现?

(三) 活动集中的极限

昔日,经济区位的动态偏向核心区。随着经济活动的多元化,生产链的加长与复杂化,以核心区位为优势的工厂及事务所数量不断增加,这样更形成新的外部经济。这种自我累积强化的过程持续进行,直到高密度与污染的负面外部性成本增加时才停止。

在20世纪50年代及60年代,许多经济学者及地理学者以为大自由贸易区的扩张,以及关税的降低将加强经济活动集中的趋势。但事实并未证实他们的期望或恐惧。20世纪上半叶,先进国家的核心区的确是工业化程度最高者,但也是最先遭受新兴工业化国家严重打击的地区。它们是污染最严重之处,而不得不降低土地使用强度,而且运输成本的不断降低,也改变了人们聚居于核心区的优势。此中心性的优势今日并未消失,但其强度已不如往昔。

(四) 逆城市化

另一个对当代演进的诠释于1976年由贝里(Brian J. L Berry)提出,那即是逆城市化(Counterurbanization)。美国在20世纪60年代及70年代的两次人口普查,显示了许多城市的市中心成长减缓,甚至于完全停止。史上第一次人口成长仅发生于郊区,也发生在某些农村地区。后者自工业革命以来每况愈下的人口数及弃离现象,显然已经停止。

贝里称上述新趋势为"逆城市化",而以增高的人与信息流通性来解释。当今人们毋需居住于城市内却照样可以进行城市阶层的社会互动。技术的进展支持了这个理论。由于计算机与电信连接,许多第三级产业(服务业)的活动都可以由住在乡下或孤立农庄的人来执行。人们用电子通勤(telecommute)来替代每日从住家至办公室的人员通勤(commute)。这种"在家工作"(home-working)的发展,确立了逆城市化的成功。

"远距工作"(teleworking)或称"在家工作"过去30年来发展迅速。这个趋势是否强到使逆城市化普及?答案为"否"。许多专家曾经预测大城市的人口会减少,但是绝大多数的城市并未发生此现象,而是代以城市扩张。譬如法国南部的图卢兹(Toulouse),其城市地区人口从1960年的40万增加到2000年的90万,但地区的扩张在40年内从1 200平方千米增至4 000平方千米——人口密度被稀释了。居民平日的通勤距离加长了,扩张区内的居民的"在家工作"变得重要。

那些属于城市外缘的远郊人口仍在增长,一些"乡市"(rurban)⑧经历同样的演进。这些地方多半气候适宜、景观悦目,遂吸引了度假人士、退休者或借新通信设施的居家工作者(Champion,1989)。但这些地方若要开始成长,基本上需达最低人口密度门槛:即每1平方千米平均人口约100人,城市型的服务可持续供应;若不及此数则维持困难;当平均人口密度低于20人/平方千米则变为不可能。目前各国城市扩张区的人口平均密度通常略高于门槛,以图卢兹而言约225人/平方千米。

---

⑧ 译者注:这是将乡村(rural)及都市(urban)二字组合而成的字(1918年)。指在仍有农业活动的乡村地区,已同时发展出以住宅为主的都市用地。

(五)大都市区化

20世纪80年代的人口普查数据未能供人确认20世纪60年代至70年代所观察到的某些趋势,城市扩张仍旧持续。逆城市化的确在上文提到的范围内进行,但进度远慢于预期。许多大城市的人口仍然成长。世界上最重要的城市群(或称都市聚集)(urban agglomeration)⑨譬如东京在近十年内又增加了300万人,它在20世纪80年代时已有2800万人!美国东北部的工业集中带内一些城市,例如底特律(Detroit)或克利夫兰(Cleveland)经历了人口减退;但其他大多数城市,如纽约却免于此演变,同时在此工业带以外的许多大城市成长快速而成了新一代的大都市区(metropolises):如西海岸的洛杉矶、旧金山、西雅图及较低层级的圣地亚哥(San Diego),远西部的凤凰城(Phoenix)、丹佛(Denver)、盐湖城(Salt Lake City),以及南部的达拉斯(Dallas)、休斯敦(Houston)、迈阿密(Miami)、亚特兰大(Atlanta)、奥兰多(Orlando)和北卡罗来纳(North Carolina)的城市三角区。

有见于此种演化,笔者曾在1987年建议采用"大都市区化"一词(metropolization)来表达当代的城市动态(Claval,1987;1989)。在一个全球化的世界里,大都市区得益于直接的国际航线连接,为了解释这些大都市的动力经久不衰甚至于加强,笔者借重了童维思特(Gunnar Törnqvist)有关经济生活连接角色的著作以及柯司(Coase)与威廉森(Williamson)对公司如何调整以适应新网络结构的研究。

"大都市区化"的过程可能使经济活动向城市中心区集中的趋势停止:电信的发展及快捷客运系统,将使都市区的中心区的垄断优势重新分配(Sassen,

---

⑨ 译者注:都市学者推测,未来100年世界各精华地区因持续的人口增长,将发展出这种城市相连呈带状分布的大都市类型。目前已形成"都市群"或称"都市聚集"的地区,如美国东北沿岸由波士顿至华盛顿特区、日本的东京-大阪-京都地区,以及英国的伦敦至米得兰地区等。至于中国、印度正在形成中的更广延之各都市连绵带,其规模无疑将更大于目前已知之"都市群或都市聚集"。

1994)。美国今日不再依赖工业带单一引擎,而是靠 20 多个遍于全国的都市区当做较小引擎来驱动(Claval,1987)。

沙森(Saskia Sassen)等人指出在这些经济都市区中有更上层的世界都市,如东京、纽约、伦敦,也包括了巴黎、香港以及愈来愈重要的上海、新加坡。它们的特性来自在国际贸易及经济活动中融资的角色(Marcuse & Van Kampen, 2000;Sassen,1991;1994;Soja, 2000)。

总之,当代人口分布的演进主要可由逆城市化与大都市区化的两个过程来解释。但它们也显示了重要的是地方因素,特别是那些他处所缺乏的社会组织形式与知识产生的渠道(Demazière, 1996;Pecqueur, 1996;Scott, 2000)。

六、乡村的终结与城市生活方式的普世化

(一)空间组织的新形式

直至 20 世纪 60 年代,乡间与城市在参与社会关系的机会上仍有尖锐差异。如果你想攀登高层社会地位,只有在城市核心地区才能接触到政治经济社会精英。也只有从那儿你才有机会搭机、乘车到远地去会见要人。但报纸与无线电的普及减少了乡间的孤立,有了公共汽车后,农民很容易抵达上一级城镇。城乡对立的情况缓和了,但依旧存在。

当今,中壮年龄层及以下的人,经历或正生活在城乡社会差异几乎完全消失的地区。虽然居住于一偏僻地,只要你有一部电话、一架与网络联线的计算机、一部电视、一台可与火车站或机场连接的汽车,你就可以参与所有形态的社会生活。虽然也许要花更多一点时间与精力去参加所有层次的社交,但那已不是不可能的事了。20 世纪 60 年代末期,研究者已开始讨论"农民"(peasants)意义的终结,这说明了另一个迄今尚完全结束,但正加速演进的过程(Mendras, 1967;Franklin, 1969)。

不过现代的通信方式不能完全弥补就近服务的好处。美满生活不只是可以容易地与地球另一边的亲友联系。你需要有个邻近的糕饼店买刚出炉的面

第十三章　全球化：对地理学的挑战

包、孩子可就读的小学，以及可面谈的医生等。密度太低的地区仍在流失人口，因为它只能供应部分今日认为必要的社区服务。今天社会学和地理学上人文聚落(human settlements)划分的界限不在于城市与乡村，而是在于人口真正稀薄处与较高密度(含城市郊区)地方之间。

在一世代以前，一个城镇阶层系统仍然清晰存在。从小镇到小城市、中型城市、区域性都市，到一国之首要都市，商业与服务的多样性逐层增加，发展各种社会关系的可能性不断提升。如今，城市的阶层性反映在通信系统上。当后者的金字塔结构变得扁平时，前者也就变得简单。过去，零售商到批发商那进货，批发商到更大盘售中心批货。今天零售商经过网络向制造厂商订购，如果他卖的是成衣，他直接开车到工厂或衣裤业中心进货。

现在各种商品的连锁店在各地卖的是同样货色，其结果是市中心(downtown)可供购货的选择性不再比别的地方更多，市中心的相对优势大为下降。另外，郊区的集合电影院(complexes of movie theaters)出现后，人们不必在休闲及娱乐时，再为了看电影而去旧城中心。

传统大城市的服务优势，仅在某些方面仍然维持，例如：它们仍是空运轴心可连接世界各主要大都市；它们仍然为企业提供最高层级的金融与法律服务；它们仍然是人才汇集处，提供各种专业知识。过去城市中极端丰富的多样性活动，如今范畴缩减了。于是大多数的中型城市变得较为无趣，保有较强烈性格的仍属那些重要的大都市(Claval，1987，1989)。

现在正建构中的城市空间组织，和一两代前的大为不同，它是由下面几层构成：

(1) 已离弃或正在离弃的地区。因为人口密度过低已成为离弃区(desert areas)或是正在离弃中的地区，这种地区中有些恢复到自然或半自然状态。

(2) 中密度或高密度的乡间(rural area)。人们在此享有城市服务的优点。

289

居民或依"转移所得"(transferred income,例如退休金等)过活,或是度假客。此区是"在家工作"的发展区。

(3) 小、中规模城市(cities)。这里的兴隆并非依赖昔日城市体系内的位阶,而是有吸引人的特别服务活动,或所能组成的产业特区。

(4) 大都市(metropolises)。它们组合了一个广大地区的社会与文化生活而领导经济的创新与发展活动。其中属于第一级规模者脱颖而出成了世界城市(World Cities)。

(二) 从城市到大都市连绵带

在由不动产市场建构,并经地方政府土地管制的城市扩张区内,有四类土地使用区:① 经济交易与社会互动区;② 居住用地区;③ 工业与仓储用地区;④ 道路系统用地——整个城市群(urban agglomeration)赖此交通互动。

以往,街道在社会生活中扮演着重要角色,它们不仅是交通管道,也是社交场所。如今主要大街与干道的功能减少,它们的角色乃在连接广大城市内范围相隔甚远的地区,让城市群的经济运作顺畅;供人们快速地从住家去到 5、10、20 千米甚至于 50 千米之外工作或会晤别人。这些现代干道是为速度考虑而设计的,沿途交叉路口有限,很长的路段亦无法过街,因此主要车道将地区分割为邻近但互不相连的岛屿。快速干道与大量增加具有中央机能(central functions)的地区就共同组成了一个现代的大城市连绵带(urban archipelago),替代了昔日的单核心城市(Chalas et Dubois-Taine, 1997;Massey et al., 1999;Veltz 1996;Viard, 1994)。

这种块状分布似列屿的结构,并未影响其城市效率。它们恒能符合其居民及访者的互动需求。但是单核心城市的终结及多岛屿形态的兴起,对城市生存之道有重大影响。由于城市内各层次的中央机能如今被分配到各地区内,市民不再感受到城市群的总体优势。城市总角色的象征减少了一些意义,市民有了较多表达他们各自与众不同的自由(Ascher, 1995;Paquot et al., 2000;

Sennett，1994；Amin & Thrift，2002）。

迪尔（Michael Dear）注意到洛杉矶似为这类都市型的代表（Dear et al.，1996；另亦见 Davis，1990；Soja，1996），在这里社会已经依照新的界线分化：有些人已生活在后现代产业和经济的网络虚空间（cyberspace）；有些人则在为新产业制造配件或存料的工厂里努力工作；有些人宁愿生活在系统的边缘或被其否定。整个都市给人的印象是一个拼凑体（patchwork），其中长久以来被视为加利福尼亚州郊区主要特色的花园已不再是唯一标志（Ghorra-Gobin，1997）。新的购物中心（commercial centers）与休闲商场（leisure malls）提供居民实现城市生活之梦；外来者在这原为中产阶级美国白人（the WASP middle class）[10]建造的绵延郊区中，可找到同种族所聚集的小岛屿；中辍生与逃离者（dropouts）落脚于不同社区，改变原居住形式而加以狂野迷幻装饰；在有地可容处，拖车房（mobile homes）供应了廉价住所。

洛杉矶俨然已转型为一大都市连绵带。

七、新网络结构转化下的社会生活

社会生活涉及人的流动、会面及信息交换，因此社会生活有赖于交通及通信的技术网络。传统的设备发展出乡、镇及小城市、大城市等阶层性聚落。今天的场景，则沿着看似是乡间但有城市机能的远郊蔓延之后，连绵着单调的市郊，其中点缀着新旧城镇等节点，最后出现大都市。

这里要提醒的是，技术网络及其呈现的聚落结构，仅是探讨地理学关心的社会、经济、政治或文化等关系的工具。因为，技术特性及人文聚落类型共同形塑了一地的人际关系。当伙伴邻近、互动不必长程往返时，人际关系自然容易发展，因此，在社会网络及政治经济生活内，向来含有地方性成分，这种关系目前仍然重要。而城市群内（或之间、或在其边缘），短中程自由流动度（mobility）

---

[10] 译者注：WASP 是 White Anglo-Saxon Protestant 的缩写，中文是"白人盎格鲁-撒克逊新教徒"。指美国社会中，以早期由英国移来的清教徒后裔为主形成的白人社群，被美国境内少数民族社群视为控制美国社会的典型社群。

的增加，提供了面对面社会互动的新动力。电话则是在有了直接沟通后再增强的联系方式。

过去，远距离的社会关系难以建构，它需经过制度化的网络关系，如教会、行政、企业等来运作，并以阶层化来管理经这些管道流通的信息。

当代的快捷运输及电信革命允许直接建立各种关系。无阶层或近乎无阶层的网络通信（Web）切割了传统的社会阶层关系，虽然后者并未全然消失。网络不受传统障碍之限：行政区划不再阻隔无所不在的人际关系，而各种政治体之间的连接大量增加。

（一）新的生活空间方式：地方与领域（places and territories）

人们一直不断地建构、解构、再建构他们居住及开发的地区。不过，当代这种变化转型遍地发生，速度之快有别于以往——砍伐森林、拆除旧建物、营建住宅、工厂、水坝或机场。这种转型变化并非延线型或从一地到另一地，顺序展开，也非从中心到下一层按部就班地进行。它是全球化所带来的一种遍地撞击（Massey & Jess,1995）。

在我们现在的生活世界中，无论就地方尺度的景观，如敞田或圈田景观；或一小范围的专业区，经济力量已不再形塑清晰有序的几何型空间组织。人们也不如前一代那样相信经济发展可以治理社会百病。认同感（identities）所赖以维系的实质标志（material makers）多已被现代化与全球化抹去或消失。人们对此惆然若失，而想在空间景观上投注心力，希望对其所居住的空间加以控制，以便掌握认同性，并为他们的家人与后代保存必要的生活品质。外形比以前更重要了，人们对居处的景观开始关怀，而想保留其中美好的，以及与集体历史有关联的部分，强调这些事物的意义，可赋予生活更多价值。

景观的美感和环境品质都较过去更被重视。这意味着当代各种活动较以往更能和谐相处而适合永续发展吗？遗憾的是，答案为"否"。今日的社会已被戏剧性地剥夺了那些与其所居环境兼容一致的原则。

（二）更困难的社会整合

今日的城市并非如顺畅驱动的电动玩具中的社会一般祥和而兴盛。它们实际上是不同的社会群体、文化社群，及经济利益体相冲突的竞技场域（Blakeley & Snyder, 1977; Body-Gendrot, 1998; Davis, 1998; Huntington, 1994）。可观察到的社会互动形式常是粗野、不成熟的。在这样的现实情境下，城市的前景如何？城市还能担负旧有文明功能吗？往日城市的典雅风华能否如人们期望地那样再度呈现？

城市内的各种反文化（countercultures）有了新的动向。本来，在欧美国家城市内历经 150 年（特别是二战以来）的经济扩展后，人们感受到他们处在城市环境中的好处。这是出于两种社会整合（social integration）：（1）就成人而言，劳工市场扮演了重要角色。人一旦获得工作，他多少就可过一个正常生活、支付膳宿、享受许多城市的娱乐。（2）就孩童而言，学校有效培训其各种社会及经济活动能力，这与劳工市场平行而连接，至少就对时间纪律的培训来说。学校给男女儿童准备了成人后在就业上所需的技能，并成为他们社会升级的手段，因为受教成功即可保证他们较上一代有更高收入。在这种社会整合的背景下，"反文化"的抗争通常仅扮演个小角色，也仅能吸引人口中微不足道的比例。但当充分就业情况不再出现，而有关"进步"的意义被质疑后，城市内的社会动荡就增加了。

原本经由城市条件培育的西方民主，现在因为城市环境衰退，是不是受到了威胁？是不是人类文明进化所依赖的城市文明形式正在消失？随着传统通信系统中央性的隐没，是不是城市居民生活所需的象征功能也一并消失了？

尽管我们有理由对城市的未来担忧不止，但也另有一些正面景象指向乐观的一面。从来没有比当代的大都市区更像一个多元文化的熔炉了（multicultural melting pots）。这还有别于 20 世纪前半叶的美国城市，因为它们不再如以往般将新移民的所有特征消去。现在，从炉中熔制出来的是新的文化样式,其中新意盎然。

八、全球化与文化角色的加重

按照当今看法,文化并不是指那些被有钱人看重而可有可无的装饰品。基于其技术内涵,文化提供的智能、对感情的形塑,以及为个人或集体未来生活所提供的前景,皆引出在人与人之间的基本差异。

对当代地理学者而言,文化不必被视为人们实际所有的事物,而是那些决定他们行为、表达他们认同、说明他们期望成为什么的东西。于是在社会生活中,不可能将物质经济面分离出来单独处理。文化取向(cultural approach)的研究阐明人们并不会将对财富、权力、社会地位三者的追求清晰分离,却会将它们全部纳为生命规划的一部分,而且基本上均有政治的面向。因此这文化取向赋予地理学者认知真实世界一个生动的新维度。

当代世界文化的分布、变化,及其个别内容都受到两种转化的冲击:

(1) 技术进步及其复杂的后果。首先由所得增加,人们改变了消费行为,进而增加了文化消费。人们迁移性增加,转变了国际移民性质,物质文明趋于同一。随着旧物质文明形式的逐渐消失,附于其上的传统认同感式微。不过全球化并未统一所有文化,各地仍各自保留了一些地方文化代代相传。

(2) 对文化根本价值的质疑。此乃出于对直至 20 年前尚盛行于工业化国家以及发展中国家的思想体系的批判。

九、全球化与生态限制

地理学者在 20 世纪初即开始关注生态问题,虽然于 20 世纪 50 年代及 60 年代在这方面的兴趣一度稍减,但从未像今日这般的热衷,且涉及的课题与尺度皆与往日不同。

19 世纪的科学家们多受马尔萨斯影响,因此他们聚焦于一地的生产力受限于生态金字塔的影响。其后技术进步不断将此限制向后延伸,这是为何地理学者在 1950 年至 1970 年间较少关心生态问题的原因。

大自然的限制问题并未解除,但需以不同方式来看待处理。地球上宜耕气候区内的有限可耕地,以及储量一定的矿物和石油迟早会限制人口的继续增加,并会改变人类的消费行为,这是在不同尺度上的老问题。但是现在新的忧虑出现了,生态系统只能在一定的变化速度下吸纳额外的物质或能量流转。当门槛被超越,系统内的互动性质改变,大自然的韧度有限,逾越了则新系统突现,但其性质迥然不同于被替代的旧有者。

因此事实上有两种形式的生态限制:一是出于生态金字塔中,缺少了某些特别要素而造成;一是物质与能量的回收周转失灵。后一种是对人类未来最大的威胁,它们一并出现在地方、区域,以及全球的不同尺度上。

地理学者本身并没有足够的科学背景去分析复杂的生态变动系统并为之建立模式。他们的专业贡献在于更深切地探讨人类对生态机制(ecological mechanisms)的了解,以及当人类面临前所未知的环境极限时他们如何响应。人类对生态问题的警觉的确提高了,这受惠于在全球通信效率的进步。大家对科学家分析出来的危机十分敏感,然而无人确知这些警讯是真抑假,但一般人已对地球生态失衡的威胁感到忧心,对环境被破坏的煽动性新闻感到焦虑,认为自己很可能是下一个受害者。

由于已涉入了环境评估课题,地理学者免不了要参与当今世上最核心的一项辩论:当人类活动已经威胁到全球生态系统均衡时,个人的需要和愿望的自由选择,到底能被允许至何种程度?

十、理念的发展与变迁:从现代性到后现代性

40 年前尚无法预测哪些因素会对全球造成深远影响,其实并非全来自技术革新,有些是出于政治,另一些则属于理念的范畴或意识形态。

(一)柏林墙的倒塌及社会主义的崩解

依照社会主义理论,世界走向社会主义应是不可阻挡之势。这个信念后面有一简单逻辑:历史自有其意义,它依照一个可借科学发现的预定方向进展。十月革命所创设的政权与其他政权不同,因为它不再与潮流对抗而只是加速了预定的社会转型——社会主义国家努力为人民自下而上地谋求应得的福利。

柏林墙倒塌事件发生的原因,宜以意识形态的维度说明。因为社会主义政权的基础性已被质疑:它可能不是通往幸福的最佳路径? 至于此事件所引发的国际关系的短期效应反较不重要。

自18世纪末开始,欧美社会的传统宗教基础日渐消失:愈来愈多的人不再执意在社会生活中追求宗教,形而上学的深层意义,仅在乎当下及未来生活(Gauchet,1998)。欧洲社会已选择追求"进步",借以消除贫穷与不义并带领人类走向充分发展。以进步的信念及历史哲学(philosophies of history)[11]为基础,18世纪末发生民主革命,建立了自由社会,并带来工业革命。一个有关幸福哲学的变体曾出现在19世纪,它与自由系统(liberal systems)的目标并无基本差异,但是对市场机制极端反对,而想借中央控制性规划来消除资本家世界

---

[11] 译者注:历史哲学系指对人类历史发展过程诠释为自有其统盘方向、秩序、意义,甚至于目的的哲学论述。东西宗教哲学中,从古至今自然不免涉及于此。但近代历史哲学思维主要起于18世纪启蒙运动之后,学者多半认为人类有朝向理性开展的单一进步方向。此即本书内所称之"进步意识形态"或"进步哲学",此与西方有关"现代性"发展的各种论述有密切关系。本书于第四、五及七章提及之赫尔德(Herder)亦为18世纪历史哲学倡议者,不过他注重文化与多元性,且令历史演进与地理学连接。19世纪的黑格尔(Hegel)其最重要著作即《历史哲学》(1831年去世后出版),他与马克思(Marx)分别认为历史(之意义)有其终点。但黑格尔以其唯心哲学演绎出终点为自由民主国家;但马克思用其辩证法,却从唯物史观认为终点将是极端社会主义之共产主义社会。

里的经济矛盾。十月革命给予此进步哲学的变体一个机会,先是推翻了帝俄之后,又于第二次世界大战后将其理想推及于其他国家。

(二) 柏林墙的倒塌及历史哲学的终结

东欧社会主义的崩解对欧美世界另有其理论上的含义。欧美世界的自由精神是基于这样的理念:为了谋求人类最高福利,就必须创设民主制度并推广市场机制而依赖自由企业。另外,经 20 世纪 30 年代的初步试验,主要于第二次世界大战后推行的福利体系,曾让绝大多数人民享有良好生活水准,退休金制度被推广,医疗费用转由全民负担。这些自由体制下的各种目标已在工业化世界内实现。

福山(Francis Fukuyama)以《历史之终结》来总结了这次大转型,不幸他用了个不当的书名(Fukuyama, 1992)。因为当时刚发生的大事不是历史的终结,而是自启蒙时代以来主宰思想的历史哲学之终结。

(三) 现代性的危机以及后现代性理念

当时除了欧美社会宣扬的政治哲学(the political philosophies)被质疑外,连欧美思想的根本基础都受到了撼动。几世纪以来的理念就是:传统文化因为未能发展至最高智能形式,而使人类成就低于可达到的境界。为了发展最高智能,所有理性的潜能都被探讨过。这些理念就是现代性(modernity)的基本,有人据以建议可将过去遗留的旧制度摧毁,重新依照社会契约打造新体制,创造使各种社会群体(social groups)得以健旺的新环境。

自 18 世纪以来,最流行的表达现代性的方式即是历史哲学。但历史哲学对伦理学与美学毫无建设。不过在道德依循方面有一个可能的解决之道:只要符合历史方向就足以保证辩护行为的正当性。这样不啻可预先宽恕了 20 世纪集权主义所犯的罪行。譬如,为了净化阿利安(Aryan)的血统,希特勒(Hitler)曾有组织地消灭犹太人。

但是美学的判断依据何在?难道是前卫艺术(Avant-Garde)——艺术家是专门发掘新兴形式的人(Compagnon,1980)?艺术中没有恒久的美,也没有绝对的对错,对者即是那些在特定时间里能察觉到感性变迁的方向而能以大众赏识的方式来表达者。

现代美学有时是自相对立的受害者。这发生于建筑中的国际样式(International Style),此为受到 1920 年包豪斯(Bauhaus)[12]以及 20 世纪 30 年代现代建筑国际会盟(International Congress of Modern Architecture)[13]的影响发展出来的。领导此运动的人士,主张现代建筑的本质来自摒弃装饰,追求纯机能,亦即理性。因此他们所倡议的形式,是从现实中回归到历史哲学,后者指向一切事物的现代性。

但是,这样的立场难以长久维持。早在 20 世纪 60 年代已有思想家批判了国际建筑运动的托词(Jencks,1979;Portoghesi,1981)。但是此运动所代表的样式既然已被认同为现代式,则此后不得不超越此名,因此出现了所谓"后现代"(postmodernity)一词。

(四)对西方思想的质疑

原出于 20 世纪 60 年代建筑界对现代化的反应亦向其他领域快速扩展

---

[12] 译者注:德文,相当于英文中之"House of Building"为一具前瞻性的德国建筑及工艺学校,由 Walter Gropius 于 1919 年创设,直至 1933 年受纳粹威胁而关闭。其间教师包括多位国际知名的画家及建筑师。该校对各国的新建筑运动深具影响。

[13] 译者注:为由法国名建筑师 Le Corbusier 于 1928 年纠合欧洲具现代思潮的建筑师在瑞士成立的一集会组织,发表为现代建筑定向的宣言,并于 1933 年发表有关城市规划的"雅典宪章"。除了第二次世界大战期间外,每一两年聚会一次,直至 1959 年终止。

(Jameson，1984)；那是一个充满怀疑的时代。科学代表进步吗？人人都感到科学对人类的贡献，但认为它的部分成果亦造成伤害的人数不断增加。对传染病原的研究使得每个人得免于疾病，但技术进步亦带来新武器的扩散，而使人类承受生物、核子、化学的风险。在这样的进展中如何看得到一个善境？技术进步亦意味着对自然资源的无情耗用，及随后的液态、气态污染排放和废物的累积。人类应有权阻止那些破坏他所依存的环境的干扰？

对现代性理念的危机原本出于艺术中的一小部门，随即动摇了科学思想的根本。一世代以前，历史学者强调西方科学引发了的良好政策意向，今天大家都例行批评这些政策常出于私利。社会科学亦因对欧美思想基础的质疑而受损，需要重建。

十一、政治世界的平衡

我们身处于一个快速改变中的世界。直至冷战结束前，从16世纪或17世纪以来一直应用的政治制约方式都算有效而且解释了其演变，然后经济与意识形态演变的累积效果导致了在国家与全球层次上的政治转型。

社会的圆顺运作，恒赖于政治系统与公民社会的结合。政治系统决定了权力形态而最终需依赖：① 武力与暴力的应用；② 使用这些力量的威胁；③ 对国内某统治政团的合法性的接受。另一方面民间社会由一套制度化了的社会关系组成，其中，影响与约束力扮演了重要角色而不需诉诸于暴力。

这种结合已盛行了4个世纪之久(Badie 1994)，政体是属于威斯特伐利亚(Westphalian State)式的(此词成于1648年，出于终结了30年战争的西发里亚条约，从此承认了国家(State)对国内领土的绝对主权。)而国际形势则由一霸权主宰。(国际间从来是借暴力与战争来解决争端的场所，霸权国家的出现多少引进了某种稳定形式。)但是由于当代快捷运输与通信革命，这种体系正在消失。我们目击正形成中的是作阶层性缠络交织的领域，而不再是相互接壤各有主权的领土。它们以不同模式,借不断地再协商来分享主权的行使(Badie,1999)。

在20世纪60年代,政治与经济活动仍以国家为背景,而经济增长被普遍认为是最重要的政治目标。在西方,政府的机能是促进私人企业运作顺利,社会主义国家则以动员一切资源来达此目标。第三世界国家则尝试在各种欧洲社会模式中择一来作为追求的榜样,而后者不是在自由主义就是在社会主义旗帜之下。国际政治为美苏间竞争所支配,呈现于协商谈判的势均力敌中,并将发达国家区划为两大阵营,而各向新独立国家竞求控制或影响。

国家不曾比现在(21世纪初)所扮演的角色更重要。昔日帝国已于1945年后随着去殖民地化(decolonization)均快速衰落;它们现在已被效法欧美模式的民族国家取代。苏联的解体结束了冷战。新兴国家即使贫弱都也不再需要在两大阵营中择一发展。

民族国家危机:迈向后威斯特伐利亚模式?

民族国家的胜利仍属浅薄。其主权随处受到新的社会关系动态和国际经济的威胁。由于运输与通信的不断进展,以及已推动50年的降低关税措施,全球化增加了动能。其结果是国家失落了对私有企业的有效控制。在20世纪60年代,世界是由各享有某种程度自治力的空间拼组而成。现今大家注意力集中于网络角色;领域结构较过去有多样变化。城市与区域在经济与政治上的角色更为重要。国家授权给经济性联盟组织来代为治理城市与区域。国际活动变化多端,非政府组织(NGO, Non Governmental Organisations)数量激增。

看似民主的当今世界,危险剧增,因为系统性的恐怖主义当道,而且利用了先进通信技术。现行政治制度与新技术,在这方面的对应工作远远落后。国际系统的面貌迄今仍旧模糊不清。对权力应赋予行动工具的政治空间尚难描述,但对地球上人类生活,或对建立一个和谐地理系统而言,此种空间须加以界定。

在当今政治世界里我们可以读出两个矛盾的趋向。一是朝向统一,且其在物质方面的效果日渐明显。另一方向则是地方、区域、民族或其他自我认同团体的主张日益增强。而两种趋向都同样来自全球化。这使得任何一事题（object）、一样式能快速扩散至全球而同时侵蚀了传统的认同方式。人们则以寻根和创造新领域来响应和抗衡个性的消失。

十二、地理学的另一次企图

在 20 世纪 60 年代的地理学者曾聚焦于运作世界的经济力，以及加速增长和发展的策略。其目标旨在给政治领袖供给规划工具。即使并不直接塑造世界，地理学者对年轻人教导地球上的"地理经济"（geoeconomic）的现实。当时他们为未来国民参与一个全力打拼经济的世界作准备，总体目标即是提升生产力，人民的社会生活及其政治面是较不重要的。

目前，地理学的课题已经改变，地理学者的兴趣已趋于多元化。新的运输和通信条件改变了私有企业，也促进了世界景象的转型，并加快了全球化，地理学者依旧重视技术的角色以及经济的必然性，但也探讨其他领域。他们试图了解个人在世上的经验，显示愈来愈多的兴趣在人身及其感官的现实面上，他们追溯个人或集体认同感的建构，并发现认同感与地域间的联系。今日的景观也许较往日更为均质相同，但人们因地方（或谓场所）（place）与文化的差异而以不同的方式生活于其间。地理学者不再仅关心生产者，也探讨孩童、成人、老人在其所居环境中的生活方式和他们言谈中的意象。

地理学者的眼界愈来愈集中于文化取向。后者强调人们态度、习惯与处世原则的多样与差异，并显示了今昔之社会团体同样都能创造多元样式。他们也注重观察不同人群，利用及形塑空间的政治过程和策略，而再度发掘那些在注重经济成长时期被忽视了的环境课题。

地理学者不再认同于经济成长的必要性。他们意识到人们有时借经济发展之名，对低所得者所作的不公以及对环境的斫伤。他们的任务是倡导一种既民主而又尊重自然的社会组织模式。

本章旨在揭露自 20 世纪下半叶以来世界景象的变迁与转化，以及地理学者对其如何反应。地理学已经选择了多种取向,而对复杂的现实世界有了较佳陈述。它强调人与空间之间的多样关系,想了解领域性(territoriality)在建立个人或群体身份认同时的重要性。它探索人的思维体系,用以联结群体中的成员,并赋予生命意义。地理学不再是一种纯技术性知识,它已转化为对人文的反省。

思 考 题

13-01　全球化与交通革命间的关系是什么?
13-02　何谓"集装箱革命"?
13-03　何谓"第三世界"?
13-04　汽车革命与都市区多核心的产生有何关系?
13-05　试述全球化下的经济形态及人口与城市问题。
13-06　试述全球化下新网络结构所形成的生活形式。
13-07　试论全球化对文化及生态的影响。
13-08　何谓"现代性"与"后现代性"?
13-09　何谓"威斯特伐利亚"政体?
13-10　何谓"非政府组织"?

参考文献

Amin, Ash, Thrift, Nigel, 2002, *Cities. Reimagining the Urban*, Cambridge, Polity Press.
Ascher, François, 1995, *Metapolis, ou l'avenir des villes*, Paris, Odile Jacob.
Badie, Bertrand, 1994, *La Fin des territoires. Essai sur le désordre international et sur l'utilité sociale du respect*, Paris, Fayard.
Badie, Bertrand, 1999, *Un Monde sans souveraineté. Les Etats entre ruse et responsabilité*, Paris, Fayard.
Bakis, Henry, 1988, *Entreprise, espace, télécommunications*, Caen, Paradigme.
Barnes, T. J., Gertler, M. S. (eds.), 1999, *The New Industrial Geography. Regions, Regulations and Institutions*, London, Routledge.
Bauchet, Pierre, 1988, *Le Transport international dans l'économie mondiale*, Paris, Economica.
Benko, Georges, 1998, *La Science régionale*, Paris, PUF.
Benko, Georges, Lipietz, Alain (dir.), 2000, *La Richesse des régions. La nouvelle géographie socio-économique*, Paris, PUF.
Berry, Brian J. L., 1976, *Urbanization and Counterurbanization*, Beverly Hills, Sage.
Blakely, Edward J., Snyder, Mary G., 1997, *Fortress America: Gated Communities in the United States*, Booking Institutioon Press.
Body-Gendrot, Sophie, 1998, *Les Villes face à l'insécurité*, Paris, Bayard Editions.
Boyer, R., 1986, *La Théorie de la régulation: une analyse critique*, Paris, La Découverte.
Boyle, P. J., 1996, *Shamans, Software and Spleens: Law and the Construction of the Information Society*, Cambridge (Ma.), Harvard University Press.
Castells, M., 1989, *The Informational City*, Blackwell, Oxford.
Chalas, Yves, Dubois-Taine, Geneviève (dir.), 1997, *La Ville émergente*, Paris, Editions de l'Aube.

第十三章　全球化：对地理学的挑战

Champion, A. G. (ed.), 1989, *Counterurbanization: The Changing Nature and Place of Population Deconcentration*, Londres, Arnold.

Claval, Paul, 1987, "La métropolisation de l'économie et de la société nord-américaine", *Historiens et Géographes*, n° 312, pp. 447—460.

Claval, Paul, 1989, "L'avenir de la métropolisation", *Annales de Géographie*, vol. 98, n° 550, pp. 692—706.

Claval, Paul, 2003, *La Géographie du XXIe siècle*, Paris, L'Harmattan.

Coase, R., 1937, "The nature of the firm", *Economica*, n° 4, pp. 386—405.

Compagnon, André, 1980, *Les Cinq paradoxes de la modernité*, Paris, Le Seuil.

Cox, Kevin R. (ed.), 1997, *Spaces of Globalization. Reasserting the Power of the Local*, New York, Guilford.

Crang, M., Crang, P., May, J. (eds.), 1999, *Virtual Geographies. Bodies, Space and Relations*, Londres, Routledge.

Daniels, P. W., 1993, *Service Industries in the World Economy*, Oxford, Blackwell.

Davis, Mike, 1990, *City of Quartz. Excavating the Future of Los Angeles*, London, Verso.

Davis, Mike, 1998, *Ecology of Fear*, London, Picador.

Dear, M. J., Schockman, H. E., Hise, G. (eds.), 1996, *Rethinking Los Angeles*, Beverly Hills, Sage Publications.

Demazière, Christophe (dir.), 1996, *Du Local au global. Les initiatives locales pour le développement économique en Europe et en Amérique*, Paris, L'Harmattan.

Dicken, Peter, 1992, *Global Shift. Industrial Change in a Turbulent World*, London, Paul Chapman, 2nd ed.

Dupuy, Gabriel, 1995, *Les Territoires de l'automobile. Théorie et méthodes*, Paris, Anthropos.

Franklin, Harvey, 1969, *The European Peasantry. The Final Stage*, Londres, Methuen.

Fujita, M., Krugman, P., Venables, A. J., 1999, *The Spatial Economy. Cities, Regions and International Trade*, Cambridge (Ma.), MIT Press.

Fujita, M., Thisse, J.-F., 2002, *Economics of Agglomeration: Cities, Industrial Location and Regional Growth*, Cambridge, Cambridge University Press.

Fukuyama, Francis, 1992, *La Fin de l'histoire et le dernier homme*, Paris, Flammarion.

Gauchet, Marcel, 1998, *La Religion dans la démocratie. Parcours de la laïcité*, Paris, Gallimard.

Ghorra-Gobin, Cynthia, 1997, *Los Angeles. Le mythe américain inachevé*, Paris, CNRS Editions.

Glazer, N., Moynihan, D. P., 1963, *Beyond the Melting-Pot*, Cambridge (Mas.), MIT Press.

Griset, Pascal, 1991, *Les Révolutions de la communication*, XIXe et XXe siècles, Paris, Hachette.

Hepworth, Mark, 1989, *Geography of the Information Economy*, Londres, Bellhaven.

Huriot, J. M., 1998, *La Ville ou la proximité organisée*", Paris, Anthropos.

Huntington, Samuel P., 1994, "Le choc des civilisations", *Commentaire*, vol. 18, n° 66, pp. 238—252.

Jameson, Fredric, 1984, "Postmodernism, or the Cultural Logic of Late Capitalism", *New Left Review*, n° 146, pp. 53—92.

Jencks, C., 1979, *Le Langage de l'architecture postmoderne*, Paris, Deno?l.

Kellerman, Aharon, 1993, *Telecommunications and Geography*, Londres, Bellhaven.

Kitchin, R. M., 1998, *Cyberspace. The World in the Wires*, Chichester, John Wiley.

Knox, Paul, Agnew, John, 1994, *The Geography of the World Economy*, Londres, Arnold, 2° éd.

Krugman, Paul R., 1980, "Scale economics, product differenciation, and the pattern of trade", *American Economic Review*, vol. 70, pp. 950—959.

Krugman, Paul R., 1996, *Development, Geography and Economic Theory*, Cambridge (Ma.), MIT Press.
Marcadon, J., Auphan, E., Barré, A., Chesnais, M., 1997, *Les Transports*, Paris, A. Colin.
Marcuse, Peter, van Kampen, Ronald (eds.), 2000, *Globalizing Cities*, Londres, Blackwell.
Massey, Doreen, Jess, Pat (ed.), 1995, *A Place in the World*, Londres, Oxford University Press and Open University.
Massey, D., Allen J., Pile S. (eds.), 1999, *City Worlds*, London, Routledge.
Massot, Marie-Hélène, 1995, *Transport et télécommunications*, Caen, Paradigme.
Mendras, Henri, 1967, *La Fin des paysans*, Paris, SEDEI8.
Mérenne, E., 1997, *Géographie des transports*, Paris, Nathan.
Paquot, Thierry, Lussault, Michel, Body-Gendrot, Sophie (dir.), 2000, *La Ville et l'urbain. L'Etat des savoirs*, Paris, La Découverte.
Pecqueur, Bernard (dir.), 1996, *Dynamiques territoriales et mutations économiques*, Paris, L'Harmattan.
Portoghesi, Paolo, 1981, *Au-delà de l'Architecture moderne*, Paris, L'Equerre; éd. or., 1979.
Robbins, Kevin (ed.), 1992, *Understanding Information Business, Technology and Geography*, Londres, Bellhaven.
Samii, A., 1997, *Mutations des stratégies logistiques en Europe*, Paris, Nathan.
Sassen, Saskia, 1991, *The Global City: London, New York, Tokyo*, Princeton, University of Princeton Press.
Sassen, Saskia, 1994, *Cities in a World Economy*, London, Pine Forge.
Scott, Allen J., 1988-a, *Metropolis. From the Division of Labor to Urban Form*, Berkeley, University of Califonia Press.
Scott, Allen J., 1988-b, *New Industrial Spaces. Flexible Production Organization and Regional Development in North America and Western Europe*, Londres, Pion.
Scott, Allen J., 1997, *Regions and the World Economy. The Coming Shape of Global Production, Competition and Political Order*, Oxford, Oxford University Press.
Scott, Allen J., 2000, *The Cultural Economy of Cities*, London, Sage.
Sennett, R., 1994, *Flesh and Stone. The City in Western Civilization*, London, Allen Lane.
Shields, R. (ed.), 1996, *Cultures of Internet. Virtual Spaces, Real Histories, Living Bodies*, Londres, Sage.
Smith, M. A., Kollock, P. (eds), 1999, *Communities in Cyberspace*, Londres, Routledge.
Soja, Edward W., 1996, *Thirdspace. Journeys to Los Angeles and other Real-and-Imagined Places*, Oxford, Blackwell.
Soja, Edward W., 2000, *Postmetropolis*, London, Blackwell.
T? rnqvist, Gunnar, 1968, *Flows of Information and the Location of Economic Activities*, Lund, Gleerup.
T? rnqvist, Gunnar, 1970, *Contact Systems and Regional Development*, Lund, Gleerup.
Veltz, Pierre, 1996, *Mondialisation, villes et territoires. L'économie archipel*, Paris, PUF.
Viard, Jean, 1994, *La Société d'archipel, ou les territoires du village global*, Paris, Editions de l'Aube.
Vigarié, André, 1993, *Echanges et transports internationaux depuis* 1945, Paris, Sirey.
Westly, Bruce, Mac Lean, Malcolm Jr., 1957, "A conceptual model for communication research", *Journalism Quaterly*, vol. 34, pp. 31—38.
Williamson, Oliver E., 1975, *Markets and Hierarchies*, New York, The Free Press.
Williamson, Oliver E., 1987, *Firms, Markets, Relational Contracting*, New York, The Free Press.
译者参考文献(请参见附表一)

第十四章 地理学的前景

一、地理信息系统 \ 306

二、监测地球(Monitoring the Earth) \ 310

三、人文地理的文化转向(Cultural Turn) \ 311

四、文化转向及人文地理学的重建 \ 319

五、结论 \ 325

思考题 \ 326

参考文献 \ 326

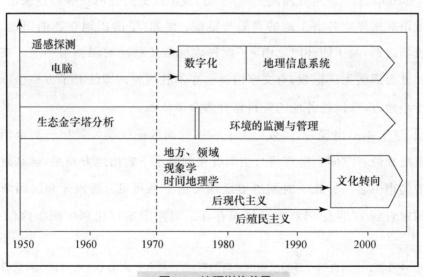

图 14　地理学的前景

地理学在改变中，它的转型部分反映了全球化（globalization）所形成的地球新面貌。同时也出于此学科的内部动力，譬如：地理信息系统（GIS）的角色不断加重、自然地理学与生态学的关系日益紧密、而人文地理学透过文化途径（cultural approach）来重新建构，等等。

一、地理信息系统

每一个社会都必须发展出一套地理信息系统（Geographical Information Systems，GIS）来经营它的空间和社会组织。该社会必须了解其空间关系是如何构成的，譬如：主要的植被类型、土地利用形式及个人土地产权登记的位置等。为此地理信息系统借区位坐标方格（location grid）将所有相关资料定位在点、线和面之上（Claval，2001a）。

（一）传统的地理信息系统

传统的社会并未能构思一个普全的区位方格系统，来描述大地及其被人类利用的状况。传统社会依赖个别发展的定位方法，它们或依东西南北向的基本方位（cardinal points），或河流上游/下游，或山区的高低海拔等特性来定位；它们或依语辞来界定各宗土地的界限与范围：譬如"甲的田地在乙的田地之北、丙的牧场之西，及丁的林地之南[①]。"此种地理信息系统的限制很明显。在没有文字的社会固然无法记载；有文字的社会亦不胜烦琐。即使有了方格坐标也仅限用于小地方，难以将各地的资料整合为全国体系。

国家（States）出现后，久久仍不能按照统治区的规模发展出一套全国地理信息系统来经营空间。唯有将与空间有关的政策下放给地方当局，这是封建制度出现的理由之一。此一时期历史之绵长由下例可见：西班牙和法国两个强大的国家直到17世纪仍然有此情况存在。当两国签订比利牛斯条约（Treaty

---

① 译者注：中国自明代开始绘制的地籍数据，将一地各户大小不一的田亩绘状成册，各毗邻田地图示状如鱼鳞，可相互引证界定，故称"鱼鳞图册"。

of Pyrénées,1659)协商新疆界时,双方皆无当地详细的地图,而须仰赖西班牙地方当局提供的教区名册(list of parishes)。法国当局疏忽了,事实上有两份名册:一份为"乡村教区"的,另一份为"城镇教区"的。因疆界仅依前者区划,结果属于城镇教区的耶维亚(Llivia)未列入法国的疆域,迄今仍为西班牙在法国领土内的"飞地"(a Spanish enclave in the French territory)[②]。

(二) 现代国家与地理信息系统

由于地图学(cartography)的进步,到了 17 世纪末,形势终于有了重大改变。因为各种天文方法或航海用经纬仪(chronometer)的使用,为经度测量带来新技术,也由于不断将大地三角测量(triangulation for land survey)应用在地方、区域以及全国的尺度上,欧洲各国在 18 世纪逐步发展了统一的网格区位系统,如法国、意大利北部的皮埃蒙特地区(Piémont)、英国及奥地利等地。以英国而言,所有的地图被统整成划一的地图系统。其他国家,一些地方性的地籍图(local cadastral maps)迄今尚未能被系统性整合,但是制图的品质已可将不同尺度的地图相互转换应用。

由于绘制大比例尺地图的进步,产权和土地利用均可绘成地图,因此官方登记的信度大为提高。同时政府也供应统计资料服务,包括人口、经济活动、通勤与物流等,由于现代国家(Modern States)是建制在科层行政管理上,故出版了各行政层级的统计资料。19 世纪中期,各国统计机构开始印制主题图(thematic map),将上述统计表以不同尺度的地图绘制,使资料更易于解读(Palsky,1996)。

19 世纪末,现代国家所发展出的各种地理信息系统已经相当成熟。它们以精确的方格坐标体系绘制不同尺度的地籍或地形图,并动态地增加有关环境、气象、地质、产权、土地利用、人文活动及各类运输等变量的资料。这种因应

---

② 译者注:耶维亚(Llivia)位于比利牛斯山安道尔侯国(Andorra)的东南方,是被法国东比利牛斯(Pyrénées-Orientales)省包围的西班牙城镇,行政上归西班牙加泰兰(Catalan)地区哲罗讷(Gerona)省管辖,面积 12.84 km^2,人口大约 1 200 人。17 至 18 世纪时曾为走私中心,目前以农业经济为主。

国家需要、能将空间政策介入理性的地理信息系统,是一个集体企业,其成果出于成千上万的测量师、制图者以及搜集地质、气象、人口或经济活动的调查员的辛勤工作。它的成本昂贵,但提供政府许多效益,使得建立公平有效的课税制度得以推行,也使得无论中央或地方在运输、通信及国防等建设与规划上有较佳的选择。

这些地理信息系统的内容多以表格或地图的形式提供给学者们,遂使地理研究得以发展。19世纪末或20世纪前期,地理学者们仍各自独立工作,但他们的研究却依赖现代国家集体搜集而来的信息成果,因而对其领土有较佳的认识(Claval,2001a)。

但此时地理信息系统尚未统合。它们是不同时间制成的各种图表的总汇。20世纪初时地理学者开始构思如何使其协调一致。因此花了极大精力来制作全国地图集。

国家地图集(National Atlases)是一项了不起的成就。所有国家地理信息内的资料首次经过整合后而更有意义地被呈现。然而它们仍不免有些内在弱点:制作过程旷日废时,往往须依赖不同时间点的资料,且当新资料出现时,却无法调整更新已制之图。因为这些弱点的影响,过去40年来产生了地理信息系统革命。

(三)当代地理信息系统革命

目前进行中的地理信息系统革命出于两项重要的技术革新:一为利用遥感探测[或称"遥测"(remote sensing)]来搜集各类型资料(Curran,1985);一为将资料数字化(digitalization)并经计算机来完成方格坐标系统。

以遥感探测搜集资料发展自19世纪末期,使用热气球对地面拍摄照片再转制为地图。其后航空相片对此技术拓展了新的可能。20世纪的两次世界大战中,航照显示其为最佳情报资料之一:战争与国防的需求解释了此类数据处理与判读技术的快速进步。

第十四章　地理学的前景

遥感探测随着使用更先进的摄像机，利用感应红内线或紫外线的底片拍出来的影像非常有趣，可以揭露一些前所未见事物的空间分布。雷达可有效地来探索地表，特别是浓密的植被覆盖区，例如以此技术在巴西亚马孙河流域的卡拉哈斯(Carajás)地区探得新的铁矿藏。

下一步则是利用人造卫星。本来航照费时费钱，且更新资料不易。卫星使得全部地球的持续摄像变为可能，其摄像机也应用了红内线、紫外线胶片。用不同波长来界定的颜色分析，使得我们不需经实地调查而掌握地表或其覆盖物的特性，亦即通过几个控制点即可诠释资料的空间意义。

卫星上摄像机的分辨率改进迅速。20世纪70年代美国第一次的Landsat人造卫星规划，获得的空间解析度大约50米[3]；80年代法国的Spot卫星影像规划是5米，目前则小于1米[4]。

因此，通过人造卫星获得的资料范畴远超过昔日，譬如地表土层属性、作物的生成状况、洪水界线等。从遥测所获得的资料先经数字化后储存，再经自动制图以供应用。传统的经济与人口资料也经同样程序处理。

建立地理信息系统也较过去便宜。半个世纪前，只有工业化国家负担得起制作大比例尺地图的调查工作、搜集经济和人口资料，以及购买航空照片等费用。今天每个地方的航照与卫星的GIS都在建立。有些卫星恒常观测地球，侦知地球上的季节性甚至于更长期的变动。地理学者于是能有效率地监控气象、植被等等的变化。

当代的GIS对土地利用规划(land use planning)以及生态变迁(ecological change)两个学科特别有帮助，由此而促进了自然地理学的转型。

---

[3] 译者注：美国大地卫星(Landsat)从1972年Landsat-1发射至今，目前运转中的为美国地质调查所执行的Landsat-7与Landsat-8。Landsat-8于2013年2月发射升空，为太阳同步地球资源卫星，其波段8为全光谱波段，具有15米的空间分辨率。

[4] 译者注：法国的SPOT卫星1986年发射SPOT-1卫星，展开一系列卫星观测任务，2002年运行的SPOT-5其传感器的空间分辨率可达5米，若利用两组同摄，经过处理空间分辨率可达2.5米，称为超模式(Supermode)影像。目前法国的Airbus Defence and Space于2014年继续执行以Spot-6及Spot-7两个卫星组成的地球观测星座计划。

二、监测地球(Monitoring the Earth)

自然地理学正在快速改变。地形学、气候学、水文学、土壤学、生物地理学等日渐增加的技术性,促使这些原属地理学的次学科转型为坚实科学(hard science)。它们不仅与人文地理学,甚至彼此之间也愈渐疏离。同时地理学者再度被其学科内的生态维度(ecological dimension)所吸引。这实际是该维度演进的三阶段结果。

第一阶段是地理学在19世纪时的发展,当时马尔萨斯学说影响社会科学[5],其问题核心在于如何从粮食缺乏和人性贪婪中拯救人类。因此研究兴趣在地方性的生态金字塔(local ecological pyramids)以及它们所形成的能量与生物限制。第二阶段是当生产及运输动力的技术革命以及化肥与杀虫剂的加入解除了用地的限制,另外,化石燃料的使用、及以管线将生活用水输入城市并将废污水排出,使得人类得以集居于小面积地区内。在第三阶段是上述生态限制虽然改变,但未消失:生态系统对增加的物流及能流,可吸纳到某一关键点,但超过门槛则生态系统平衡被破坏、不再自我调整而呈不均衡增长。

人们发现为了重建已遭破坏的生态均衡系统,必须以新的责任观来管理此系统(Aitkinson, 1991; Hayward, 1995; Pepper, 1996)。因此,为了各地区之各种尺度的生态系统现况都保持警觉,必需发展一套监测系统来提供有关资料,以便控制生态系统的演变并防止恶化。

这样更呈现了地理信息系统的重要性。为了了解生态系统的动态变化,自然科学的各学科必须紧密合作,这包括太阳与地球的辐射学、植物学、动物学、土壤学、气候学、水文学、有机与矿物化学等等。这些专业的研究成果必须整合在复杂的模式内,以便解释所谓的"自然"环境究竟如何运作。这类研究和整合所需的技术层次,远超过自然地理学者个别拥有的科学训练。以往地理学者以综合各专门知识来响应复杂系统的日子,似乎已成过去。

---

[5] 译者注:马尔萨斯(Thomas Robert Malthus)1766—1834。英国的经济学及人口学者,著有《人口论》(*Essay on the Principle of Population*, 1798)。

所幸监测地球(monitoring the Earth)涉及建立模式于各种尺度上：地方的、区域的，以及全球的。透过 GIS 的发展，地理学者们重返学科间的竞局。他们不再背负生态系统转换上的细节责任，而是与其他各类专家共同参与诊断工作。其他专家则认识了过去少有机会认识到的尺度意义，在这方面地理学者扮演了重要角色。

GIS 对自然地理学者的重要性因此展现，它使得他们能积极参与一个新挑战：监测地球以防灾难性的生态演化。

三、人文地理的文化转向(Cultural Turn)

(一) 从一连串的科学革命到对人文地理学认识论假说的重新评价

库恩的科学革命诠释(Kuhn，1962)对地理学非常重要，因为地理学的每一个新趋势都被诠释为与科学革命相关。20 世纪 60 年代初期，由于经济区位理论及计量方法的引入，使得地理研究注重距离因素在社会关系中的角色。1968 年古尔德(Peter Gould)创用了"新地理学"(new geography)一词而普及化了此趋势。哈维随即成为此认识论突破的理论家(Harvey，1969)。

20 世纪 70 年代初期，一些地理学者们开始注意地理研究领域不涉及男、女、老、少等真实的问题；以及大家似乎忽视生活在"地方(或场所)"(place)的空间意义。于是三种新研究方向出现于地理学界：

(1) 推动现象学(phenomenology)的新观念：由雷尔夫(Relph，1970)、段义孚(Tuan，1971)，布蒂默(Buttimer，1974)及佛利蒙(Frémont，1976)等所推动。

(2) 一些激进思想家对自 19 世纪末期发展出的人文地理学传统，进行了另一种批判。例如哈维以《社会正义与城市》(*Social Justice and the City*，1973)指控地理学直至 20 世纪 70 年代都是一种保守学科——在"解释"社会上不公不义现象的同时仿佛接受了其正当性。

(3) 瑞典学者哈格斯特朗(Hägerstrand，1970)提出纵向研究社会地理学(social geography)的新方式，以取代以往在特定时间点上注重对人的空间分配

研究。他从个人生命轨迹(the trajectories of individuals)开始,创设时间地理学(time geography),赋予地理学一个动态维度。在此之前,地理学多强调区域稳定性和领域的结构性。

20世纪80年代,批判地理学(critical geography)提出了新论点:他们认为时间地理学和现象学的地理研究途径皆竞相强调研究个人为主,换言之,二者对社会问题较缺乏兴趣。70年代激进派的研究者常粗浅地应用马克思主义。他们其实应该像哈维(Harvey,1982)、马西(Massey,1984)等人的做法,酌以现代再诠释。此后,对过去各种形式人文地理学更普遍的批判发展快速,因为,当时被认为"现代"(modern)的思想很快地被认为过时。多亏詹姆森(Jameson,1984)提出目前已被普遍接受的"后现代主义者之世界"(postmodernist world)的概念。这意味着地理学必须对过去被忽视的女性、青年、老人、族群或性别偏好等弱势团体加以注意。在英语世界里,强劲的妇女运动说明了新的性别地理学(geography of gender)的成功。在《意义地图》(*Maps of Meaning*)一书中,杰克逊(Peter Jackson,1989)引用霍尔等(Stuart Hall et al.,1980)对欧美社会的批判,并开启了对地理学的新诠释。

20世纪90年代是新形式的争论以及"认识论"断裂的开始。赛义德(Edward Said,1978)对东方主义(Orientalism)分析的成功,更刺激了后殖民研究(postcolonial studics),例见格雷戈里(Derek Gregory,1994)。

这些始自20世纪70年代的研究新取向的共同特色是:它们不再聚焦于经人类改变的世界,而是强调个人识觉(perception)、感觉(sensibility)、现象学的意义或时间地理学的经验角色。它们的目标不是对愈来愈似难以捉摸的客观现实加以分析,而是探索人们对此现实发展的表征再现(representation)。地理学者开始注意意象(images)、符号(或象征)(symbols)与叙事(narratives)。他们对景观的洞察更深了:传统上地理学者诠释景观为表达人类活动的机能组织。现在,他们发现了景观的符号维度及其在人的认同、地方感及领域特性等族群根源认同上扮演的角色。

表征不仅以意象与符号再现,它也可经语言的组织方式陈述。拜语言学研究进展之赐,对事物的述说不再仅被视为真实世界的录写,而是要进一步提出诠释并赋予意义。

针对这些自20世纪70年代以来发展的人文地理学新潮流,当然仍有强烈的抵抗。反对意见多半基于相同的论调:地理学者必须面对现实世界问题,特别是社会与经济问题。这种聚焦于表征、意象、符号或陈述方式的研究方向,只是忽视现代社会的现实课题,而徒将地理学带到无益之境。这种成见曾同样存在于20世纪60年代新实证主义地理学者以及20世纪70年代的激进马克思主义者或马克思批判地理学者中。

1995—2000年之间又有了改变。由于全球化的发展,学术界对经济地理学的兴趣加强。许多研究试着以图表呈现并解释这项正发展中的转型。他们之中大多数强调运输与通信技术的革命;部分的学者则看出另一类意义:原来消费行为也正处于快速地改变中(Bell and Valentine,1997)。若以跨国企业的扩散来看,并不能完全解释这种转型的所有面向。譬如以食品为例,结合脂肪与糖来制造的成品原是最赚钱的。但消费者愈来愈排斥此类工业制成食品,他们渐渐偏爱低脂低糖的轻食品。他们宁愿付高价来购买所谓的"天然"产品。

如何解释这种演变?问题在于以经济或文化因素来解释人的现实面时均有其相对重要性。消费行为通常仅部分基于经济考虑,若人们选择以主观价值考虑为主时便与经济学无关。譬如,人们希望享受健康、参与运动、活得更久等等。于是,经济转型的动力不是来自传统经济因素,而是来自文化。

专注于经济研究的经济地理学者在1997—1998年间开始谈到文化转向(cultural turn)(Barnett,1998;Cook et al.,2000)。事实上,人文地理的所有概念已经改变。代替地理学过去30年来以一连串的科学革命来诠释转型,目前正出现的一个观点是此转型为一历史过程的最近阶段。此过程是将从19世纪末以来的一些显性或隐性的假设加以重新评估,而这些假设一直被接受至

20世纪60年代末期或20世纪70年代早期。

(二) 19世纪末至20世纪初的社会科学

人文地理学发轫于19世纪末叶。虽然当时绝大多数地理学者们自认为是自然科学者而非社会科学者,他们仍得处理人间的现实问题。为了发展他们的学科,他们需依赖当时盛行的社会及社会科学的观点。

许多现代社会科学学科的结构都在19世纪末叶或20世纪初期被界定。这包括人类学、政治科学及社会学。[社会学的名称,虽然早在1830年即由孔德(Auguste Comte)所赋予,但此学科要晚至迪尔克姆(Èmile Durkheim)⑥、韦伯(Max Weber)⑦及帕累托(Vilfredo Pareto)⑧才形成]。历史学与地理学一样,早在古希腊时期即已形成,经19世纪初深化改变后,不再表达伟人的机运、宿命或角色,而注重国家的诞生和成长。在19世纪末,这个学科已经完全重组。语言学的发展则经过两个阶段:第一次是在19世纪初,经过印欧语系内关联性的发现而注重词汇和语法的系统性比较研究;第二次是在20世纪初,索绪尔(Ferdinand de Saussure)⑨建立了语言属性的结构观念。

人文地理学与多数现代科学同期发展。它最早的现代版无疑是经济学。归功于亚当·斯密(Adam Smith)⑩,经济学成形于18世纪下半叶,注重财富的创造与流通,主要假设在于人类的决策是理性的。由此而使得经济学者能想象人们如何对事件反应并做出选择,每个人都被还原为"经济人"(homo

---

⑥ 译者注:爱弥儿·迪尔克姆(Èmile Durkheim),1858—1917。法国社会科学家,整合了经验研究与社会学理论以发展出有力的方法论,被尊为法国社会学学派之缔造者。

⑦ 译者注:参见第五章第六节(一)注⑳。

⑧ 译者注:维费度·帕累托(Vilfredo Pareto),1848—1923。意大利裔瑞士经济学者及社会学者,他的理论建立在大众与精英的交互作用并将数学应用到经济的分析上。

⑨ 译者注:索绪尔(Ferdinand de Saussure),1857—1913。瑞士语言学者,日内瓦大学的名师(1901—1913)。他与弟子们的贡献被认为是20世纪语言学发展的起点。他视语言为存在于特定时间并随时光而改变的结构系统。他为各研究途径建立原则及方法,其他研究概念被视为结构主义(structuralism.)的滥觞。

⑩ 译者注:参见第五章第二节注⑩。

oeconomicus)的行为。

现代欧美对社会的构思起于17世纪的霍布斯(Thomas Hobbes)[11],他认为:在人类行为处于无理性的自然状态下,人际间关系如狼犬。为了避免这种情况,人们进而认识到唯一办法是每人摒弃他的放任天性,而将其自有权力部分交付给极度专制的政府(Leviathan)——亦即我们所称的国家(State),社会因此或必须是理性的组成。

在社会契约论盛行的18世纪,创设一个理性社会的问题似乎是属于政治性的,亦即如何铲除旧有体制而使人民可将表达其意志的权力交付给政府。在这样的政府下仍有一事不是很清楚,那就是经济事务。统治国家的主权亦需严格控制国民的经济活动吗?或者可放手让此部门自行发展?社会契约论者对此交代不清:个人应将其经济决策权随同暴力及体力放弃?在此背景下才有以理性行为为基础的经济学的兴起。

法国大革命显示出社会生活远较启蒙时代哲学家们所相信的更复杂。一个建立于社会契约上的体制仍无法平顺地治理国家。人际关系中存在一些非理性因素。因此社会科学才于19世纪发展起来。

对社会问题的两个对立看法很快地出现了:

1. 强调人的非理性行为

科学家不可能从自己头脑内想象他所研究的人们的选择。他最多只能观察他们、描述他们的制度、探讨他们个别的决策、及作此决策的原因。依照这种看法所发展的科学,可以德国历史学派经济学为例。此学派认为经济生活并无可遵循的普世法则,而是经每个地方不同的制度所引导,反映了不同时空的价

---

[11] 译者注:17世纪末以前,愈来愈多的哲学家们相信理性也能改革社会和经济生活。最著名的霍布斯(Thomas Hobbes)(见本书图4-8)即是第一位将理性思考应用到政治结构的代表人物,他的著作《利维坦》或译《巨灵论》、《极度专制的政府》(*The Leviathan*,1651)非常激进,以至于人们有很长的一段时间犹豫着是否赞同他的论点。参见本书第四章第一节及注⑨。

值观。

2. 假设人类行为是理性的

由此可应用一般经济学的方法学。循此不必探讨人们如何真正做成决策，而仅需知道人们的处境所在，进而可推测他们的决策。这种取向的研究负担较轻，并且有另一优势：它可供给模式以作政策应用。

19世纪末时，欧美思想家大致认为世界上有两种社会：一为欧美式的，特别是由民主国家的西欧、北欧及北美所组成，在这里社会契约哲学已转为现实而成为理性社会。要研究它们，可能要做理性类型的社会分析。一为其他社会的制度及其演变，仅能细致描述而无法归纳。

在德国，对此两种社会概念的争论即是发展在19世纪80年代与90年代的"方法论之争"(Methodenstreit: the quarrel about methods)⑫。韦伯的著作即反映了其中的争执。依他的诠释，多数社会主要为非理性的构成，必须通过历史学派学者去探究其制度发展而作个别描述。然而，西方社会自文艺复兴时期起，即开始一种"除魅化"(disenchantment)⑬过程，社会经由国家及科层制度的角色而趋向理性化。

(三) 19世纪末建构人文地理学的假设基础

在19世纪末经拉采尔(Friedrich Ratzel)、维达尔(Paul Vidal de la Blache)及其同时期学者们所构想的人文地理学是奠基在两个基本理念上：(1) 人文地理学需响应的问题是属于生态学的——人类社会如何经营其对自然环境的利用而能存活(其后生态金字塔的观念有助于探讨此课题)；(2) 人类社会的存活并非出于机运，而是能发展理性行为的结果。

人文地理学中对生态维度的探讨，是依地理学者对演化论的选择而有不同

---

⑫ 译者注：参见第五章第六章(一)。

⑬ 译者注：在韦伯论述中，现代化过程呈现于"disenchantment of the world"，亦即去除了对超人、超自然的神灵信仰，导致了世俗化与理性化，并落实于社会中法律的进展与组织之科层化(见第一章第三节(一)及注③)。"disenchantment"一字于坊间社会学理论书籍中多译为"除魅化"，此处从之。

第十四章　地理学的前景

诠释——或依照达尔文、或依照拉马克⑭。两者均很快地显示人类社会并非直接为环境力量塑造；粗浅的环境决定论早已被批判过。这意味着地理学者比一般人更注重对社会中理性行为的诠释。

因此，人文地理学者选择了19世纪末社会科学中理性主义的理论家们（rationalist theoreticians）盛行的假说。拉采尔认识到原始社会中的非理性因素，而接近自然状态。对这些"自然人"（naturvölker）的社会，他建议、而也实际使用一种描述式研究法。在这自然状态的社会里，他接受作为解释因子的仅是技术的传播。由于技术的传播，人们逐渐进步而能从自然环境的束缚中解放。

已开化的人（developed peoples）就是"文化人"（kulturvölker），与"自然人"是不一样的，他们掌握了技术来生产丰富的粮食、建造舒适房舍、发展交通等，并且对拉采尔而言，"文化人"的理性精髓表现在一个主要制度上：国家（State）。像19世纪的许多德国人一样，拉采尔认为"国家"是理性走在进步大道上的一个最真实的呈现。就这样，"文化人"的人文地理学势必为一种政治地理学，它的主要目标是解释国家的诞生和功能，而不是其中权力的斗争。

对同时期的其他地理学者而言，经济地理学〔实际上是指商业地理学（commercial geography）〕是另一必须为发达国家推动的领域。因为工业化国家尽力在各地探索新资源，所以这种领域的研究也同样适用于发展较落后的地区。

针对理性行为而言，人文地理学中的演化维度导致一个较其他社会科学更广阔的眼界。不再将理性行为定位在上层社会的精英分子中，地理学者深信某种理性存在于所有人的行为中。只有这样才能解释他们在生存环境中的性向以及如何善用环境资源来繁衍和生存。

由于"生活方式"（genre de vie）这个概念，法国地理学者较其他国家的地理

---

⑭　译者注：参见第五章第六节（二）及注㉒及㉓。

同行，更注重原始或传统社会中日常生活里的理性维度。在研究游牧者、游耕农作者或传统农民时，重点是了解他们所处环境供应的机会以及他们如何经豢养动物及种植的植物来加以利用。在其他国家则主要靠人类学者来协助地理学者去了解原始居民生活中的理性成分。譬如美国的博厄斯（Franz Boas）（他曾为拉采尔的学生）、英国的马林诺斯基（Bronislaw Malinowski）、佛德（Daryll C. Forde）或拉得克利夫-布朗（R. R. Radcliffe-Brown）。

（四）"地理学者之眼"及对此说法的评论

由于当时的人相信，人类的重要决策都出于理性选择，因此地理学者自认可忽略细节而注重结果，关心人们为生存而从周遭环境取得的能量——这其实是学科中兼顾经济与生态领域构成的一个观点——研究的焦点集中在表现社群"机能"的土地利用形态（譬如：旷野、田畴、牧场、果园、聚落、道路等），以及作物的轮作和区域的组织。

在每一地区人们都尝试对所面临的问题寻求理性解答：

（1）他们采用不同尺度来开发环境及组织社会关系以达最佳效果；

（2）他们以聚居形式来建构日常生活的效率；

（3）在较疏散的社会关系层次上，则以区域组织来显示他们的理性选择。理性行为（譬如，在形成人类群体的生态关系及经济生活所作的选择；以及依群体需要，作生产管理的选择等）就这样呈现在景观的永久性或半永久性的结构特性上。

对地理学者而言，其主要职责就是去认识这种人类活动的动机和其结果。为达此目的，他在此复杂的现实世界中需依赖一种判读能力：从景观显示的野外系统，或从地图蕴涵的区域组织中看出有意义的结构。

地理学者的技能（the geographer's craft）一方面来自禀赋，另一方面是经过训练，他们能解读一般人因专注细节而忽略的整体特性。地理学学科的发展有赖于此种"地理学者之眼"（geographer's eye）的训练。经过野外调查后的景观分析(landscape analysis)以及对以不同尺度制作的地形、地质图的判读(map reading)遂扮演了核心角色。

就这样,人文地理学在19世纪末时完全忽略了个人:无视于真实鲜活的男女,不提及他们的容貌服装,不问他们的生活,但仅仅聚焦于他们的生产活动结果。人文地理学对人间百态竟不感兴趣!

20世纪50年代末期至60年代出现的新地理学也未脱离这个传统。它同样仅聚焦于人们生产方面的活动。与前者不同的是注重了距离的作用,并注意到人们为克服空间障碍而形成的地理形态,不再仅接受天然限制所产生的结果。

过去30年里,地理学对此等基础性假设作了戏剧性的翻转。地理学者发现他们以往因受演化论(evolutionism)之赐而注重环境限制,与其说是出于对生命奋斗的科学研究,不如说是来自马尔萨斯对社会生活性质的观点。因此认识到并无理由只偏重于社会生活的经济面向,地理学必须在更广阔的基础上更新重建。

四、文化转向及人文地理学的重建

(一) 文化转向的负维度

自19世纪80年代发展至20世纪60年代的人文地理学的主要论点,从20世纪70年代起即不断被批判。特别是从现象学与时间地理学强调了社会生活中个人的显著角色,因而发现了地理行动及地理作用者的多样性。人类生活不仅限于生态与经济面的竞争,即使在原始社会,也不像早期人类学者所呈现的那样只有匮乏的经验,例如萨林斯(Marshall D. Sahlins)[15]在《石器时期经济学》(*Stone Age Economics*, 1972)一书中的观点。人类生活是由过去、现在与未来的脉络所交织而成。

---

[15] 译者注:萨林斯(Marshall D. Sahlins)1930— 。当代最著名的人类学者之一。研究区域涉及美、欧、亚及太平洋等地原住民的历史与文化,著有《玻利尼西亚的社会阶层》(*Social Stratification in Polynesia*)、《夏威夷王国历史的人类学研究》(*The Anthropology of History in the Kingdom of Hawaii*)、及《演化与文化》(*Evolution and Culture*)等书。

自19世纪末以来,对主流地理学的第一阶段批评反映出要求地理学不必好大喜功。当邓肯(James Duncan)发表那篇《超有机的美国地理学》("The Superorganic American Geography",1980)后,理查森(M. Richardson,1981)的评论是建议地理学采用较谨慎的取向:譬如以较精确的小范围的分析,来取代广阔的全国性、甚至全球性现象的研究。

第二种反应是负面的。如后殖民研究(post-colonial studies)所显示:地理学常被利用为隐藏物质利益与危险意识形态的工具。因此,是否存有科学而客观分析的可能都被质疑,即使再谦逊的叙事里也不免潜有自利动机。地理学以往含有能使特殊利益实现的论述,特别是为那些富人与国际企业。现在地理学者的主要任务是解构那些叙事,而不是另写一个更客观的。

因此,在人文地理学向文化转向(cultural turn)的第一期是对19世纪末以来的研究提出质疑,而期望代以一种雄心较低而更坚实的研究,此种撤退仅是暂时性的。但在大多数地理学者们致力于这种较妥慎的研究时,另一些人又对现况作了更具想象力的诠释,并以反现代主义之后现代主义精神发言。这种具负面观点的文化转向,势必需要以正向的人文地理学重建来代替。

(二) 重建人文地理学途径之一:研究别人的观点

人文地理学的当代演化一旦被设想是朝着文化转向时,其重新建构即变为可能。因为,地理学不再被视为研究人类的理性行为以及该行为对空间的影响时,即可进一步探讨其他人发展的观点。地理学的传统观点以及地理学者之"眼"不再重要,重要的是"他人"对世界的看法、人们如何利用其意念、偏好及理想来认识及建构世界。

地理学所探讨的"世界"应是它所研究的芸芸众生之眼所见。它涉及识觉(perception)、表征、意象及经过这些组合而成的广阔场景或叙事。世界是奠基于无数个人经验,但这些经验也部分是经过社会导引而建构的。

地理学经此途径可与其他社会科学协调一致。所有社会科学要处理的首要现实并非物质面以及人们因存活所作的努力。他们所感兴趣的都是人们赋予其所居住世界的意义,因此更看重文字和意象——但文字和意象仅为社会的一部分。过去50年来语言学者所证实的是:人们经验的社会真实面并非生态和经济的,而是属于文字、意象和符号的。过去,地理学渴望得到能使人类改进其经济情况的研究成果,为此而不耐于去探讨现实世界中主观的一面,即使后者才是最重要的,因为社会现实面是图与文(pictures and narratives)交织而成的。

这项基本看法上的改变,导致了对地理学科组成的新观点的产生。以往自19世纪末以来,地理学被视为由一组次学科所集成:社会地理学、经济地理学、政治地理学、城市地理学、乡村地理学、区域地理学等。文化地理学也是其中一支,但其角色并不显著,因为无论"演化论者"或"马克思学派论者"都给了经济地理学一个更高的地位。

如今大部分人认为这些内部分类并不周延。因为人们的消费行为主要根源于其文化偏好及习惯,生产方面亦然。文化观点提醒了地理学者们的研究无法如以往般明确分类。人的行为并不能一次被分清楚何者出于经济、政治、社会或文化因素。地理学的首要任务是理清这些分类适用于何时、何地、于何类群体。"世界"的组成是如此多样,因为人们依据自己不同的传承和经验来建构他们对未来的期望。

(三)重建人文地理途径之二:分析真实与符号

19世纪80年代至20世纪70年代间,人文地理学研究的对象是介于气圈(atmosphere)、岩石圈(lithosphere)、水圈(hydroshpere)及生物圈(也就是生态圈)(biosphere, i.e. the ecosphere)之间的地表层事物,它是由物质流和能量流建构的实物与生命。地理学处理这个实在体系而不涉及体系之外;地理学者专注于人们如何治理及改变这样的一个世界,而拒绝探索人们心中、脑内所发生的。

今天情况已经不同。地理学者不再佯称自己掌握了世界的真实面。认为对世界的探索要通过被研究者的眼睛。这意味着"表征"的重要性有时超过去追寻"客观"因子——如生态或经济等因子。因为"表征"的存在是经由人们识觉组织的途径。

于是地理学者探索的世界表征涉及价值问题，这些价值比其他因子更为真实。通常那些被描述为现实意象者其实比那些深层现实(deeper layers of reality)较不"真实"，或者较不重要。在语言中本含有被删去的现实意义。人们察觉到在说与写的内容背后的其他意义和诠释：因为人们的说与写经常采用"隐喻"(metaphors)——即用模拟(analogies)表示意义；以及采"举隅法"(synecdoche)——即以部分代表全体的叙述。

人们所居的"世界"并非那可被客观描述的薄面表层，而是由很多层次构成的，那些深层次才扮演着人们生存中的重要角色。第一层通常用符号描述，被观察到的形式唤醒了视者脑内的意象而赋予意义。国旗不仅是一件长方形织物，它上面载有不同颜色的条带、星星、十字，有时有特殊的形状如枫叶、杉柏、月亮等。这些图案在懂得它们意义者的心中有特殊纪念性。譬如，法国国旗上的红和蓝代表法国大革命初期的巴黎，而白色原为国王之色。三色旗结合了人民、国王，再进一步代表了国家主权，系法国政治与文化统一的象征⑯。美国的星条旗代表各州，最初十三州以联邦制组成的新政体。其他，如宗教意涵的十字形代表基督之民的意义，因为耶稣为世人死于十字架上。

如果世界不仅是由人和物所组成，也由蕴含形象的符号组成，地理学者的任务就要大大地改变了。景观不再仅以过去和现在的机能性(functionality)来看待，其上部分或全体皆须以符号来诠释。景观因为遗留了人们活动的印迹而

---

⑯ 译者注：1789年发生法国大革命，当时参与革命的巴黎市民都在帽上别有红蓝双色的帽章，红色与蓝色是代表巴黎的颜色。贵族出身的革命军总司令拉法耶特(Lafayette)在红蓝双色之间插入代表法国王室的白色，制成三色旗，希望由人民与王室携手合作，建立一个自由平等的新国家。后来，蓝、白、红三色分别被赋予自由、平等、博爱三种意义，且随着法国大革命与拿破仑的声威传遍世界，成为大家对此三色最熟悉的阐释。

使地理学者产生兴趣,一旦也呈现符号意义,遂成为形塑人们的文化母体(matrixes),给予他们生活上的意义。就像纪念物一样永远提供了视觉后之另一层新意。

由于景观藏有符号,它在形塑个人或集体的身份认同上有重要角色。社会团体希望被人识觉而有意留迹于世,特别是在人们常去的公共空间里。对个人或团体而言,景观不再是表面和外在的,而是他们表达意识、创造和认同的重要手段。

(四)重建人文地理途径之三:认识俗世与神圣

人们通常觉察到可见符号之后,某些场所由于使人感到神秘力量的存在,而似有不属于俗世的(profane)性质。它们充满了神圣性(sacrality)而具有另一世界的真实。对一个场所的神圣感只限于特定社团。对罗马天主教而言,当做弥撒时,所领的饼转化为耶稣之身、酒是他的血,此时教堂转型为另一现实世界。但对一个不可知论者(agnostic)或一个伊斯兰教徒而言,什么事都未发生——他们不会觉察到此时已从俗世转化到圣界。

传统地理学者完全有理由忽视圣地(scared areas)的存在。因为他们期望建立一个科学学科。神圣性是基于信仰而无法验证的。但是一旦传统地理学者放弃了仅仅研究理性行为之后,即无理由否定别人研究宗教的证言(testimonies)。没有人要求他们相信别人的认知,但他们亦无权拒斥别人的经验。

地理学一旦将神圣性纳入研究范畴之后,全盘改变了对人的行为的诠释。在传统地理研究中,人的决策行为仅能作理性诠释:人们对问题的可能解决采取效用尺度(utilitarian scale)预作评估。依照经济学理论,理性决策的目标在使此效用极大化。但对另一世界的憧憬,开启了衡量事物与行为价值新的可能性。价值不再出于个人的偏爱。而是以另一世界(the Other World)的普世规范来比对。于是地理学由功利主义的道德性范畴转到了伦理学的境界。

地理学者的探讨尚需超过神圣性所显示者。他们须研究在万物有灵宗教（animist religions）中神灵精神是以什么方式使石头、树木、水体等加以人格化；他们需观察统治世界的万能之神是如何启示而要求众生遵循他所规范的道德原则。他们于是效法像柏拉图一样的哲学家，以理念的普遍性（Universality of Ideas）来使现实世界的真理倍增。现代社会谴责神之内生性（immanence）（亦即万物有灵论）或超越性（transcendence）（亦即天启宗教或形而上学）。人们仅相信世上实存者，换言之他们依赖科学思维。不幸的是客观科学无法建立出规范性命题（normative proposition）。结果是现代社会想到以过去的宗教来替代。于是从现实中想象出理想的另一世界，无论是过去的黄金年代、当代无罪无邪的某一净土，或是未来的一个理想国。后者自17世纪以来最常被历史进步论的哲学采用，在启蒙运动中发挥主导作用。

探讨神圣性所展示的世界底层深刻地改变了人文地理，使之不再限于所见世界。这使得解释西藏的社会情况成为可能。西藏是地球上环境最受限制的地区之一。那儿佛教建立在一个约1/3人口不从事生产粮食、能源或其他物质的社会里。从演化论角度来看，这个社会算是成功的，但神圣性却无法从功利主义的角度来理解（van Sprengen，1998）。

地理学者一旦不仅处理现实，同时亦研究其背后的道理，就进入与欧美社会迥然不同的社会逻辑。他们观察到"世界"（World）是建立在一地人民"善"（Good）的道德愿景之上。那么，未来的"世界"亦将反映当时的道德规范，因此，自然会与目前"世界"有所不同了。

（五）重建人文地理途径之四：探究新的领域

由于文化转向，人文地理学遂能探索过去忽略了的世界。以往地理学者以为他们建立的地理学完全不同于一般人民个人应用的地理理念，后者被斥为非科学又无理性。文化转向意味着社会科学不可能脱离场所、时间和文化加诸于人们思维的限制，科学思想并未带来认识论上突破的好处。科学优势永远是相对的。在传统地理知识和科学之间,承继和变革一样重要。每个人在世上都得自寻途径和方向,寻找利用自然和社会环境的最佳方法来谋求生活。

因此,对原始社会的民族地理学(ethnogeographies)的兴趣重新抬头,注重对历史文明导致的场所与领域的描述,以及由过去民俗文化和今日的大众文化所发展成的乡土地理学(vernacular geographies)研究(Claval and Singaravélou,1995)。

由于地理学者无权分析价值与规范,以往他们和城市与区域规划间似存有一道墙。如今这藩篱已被打破。地理学者仍参与探索各社会团体的价值观,借以改变规划景观、社区、新镇。他们须分析为何某些争辩占了上风。这当然有赖社会团体的相对权力,但有时亦不尽然。某些社会分子能成功地说服别人而使其主张更具正当性。例见科斯格罗夫(Denis Cosgrove)对16世纪至20世纪之间,威尼斯和英国精英分子的景观策略的研究(Cosgrove,1984)。

五、结 论

地理学正处在快速改变中。由于地理信息系统的新技术,地理学者参与了因全球化而面对地球生态均衡的大挑战。

由于文化转向,地理学者不再仅以专家身份致力探究生产活动及景观结构的空间分布以及对此分布最具影响者的态度与行为、特别是指人口结构中的成年男性。因为地理学者已不再相信人的总体理性,于是首次探讨"世界"的真正多样性,人们在传统、价值、规范上的多元化,以及前景上的歧异性。研究的尺度范畴增广了,对全球关注的事象较以往更关切;另一方面,亦在大尺度的地理现实问题上投入更多研究:譬如房宅、公寓、办公室,等等。

也由于文化转向,地理学不再限于仅对地球表面事物的清查描述,而开始研究变动过程。这意味着不再忽视社会冲突、政治角力、权力的角色及各种不同的形式:譬如纯粹的权力、合法的权势、经济影响、知识导向,等等。经济没有被忽视,但强调了以往被忽略了的一些社会性竞争——譬如追求社会地位、荣誉、认同以及权力。

因为自 20 世纪 70 年代以来受过各种形式的批判,地理学者像其他各类社会学者一样,警觉到今日的转型会使自己成为新意识形态的倡导者。危机出现在生态与文化两领域。生物多样性(biodiversity)的急速减少,可归诸于一些社会群体干扰了大部分的陆域环境。因此为了更适当的经营大地,引发了建立一种基于生态价值的新道德观(Claval,2001b)。此外,当今大量的人口移动,使得社会群体较以往更易于接触互动,这引发推动减弱各种文化间差异,以走向文化的整体共识——此即为"多元文化方案"(program of multiculturalism)——但此趋势却不啻否定了现今"世界"文化多样性的价值。

思 考 题

14-01 当前地理学的转型主要受全球化及学科内部动力的双重影响,请问后者指哪些方面?
14-02 地理信息系统发展与地图需求有什么关系?
14-03 当代地理信息系统革命与哪些技术革新有关?在监测地球上有何价值?
14-04 自然地理学与生态学关系日趋紧密,试问生态维度在地理学内演进有哪些阶段?
14-05 试述 1970 年代地理研究因为"文化转向"呈现的特色。
14-06 詹姆森提出的"后现代主义者之世界"与"性别地理学"发展的关系如何?
14-07 拉采尔所谓"自然人"及"文化人"的意义之差别是什么?
14-08 试比较"地理学者之眼"概念的今昔差异。
14-09 说明本书作者克拉瓦尔认为重建人文地理学的四个主要途径。

参考文献

Aitkinson, Adrian, 1991, *Principles of Political Ecology*, London, Bellhaven.
Barnett, C., 1998, "The Cultural Turn: Fashion or Progress in Human Geography", *Antipode*, vol. 30, pp. 379—394.
Bell, D., G. Valentine, 1997, *Consuming Geographies: We Are Where We Eat*, London, Routledge.
Burrough, P. A., 1986, *Principles of Geographical Information Systems for Land Resources Management*, Oxford, Clarendon Press.
Buttimer, Anne, 1974, *Values in Geography*, Washington D. C., Association of American Geographers, Resource Paper n° 24.

Calkins, H. W., Tomlinson, R. F. (eds), 1984, *Basic Readings in Geographic Information Systems*, Williamsville, SPAD Systems.

Claval, Paul, 2001a, *Epistémologie de la géographie*, Paris, Nathan.

Claval, Paul, 2001b, "Ethique et nature. Une approche conceptuelle", *Géographie et cultures*, n° 37, pp. 4—22.

Claval, Paul, Singaravélou, 1995, *Ethnogéographies*, Paris, Harmattan.

Cook, I., D. Crouch, S. Taylor and J. R. Ryan (eds.), 2000, *Cultural Turn/Geographical Turns*, London, Chapman.

Cosgrove", Denis, 1984, *Social Formation and Symbolic Landscape*, London, Croom Helm.

Curran, P. J., 1985, *Principles of Remote Sensing*, London, Longman.

Duncan, James S., 1980, "The Superorganic in American Cultural Geography", *Annals of the Association of Americain Geographers*, vol. 70, 2, pp. 181—198.

Frémont, Armand, 1976, *La Région, espace vécu*, Paris, PUF.

Gould, Peter, 1968, "The New Geography: where the action is", *Harper's Magazine*.

Gregory, Derek, 1994, *Geographical Imaginations*, Oxford, Blackwell.

H? gerstrand, Torsten, 1970, "What about People in Regional Science?", *Papers of the Regional Science Association*, vol. 24, pp. 7—21.

Hall, Stuart, D. Hobson, A. Lowe, P. Willis (eds.), 1980, *Culture, Media, Language: Working Papers in Cultural Studies*, London, Hutchinson.

Harvey, David, 1969, *Explanation in Geography*, London, Arnold.

Harvey, David, 1973, *Social Justice and the City*, London, Arnold.

Harvey, David, 1982, *The Limits to Capital*, London, Verso.

Hayward, Tim, 1995, *Ecological Thought. An Introduction*, Cambridge, Polity Press.

Jackson, Peter, 1989, *Maps of Meaning*, London, Unwin Hyman.

Jameson, Fredric, 1984, "Postmodernism, or the Cultural Logic of Late Capitalism", *New Left Review*, n° 146, pp. 53—92.

Johnston, R. J., Taylor, P. J., Watts, M. J. (eds.), 1995, *Geographies of Global Change*, London, Blackwell.

Kuhn, Thomas, 1962, *The Structure of Scientific Revolutions*, Chicago.

Longley, Paul A., Michael F Goodchild, David J. Maguire and David W. Rhind (eds.), 1999, *Geographical Information Systems: Principles, Techniques, Applications and Management*, New York, John Wiley, 2nd ed., vol. 2.

Marble, D. F., Peuquet, D. J., 1983, *Geographic Information Systems and Remote Sensing*, Falls Church (Va), American Society for Photogrammetry and Remote Sensing.

Massey, Doreen, 1984, *Spatial Divisions of Labour: Social Structures and the Geography of Production*, Basingstoke, Macmillan.

Palsky, Gilles, 1996, *Des Chiffres et des cartes. La cartographie quantitative au XIXe siècle*, Paris, CTHS.

Pepper, David, 1996, *Modern Environmentalism*, London, Routledge.

Relph, Edward, 1970, "An Enquiry into the Relations between Phenomenology and Geography", *Canadian Geographer / Le Géographe canadien*, vol. 14, pp. 193—201.

Richardson, M., 1981, "On 'The Superorganic in American Cultural Geograpohy': Commentary on Duncan's Paper", *Annals of the Association of Americain Geographers*, vol. 71, pp. 284—287.

Said, Edward, 1978, *Orientalism: Western Conceptions of the Orient*, London, Kegan Paul.

Scholten, Henk. J., Stillwell, John C. H. (eds.), 1990, *Geographical Information Systems for Urban and Regional Planning*, Dordrecht, Kluwer.

Tuan, Yi-fu, 1971, "Geography, Phenomenology and the Study of Human Nature", *Canadian Geographer / Le Géographe canadien*, vol. 15, pp. 181—192.

van Spengen, Wim, 1998, *Tibetan Border Worlds. A Geohistorical Analysis of Trade and Traders*, Londres, Kegan Paul, Ⅸ—307p.

译者参考文献(请参见附表一)

中外文索引

二画

《21世纪地理学》*La Géographie du XXI e Siècle* 272

T及O地图 T and O maps 29—30

"人与环境的关系" man/milieu relationships 8，69，75，79—80，84，87，94，97—98，104—106，118—119，135，146，197，205，266

《人与土地》*L'Homme et la Terre* 132

《人文地理学》*Anthropogeographie* 96

《人文地理学》*La Géographie Humaine* 145，149，206

《人文地理学的理论基础》*Les Fondements de la Géographie Humaine* 148，206

《人文地理学原则》*Principles of Human Geography* 144

《人文地理的生物基础》*Les fondements biologiques de la géographie humaine* 108

《人类与土地：现实地理学的性质》*L'homme et la terre，Nature de la réalité géographique* 217

《人类在改变地球外貌所扮的角色》*Man's role in changing the face of the Earth* 179

人口地理学 population geography 207

人文地理学 human geography 8，33，58，95—98，106，110—111，117—118，145—149，163—164，178，181，197，206，211—215，305—306，310—325

　～与法国的马克思主义 ～ and French marxism 206，211—212

　～与后现代 ～ and post-modern 197；

　～与环境及生态 ～ and environment and ecology 181；

　阿拉伯世界（八世纪）的～ ～ of 8th centuries 33；

　18世纪的～ ～ of 18th centuries 58；

　伯克利学派的～ ～ of Berkely school 117—118；

　法国学派的～ ～of French school 143—149；

　与国家学派的～ ～ of national schools 106；

　与新地理学的关系 ～ and new geography 163；

　瑞典～ ～ of Sweden 164；

　德国拉采尔的～ F. Ratze的～ 193—195；

　德国与美国学派的～ ～ of German and American schools 110—110；

人本主义地理学 humanistic geography 167，169—170，188，195，198

　～的革命 humanistic revolution 216

　～研究取向 ～ approaches 155，168，216；

　～与后现代 ～ and post-modern 195—198

　20世纪70年代 ～ 研究取向与现象主义地理学 1970's ～ approaches and phenomenological geography 69—70；

　20世纪80年代 ～ 与区域研究的关系 1980's ～ and regional studies 188；

人境地图表示法 cartographical representation of the Oekumene 18

几内亚 Guinea 36

几何学 geometry 16，18，22—23，37，40—41，44，261

十字军 the Crusaders 36

三画

《土地与人文发展》*La Terre et L'évolution Humaine* 146

《大气现象》*Meteors* 22—23，42

《马克思主义的思想与城市》*La pensée marxiste et la ville* 185

《马克思思想及城市》*La pensée marxiste et la ville* 167

万物有灵宗教 animist religions 324

上帝创造天地 Creation 50

个人生命轨迹 the trajectories of individuals 312

微观经济学 micro-economics 187

习惯的力量 the strength of habits 136

乡土文化学 laography 242

乡土学 heimatkunde 90

乡土科学 heimatkunde 111
乡土地理学 vernacular geography 325
乡市 rurban 286
乡村地理学 rural geography 230
乡村景观 rural landscape 206，230
土地测量 land surveys 39
土耳其 Turkey 14，36，134
土壤学 pedology 106—107，178，180，221
大圣富瓦 Sainte-Foy-la-Grande 129
大平原 Great Plains 258
大众文化 mass cultures 192，325
大地（或地球）geo -or earth 7，244，264
大地水文学 continental hydrology 178
大自然 nature 50，62，87，130，143，256—257
大自然地理学 natural geography 181—182
大西洋（地名）Atlantic Ocean 22，134，176
孔多塞 Marquis de Condorcet 67—68
大城市 big cities 190，286，290
大洪水 Deluge（Déluge）62
大科学 big science 76，245
大草原 steppe 60，107
大都市区 metropolises 287
大都市区化 metropolization 190，285，287
大都市连绵带 urban archipelago 290—291
大理论 big theory 184
子午线 the meridian 19，56—57，92，137
小亚细亚（地名）Asia Minor 15—16，134
小众传播 small scale communication 192
小即是美 small is beautiful 188
小的生物栖所 biotope 179
小的生物群聚 small community 179
小城邦 cities-states 14
小说 novels 216
小猎犬号 Beagle 61
山足面侵蚀原 pediplanation 111
山牧季移 transhumance 136
工业化 industralization 74，76，89—90，104，111，120—121，150，181，183，190—191，194—195，205—208，211，233，240，277—279，285，294，297
工业区位模式 model of industrial location 80
工业动员形式 forms of industrial mobilization 158
工业带 Industrial Belt 279，284，287
马什 George Perkins Marsh 179，182，257
马东 Emmanuel de Martonne 111，134，144，148

马可·波罗 Marco Polo 35—36
马尔特-布伦 conrad Malte-Brun 79
马尔萨斯 Thomas Robert Malthus 310，319
马艾 Jacques May 108
马约卡（地名）Mayorca 35
马西 Doreen Massey 312
马克罗毕斯 Marcrobius 23
马克思 Karl Marx 78，185，207—208，296
　～ 行动主义 marxist activism 211
马克思主义 marxism 155，166—167，176，184—188，196，205—212，216—219，312—313
　～ 大理论 marxist mega-theory 186；
　～ 地理学或学者 marxist geography or geographer 176，184—188，207—212，218；
　～ 式的学科 marxist discipline 206
　～ 社会学或学者 marxist sociology or sociologist 166，176，196，211，219；
　～ 意识形态 ideology of ～ 211；
　～ 经济学 marxist economics 184—186；
　～ 经济学家 marxist economist 219；
　～ 激进分子 ～ radicals 210
马里（地名）Mali 236
马奇 March 168
马洛斯地方的柯里特 Crates of Mallos 23
不可知论 agnosticism 40 ～ 者 agnostic 323
与大自然有关的地理学 natural geography 181

四画

"区域科学协会" Association of Regional Science 162
"方法论之争" methodenstreit：the quarrel about methods 91，316
"比利牛斯条约" Pyrénées Treaty 239
《不列颠帝国》L'Empire Britanique 149
《中国地理、历史、编年史、政治的描述及其特征》Description géographique，historique，chronologique，politique del'empire de Chine et de la Tartatie chinoise 56
《乌托邦》Utopia 252—255
《区位及空间经济》Location and Space Economy 162
《区域，实际（生活）空间》La région，espace vécu 216
《区域，实际（生活）空间》La région，espace vécu 216
《区域、国家、大空间：区域整合的普通地理学》Paul Claval，Régions，nations，grands espaces、Géographie générale des ensembles territoriaux 214
《历史》Histories 17

中外文索引

《历史之终结》The End of History 67,194
《天文地理数学论文集》Almageste 20
《文化转向》The Cultural Turn 176
《文辞与地方：地理学论述的动力》Des mots et des lieux. La dynamique du discours géographique 233
《日本及暹罗的地理》Descriptio Regni Japoniae et Siam 42
《日本的生活空间》Vivre l'espace au Japon 221
《比较地理学》Vergleichende Allgemeine Geographie 87
《计量革命及理论地理学》The quantitative revolution and theoretical geography 163
《贝德克旅行》German Baedeker 130
中心地理论 central place theory 113, 162, 165
中世纪航海图 portolano (or portulan chart) 34
中古时期 Middle Ages；Medieval 28, 30, 44
中央山地 Massif Central 134, 139, 143
中亚 Central Asia 31—35, 83
中西部学派 Middle West school 117
中层理论 meso-theory 186
中国 China 2, 7, 31—32, 35—36, 41, 44, 56, 85, 95, 133, 145, 169, 184—185, 194, 240, 252, 266, 272, 277—278, 283, 287, 294, 306
乌托邦国 Utopia of State 253
乌克兰 Ukraine 17, 115, 256
乌里希 H. Uhlig 116
介质 mèdiance 266
内格罗河 Rio Negro 83
分析性 analytical 228, 250
分析性思维 analytical thought 250
分辨率 resolution 159
切尔诺贝利（地名）Chernobyl 181, 256
区位及空间单位变迁研究网 Réseau d'Etude des Changements dans les Localisations et les Unités Spatiales 132
区位理论 location theory 162, 165, 187
区域专论 regional monographs 144—150
区域分析 regional analysis 133, 136—144, 156—158
区域主义的再兴 resurgence of regionalisms 192
区域地理学 regional geography 65, 85, 104, 113—114, 118, 148, 189, 205, 215, 221, 253, 264
区域地理学者 regional geographers 21, 64, 214
区域的气氛 the atmosphere of regions 216
区域结构 regional structures 105

厄尔曼 Edward L. Ullman 162—163
厄里 J. Urry 177, 196
历史区域 historical region 138—139
历史地理学 historical geography 58, 128—129, 139, 145, 150, 188, 220
历史地理学和文化地理学 historical and cultural geography 220
历史地理学领域 historical geography 129
历史即进步 history as progress 67；
  ～ 的理念 idea of ～ 67,
  进步的意识形态 progressive ideology 195
历史学的年鉴学派 Annals School of History 147
历史学派 historical school 91
历史哲学 philosophies of history 2—3, 67—69, 194, 296—298
反文化 countercultures 293
天文地理学 astronomical geography 43
天启宗教 revealed religion 50
天择 natural selection 93
天球 celestial sphere 17, 22
孔德 Auguste Comte 7, 314
尤里西斯 Ulysses 15
尺度逻辑 dialectics of scales 142, 144
巴门尼德 Parmenides 17, 23
巴枯宁 Mikhaïl A. Bakounine 130—131
巴尔干半岛 Balkan Peninsula 36, 86, 149
巴西 Brazil 38, 106, 211, 263
巴西利亚（地名）Brasilia 263
巴阮思基 N. N. Baranskiy 180
巴厘（或峇厘）岛 Bali I. 232
巴里亚利群岛（地名）Balearic Islands 35
巴特 Roland Barthes 205
巴特尔斯 Dietrich Bartels 117, 165
巴斯德研究所 Pasteur Institute 108
巴塞尔（地名）Basel 256
巴黎（地名）Paris 56—57, 60, 82—83, 130, 134, 139—140, 143, 209, 260, 274—275, 288, 322—323
巴黎大学 Université de Paris 129, 134
巴黎公社 Parisian Commune 131
巴黎地理学会 Société de Géographie de Paris 77, 128
巴黎高等师范学校 Ecole Normale Supérieure 134, 144
开普勒 Johannes Kepler 48
戈特曼 Jean Gottmann 219, 254
戈德温 W. Godwin 130

手机革命 cellular revolution 275
文化 culture 13—14, 192, 204, 237, 250, 267, 291, 294, 301, 313, 321, 325—326
　　地方~ local~ 242; 城市~ urban~ 252; 特殊性~ specialized ~ 192
文化人 kulturvölker 317
文明社会 the civilized societies 96
文化主义 culturalism 161
文化地理学 cultural geography 106, 119—120, 149, 220—221, 321
文化转向 cultural turn 305, 311—313, 319—320, 324—326
文艺复兴时代 the Renaissance period 22—23, 28, 75
文明群体 civilized groups 96
方志系列 chrological series 159
方法论 methodology 21, 92, 146, 158
　　景域学派~ landschaft ~ 116;
　　新的~ new ~ 48;
　　"理念对照式"的~ the ideal type ~ 92;
　　实证主义的~ positivist ~ 145;
　　实验的~ experimental ~ 40;
　　德国的~ German ~ 91;
　　应用性研究的~ applied research's ~ 204
　　关于现代史学的~ modern historical ~ 2;
方索瓦神父 Father Jean François 65
无政府主义 anarchism 5, 130—132
无政府主义者 anarchists 130—133
日本 Japan 42, 44, 132, 184, 194, 221, 239, 265—266
日惹(地名) Yogyakarta 265
日晷仪 gnomon 19
比利牛斯(地名) Pyrénées 220
比利时 Belgium 38
比阿什 Philippe Buache 137
比例尺论证法 scale dialectics 64
比较式的分析 comparative analyses 229
比较研究 comparative studies 228—299, 231, 246
比雷埃夫斯 Piraeus 261
毛主义者 maoist 219
毛里求斯 Mauritius 60
气候地形学 climatic geomorphology 111, 177—180, 203, 211—212
气候学 climatology 61, 85—86, 109—110, 178, 213, 221
气象学 meteorology 178, 211

水文学 hydrology 61, 110, 178—180, 221
水利专制政治 hydraulic despotism 113
牛顿 Isaac Newton 42, 48—49
瓦尔德西缪勒 Waldseemuller 38
瓦伦纽斯 Bernhard Varenius 42—44, 69
瓦洛 Camille Vallaux 149
瓦格纳 Moritz Wagner 95
瓦特 James Watt 77
计相学 Cameralist Science 53
计量史 quantitative history 159
认识论 epistemology 3—5, 47, 51, 64—66, 161, 270, 311—312, 325
　　新实证~ neo-positivist~ 163, 176
贝丹 Jacques Bertin, 215
贝丝曼 Bethman 86
贝加尔湖 lake Baikal 180
贝卡提尼 Becattini 189
贝尔克 Augustin Berque 221, 266
贝尔杜莱 Vincent Berdoulay 133, 233
贝尔斯族 Peulhs 236
贝里 Brian J.L. Berry 163, 190
贝金赛尔 Robert P. Beckinsale 229
贝塔朗菲 Ludwig von Bertalanffy 159
贝雷提 Beretti 260
邓肯 James Duncan 169, 265, 320
邓恩 Dunn 229
长方形会堂 Greek basilica 31
韦伯 Alfred Weber 162
韦伯 Max Weber 91, 222, 314, 316
韦伯式 Weberian 218
韦斯普奇 Amerigo Vespucci 253
风土 fudo 266
风水 geomancy 266

五画

世界书局 Librairie Universelle 132
世界地图 mappamundi (world maps) 18—20, 29, 38
世界观 Weltanschauung 4
世界贸易组织 World Trade Organization (WTO) 280
"生活方式" genres de vie 133—151, 207, 230, 318
《世界地理学》 *La Géographie Universelle* 148, 150
《世界地理学》 *Universal Geography* 131
《世界地理学短论》 *Short Treatise on Universal Geography* 65

中外文索引

《东部的法国》La France de l'Est 143
《四方之极》The Pivot of the Four Quarters 228
《巨灵论》或译《利维坦》The Leviathan 48,315
《民族学》Völkerkunde 96
《生存之路》Road to Survival 179
《生态学的基本原理》Fundamentals of Ecology 179,213
《生态霸权》Ecological imperialism 120
《石器时期经济学》Stone Age Economics 319
业余博学者 learnt amateurs 243
东方主义 Orientalism 312
东诺曼底(地名) Eastern Normandy 145
主题地图 thematic mapping 59
主题地图学 thematic cartography 159
乐华-博琉 Anatole Leroy-Beaulieu 141
乐普雷 Pierre G. F. Le Play 140—141,145,260
乐普雷学派 Le Play's School 140
兰农 Maurice Le Lannou 206
以雷克吕命名的研究团体 RECLUS 132
冯塔纳 Domenico Fontana 262
功利主义 utilitarianism 251,261,263;
 ～的观点 ～perspective 252
功利主义者 utilitarians 251
加尔文教徒 Calvinist 229
加伊兹 Gahiz 33
加那利群岛(地名) Canary Islands 36
加洛斯 Lucien Gallois 134,144—148
加拿大 Canada 148,159,169,204,219
加泰兰 Catalan 167,259
加泰隆尼亚(地名) Catalonia 167
北极灰土带 nordic podzol 107
北非 North Africa 120
卡西尼 Cassini 57,243
卡西尼地图 Cassini's map 57,76
卡西奇亚河 Cassiquiare River 83
卡罗尔 H. Carol 116
卡顿 C. A. Cotton 110
卡斯泰儿 Manuel Castells 167
卡森 Rachel Carson 179
卡雷尔 F. Carrère 215
卢梭 Jean-Jacques Rousseau 52,62—67,256
去工业化 deindustralization 279
去殖民地化 decolonization 300
古代文化遗产 the ancient heritage 28—29
古尔德 Peter Gould 163,311

古尔德尔 Alvin Gouldner 176
古典地方 the classical lands 86
可能论 possibilist 97,143
台夫特(地名) Delft 234
台湾 Taiwan 128
史托克保 W. Storkebaum 116
史泰娥夫人 Mme de Stael 141
圣皮埃尔 Bernardin de Saint-Pierre 60
圣伊希铎主教 Bishop of St. Isidore 29
圣玛尔塔山 Santa Marta cordillera 130
圣迪耶(地名)Saint-Dié 38
外部经济 external economies 209
尼麦耶 Oscar Niemeyer 263
尼罗河 Nile river 18,22,30
尼采 Friedrich Wilhelm Nietzsche 115
尼采的超人理念 Nietzsche's idea of the superman 115
尼斯图恩 John D. Nystuen 163
尼葛雷 Claude Nicollet 241
左翼地理学者 left wing geographers 210,218
市场经济学 market economics 184,186
市集 periodic market 113
布干维乐 L. A. de Bougainville 58,61
布洛 Willem Janszoon Blaeu 38
布洛克 Marc Bloch 147,150,205
布朗夏尔 Raoul Blanchard 134,144—145,149
布蒂默 Anne Buttimer 168—170,311
布鲁内莱斯基 Filippo Brunelleschi 37
布雷顿森林会议 Bretton Woods Conference 193
布德维尔 Jacques Boudeville 214
平肖 Gifford Pinchot 257
弗里德里希 E. Friedrich 113
弗里德曼 Georges Friedmann 207
弗美尔 Vermeer 234
弗赖堡(地名) Freyberg 81
本泽柯瑞 Benzecri 215
民俗学 folklore 121
民族(或人种)地理学 ethnogeography 8,325
民族(或人种)志 ethnography 96
民族(或人种)志学者 ethnographers 221
民族(或人种)科学 ethnosciences 6
民族主义 nationalism 89—90,104,157,176,241
民族主义 nationalisms 195
民族主义和基本教义 nationalisms and fundamentalisms 195
民族国家 a Nation State 241

民族意识形态 the ideology of the national State 255
生产链 une filière（法文），or chain of production 280—282,285
生态主义 ecologism 179
生态机制 ecological mechanism 295
生态系 ecosystem 181,195—196,295,310—311
ecotope 178
生态学 ecology 93—94,106—109,117,137,177—183,213,221,264,306—307
生态的 ecological ～平衡 ～balance 195,326；～失衡 ～unbalance 120,295；～维度 ～dimension 310,317；～知识 ～ knowledge 237；～问题 ～problems 120,180,294—295,321,326；～限制 ～constraints 195,271,294—295,310；～关系 ～relation 120—121,161,318；～灾变 catastrophes 181,255；～变迁 ～change 295,309—310；～价值 ～value 326；～能量循环 energy cycle of ～ 181,237；～运动 ～movement 180,257
生态金字塔 ecological pyramid 236,295,310,316
农场～ farming～ 231
生态栖位 niche 178—179,236
生态栖所 biotope 179
生态圈 biosphere 或如 ecosphere 321
生态演替 ecological succession 107
生物地理学 biogeography 213,310
生物多样性 biodiversity 92,326
生活方式 ways of life 96,187,235,275,288,301
生活空间 lived space 167
生活空间地理学 geography of the lived space 216
田地系统 field systems 230
田纳 Hippolyte Taine 141
田纳西河流域管理局 Tennessee Valley Authority 157
电子通勤 telecommute 286
电信革命 telecommunications revolution 292
白吕纳 Jean Brunhes 134,145,149
皮朗 Pyrrho 40
皮得蒙（地名）Piedmont 54
皮喀第（地名）Picardy 144
目的论 finality 98
目的论 teleology 87,94
艾杰顿 Samuel Y. Jr. Edgerton 37—38
艾萨德 Walter Isard 162
艾斯林 Robert de Hesseln 138
训诲书信 Edifying Letters 42

龙农 Auguste Longnon 139

六画

"关税及贸易总协定"（或关贸协议）（GATT, General Agreement on Tariff and Trade) 193,280
"地理学者之眼""geographer's eye" 318—319
"多元文化方案" program of multiculturalism 326
"年轻"国家 "young" countries 277—278
"行动地理学" active geography 210
《伊里亚特》Iliad 15
《创世纪》章 Genesis 61
《创造论的自然史》Natural History of the Creation 94
《后现代主义及文化理论》Postmodernism and Cultural Theory 176
《地形研究史》The History of the Study of Landforms 229
《地理学》Geography（托勒密著）19,37—38
《地理学及其与自然和人类历史之关系；或普通比较地学通论》Die Erdkunde in Verhältnis zur Natur und zur Geschichte des Menschen, oder allgemeine Vergleichende Geographie 87
《地理学年鉴》Annales de Géographie 214
《地理学的性质》The Nature of Geography 113
《地理学的首要服务是制造战争》La géographie. ça sert, d'abord, à faire la guerre 220
《地理学的解释》Explanation in Geography 163,167
《地理学研究指引》Guide de l'étudiant en géographie 206
《地理教学待开发的领域》Frontiers in Geographical Teaching 164
《场所与非场所》Place and placelessness 169
《宇宙》The Cosmos 43,83—85,94
《有机世界的本质与定数》Sein und Werden der organischen Welt；Essence and Destiny of the Organic World 95
《百科地图集》Atlas enyclopédique 56
《自然与人为的关系》Le sauvage et l'artifice 221
《自然区域与小区名称》Régions Naturelles et Noms de Pays 145
《西方社会学之迫切危机》Impending Crisis of Western Sociology 176
《论区域定义》La région. Essai de definition,214
《论美国民主政治》On Democracy in America 141

中外文索引

乔治 Pierre George 206—212
乔莱 André Cholley 229
乔莱 Richard Chorley 163
亚马乌罗提(地名) Amaurote 253
亚马孙河 Amazon River 83
亚历山大大帝 Alexander the Great 14，18
亚历山大地图 Alexandrian map 13，17
亚历山大 Alexandria 14，18，19，23
亚历山大城的丹尼斯 Denys of Alexandria 23
亚当·斯密 Adam Smith 80，314
亚里士多德 Aristotle 19，22—23，34，37，40，42，48，251—252
亚里士多德思想 aristotelicism 34
亚美利加洲 America 38
亚美利哥·韦斯普奇 Amerigo Vespucci 38，253
亚速尔群岛 Azores 36
亚速海 Azov Sea 16
交通 verkehr 137
伊比利亚半岛 Iberic peninsula 36，116
伊韦尔东(地名) Yverdon 86
伊卡洛斯 Icarus 24，234
伊本·屈底波 Ibn Qutayba 33
伊本·拔图塔 Ibn Battuta 34，44
伊本·柯尔达贝 Ibn Khordadbeh 33
伊本·豪加尔 Ibn Hauqal 33
伊本·赫勒敦 Ibn Khaldun 34
伊利亚德 Mircea Eliade 217—218，250，264
伊拉克 Irak 31
伊思塔瑞 Istahri 33
伊特拉士坎人 Etruscans 28
伊莎贝拉女王 Isabella (Queen of Castille) 38
伊萨卡(地名) Ithaca 15
伊奥尼亚(地名) Ionian 15，16
伊奥尼亚地图 Ionian map 15，16—17
伊奥尼亚哲学家 Ionian philosophers 16—17
伊斯兰教 Islam 28—29，31—33，35—36，265，323
休闲商场 leisure malls 291
休斯 Eduard Suess 43
休谟 David Hume 66
传统区域经济学 traditional regional economics 188
伦巴底人 Lombards 112
伦巴底亚 Lombardia 112
光荣革命 Glorious Revolution 49
全球化 globalization 9，75，190，193—195，198，204，271，279—280，283，287，292，294，300—301，306，313，325
共相科学 nomothetic sciences 66
农艺学 agronomy 59，64，230
农业区位的模式 model of agricultural location 80
农业地理学 agricultural geography 230—231
农业经济学 agricultural economics 230
农场生态金字塔 farming ecological pyramids 231
农场会计学 farm accounting 231
农场经济学 farm economics 230
冰川学 glaciology 88
冰河年表 glacier chronology 178
列斐伏尔 Henri Lefebvre 167，176，185，207，219
　　列斐伏尔学派 ～'s school 211
创(或革)新分析 analysis of innovation 164
动力气象学 dynamic meteorology 178
华莱士 Alfred Russell Wallace 93
印度尼西亚 Indonesia 32，93，119，232
印度洋 Indian Ocean 60
吉侯-苏拉维 J. L. Giraud-Soulavie (Jean-Louis Soulavie 的别称) 84，138
吉望奇 K. Dziewoncki 165
吉登斯 Anthony. Giddens 177，196
同位素定年 isotopic dating 178
后马克思社会学 post-marxist sociology 196
后历史的世界 the post-history world 195
后现代 postmodern 196
后现代世界 postmodern world 336
后现代主义 postmodernism (or postmodernist) 177;
后现代主义者 postmodernist 177
后现代主义者之世界 postmodernist world 312
后现代地理学 postmodern geography 197—198
后现代社会 postmodern societies 195;
后现代性 postmodernity 196—197，295，297
后殖民研究 post-colonial studies 312，320
后福特主义 post-fordism 185
回馈分析 feed back analysis 158
回馈机制 feed back mechanisms 158，181
因子分析 factor analysis 159，163，215
因果关系的批判 criticism of causality 221
团体意识 group consciousness 218
团结 solidarities 137
在家工作 home-working 286，290
地中海 Mediterranean Sea 14—17，29—36，87，108—109，134—135，143
地方(或场所) place 6，15，33，59—60，69，96，

335

140—141，143，164，188—189，212，236—240，
242，275，288，291—295，311
地方(或场所)感 sense of place 168，216
地方史 local history 82，139
地方生活 provincial life 139
地方时 local time 19，55
地方和领域问题 places and territories 188
地方性的生态基础 a local ecological basis 181
地方或小地区 pays(法文) 138
地方总督 proconsuls 240
地层化学 the chemical interpretation of surface layers 178
地形学 geomorphology 61—62，66，82，84，93，
104，110—111，169，178，211—212，221，230
地形学史 history of geomorphology 229
地图学 cartography 17，23，32—34，37，41，44，
51，54—56，59，69，79，117—118，128，197，
210，235，238，242—243，307
地图学史 history of cartography 233—235
地图学者 cartographer 19，22，55—58，131，135—
137，215，231，233，238
地图绘制员 ingénieur-géographe(or field cartographers)
58，64，128
地质学 geology 64，82，86，93，138，144，212，229
地质学者 geologist 139—142，146，212
地点 sites 80
地理个性 geographic personality 139—140，143，168
地理区 geographical region 40，146
地理知识 geographical lore 28，31，235
地理学 geography 2—3，6—8，43—44；
    中世纪的 Medieval ~ 28，35，37；
    民族~ ethno~ 9，250
    希腊时期的~ Greek ~ 9，26，28；
    法国学派~ French School ~ 127—151；
    阿拉伯的~ Arabic ~ 31—34
    科学的~ science ~ 73—98；
    基督教的~ Christian ~ 27—29，31，34—35，
    40—44，62，67，129，176，251—256
    启蒙运动的~ of Enlightenment ~ 67
    新 new ~ 155—170
    德国与美国学派地理学 Germanic and American
      School ~ 9，121
地理学者的技能 geographer's craft 318
地理信息系统 G. I. S (Geographical Information
    System) 183，305—309，325
地理信息系统革命 revolution of GIS 308

地理思想体系 geosophy 169
地理政策 a geographical policy 241
地理-历史 geo-history 34
地缘政治学 geopolitics 115，149，219—220，258
地籍图 cadastral maps 207，240，307—308
地方(场所)感 sense of places 168，189，216
多元文化的熔炉 multicultural melting pots 293
多斯加尼(地名) Tuscany 28
多德卡尼斯群岛(地名) Dodecanese Islands 18
存有与时间 Sein und Zeit 217
宇宙 cosmos 43—44，83，243，251
宇宙论(观) cosmology 43，235，261，264—266
宇宙志 cosmography 23，42—44，65
宇宙志学者 cosmographer 55
宇宙志面向的地理学 the cosmographic dimension of
    geography 42—43
伍尔奇 David Woolridge 235
安贝杰 Louis Emberger 213
安琪罗 Jacopo Angiolo 37
尘盘 Dust Bowl 258
年轮纪年学 dendrochronology 178
年鉴学派 Annales School 147，220
异地社会 foreign societies 235
成长极理论 growth pole (or polarized growth)
    theory 209，214
托马斯 W. L. Thomas 179
托尼 R. H. Tawney 109，119，178
托克维尔 Alexis C. H. M. C. de Tocqueville 141，
    148 ~ 遗风 ~inheritance 148
托马斯·阿奎那 Thomas d'Aquino 252
托勒密 Claude Ptolemy 19—23，27，33，36—38，
    44，261
执政官 consuls 240
扩散 diffusion 38，89，115，209，222，241，244
扩散理论 diffusionist theories 105
朱利亚尔 Etienne Juillard 214
死亡表 mortality table 53
竹内启一 Takeuchi Keiichi 266
米什莱 Jules Michelet 139—143
米利都(地名)Miletus 16
米雷 Milet 261
红外线感光板 infra-red plates 159
红海 Red Sea 30
约克郡(地名)Yorkshire 188

约翰逊 D. W. Johnson 110
纪年(年代学) chronology 62
吉迪翁 Siegfried Giedion 261
纪德 André Gide 169
网络 Internet 276—277
网络 networks 29, 80, 214
　　道路～ road ～ 140；
　　通信网络 ～ of correspondants 140, 195；
　　城市～ urban ～ 146, 162；
　　贸易～ trade ～ 237；
　　关系～ ～ of relations 238
网络虚空间 cyberspace 291
老罗斯福 Theodore Roosevelt 257
自发性地理学 an autonomous geography 243
自由大学 Free University 132
自由主义 liberalism 82, 115, 280
自由派经济学 liberal economics 184
自动贩卖机 automats 198
自然人 Naturvölker 317
自然地理学 physical geography 42—43, 51, 61, 69, 84, 103—111, 163—165, 178—182, 211—213, 221, 306, 310—311
　　～学者 ～ers 177, 180, 213
自然和人类的社会 nature and human society 81
自然环境 natural environments 58, 60, 136—137, 143, 213
自然领域单元 natural territorial unit 146
芒福德 Lewis Mumford 261
行政地理学 administrative geography 33
西方城市史 history of Western cities 220
西发里亚 Westphalian State 299
西西里(地名) Sicily 14, 34
西格弗里德 André Siegfried 148—149
西格斯特五世 Sixte-Quint 262
西班牙 Spain 21, 32—38, 52—55, 82—83, 106, 112, 129, 165, 213, 239, 241, 259, 261
西蒙 David Seamon 170
西蒙 Herbert Simon 168
西翁 Jules Sion 134, 144
许密添纳 H. Schmitthenner 116
达·伽马 Vasco da Gama 38
达尔文 Charles Robert Darwin 61, 92—95
达尔文主义 Darwinism 94—95, 132
达尔文式 Darwinian 142；
达尔文理论 Darwin's theory 93
达恩顿 Robert Darnton 232
达维耶 Davies 229
达德尔 Eric Dardel 168—169, 216—218, 221
过度累积的正统观点 the orthodox views over accumulation 186
迈尼希 Don Meinig 169—170
迈斯特 Joseph comte de Maistre 78
邦奇 William Bunge 163
阶级意识 class consciouness 218
亨廷顿 Ellsworth Huntington 182
亨利王子航海家 Prince Henry the Navigator 36
米德兰郡 Midlands 77
列斐伏尔 Henri Lefebvre 167, 176, 185, 207, 218

七画

"启蒙哲学家""philosopher" 50, 67—68, 74, 78, 92
《利维坦》或译《巨灵论》、《极度专制的政府》、The Leviathan 48, 315
《极度专制的政府》或译《巨灵论》、《利维坦》The Leviathan 48, 315
《社会正义与城市》Social Justice and the City 167
伯内蒂 Eliseo Bonetti 165
伯吉斯 Ernest W. Burgess 117
伯克利学派 Berkeley School 103, 105—106, 117, 120—121, 150
佛利蒙 Armand Frémont 218, 311
伯罗奔尼撒半岛 Peloponnsis 21
伯恩思坦 Eduard Bernstein 176
伯顿 Ian Burton 163
伽利略 Galileo Galilei 43, 48—49
低地德语区 Plattdeutsch 112
体液理论 Hippocrate's theory of humours 22, 42, 231
何德神父 Father du Halde 56
佛莱芒人 Flemish 38
佛得角(地名) Cape Verde 36
佛蒙特州(地名) Vermont 182
作用者 human agency 169
作物轮作 crop rotations 60, 116
作战行动 manoeuvers 242
克拉瓦尔 Claval, Paul 214, 218, 272, 282, 287—289, 308, 325
克列门茨 F. E. Clements 107, 117
克劳斯贝 A. W. Crosby 120
克里斯塔勒 Walter Christaller 113, 115, 162, 165

337

克罗伯 Clyde Kroeber 118
克罗普特金 Pyotr Kropotkin 130—131
克雷布斯 N. Krebs 116
利皮耶兹 Alain Lipietz 211
劳恩哈特 Launhardt 80
劳腾萨赫 Hermann Lautensach 116
医学地理学 medical geography 108
君士坦丁堡 Constantinople 28
启蒙运动 enlightenment 9, 50, 67, 194
均变论 uniformitarianism 62
坎塔布连山 Cantabrian Mountains 213
坚固 soliditas 253
希波克拉底 Hippocrates 22, 42, 135, 231, 261
希罗多德 Herodotos 13, 15—17, 21, 23, 64, 159
希特勒 Hitler 161
希腊地理学 Greek geography 13—25, 33, 63—64, 233—234
希腊社会与文化 Greek society and culture 14
库克 James Cook 58, 61, 82
库恩 Thomas S. Kuhn 4—5, 156—157, 167, 170, 197, 311
应用地形学 applied geomorphology 212
张衡 Heng Chang 32
形而上学和目的论的风格 metaphysical and teleogical flavour 94
批判式地理学 critical geography 312—313
技术革新 technical innovation 218
投资地理学 geography of investments 207
折中主义 eclecticism 263
时间地理学 time geography 164—165, 196, 312, 319
时空预算 time and space budgets 164
更新世 Pleistocene 211
李尔 Wilhelm Riehl 111
李希霍芬 Ferdinand von Richthofen 85, 113
李欧塔 Jean-Francis Lyotard 196
李特尔 Carl Ritter 64, 71, 86—89, 94—95, 130—135
列维-斯特劳斯 Claude Lévi-Strauss 205
李嘉图 David Ricardo 80
杜尔哥 Anne Robert Jacques Turgot 67, 96
杜非纳 A. DuFrenoy 138, 142
杜能（或译丘念）Johann Heierich von Thünen 80, 162, 231
杜梅泽尔 Georges Dumézil 205
条利城（地名）Thourioi 16
沃尔内 C.F. de C. Volney 64, 231

沙龙 Salon 82
沙森 Saskia Sassen 287—288
沟通理论 communication theory 218
狄欧拉斯族 Diolas 236
社会二元化 social dualism 184
社会地理学 social geography 203, 216, 218, 221, 255, 312, 321
社会安全体系 the social security system 158
社会学 sociology 7, 78, 91, 140—141, 146, 156, 168, 187, 196, 204, 218, 221—222, 258
　　19世纪～ 19th centuries ～ 79；
　　科学研究的～ ～ of scientific research 222；
　　美国政治～ American political～ 219；
　　乡村～ rural～ 230；
社会学者 sociologist 91, 150, 196, 207, 260, 264
　　马克思主义的～ marxist～ 167, 176, 211, 219
社会现实 social reality 78, 80, 91, 243, 267
社会组织 social organization 6, 41—42, 119, 136,
社会变迁 social change 41, 243
社会群系与演替 social formation and succession 117
社会需求 social demand 176
社群 community 31, 35, 81, 181, 222, 236
私人行号 private firms 238
系统分析 systems analysis 8, 158, 215, 221；
　　～方法 ～ approach 213
纯地理学 reine geographie 137
纳沙泰尔 Neuchâtel 88
纳粹主义 nazism 157, 219, 258
苏伊士运河 Suez Canal 135
苏拉维 Soulavie, Jean-Louis（别称 Giraud-Soulavie）84, 138
苏联景域学派 Soviet landshaft school 213
苏黎世（地名）Zurich 108
识觉 perception 216, 221, 237, 312, 321—323
识觉研究 perceptual studies 182, 222
词素 morphemes 215
赤道 equator 18, 36, 84
运筹学 operational research 205
运输链 transportation chains 273
进化理论（或演化论）theory of evolution（or evolutionism）9, 47, 61, 68, 73, 92—97, 105, 135, 142, 317, 319, 321, 324
进步 progress 2, 4—5, 74,
远距工作 teleworking 亦可称在家工作 286
连阿德 M. Leenhardt 217

邵尔 Max Sorre 108，118，148，206
里夫山区 Rif mountains 120
里昂(地名) Lyon 133，144
阿巴拉契山地 Appalachian ridges 157，182
阿加西 Jean Louis Agassiz 88，110
阿尔及利亚 Algeria 112，128，132
阿尔方 Alphand 260
阿尔贝蒂 Leon Battista Alberti 252—254，258，261—263
阿尔蒙·科兰 Armand Colin 148
阿尔-比鲁尼 Al-Biruni 33
阿那克西曼德 Anaximandos 16
阿亨华尔 Achenwall 53
阿伯拉罕·柯斯开 Abraham Cresquez 35
阿拉伯文明 Arabic civilization 31—32
阿拉信仰 Allah's worship 33
阿奎那 Thomas d'Aquino 34，251
阿谢特 Hachette 130
阿德拉罕·奥特吕 Abraham Ortelius 38
陆界 terrestrial sphere 22
麦克基 W. J. McGee 110
麦克塞尔 Marvin Mikesell 120
麦哲伦 Ferdinand Magellan 38

八画

"国际地理联合会" Congress of International Geograpical Union 165
侨民(指犹太人) a diaspora people 14，35，219
"空间生活经验" the lived experience of space 168，216，218
"经济人"(*homo oeconomicus*) 315
《国家地理》 *National Geographic* 242
《国富论》 *The Wealth of Nations* 80
《孤立国》 *The Isolated State* 80
《宗教百科全书》 *The Encyclopedia of Religion* 250
《欧洲》期刊 *Europa* 86
《欧洲的衰落》 *Le Déclin de l'Europe* 149
《法则与模式》 *La règle et le modele* 252
《法国之岛的旅程》 *Voyages a l'Ile de France* 60
《法国历史——法国的概述》 *Histoire de France-Tableau de la France* 139
《法国地理概述》 *Tableau de la géographie de la France* 142—144
《法国西部政治地理概述》 *Tableau de la Geographie Politique de la France de l'Ouest* 149

《法国植物》 *Flore française* 92
《法国概述》 *Tableau de la France* 142
《物种起源》 *The Origin of Species* 92
《空间经济理论史》 *L'Histoire des Théories Economiques Spatiales* 209
《经济、社会与文明年鉴》 *Annales. Economies, Sociétés, Civilisations* 147
《经济与空间》 *Economie et Espace* 209
佩兹纳斯 Pézenas 134
佩隆 Claude Perron 131，135
佩鲁 François Perroux 209—210
例外主义者 exceptionalist 163
凯恩斯 John Maynard Keynes 187
凯恩斯理论 keynesian theory 208
卓森 Johann Gustav Droysen 232
和哲郎 Tetsuro Watsuji 266
和谐 simmetria 253
国际货币基金 IMF 193
国际复兴开发银行 IBRD 193
国际贸易理论 international trade theory 187
国家 nationhood 241
国家(或小邦) State 52—53，299，306—307，315—317
国家社会主义 national-socialism 115—116，219
国家学派 national schools 9，98，103，105，111，127，204
国教主教 anglican bishop 61
图卢兹(地名) Toulouse 108，213
图表理论 graph theory 163
奈良(地名) Nara 265—266
委内瑞拉 Venezuela 83
孟德尔 Gregor Johann Mendel 93—94
学术地理学 academic geography 90，227，243—244
学术机构的结构 structure of Academic institutions 222
学校地理学 school geography 90
宗教启示 religious revelation 251
定位 orientation 237
实际境遇 concrete situations 203，220
帕尔马(地名) Parma 52
帕克 Geoffrey Parker 149
帕克 Robert Park 117
帕累托 Vilfredo Pareto 314
帕萨尔格 Siegfried Passarge 106，116
帕萨尔格学派 Passarge school 111
帕森斯 Talcott Parsons 187

建构主义原则 principles of structuration 106
建构理论 theory of structuration 106,177,196
性别地理学 geography of gender 312
所得地理学 geography of incomes 207
拉马克 Jean-Baptiste de Monet Lamarck 92,95,317
拉马克式 Lamarckian 142
拉采尔 Friedrich Ratzel 73,95—98,112,115,149,197,316
拉费斯坦 Claude Raffestin 219
拉哥斯特 Yues Lacoste 211,219—220
拉维丹 Pierre Lavedan 150
拉维斯 Ernest Lavisse 142
拉普尼 Laponie 92
拓殖 Colonization 107
杰生 Jason 15
杰克逊 Peter Jackson 312
杰费达 Jefuda 35
林耐 Carolus Linnaeus 59
林德曼 R. L. Lindeman 109,179
欧文 Robert Owen 264
欧洲共同体 the European Community 242
欧洲合众国 United States of Europe 149
欧洲联盟（欧盟）European Union (EU) 242
法兰西学院 Collège de France 129,139
法兰西斯一世 François 1er 129
法兰克日耳曼人 Frank Germans 112
法兰德斯（或人）Flanders 36,112,144,253
法国亚耳沙斯地区科尔马市 Colmar, Alsace 238
法国地理学 French geography 9,105,127—151,156,168,181,198,203—229
法属瓦努阿图岛 Vanuatu 221
法属新喀里多尼亚群岛 New Caledonia 217
波贝克 H. Bobek 116
波兰 Poland 106,115,165
波尼迈 Joël Bonnemaison 221
波普尔 Karl Popper 160
物质要素 material elements 118
物种 species 179
物种的永定性 the fixity of species 92
环境 environment 6,8,22—23,31,42,44,51,60—61,65,74,79,81,84,87,91—98,106—110,119—121,136—137,143,168—170,176—183,189—197,213,235—267
环境 the milieus 84—85,111 参见"人与环境的关系"man/milieu relationships

环境决定论 environmentalism 98.103—104
环境决定论者 environmentalist 97
环境保育 environmental conservation 177
现代地理学 modern geography 98,157
现代建筑之国际学派 international school of modern architecture 177 ～会盟 International Congress ～ 298
现代性 modernity 21,67,195,271,295—299
现代总体经济学 modern macro-economics 165
现代理性形而上学 modern rational metaphysics 251
现场（场所）locale 189
现实世界模式化 modelization of reality 205
现象学 phenomenology 91,216,218,311—312,319
现象学地理学 phenomenological geography 169
现象学和人本主义研究取向 phenomenological and humanistic approaches 216
直布罗陀 Gibraltar 18,20
知识恐怖主义 intellectual terrouism 219
矿业工程师 a mining engineer 81
空间问题 space 188
空间经济学 spatial economics 80,98,113,158,162—163,187,208
空间思考 spatial thinking 228
经线仪 chronometer 55,58
经济地理学 economic geography 104,113
经济转向 economic turn 279
经济活动海岸化 maritimization of economic activities 273
罗马 Rome 21,28—29,139,240—241,253,261—262
罗马天主教（或称天主教）Roman Catholicism 31,36—37,41—42,50,141,145,168,232,323
罗马尼亚 Romania 106,217
罗马帝国（时期）Roman Empire 2,7,21—24,29—31,230,238,240—241,253,261
罗马高卢 Roman Gaul 139
罗卡塞卡 Roccasecca 252
罗勃肯 Ch. Robequain 149
罗哈给斯 Lauraguais 134
罗得斯岛 Rodhos 19
罗斯托 Walt W. Rostow 184
罗斯福总统 Franklin Delano Roosevelt 157
耶拿 Jena 95
耶维亚（地名）Llivia 239,307
舍费尔 Fred K. Schaefer 163

英国 United Kingdom 39, 49, 53, 57, 59, 62, 69, 77, 130, 135, 141, 148, 150, 157, 188—189, 211, 234, 241
英国地理学 British geography 156, 165, 213—214, 219—222, 260
英国皇家学会 Royal Society 75
范式 paradigms 5, 158
表征再现 representation 312—313
规范性 normative 211, 228, 235, 243, 246, 249
规范性空间思想 normative spatial thinking 9, 246, 249—267
规模经济 economies of scales 185, 209, 277, 284
视觉形式 visual form 215
视频会议 video-conference 281
诠释学 hermeneutics 232
货柜革命 container revolution 273
集装箱 container ship 272
购物中心 commercial centers 291
迪尔 Michael Dear 291
迪尔克姆 Émile Durkheim 314
迪尔克姆学派 Durkheim's School 146
迪翁 Roger Dion 150, 205
郎房 L'Enfant 262
金 Lester C. J. King 111, 211
非兹哲罗 Fitzgerald 166
非政府组织 Non Governmental Organisations (NGO) 300

九画

"举隅法" synecdoche 322
"除魅化" "disenchantment" 316
"商业地理学会" Society of Commercial Geography 90
《城市问题》 The Urban Question 167
《政府二论》 Two treatises on government 48
《政治地理学》 Politische Geographie 97
《科学之结构》 The structure of scientific Revolutions 4, 156
《科学的世界观》 Wissenschaftliche Weltauffassung 160
《给地理学界朋友和老师的一幅地理历史统计图》 Ein Geographisch-historisch-statistisches Gemälde für Freunde und Lehrer der Geographie 86—87
《美国地理学者协会期刊》 Annals of the Association of American Geographers (A.A.A.G.) 169

《爱弥儿》 Emile 63, 64
侵蚀轮回理论 theory of erosion cycles 110
俄克拉何马 Oklahaoma 258
俄罗斯 Russia 17, 107, 131, 140—141, 230
保守主义革命 conservative revolution 114—115
保育论哲学 conservationist philosophy 257
信息场 information field 164
信息障碍 information constraints 191
前科学 pre-scientific 250
南锡大学 Université de Nancy 134—135
叙事 narrative 209, 233, 312, 320—321
叙拉古大学 University of Syracuse 169
哈利 Brian Harley 233—235
哈里森 John Harrison 19, 58
哈泼杂志 Harper's Magazine 163
哈恩 Eduard Hahn 113, 119
哈格特 Peter Haggett 163
哈格斯特朗 Torsten Hägerstrand 164, 196, 311
哈特向 Richard Hartshorne 113, 163
哈特向(或译哈子宏) Richard Hartshorne 113, 163
哈维 David Harvey 163, 167, 186, 188, 311—312
哈雷大学 University of Halle 86
哈德 Gerhard Hard 117
哈德良 Publius Aelius Hadrianus 23
城市 urban 6, 56, 166, 207, 210, 215, 261, 288, 293, 300; ~中心 ~centre 74, 237, 287; ~文化 ~culture 252; ~吸引力 ~attraction 117; ~生活方式 ~styles of life 288; ~阶层 ~hierarchies 284—289; ~运动 ~movement 166; ~政策 ~policy 166; ~环境 ~environment 253, 261; ~网络 ~network 162
城市化 urbanization 74—75, 104, 111, 121, 181, 190, 205, 208, 211, 286
城市生态学 urban ecology 117
城市地理学 urban geography 149, 258, 260, 321
城市机能 urban functions 80, 166
城市规划 urban planning 179—180, 208, 252, 258—264
城市特性(生活或建设规划) urbanism 150, 259
城市群 urban agglomeration 287, 290—292
城市精英 urban elites 31
城邦 city-states 54, 241
复合地理学 the complex geography 217
契索罗拉斯 Manuel Chrysoloras 37
威廉森 Williamson, Oliver E 287

帝国主义 imperialism 75, 89, 90, 157, 184
思想动态性 dynamics of thought 5
恰亚诺夫 Chayanov 231
拜占庭学者 Byzantine scholars 37
拜占庭帝国 Byzantine Empire 28—30, 36
指方规 alidade 39
政治生态学 political ecology 258
政治地理学 political geography 96, 115, 149, 203, 216, 218—219, 258—259
政治社会学 political sociology 219
政治哲学 political philosophy 82, 115, 241, 258, 265, 297
政治算术 Political Arithmetick 53
施瓦兹 Gabriele Schwarz 116
施吕特尔 Otto Schlüter 105, 112—114, 117, 146
柏丹格图表 Peutinger Table 238
柏内 Roger Brunet 215
柏拉图 Plato 18, 37, 40, 44, 253, 261, 263
柏拉图的形而上学 Plato's metaphysics 252
柏拉图的真相概念 Plato's conception of Truth 252
柏杰克 V. F. K. Bjernknes 109
柏林 Berlin 69, 77, 83, 92
　　～大学 Univ. of ～ 77, 83, 87, 88, 95, 130；
　　～科学院 ～ Academy of Science in ～ 88
　　～墙 Walls of ～ 193, 296—297
柏柏尔人 Berbers 34
《柏柏人史》History of Berbers 34
柏柏语 berberian language 120
柯司 Coase, R. 280—281, 287
柯布伦兹 Coblenz 129
柯本 Wladimir Köppen 109
柯克 William Kirk 168
柯里特（Crates of Mallos）23
段义孚 Yi-fu Tuan 7, 169, 311
洛伊克内 Jean Lojkine 211
洛克 John Locke 48, 50, 263
洛特卡 Lotka 164
洛温塔尔 David Lowenthal 179
洪堡，亚历山大·Alexander von Humboldt 43, 73, 76—77, 81—89, 94—95, 107, 113, 118, 138
洪堡，威廉 Baron Willhelm von Humboldt 76—77, 81, 87
洪第乌斯 Hondius 38
浓缩形式的能源 concentrated form of energy 74
独眼巨人 Cyclops or lothophages 15

玻索族 Bozos 236
皇家地理学会（英国）The Royal Geographical Society 80
相符分析 correspondance analysis 215
省 départements 54, 137
研习社团之会议 Conference of the Learned Societies 77
神圣性 sacrality 323
种族迫害 racial persecutions 161
科尔滨 Henri Corbin 217
科层体制 bureaucracy 6, 29, 32—33, 47, 51—54, 218, 228, 240—241
　　～组织 organization of ～ 35, 239—240, 246
科层体制和政治组织 bureaucracies and political organizations 218
科学权构 science establishment 5
科学促进会议 Congress for the Advancement of Science 77
科学研究的社会学 sociology of scientific research 222
科学院 Academies of Science 69, 75—76
科学哲学 scientist philosophies 77
科罗拉多州（地名）Colorado 258
科索沃（地名）Kosovo 36
科斯格罗夫 Denis Cosgrove 325
突尼斯（地名）Tunisia 34
突变 mutations 94
类型学 typologies 161, 214—215, 222
结构主义 structuralism 205, 215
结构主义运动 structuralist movement 205
结构地形学 structural geomorphology 212
统一性领域的理论 unified field theory 184
统计的 statistical 54
统计学 statistics 51—54, 65, 81, 112, 128—129, 164, 207
统治权 sovereignty 241
美（利坚合众）国 the United States 7, 54, 60, 74, 83, 88, 95, 130, 138, 148, 156, 161, 179, 182, 194, 204, 208, 213, 234, 241—242, 257, 260—263
美观 venustas 253
美国地理学 American geography 88—89, 103—121, 163—166, 169, 176, 214, 219, 221—222, 230
胡纳努斯人 Hunanoos 236
胡格诺派信徒 huguenot 81
草原 Prairies 61, 107, 136, 180
语言学者 linguists 221

贷款政策 mortgage policy 166
费弗尔 Lucien Febvre 143, 146—147
费希尔 Theobald Fischer 135
费拉拉 Ferrara 52
费拉莱特 Antonio Filarete 255
费林别尔格 P. E. von Fellenberg 63
费耶罗班 Paul Feyerabend 5
费蒙 Armand Fémont 216
逆城市化 counter-urbanization 190, 221, 271, 284—288
选举地理学 electoral geography 149
食物塔 food pyramid 236

十画

格迪斯 Patrick Geddes 141, 260—261
《衰退中的地球》The Earth in Decay 229
《资本论》The Capital 185
《资本的局限》The Limits to Capital 186
剥削理论 theory of exploitation 184
原始民族 Naturvölker, the primitive peoples 96
原罪 original sin 42, 256
哥尼斯堡大学 University of Koenigsberg 65
哥白尼 Nicolaus Copernicus 43, 48—49
哥伦比亚 Colombia 83, 130, 132, 235
哥达 Gotha 86
哥德兰地亚 Gotholandia 112
唐维 Jean-Baptiste Bourguignon d'Anville 56
埃及 Egypt 14, 31, 82, 134, 240
埃克塞特(地名) Exeter 234
埃拉托色尼 Eratosthenes (of Cyène) 19—21, 43, 55,
夏尔多内 Jean Chardonnet 208
夏投布里昂 F. R., Vicomte de Chateaubriand 60
徐内芬塔学校 Schnepfenthal School 86
徐朵 Walter Stöhr 188
恩皮里柯 Empiricus 40
恩格斯 Friedrich Engels 207
栖所(栖地) habitat 179
核子冬天 nuclear winter 180
核灾 Chernobyl 256
格丁根大学 University of Göttingen 81
格尔夫 Leonard Guelph 169
格劳恩特 Graunt 53
格勒诺布尔(地名) Grenoble 149
格瑞费斯 Griffith 263
格雷戈里 Derek Gregory 188, 312

桑干 André-Louis Sanguin 134, 219
桑给巴尔(地名) Zanzibar 34
殊相的研究取向 idiographic approach 66
泰卡 taïga 107
流动与移动的研究 flows and moves, circulation 137
流动性 mobility 165
流行文化 popular cultures 192
流行病学 epidemiology 108
流量地理学 geography of flows 162
海洋水文学 marine hydrology 178
海德格尔 Martin Heidegger 217, 266
海德堡 Heidelberg 95
热那亚(地名) Genoa 36
热带地理学学派 tropical Geography 149
爱琴海 Aegean Sea 15
爱默生 Waldo Emerson 257
特洛伊(地名) Troy 15
特殊地理 specific geography 254
特殊地理学 special geography 44—45
病原复合体 pathogen complex 108
监测地球 Monitoring the Earth 310—311
真相之核心 heart of reality 251
离弃区 desert areas 289
秘术型 magic type 228
索尔 Carl O. Sauer 103, 116—120, 156, 182
索弗 David Sopher 169
索邦 la Sorbonne 129, 134
索绪尔 Ferdinand de Saussure 314
翁塞勒 Jacques Ancel 149
能量 energy 179
能量原则 energy principle 109
航空相片 aerial photographs 159
航海用经线仪 chronometer 19, 55, 58, 307
荷马 Homer 15
荷兰 Netherlands 42, 44, 106, 108, 112, 115, 148, 166, 234, 260, 265
莫里尔 Richard L. Morrill 163
莫佩尔蒂 Pierre-Louis de Moreau Maupertuis 92
莫奈 Monnet 138
莱 David Ley 170
莱布尼茨 Gottfried Wilhelm von Leibniz 48, 49
莱和赛明思 David Ley and Marwyn Samuels 169
莽原 savannas 61
衰减效应 decay effects 218
诺曼底 Normandy 216

调节体系 system of regulation 186
调节学派 regulationist school 186
调节理论 regulation theory 186
贾可布 Christian Jacob 23, 233—234
通则 the general laws 104
通勤 commute 189, 286, 307
配第 William Petty 53
顾鲁 Pierre Gourou 149
顿内次(地名) Donetz 140
顿河 Tanais or Don river 29
高卢 Gaul 21, 139
高森 Henri Gaussen 108, 213

十一画

"深厚描述" thick descriptions 229, 232—235, 246
"隐喻" metaphors 322
《寂静的春天》 Silent Spring 179
《理论地理学》 Theoretical Geography 163
《理论地理学》 Theoretische Geographie 222
《理想典型》 Ideal Types 222
《理想国》 Republic 252
《维吉尼亚州记事》 Notes on the State of Virginia 54
《领土的重要性》 The Significance of Territory 254
假设—演绎 hypothetico-deductive 255
假说 hypothesis 184
偶发事件过程 haphazard processes 221
勒瓦瑟 Emile Levasseur 128—129, 135
勒华-拉杜里 Le Roy-Ladurie 232
商业地理学 commercial geography 90, 317
圈田 bocage 143
培根 Francis Bacon 48, 49
基兰 Rudolf Kjellen 115
基尔兹 Clifford Geertz 229, 232
基本方位 cardinal points 235
基本教义主义 fundamentalisms 176
基本教义的复活 rise of fundamentalisms 192
基佐 Francois Guizot 141
基督教联合兄弟教派学校 Moravian protestant school 129
密尔沃基 Milwaukee 234—235
密度图 density maps 135
密度组成 formations of densities 133, 144
屠光 Turquant 135
崔卡 Jean Tricart 212
康令 Conring 53

康克林 E. G. Conklin 236
康德 Immanuel Kant 47, 51—52, 64—66, 69, 84, 89, 113, 251
康提(地名) Kandy 253
得克萨斯州(地名) Texas 258
得希 Michael Dacey 163
掠夺(破坏)性经济学 destructive economy 113
掠夺经济 Raubwirtschaft 113
控制机械学(控制论) cybernetics 158, 205
教区 parishes 53, 55, 232, 239
教诲诗 didactic poem 23
曼 Michael Mann 177, 196
曼图亚(地名) Mantua 52
曼德柏 Mandelbrot 221
梅兹 Metz 115
梅茨恩 August Meitzen 112, 116
梅鲁山 Meru 265
梭罗 Henry Thoreau 257
理性 ration 3, 5—6, 33, 48—50, 78, 91, 167—168, 187, 192, 197, 250—254, 263, 297—298, 308, 315—318, 320, 324—326
理性主义 rationalism 4, 40, 51, 77
理性形上学 rational metaphysics 251
理查森 Richardson, M. 320
盖亚(约)特 Arnold Guyot 88, 128
眺望楼花园 Belvedere dardeus 262
笛卡儿 René Descartes 48—49
符号(象征) symbol 312—313, 321—323
符号学者 semiologist 219
第二帝国 Second Reich 112, 130
第三世界(国家) Third World 272, 278—279, 284, 300
第四纪地质学者 quaternary geologists 212
维也纳学圈 Vienna circle 160—161
维达尔·德·拉白兰士(简称维达尔) Paul Vidal de la Blache 97, 127, 129, 133—137, 141—150, 162, 197, 207, 214, 316
维达尔学派 vidalian 127, 129, 141—142, 146, 150, 207
维达学派 Vayda school 120, 133
维京人 Vikings 29
维拉斯哥 Juan Lopez de Velazco 55
维楚弗斯 Vitruvus 253
维斯特拉斯岛 Vesteras 165
维特根斯坦 Ludwig Wittgenstein 160

营养链 trophic chain 109，119
萧伊 Francoise Choay 252，254
萨林斯 Marshall D. Sahlins 319
逻辑实证论 logical positivism 155，158，160
逻辑经验论 logical empiricism 160
逻辑新实证主义 logical neo-positivism 159
野牛 wild buffaloes 61
野外实察（或称田野调查）field work 19，51，62—63，70，129，138，141，144，156，166，212，232
野外调查（或称野外实察）field work 19，51，64，76，79，82—87，117—118，121，197，319
领土 territory 51，90，112，115，239，241—242，254，257—258，265，299—300，307—308
　～教义 territorial doctrines 258
领域组织 territorial organization 195，214

十二画

"殖民地理学会" Society of colonial geography 90
奥斯曼土耳其人 the Ottomans 36
奥斯曼帝国 Moslem Ottomans 28
奥斯曼帝国 Ottoman Empire 28
奥德姆 Eugen P. Odum 179
《奥德赛》Odysseus 15
《普通地理学》Geographia generalis 42—45
《景观形态学》The Morphology of Landscapes 118
《植物的要素理论》Théorie élémentaire de la botanique 85
《琼安纳旅游指南》The Joanne Travel Guide 130
博纳尔 Louis vicomte de Bonald 78
博拉曼特 Donato Bramante 262
博耶 Boyer 186
博蒙特 Elie de Beaumont 138，142
喀约 André Cailleux 212
喜帕恰斯 Hipparchus 19
堪培拉（地名）Canberra 263
堪萨斯州 Kansas 258
奥古斯丁·冈朵 Augustin P. de Candolle 85
奥古斯丁·冈朵 Augustin-Pyramus de Candolle 107—108
奥古斯都大帝 Emperor Augustus 21
奥地利 Austria 108，110—112，204
奥利诺科河 Orinocco River 83
奥塔斯（地名）Orthez 129
奥斯曼 Georges Haussmann 260
彭兰 Aimé Bonpland 82

彭克 Wilhelm Penck 111
彭南 R. Bonne 56
彭萨德 Claude Ponsard 208
惠特利 Paul Wheatley 228
敞田 openfields 59，230
敞田制度 openfield systems 116
斯托尔珀 Michael Storper 186
斯福津达 Sforzinda 255
斯科特 Alan Scott 186，189
斯宾诺莎 Baruch or Benedict Spinoza 48，50
斯堪尼亚（地名）Scania 189
斯特拉波 Strabo 7，21，44
斯特拉斯堡（地名）Strasbourg 212
普里戈金 Ilya Prigogine 221
普莱费尔 John Playfair 62，229
普遍法则 universal rules 163
普雷德 Allan Pred 189，233
景观 landscape 50，60，106，111—120，146—147，161—162，180，195，211—213，231，234
　～科学 a science of ～ 105；
　～分析 ～ analysis 69，105，111，135；
　～研究 ～ studies 106，158；
　～组织 ～ organization 17；
　～变迁 ～ transformation 114；
　世界景观带 ～ belts in the world 213；
　景域与～ Landschaft and ～ 114；
　乡村～ rural ～ 206，230；
　法国～史 history of French ～ 220；
景观类型学 landscape typologies 106
景域分析 121
景域学 Landschaftskunde 116
景域学派 Landschaft school 107，112，114—117，213
　苏联 ～ Soviet ～ 213；
　方法论 ～ method～ology 116
景域理念 idea of landschaft 85，115—116
最大获利者 maximizer 168
森普尔 Ellen Churchill Semple 97—98
植物地理学 botanical geography 85，107，178
植物群丛 vegetal associations 108
植物群系 vegetal formation 108
植物群落（聚）vegetal community 117
植被 vegetation 17，84，87，107，138
殖民地的地理学 colonial geography 149
童维思特 Gunnar Törnqvist 190，287
葡萄牙 Portugal 35，38，165

345

超越论者 transcendentalist 257
道库恰耶夫 V. V. Dokuchaev 107
锈铁带 Rust Belt 279
雅典(地名) Athens 16
集体认同 collective identities 301
　　～意识 ～ consciouness 241；
　　～价值 ～ value 6, 115；
黑土 chernozioms 107
黑郡 Black County 74
黑格尔 Georg Wilhelm Friedrich Hegel 96
黑海 Black Sea 14, 16—17, 29

十三画

塞尔维亚人 Serbs 36
塞当(地名) Cerdagne 239
塞西亚(地名) Scythia 16
塞西亚王子们 Princes of Scythia 17
"新世界地理学"new Universal Geography 132, 215
"雷克吕"公共团体："区位及空间单位变迁研究网"
　　RECLUS（Réseau d'Etude des Changements dans les Localisations et les Unités Spatiales）的缩写 132
"雷克吕世界地理学" RECLUS Universal Geography 132, 215
《意义地图》(*Maps of Meaning*) 312
《新西兰的民主政治》Democracy in New Zealand 148
《新爱络绮丝》*La Nouvelle Héloïse* 63
意大利 Italy 13—14, 35—38, 52—54, 57, 61, 86, 106, 108, 110, 112, 165, 241, 260
意大利地理学 Itaian geography 3, 222
意象 image 3, 188, 301, 312—313, 320—322
新人文地理学(八世纪) new human geography 33
新几内亚(地名) New Guinea 119
新地理学 new geography 9, 41, 64, 81, 117, 161—168, 176, 179—182, 187—191, 195, 198, 203—204, 213—215, 221, 231, 311, 319
　　古尔德创～此名词 Gould gave the name ～ 311
　　～与景域观念 ～ and landschaft 117；
　　～与绘制地图 ～ and cartography 9；
　　～城市研究 urban studies of ～ 166；
　　～与法国区域研究 ～ and French regional studies 213—222；
　　瑞典及其他国家的～ ～ of Sweden and other countries 164；
　　～与农业地理 ～ and agricultural geography 231；
　　～与识觉研究 ～ and perceptual studies 182；197, 204；
　　人本主义与～ humanistic geog. and ～ 168；
　　生态与～ ecology and ～ 180—181；
　　英国的～ ～ of England 163；
　　激进地理与～ radical geography and ～ 167；
　　起源于美国的～ American ～ 161；
　　区位理论与～ regional theories and ～ 187；
　　区域组织与～ regional organizations and ～ 189
新地理学会 new Geographical Societies 80
新实证认识论 neo-positivist epistemology 176
新实证主义 new positivist 77
新实证主义(或新实证论) neo-positivism 160—161, 163, 167
新教教会 protestant churches 53
瑞士 Swiss 60—64, 108, 112, 116, 241, 256
碎形几何 fractal geometry 221
福山 Francis Fukuyama 67, 194, 296—297
福尔斯特 Georg Forster 82
福利经济学 welfare economics 187
福柯 Michel Foucault 219
福格特 William Vogt 179
福特主义 fordism 185
福特主义模式 fordist model 185
福禄培尔 F. Froebel 63
蒙彼利埃 Montpellier 108, 132, 213
蒙泰尤 Montaillou 220, 232
蒙塔多 Cardinal Montalto 262
蒲鲁东 Pierre Joseph Proudhon 130
解释性地理学 explanatory geography 80
詹姆森 Fredric Jameson 176—177, 196, 312
赖特 John K. Wright 168
遥感探测 remote sensing 59, 159, 183, 210, 308—309
雷尔夫 Edward Relph 169, 311
雷达影像 radar imagery 159
雷克吕 Elisée Reclus 64, 88, 129—133, 244, 260
雷豪·拉杜希 Emmanuel Leroy-Ladurie 220
雷赫西学派 School of Les Roches 141
鲍威尔 John Wesley Powell 110
鲍梅斯特 Willi Baumeister 260
费弗尔 Lucien Febvre 143, 146

十四画

赛义德 Edward Said 312

境遇主义 situationnisme 220
廖什 August Lösch 113，162
槟榔古岗山 Penanggugan 265
模仿与口授 imitation and oral instruction 237
模糊集合论 fuzzy set theory 163
缪尔 John Muir 257
缪勒-威勒 Müller-Wille 115
聚斯米尔奇 J. P. Süessmilch 53
聚落地理学 settlement geography 116
裴秀 Pei Xiu 32
裴斯泰洛齐 Johann Heinrich Pestalozzi 47，62—64，86，129
豪斯霍弗尔 Karl Haushofer 115，219
赛文 Olivier Sevin 265
赛贺达 Ildefonso Cerda 259—260
赫顿 James Hutton 62，110，229
赫丘利斯 Hercules 15
赫尔德 Johann-Gottfried von Herder 52，67，69，94，96，139
　　～主题 ～'s theme 87
　　～假说 ～'s hypothesis 81；
赫西奥德 Hesiod 68
赫克尔 Ernst Haeckel 94
赫克歇尔-俄林-萨缪尔森 Heckscher-Ohlin-Samuelson 209
赫里福德 Hereford 234
赫里福德世界地图 Hereford World map 234
赫里福德郡 Herefordshire 234
赫胥黎 T. H. Huxley 40
赫特纳 Alfred Hettner 113—114
漂岛运动 Wandervogel movement 111

十五画
墨卡托 Gerardus Mercator 38—39

墨尔本大学 University of Melbourne 169
墨西哥 Mexico 77，83，95，128
新墨西哥 New Mexico 258
德马雷斯特 M. Desmarest 138
德方丹 Pierre Deffontaines 149
德尼凡 W. Denevan 120
德芒戎 Albert Demangeon 134，145—150
德利乐 Delille 56
德国地理学 Germany geography 43，98，106，222，266
德斯马赫特 N. Desmarets 56
德雷什 Jean Dresch 207，211
《德意志意识形态》The German Ideology 207
摩洛哥 Morocco 32，120，232
潘什梅尔 Ph. Pinchemel 215

十六画
整体性 totality 84，87—89，143
激进地理学 radical geography 133，166，170，176，195，219
激进地理学者们 radical geographers 132
激进哲学家们 radical philosophers 264
穆罕默德 Mohamed 32
霍尔 Stuart Hall 312
霍布斯 Thomas Hobbes 48.，50，315
巅峰期 climax stage 107
默瑟 John Mercer 169

十七画
戴克里先 Diocletian 139
戴维斯 William Morris Davis 111，156，211—212
魏特夫 Karl Wittfogel 113

外中文索引

A

academic geography 学术地理学 90, 243—244
Academies of Science 科学院 75
Achenwall 阿亨华尔 53
active geography 行动地理学 210
administrative geography 行政地理学 33
aerial photographs 航空相片 159
Agamemnon 阿伽门农
Agassiz, Jean Louis 阿加西 88
agnosticism 不可知论 40 agnostic～者 323
agricultural geography 农业地理学 230—231
agronomy 农艺学 59, 64, 230
Alberti, Leon Battista 阿尔贝蒂 252—254, 258, 261—263
Al-Biruni 阿尔-比鲁尼 33
Alexandros 亚历山大大帝 14, 19
Alexandria 亚历山大 14, 18, 19, 23
Alexandrian map 亚历山大地图 13, 17
alidade 指方规 39
Allah's worship 阿拉信仰 33
Almageste《天文地理数学论文集》20
Alphand 阿方方 260
Amaurote 亚马乌罗提(地名) 253
Amazon River 亚马孙河 83
America 亚美利加洲 38
analysis of innovation 创(或革)新分析 164
analytical thought 分析性思维 250, 251
analytical 分析性 208, 228, 250, 251, 252, 255—259
anarchism 无政府主义 5, 130—132
anarchists 无政府主义者 130—133
Anaximandos 阿那克西曼德 16
Ancel, Jacques 翁塞勒 149
ancient heritage 古代文化遗产 28—29
Angiolo, Jacopo 安琪罗 37
anglican bishop 国教主教 61
animist religion 万物有灵宗教 324
Annales de Géographie《地理学年鉴》214

Annales School 年鉴学派 147, 220
Annales. Economies, Sociétés, Civilisations《经济、社会与文明年鉴》147
Annals of the Association of American Geographers（A. A. A. G.）《美国地理学者协会期刊》169
Annals School of History 历史学的年鉴学派 220
Anthropogeographie《人文地理学》96
Appalachian ridges 阿巴拉契山脊 157, 182
applied geomorphology 应用地形学 212
Aquinas, Saint Thomas 托马斯·阿奎那 34, 252
Arabic civilization 阿拉伯文明 31—32
aristotelicism 亚里士多德思想 34
Aristotle 亚里士多德 17, 22—23, 34, 37, 40, 42, 48, 242, 251—252
Asia Minor 小亚细亚(地名) 15—16, 134
Association of Regional Science "区域科学协会" 162
astronomical geography 天文地理学 43
Atlantic Ocean 大西洋(地名) 134, 176
Atlas encyclopédique《百科地图集》56
atmosphere of regions 区域的气氛 216
automats 自动贩卖机 198
autonomous geography 自发性地理学 243
Azores 亚速尔群岛 36
Azov Sea 亚速海 17

B

Bacon, Francis 培根 48, 49
Bakounine, Mikhaïl A. 巴枯宁 130—131
Balearic Islands 巴里阿里群岛 35
巴里(或峇厘)岛 Bali I. 232
Balkan Peninsula 巴尔干半岛 36, 86, 149
Baranskiy, N. N. 巴阮思基 180
Bartels, Dietrich 巴特尔斯 117, 165
Basel 巴塞尔(地名) 256
Baulig, Henri 博利 111, 148, 211
Baumeister, Willi 鲍梅斯特 260
Beagle 小猎犬号 61

外中文索引

Beaumont, Elie de 博蒙 139, 142
Becattini 贝卡提尼 189
Beckinsale, Robert P. 贝金赛尔 229
Belgium 比利时 38, 242, 253, 260, 278
Belvedere gardens 眺望楼花园 262
Benthan, Jeremy 边沁 264
Benzecri 本泽柯瑞 215
Berber 柏柏尔人 34
berberian language 柏柏语 120
Berdoulay, Vincent 贝尔杜莱 233
Beretti 贝雷提 260
Berkeley School 伯克利学派 105—106, 117, 119—121, 150
Berlin 柏林 69, 77, 83, 92
    Univ. of ~ ~大学 77, 83, 87, 89, 95, 130;
    ~ Academy of Science in ~ ~科学院 88
    Walls of ~ ~围墙 175, 193, 296—297
Bernstein, Eduard 柏恩斯坦 176
Berque, Augustin 贝尔克 221, 266
Berry, Brian J. L. 贝里 163, 190
Bertalanffy, Ludwig von 贝塔朗菲 159, 285, 286
Bertin, Jacques 贝丹 215
Bertrand, Georges 伯特兰 213
Bethman 贝丝曼 86
big cities 大城市 190, 191, 192, 286, 287, 289, 290, 291
big science 大科学 76, 245
big theory 大理论 184, 186, 187, 196, 220
biodiversity 生物多样性 92, 326
biogeography 生物地理学 213, 310
biosphere, 生态圈 i.e. the ecosphere 322
biotope 小生物栖所 179
Birot, Pierre 比罗 211, 213
Bishop of St. Isidore 圣伊希铎主教 29
Bjernknes, V. F. K. 柏杰克 109
Black County 黑郡 74
Blaeu, Willem Janszoon 布洛 39
Blanchard, Raoul 布朗夏尔 134, 144—145, 150
Bloch, Marc 布洛克 147, 150, 205
Boas, Franz 博厄斯 318
Bobek, H. 波贝克 116
bocage 圈田 143
Bonald, Louis vicomte de 博纳尔子爵 78
Bonetti, Eliseo 伯内蒂 165
Bonne, R. 彭南 56

Bonnemaison, Joël 波尼迈 221
Bonpland, Aimé 彭兰 82, 83
botanical geography 植物地理学 85, 107, 178
Boudeville, Jacques 布德维尔 214
Bougainville, L. A. de 布干维乐 58, 61
Boyer 博耶 186
Bozos 玻索族 236
Bramante, Donato 博拉曼特 262
Brasilia 巴西利亚（地名）263
Brazil 巴西 38, 106, 211, 263
Bretton Woods Conference 布雷顿森林会议 193
Brunelleschi, Filippo 布鲁内莱斯基 37
Brunet, Roger 柏内 215
Brunhes, Jean 白吕纳 134, 145, 149
Buache, Philippe 比阿什 137
Bunge, William 邦奇 163, 166
bureaucracy 科层体制 6, 29, 32—33, 47, 51—54, 218, 228, 240—241, 245—246, 307, 316
    organization of ~ ~组织 35, 239—240, 246
bureaucracies and political organizations 科层体制政治组织 218
Burgess, Ernest W. 柏吉斯 117
Burton, Ian 伯顿 163
Buttimer, Anne 布蒂默 168—170, 311
Byzantine Empire 拜占庭帝国 28—30, 36
Byzantine scholars 拜占庭学者 37

C

cadastral maps 地籍图 207, 240, 307—308
Cailleux, André 喀约 212
Calvinist 加尔文教徒 229
Cameralist Science 计相学 53
Canada 加拿大 148, 159, 165, 169, 204, 219, 257, 277, 278, 279
Canarias Islands 加那利群岛 36
Canberra 堪培拉（地名）263
Candolle, Alphonse de 冈朵 107—108
Candolle, Augustin P. de 冈朵, 奥古斯丁 85
Cantabrian Mountains 坎塔布连山脉 213
Cape Verde 佛得角（地名）36
The Capital《资本论》185
cardinal points 基本方位 235
Carol, H. 卡罗尔 116
Carrère, F. 卡雷尔 215

Carson, Rachel 卡森 179
cartography 地图学 17, 23, 32—34, 37, 41, 44—47, 51, 54—56, 59, 69, 79, 117—118, 128, 197, 210, 235, 238, 242—243, 307
cartographer 地图学者 19, 22, 40, 55—58, 131, 135—37, 215, 231—34, 238
cartographical representation of the Oekumene 人境地图表示法 18
Cassini, 卡西尼 57, 76, 243
Cassini's map 卡西尼地图 57, 76
Cassiquiare River 卡西奇亚河 83
Castells, Manuel 卡斯泰尔 167, 211
Catalan 加泰兰 167, 259, 307
Catalonia 加泰隆尼亚（地名）112, 167
celestial sphere 天球 22
cellular revolution 手机革命 275
Central Asia 中亚 31—35, 83
central place theory 中心地理论 113, 162, 165
Cerda, Ildefonso 赛贺达 259—260
Cerdagne 塞当（地名）239
chain of production or une filière（法文）生产链 280—282, 285
Chardonnet, Jean 夏尔多内 208
Chateaubriand, F. R., Vicomte de 夏投布里昂 60
Chayanov 恰亚诺夫 231
chemical interpretation of surface layers 地层化学 178
Chernobyl 切尔诺贝利（地名）181, 256
Chernobyl 切尔诺贝利核灾 256
chernozioms 黑土 107
China 中国 2, 7, 31—32, 35—36, 41, 44, 56, 83, 85, 95, 133, 145, 169, 184,—185, 194, 240, 252, 266, 367, 272, 277—278, 283, 287, 294, 306
Choay, Françoise 萧伊 252, 254
Cholley, André 萧雷 206
Chorley, Richard 乔莱 164, 229
Christaller, Walter 克里斯塔勒 113, 115, 162, 165
chrological series 方志系列 159
chronology 年代学 62
chronometer 航海用经线仪 19, 55, 58, 79, 307
Chrysoloras, Manuel 契索罗拉斯 37
city-states 城邦 14, 54, 241
civilized groups 文明群体 96
classical lands 古典地方 86
Claval, Paul 克拉瓦尔 214, 218, 272, 282, 287—289, 308, 325
Clements, F. E. 克列门茨 107, 117
climatic geomorphology 气候地形学 111, 178—180, 203, 211—212
climatology 气候学 61, 85—86, 109—110, 178, 213, 221
climax stage 巅峰期 107
Coase, R. 柯司 280, 287, 303, 342, 351
Coblenz 柯布伦兹 129
Colin, Armand 科兰 148
collective identities 集体认同 301, 346, 351
～ consciouness ～意识 241; 351, 355
～ value ～价值 6
Collège de France 法兰西学院 129, 139, 340, 351
Colmar, Alsace 法国阿尔萨斯地区科尔马市 238
colonial geography 殖民地的地理学 149
colonization 拓殖 107
Colorado 科罗拉多州 258
commercial centers 购物中心 291
commercial geography 商业地理学 90, 317
commoditas 委托人所需 253
commute 通勤 189, 286, 307
communication theory 沟通理论 218
community 社群 31, 35, 81, 181, 222, 236, 291
comparative analyses 比较式的分析 229
comparative studies 比较研究 228—299, 231, 246
complex geography 复合地理学 217
Comte, Auguste 科姆特 314
concentrated form of energy 浓缩形式的能源 74
conceptions 概念 91
concrete situations 实际境遇 220
Condorcet, Marquis de 孔多塞 67—68
Conference of the Learned Societies 研习社团之会议 77
Congress for the Advancement of Science 科学促进会议 77
Congress of International Geographical Union "国际地理联合会" 165
Conklin, E. G. 康克林 236
Conring 康令 53
conservationist philosophy 保育论哲学 257
conservative revolution 保守主义革命 114—115
Constantinpole 君士坦丁堡 28
consuls 执政官 240
container ship 集装箱 272

container revolution 集装箱革命 273
continental hydrology 大地水文学 178
Cook, James 库克 58, 61, 82, 189
Copernicus, Nicolaus 哥白尼 42, 43, 48—49
Corbin, Henri 科尔滨 217
correspondance analysis 相符分析 215
Cosgrove, Denis 科斯格罗夫 325
cosmographer 宇宙志学者 55
cosmography 宇宙志 23, 42—44, 55, 65
cosmology 宇宙论(观) 44, 235, 261, 264—266
The Cosmos 《宇宙》43, 83—85, 94
Cotton, C. A. 卡顿 110
countercultures 反文化 293
counter-urbanization 逆城市化 190, 221, 284—288
Crates of Mallos 马洛斯地方的柯里特 23
Creation 上帝创造天地 50
Cresquez, Abraham 柯斯开 35
critical geography 批判式地理学 312
criticism of causality 因果关系的批判 221
crop rotations 作物轮作 60, 116
Crosby, A. W. 克劳斯贝 120
Crusaders 十字军 36
culture 文化 6, 14, 24, 28, 35, 75, 83, 93, 112, 118, 192, 204, 230, 237, 250, 267, 271, 291, 294, 301, 313, 321, 325—326 local~ 地方~ 242; urban~ 城市~ 252; specialized ~ 特殊性 ~ 192
cultural 文化的 ~ analysis ~分析 220;~ constituent ~组成 118;~evolution ~进化 165, 196,~pattern ~类型 105,294,~heritage ~遗产 29, 31;~ preference ~偏好 221, 321;~ community ~社群 293;individual ~ specificity 个别~ 特殊性 105;~diversity ~多样性 326
cultural geography 文化地理学 106, 119—120, 149 220—221, 321
culturalism 文化主义 161
cultural turn 文化转向 176, 311—313, 319—320, 324—326
cybernetics 控制机械学 158, 205
cyberspace 网络虚空间 291
Cyclops or lothophages 独眼巨人 15

D
da Gama, Vasco 达·伽马 38

Dacey, Michael 得希 163
d'Anville, Jean-Baptiste Bourguignon 唐维 56
d'Aquino, Thomas 阿奎那 34, 252
Dardel, Eric 达德尔 168—169, 216—218, 221
Darnton, Robert 达恩顿 232
Darwin, Charles Robert 达尔文 61, 92—95, 132, 317
Darwin's theory 达尔文理论 93, 95
darwinian 达尔文式 142
darwinism 达尔文主义 94—95, 132
Davies 达维耶 110, 111, 156, 211, 229
Davis, William Morris 戴维斯 111, 156, 211—212
Dear, Michael 迪尔 291
decay effects 衰减效应 218
decolonization 去殖民地化 300
Le déclin de l'Europe《欧洲的衰落》149
Deffontaines, Pierre 德方丹 149
deindustrialization 去工业化 279
Delft 台夫特(地名) 234
Delille 德利乐 56
Deluge (Déluge) 大洪水 62
Demangeon, Albert 德芒戎 134, 144, 145—150
Democracy in New Zealand《新西兰的民主政治》148
dendrochronology 年轮纪年学 178
Denevan, W. 德尼凡 120
density maps 密度图 135
Denys of Alexandria 亚历山大的丹尼斯 23
départments 省 54, 137
Descartes, René 笛卡儿 42, 48—49
Descriptio Regni Japoniae et Siam《日本及暹罗的地理》42
Description géographique, historique, chronologique, politique de l'empire de Chine et de la Tartatie chinoise《中国地理、历史、编年史、政治的描述及其特征》56
desert areas 离弃区 289
Desmarest, N. 德马雷斯特 56, 138
destructive economy 破坏性经济学 113
dialectics of scales 尺度逻辑 142, 144
diaspora people 侨民(指犹太人) 14, 35, 219, 298
didactic poem 教诲诗 23
diffusion 扩散 38, 54, 89, 105, 115, 121, 209, 222, 241, 244
diffusionist theories 扩散理论 105
Diocletian 戴克里先 139

Diolas 狄欧拉斯族 236
Dion, Roger 迪翁 150, 205
"disenchantment" "除魅化" 316
Dodecanese Islands 多德卡尼斯群岛 18
Dokuchaev, V. V. 道库恰耶夫 107
Don river (or Tanais) 顿河 29
Donetz 顿内次（地名）140
Dresch, Jean 德雷什 207, 212
Droysen, Johann Gustav 卓森 232
DuFrenoy, A. 杜非纳 138, 142
Dumézil, Georges 杜梅泽尔 205
Duncan, James 邓肯 169, 265, 320
Dunn, 邓恩 229
Durkheim, Émile 迪尔克姆（或译涂尔干）314
Durkheim's School 迪尔克姆学派 146
Dust Bowl 尘盘 258
dynamic meteorology 动力气象学 178, 211
dynamics of thought 思想动态性 5
Dziewoncki, K. 吉望奇 165

E

Eastern Normandy 东诺曼底（地名）144
The Earth in Decay《衰退中的地球》229
eclecticism 折中主义 263
Ecole Normale Supérieure 巴黎高等师范学校 134, 144
ecological 生态的 ～balance ～平衡 195；～unbalance ～失衡 295；～dimension ～维度 310, 317, 326；～ knowledge ～知识 237；～ problems ～问题 120, 180, 294—295；～constraints ～限制 195, 294—295, 310；～ relation ～关系 120—121, 161, 318；～ catastrophes ～灾变 181, 255；～ change ～变迁 309；～ value ～价值 326；energy cycle of ～ ～能量循环 181；～ movement ～运动 180, 257
Ecological imperialism《生态霸权》120
ecological mechanism 生态机制 295
ecological pyramid 生态金字塔 231, 236, 294, 295, 310, 316
　　farming～ 农场～ 231
ecological succession 生态演替 107
ecologism 生态主义 179
ecology 生态学 93—94, 106—109, 117, 137, 177—184, 213, 221, 258, 264, 306, 316, 326
economic geography 经济地理学 104, 113, 313

Economie et Espace《经济与空间》209
economic turn 经济转向 279
economies of scales 规模经济 185, 209, 277, 284
ecosystem 生态系 181, 195—196, 236, 295, 310—311；ecotope 178
Edgerton, Samuel Y. Jr. 艾杰顿 37—38
Edifying Letters 训诲书信 42
Eduard 休斯 43
electoral geography 选举地理学 149
Eliade, Mircea 伊利亚德 217—218, 250, 264, 265
Emerson, Waldo 爱默生 257
Emile《爱弥儿》63, 86
Emperor Augustus 奥古斯都大帝 21
L'Empire Britanique《不列颠帝国》149
Empiricus 恩皮里柯 40
The Encyclopedia of Religion《宗教百科全书》250
The End of History《历史之终结》67, 194
energy principle 能量原则 109
energy 能量 177, 179, 180, 181, 213, 275, 295
Engels, Friedrich 恩格斯 207
environment 环境 6, 8, 22—23, 31, 41, 42, 44, 51, 60—61, 65, 74, 79, 84, 87, 91—98, 106—110, 119—121, 136—137, 143, 168—170, 176—183, 189—197, 213, 235—267
environmental conservation 环境保育 177
environmentalism 环境决定论 98, 103—104
environmentalist 环境决定论者 97
epidemiology 流行病学 108
epistemology 认识论 3—5, 51, 64—66, 160, 161, 311—312, 325
equator 赤道 18, 36, 84
Eratosthenes (of Cyène) 埃拉托色尼 18—21, 43, 55
Die Erdkunde in Verhältnis zur Natur und zur Geschichte des Menschen, oder allgemeine Vergleichende Geographie《地理学及其与自然和人类历史之关系；或普通比较地理学》87
ethnogeography 民族地理学 325
ethnographers 民族志学者 221
ethnography 民族志 96
ethnosciences 民族科学 6
Etruscans 伊特拉士坎人 28
Europa《欧洲》期刊 86
European Community 欧洲共同体 242
European Union（EU）欧洲联盟（欧盟）242
theory of evolution (or evolutionism) 演化理论（或进

化论）68，92—97，319，321，324
exceptionalist 例外主义者 163
Exeter 埃克塞特（英国地名）234
Explanation in Geography《地理学的解释》167
external economies 外部经济 209

F

factor analysis 因子分析 159，163，215
farm accounting 农场会计学 231
farm economics 农场经济学 230
farming ecological pyramids 农场生态金字塔 231
Father du Halde 何德神父 56
Father Jean François 方索瓦神父 65
Febvre, Lucien 费弗尔 143，146
feed back analysis 回馈分析 158
feed back mechanisms 回馈机制 158
Fellenberg, P. E. von 费林别尔格 63，86
Fémont, Armand 费蒙 216
Ferrara, 费拉拉 52
Feyerabend, Paul 费耶罗班 5
field systems 野外系统 230
field work 野外实察（或称田野调查）19，33，47，51，55，62，129，138，141，144，156，166，212，232
Filarete, Antonio 费拉莱特 255
finality 目的论 98
Fischer, Theobald 费希尔 135
Fitzgerald 非兹哲罗 166
fixity of species 物种永定性 92
Flanders 法兰德斯（或人）36，112，253，354
flemish 佛莱芒人 38
Flore française《法国植物》92
flows and moves, circulation 流动与移动的研究 137，344，354
folklore 民俗学 121
Les fondements biologiques de la géographie humaine《人文地理的生物基础》108
Les Fondements de la Géographie Humaine《人文地理学的基础》148，329，354
Fontana, Domenico 冯塔纳 262
food pyramid 食物塔 236
fordism 福特主义 185
fordist model 福特主义模式 185
foreign societies 异地社会 235
formations of densities 密度组成 133

the forms of industrial mobilization 工业动员形式 158，354
Forster, Georg 福尔斯特 82，347，354
Foucault, Michel 福柯 219，233
fractal geometry 碎形几何 221
La France de l'Est《东部的法国》
France 法国 112
François 1er 法兰西斯一世 129
Frank Germans 法兰克日耳曼人 112
Free University 自由大学 132
Frémont, Armand 佛利蒙 218，311
French geography 法国地理学 9，105，127—151，156，168，181，198，203—229
Freyberg 弗赖堡 81
Friedmann, Georges 弗里德曼 207
Friedrich, E. 弗里德里希 113
Froebel, F. 福禄培尔 64，86
Frontiers in Geographical Teaching《地理教学待开发的领域》164
fudo 风土 266
Fukuyama, Francis 福山 67，194，296—297
Fundamentals of Ecology《生态学的基本原理》179，213
fundamentalisms 基本教义主义 176
Fundamentals of Ecology《生态学的基本原理》179，213
fuzzy set theory 模糊集合理论 163

G

GIS(Geographical Information System) 地理信息系统．183，305—309，325
Gahiz 加伊兹 33
Galilei, Galileo 伽利略 43，48—49
Gallois, Lucien 加洛斯 134，144，148
Gama, Vasco da 达·伽马 38
Gaul 高卢 21，139
Gaussen, Henri 高森 108，213
Geddes, Patrick 格迪斯 260—261
Geertz, Clifford 基尔兹 229，232
General Agreement on Tariffs and Trade "关税暨贸易总协议" 193
general laws 通则 104
General Agreement on Tariff and Trade (GATT) "关税暨贸易总协议"（或关贸协议）193，280
Genesis〈创世纪〉章 61

Genoa 热那亚（地名）36
  ways of life 生活方式 96, 187, 235, 275, 288, 301
genres de vie "生活方式"（法）133, 135—151, 207, 230, 318
geoeconomic 地理经济 301
geo-or earth 大地（或地球）7, 244, 264
Geographia generalis《普通地理学》42—45
geographic personality 地理个性 139—140, 143, 168
geographical policy 地理政策 241
geographical region 地理区 40, 146
La géographie. ça sert, d'abord, à faire la guerre《地理学的首要服务是制造战争》220
La Géographie Humaine《人文地理学》145, 149, 206
La Géographie Universelle《世界地理学》148, 150
Ein Geographisch-historisch-statistisches Gemälde für Freunde und Lehrer der Geographie《给地理学界朋友和老师的一幅地理历史统计图》86
geographer's craft 地理学者的技能 318
"geographer's eye" "地理学者之眼" 318—319
geography of flows 流量地理学 162
geography of gender 性别地理学 312
geography of incomes 所得地理学 207
geography of investments 投资地理学 207
geography of the lived space 生活空间地理学 216
geography 地理学 2—3, 6—8, 43—44
  ～ of Enlightenment 启蒙运动的～ 47—69；
  ～ of Germanic and American School 德国与美国学派的～ 103—122；
  ～ of Varenius and Newton 瓦伦纽斯与牛顿的～ 42—44；
  Arabic ～ 阿拉伯的～ 31；
  Christian ～ 基督教的 27—29, 31, 34—35, 40—44, 62, 67, 129, 176, 251—256；
  cosmographic dimension of ～ 宇宙志面向的～ 43；
  ethno～ 民族～ 8, 250；
  French School ～ 法国学派～ 128—151；
  Greek ～ 希腊时期的～ 13—24；
  Medieval ～ 中世纪的～ 28—45；
  new ～ 新～ 155—170；
  post-modern ～ 后现代～ 176—198
  science ～ 科学的～ 74—98；
geo-history 地理-历史 34
geologist 地质学者 138—142, 146, 212

geology 地质学 64, 82, 86, 93, 144, 212, 229
geomancy 风水 266
geometry 几何学 15, 18, 22—23, 37, 40—41, 44, 261
geomorphology 地形学 61—62, 66, 82—84, 93, 104, 110—111, 169, 178, 211—212, 221, 230
geopolitics 地缘政治学 115, 149, 219—220, 258
George, Pierre 乔治 206—212
geosophy 地理思想体系 169
German Baedeker 贝德克旅行 130
The German Ideology《德意志意识形态》207
Giddens, Anthony 吉登斯 177, 196
Gide, André 纪德 169
Giedion, Siegfried 吉迪翁 261
Giraud-Soulavie (Jean-Louis Soulavie), J. L. 吉侯-苏拉维的别称 84, 138
glacier chronology 冰河年表 178
glaciology 冰川学 88
globalization 全球化 9, 75, 190, 193—195, 198, 204, 279—280, 283, 287, 292, 294, 300—301, 306, 313, 325, 326
gnomon 日晷仪 19
Godwin, W. 戈德温 130
Gotha 哥达 86
Gotholandia 哥德兰地亚 112
Gottmann, Jean 戈特曼 219, 254
Gould, Peter 吉尔德 311
Gouldner, Alvin 古尔德纳 176
Gourou, Pierre 顾鲁 149
graph theory 图表理论 163
Graunt 格劳恩特 53
Great Plains 大平原 258
Greek basilica 长方形会堂 31
Greek geography 希腊地理学 15—24, 33, 63—64, 96, 233—234
Greek society and culture 希腊社会与文化 14
Gregory, Derek 格雷戈里 188, 312
Grenoble 格勒诺布尔（地名）149
Griffith 格瑞费斯 263
group consciousness 团体意识 218
growth pole (or polarized growth) theory 成长极理论 209
Guelph, Leonard 格尔夫 169
Guide de l'étudiant en géographie《地理学研究指引》206

Guinea 几内亚 36
Guizot, Francois 基佐 141
Guyot, Arnold 盖亚特 88

H

habitat 栖所(栖地) 179
Hachette 阿谢特 130
Hadrianus 哈德良大帝 23
Haeckel, Ernst 赫克尔 94
Hägerstrand, Torsten 哈格斯特朗 164, 196, 311
Haggett, Peter 哈格特 163
Hall, Stuart 霍尔 312
Hahn, Eduard 哈恩 113, 119
haphazard processes 偶发事件过程 221
Hard, Gerhard 哈德 117
Harley, Brian 哈利 233—235
the harmony of Creation 创世和谐 80
Harper's Magazine 哈泼杂志 163
Harrison, John 哈里森 19, 58
Hartshorne, Richard 哈特向 113, 163
Harvey, David 哈维 163, 167, 186, 188, 311—312
Haushofer, Karl 豪斯霍弗尔 115, 219
Haussmann, Georges 奥斯曼 260
heart of reality 真相之核心 251
Heckscher-Ohlin-Samuelson 赫克歇尔-俄林-萨缪尔森 209
Hegel, Georg Wilhelm Friedrich 黑格尔 96
Heidegger, Martin 海德格尔 217, 266
Heidelberg 海德堡 95
Heimatkunde 乡土科学 111
Heimatkunde 乡土学 90
Hercules 赫丘利斯 15
Herder, Johann-Gottfried von 赫尔德 52, 67, 69, 94, 96, 139 ～'s hypothesis ～假说 80; ～'s theme ～主题 87
Hereford World map 赫里福德世界地图 234
Hereford 赫里福 234
Herefordshire 赫里福郡 234
hermeneutics 诠释学 232
Herodotus 希罗多德 15—17, 21, 23, 64, 159
Hesiod 赫西奥德 68
Hesseln, Robert de 艾斯林 138
Hettner, Alfred 赫特纳 113—114
Hipparchus 喜帕恰斯 19
Hippocrate's theory of humours 体液理论 42, 231

Hippocrates 希波克拉底 22, 42, 135, 231, 261
Histoire de France-Tableau de la France《法国历史——法国的概述》140
Histoire des Théories Economiques Spatiales《空间经济理论史》209
historical and cultural geography 历史地理学和文化地理学 220
historical geography 历史地理学 58, 128—129, 139, 145, 150, 188, 220
historical geography 历史地理学领域 129
historical region 历史区域 138—139
historical school 历史学派 91
Histories《历史》17
History of Berbers 柏柏尔人史 34
history of cartography 地图学史 233—235
history of geomorphology 地形学史 229
The History of the Study of Landforms《地形研究史》229
history of Western cities 西方城市史 220
Hitler 希特勒 161
Hobbes, Thomas 霍布斯 48, 50, 315
home-working 在家工作 286, 290
teleworking 远距工作,亦可称在家工作 286
homo oeconomicus "经济人" 315
Homeros 荷马 15
L'Homme et la Terre《人与土地》132
L'homme et la terre, Nature de la réalité géographique《人类与土地:现实(真实)地理学的性质》217
Hondius 洪第乌斯 38
huguenot 胡格诺派信徒 81
human agency 作用者 169
human geography 人文地理学 8, 33, 58, 95—99, 106, 110—111, 117—118, 143—149, 163—164, 178, 181, 197, 206, 211—215, 306, 310—325
～ of French school 法国学派的～ 143—149;
～ of 18th centuries 18 世纪的～ 58;
～ of 8th centuries 阿拉伯世界(8 世纪)的～ 33;
～ of Berkely school 伯克利学派的～ 117—118;
～ of German and American schools 德国与美国
～ of national schools 与国家学派的～ 106;

~ of Sweden 瑞典~ 164;

~ and environment and ecology ~与环境及生态 181;

~ and French Marxism ~与法国的马克思主义 206, 211—212

~ and new geography ~与新地理学的关系 163;

~ and post-modern ~与后现代 197;

F. Ratzel 的~ 德国拉采尔的~l 93—95;

~学派 ~school 110—110;

humanistic geography 人本主义地理学 167, 169—170, 188, 195, 198

~ and post-modern ~与后现代 195—198

~ approaches ~研究取向 155, 168, 216;

~ revolution ~的革命 216

1970's ~ approaches and phenomenological

1980's ~ and regional studies 20 世纪 80 年代~ 与区域研究的关系 188

Humboldt, Alexander von 亚历山大·洪堡 43, 76—77, 81—89, 94—95, 107, 113, 118, 138

Humboldt, Baron Willhelm von 威廉·洪堡 76—77, 81, 87

Hume, David 休谟 66

Hunanoos 胡纳努斯人 236

Huntington, Ellsworth 亨廷顿 182

Hutton, James 赫顿 62, 110, 229

Huxley, T. H. 赫胥黎 40

hydraulic despotism 水利专制政治 113

hydrology 水文学 61, 110, 178—180, 221

hypothesis 假说 184

L'hypothetico-deductive 假设—演绎 255

I

Iberic peninsula 伊比利亚半岛 36

Ibn Baṭṭūṭah 伊本·拔图塔 44

Ibn Hauqal 伊本·豪加尔 33

Ibn Khaldūn 伊本·赫勒敦 34

Ibn Khurdādhbih 伊本·胡尔达兹比赫 33

Ibn Qutayba 伊本·屈底波 33

IBRD 国际复兴开发银行 193

Icarus 伊卡洛斯 23, 234

idea of landschaft 景域理念 85, 115—116

the idea of regional planning 区域规划的概念 158

Ideal Types "理想典型" 222

the ideology of the national State 民族意识形态 255

idiographic approach 殊相研究取向 66

Iliad《伊里亚特》15

image 意象 3, 188, 301, 312—313, 320—322

IMF 国际货币基金 193

imitation and oral instruction 模仿与口授 237

Impending Crisis of Western Sociology〈西方社会学之迫切危机〉176

imperialism 帝国主义 75, 89, 90, 157, 184

Indian Ocean 印度洋 60

Indonesia 印度尼西亚 32, 93, 119, 232

Industrial Belt 工业带 279, 284, 287

industralization 工业化 74, 76, 89—90, 104, 111, 120—121, 150, 181, 183, 190—191, 194—195, 205—208, 211, 233, 240, 277—279, 285, 294, 297

information constraints 信息障碍 191

information field 信息场 164

infra-red plates 红外线感光板 159

ingénieur-géographe (or field cartographers) 地图绘制员 58, 128

intellectual terrouism 知识恐怖主义 219

international school of modern architecture 现代建筑之国际学派 177 International Congress ~
~会盟 298

international trade theory 国际贸易理论 187

Internet 网络 276—277

Ionian map 伊奥尼亚地图 15—17

Ionian philosophers 伊奥尼亚哲学家 16

Ionian 伊奥尼亚（地名）15—16

Irak 伊拉克（国名）31

Isabella (Queen of Castille) 伊莎贝拉女王 38

Isard, Walter 艾萨德 162

Islam 伊斯兰教（回教）28—29, 31—33, 35—36, 265, 323

The Isolated State《孤立国》80

isotopic dating 同位素定年 178

Istahri 伊思塔瑞 33

Ithaca 伊萨卡（地名）15

J

Jacob, Christian 贾可布 23, 233—234

Jackson, Peter 杰克逊 312

Jameson, Fredric 詹姆森（或译詹明信）176—177, 196, 312

Japan 日本 42, 44, 132, 184, 194, 221, 239, 265—

266

Jason，杰生 15

Jefuda，杰费达 35

Jena 耶拿 95

Johnson, D. W. 约翰逊 110

Juillard, Etienne 朱利亚尔 214

The Joanne Travel Guide《琼安纳旅游指南》130

K

Kandy 康提（地名）265

Kant, Immanuel 康德 51—52，64—66，70，84，89，113，251

Keiichi, Takeuchi 竹内启一 266

Kepler, Johannes 开普勒 48

Keynes, John Maynard 凯恩斯 187

keynesian theory 凯恩斯理论 208

King, Lester C. J. 金 111，211

Kirk, William 柯克 168

Kjellen, Rudolf 基兰 115

Köppen, Wladimir 柯本 109

Kosovo 科索沃（地名）36

Krebs, N. 克雷布斯 116

Kroeber, Clyde 克罗伯 118

Kropotkin, Pyotr 克罗普特金 130—131

Kuhn, Thomas S. 库恩 4，5，156—157，167，170，197，311

Kulturvölker 文化人 317

Kulturvölker, the civilized societies 文化人、文明社会 96

L

L'Enfant 郎房 262

La Coruna 拉科鲁尼亚（地名）82

Lake Baikal 贝加尔湖 180

Lamarck, Jean-Baptiste de Monet 拉马克 92，95，317

lamarckian 拉马克式 142

land surveys 土地测量 39

landscape typologies 景观类型学 106

landscape 景观 50，60，106，111—120，146—147，161—162，180，195，211—213，231，234
  landschaft and ～ 景域与～ 114；
  ～ analysis ～分析 69，105，111，135；
  ～ belts in the world 世界景观带 213；
  ～ organization ～组织 17；
  ～ studies ～研究 106，158；
  ～ transformation ～变迁 115；
  history of French ～ 法国景观史 220；
  rural～ 乡村～ 206，230；
  scienc of ～ ～科学 106；

landschaft school 景域学派 107，112，114—117，213

landschaftskunde 景域学 116

laography 乡土文化学 242

Laponie 拉普尼 92

Launhardt，劳恩哈特 80

Lauraguais 罗哈给斯 134

Lautensach, Hermann 劳腾萨赫 116

Lavedan, Pierre 拉维丹 150

Lavisse, Ernest 拉维斯 142

Le Lannou, Maurice 兰农 206

Le Play, Pierre G. F. 乐普雷 140—141，145，260

Le Play's School 乐普雷学派 140

Le Roy-Ladurie 勒华-拉杜里 232

learnt amateurs 业余博学者 243

Leenhardt, M. 连阿德 217

Lefebvre, Henri 列斐伏尔 167，176，185，207，218

left wing geographers 左翼地理学者 210，218

Leibniz, Gottfried Wilhelm von 莱布尼茨 48.49

leisure malls 休闲商场 291

Leroy-Beaulieu, Anatole 乐华-博琉 141

Leroy-Ladurie, Emmanuel 雷豪-拉杜希 220

Levasseur, Emile 勒瓦瑟 128—129，135

The Leviathan《利维坦》48

Lévi—Strauss, Claude 列维-斯特劳斯 205

liberal economics 自由派经济学 184

Liberalism 自由主义 82，115，300

Librairie Universelle 世界书局 132

The Limits to Capital《资本的局限》186

Lindeman, R. L. 林德曼 109，179

linguists 语言学者 221

Linné, Carlvon 林耐 59

Lipietz, Alain 利皮耶兹 211

lived space "生活空间" 216

Llivia 耶维亚（地名）239，307

local ecological basis 地方性的生态基础 181

local history 地方史 82，139

local time 地方时间 19

locale 地方场所 189

Location and Space Economy《区位及空间经济》162

location theory 区位理论 162，165，187

Locke, John 洛克 48，50，263

357

logical empiricism 逻辑经验论 160
logical neo-positivism 逻辑新实证主义 159
logical positivism 逻辑实证论 158, 160
Lojkine, Jean 洛伊克内 211
Lombardia 伦巴底亚（地名）112
Lombards 伦巴底人 112
Longnon, Auguste 龙农 139
Lösch, August 廖什（或译劳许）113, 162
Lotka 洛特卡 164
Lowenthal, David 洛温塔尔 179
Lund University 伦德大学（瑞典）190
Lyon 里昂（地名）133, 144
Lyotard, Jean-Francis 李欧塔 196

M

Magellan, Ferdinand 麦哲伦 38
magic type 秘术型 228
Maistre, Joseph, comte de 迈斯特 78
Mali 马里（地名）236
Malte-Brun, Konrad 孔拉德·马尔特-布伦 79
Malthus, Thomas Robert 马尔萨斯 294, 310, 319
man/milieu relationships "人与环境的关系" 8, 69, 75, 79—80, 84, 87, 94, 97—98, 104—106, 118, 135, 146, 197, 205, 266
Man's role in changing the face of the Earth 《人类在改变地球外貌所扮的角色》179
Mandelbrot 曼德柏 221
maneuvers 作战行动 242
maritimization of economic activities 经济活动海岸化 273
Mann 曼 177, 196
Mantua 曼图亚 52
maoist 毛主义者 219
Maps of Meaning 《意义地图》312
mappamundi (world maps) 世界地图 18—20, 29, 38
March 马奇 168
Marcrobius 马克罗毕斯 23
marine hydrology 海洋水文学 178
market economics 市场经济学 184, 186
Marsh, George Perkins 马什 179, 182, 257
Martonne, Emmanuel de 马东 111, 134, 144
Marx, Karl 马克思 78, 185, 207—208, 296
Marxism 马克思主义 155, 166—167, 176, 184—188, 196, 205—212, 216—219, 312—313;
～radicals ～激进分子 210;
～ marxist mega-theory ～大理论 186;
～ marxist geography or geographer ～地理学或学者 175, 184—188, 207—212, 218;
～ marxist discipline ～式的学科 206
～ marxist sociology or sociologist 166, 176, 196, 211, 219;
～ marxist economics ～经济学 184—186;
～ Marxist economist ～经济学者 219;
ideology of ～ ～意识形态 211;
marxist activism 马克思行动主义 211
mass cultures 大众文化 192, 325
Massey, Doreen 马西 312
Massif Central 中央山地 134, 139, 143
material elements 决定性要素 118
Maupertuis, Pierre-Louis de Moreau 莫佩尔蒂 92
Mauritius 毛里求斯 60
maximizer 最大获利者 168
May, Jacques 马艾 108
Mayorca 马约卡（地名）35
McGee, W. J. 麦克基 110
mèdiance 介质 266
medical geography 医学地理学 108
Mediterranean Sea 地中海 14—17, 21, 29—36, 87, 108—109, 134—135, 143, 182, 204—208, 211
Meinig, Don 迈尼希 170
Meitzen, August 梅茨恩 112, 116
Mendel, Gregor Johann 孟德尔 93—94
Mercator, Gerardus 墨卡托 38—39
Mercer, John 默瑟 169
meridian 子午线 19
Mcroë-Alexandria-Rhodes 梅罗伊城-亚历山大-罗得斯岛 19
Meru 梅鲁山 265
meso-theory 中层理论 186
metaphors "隐喻" 322
metaphysical and teleogical flavour 形而上学和目的论的风格 94
meteorology 气象学 109, 178, 211
Meteors 《大气现象》22—23, 42
methodenstreit: the quarrel about methods "方法论之争" 91, 316
methodology 方法论 21, 92, 146, 158
the ideal type ～ "极端理念对照式"的～ 92;
social science ～ 社会科学的～ 158, 161;
science ～ 科学的～ 78, 163;

　　　　Sauer's fieldwork ～ 索尔野外工作的～ 118—120;
　　　　landschaft ～ 景域学派的～ 116;
　　　　new geography's ～ 新地理学～ 117;
　　　　new ～ 新的～ 48;
　　　　experience ～ 经验的～ 48, 231;
　　　　positivist ～ 实证主义的～ 145;
　　　　experimental ～ 实验的～ 40;
　　　　German ～ 德国的～ 91;
　　　　applied research's ～ 应用性研究的～ 204
　　　　modern historical ～ 关于现代史学的～ 2
metropolises 大都市区 287
metropolization 大都市区化 190, 285, 287
Metz, 梅兹 115
Michelet, Jules 米什莱 139—143
micro-economics 微观经济学 187
Middle Ages; Medieval 中古时期 30, 44, 331
Middle West school 中西部学派 117
Midlands 米德兰郡 77
Mikesell, Marvin 麦克塞尔 120
Milet 米雷 261
Miletus 米利都（地名）16
milieus 环境 84—85, 111 参见"人与环境的关系" man/milieu relationships
Milwaukee 密尔沃基 234—235
mining engineer 矿业工程师 81
mobility 流动性 165
model of agricultural location 农业区位的模式 80
model of industrial location 工业区位模式 80
modelization of reality 现实世界模式化 205
modern geography 现代地理学 98
modernity 现代性 21, 67, 195, 295—299
modern macro-economics 现代的宏观经济学 165
modern rational metaphysics 现代理性形而上学 251
Mohamed 穆罕默德 32
Monitoring the Earth 监测地球 310—311
Monnet 莫奈 138
Montaillou 蒙泰尤（地名）220, 232
Montalto, Cardinal 蒙塔多 262
Montpellier 蒙彼利埃（地名）108
Moravian protestant school 基督教联合兄弟教派学校 129
More, Thomas 穆尔 252—255
morphemes 词素 215
Morphology of Landscapes 《景观形态学》118

Morrill, Richard L. 莫里尔 163
mortality table 死亡表 53
mortgage policy 贷款政策 166
Des mots et des lieux. La dynamique du discours géographique 《文辞与地方：地理学论述的动力》233
Muir, John 缪尔 257
Müller-Wille 缪勒-威勒 115
multicultural melting pots 多元文化的熔炉 293
Mumford, Lewis 芒福德 261
mutations 突变 94
the meridian 子午线 18, 56—57, 137

N

Nara 奈良（地名）266
narrative 叙事 209, 233, 312, 320
Nation State 民族国家 241
National Geographic 《国家地理》242
national schools 国家学派 9, 98, 105, 111, 121, 204
nationalism 民族主义 89—90, 104, 157, 176, 241
nationalisms and fundamentalisms 民族主义和基本教义 195
national-socialism 国家社会主义 115—116, 219
nationhood 国家 241
natural environments 自然环境 58, 60, 136—137, 142, 213
natural geography 大自然地理学 181—182
natural geography 与自然有关的地理学 181—182
Natural History of the Creation 《创造论的自然史》94
natural selection 天择 93
natural territorial unit 自然领域单元 146
natural world 自然界 60, 179
nature and human society 自然和人类的社会 81
The Nature of Geography 《地理学的性质》113
nature 大自然 50, 62, 87, 130, 143, 256—257
naturvölker, the primitive peoples 原始民族，自然人 96, 317
nazism 纳粹主义 157, 219, 258
neo-positivism 新实证主义（或新实证论）160—161, 163, 167
neo-positivist 新实证者 163, 176
neo-positivist epistemology 新实证认识论 176
networks 网络 29, 80, 214
　　　　～ of correspondents 通讯 ～140, 195;

urban ~ 都市~ 147，191；
trade ~ 贸易 ~ 237；
road ~ 道路~ 140；
~ of relations 关系的~ 238
Neuchâtel 纳沙泰尔 88
New Caledonia 法属新喀里多尼亚群岛 217
new Geographical Societies 新地理学会 80
new geography 新地理学 9，41，64，81，117，161—168，176，180—182，187—191，195，198，204，213—215，221，231，311，319
　Gould gave the name ~ 古尔德创~此名词 311
　~ and landschaft ~ 与景域观念 117；
　~ and cartography ~ 与绘制地图 9；
　urban studies of ~ ~城市研究 166；
　~ and French regional studies ~ 与法国区域研究 213—222；
　~ and perceptual studies ~ 与识觉研究 182；
　humanistic geog. and ~ 人本主义与~ 168；
　ecology and ~ 生态与~ 180—181；
　~ of England 英国的~ 163；
　American ~ 起源于美国的~ 161；
　regional theories and ~ 区位理论与~ 187；
　regional organizations and ~ 区域组织与~ 189；
　~ of Sweden and other countries 瑞典及其他国家的~ 164；
　~and agricultural geography 与农业地理~ 231
　radical geography and ~ 激进地理与~ 167；
new human geography 新人文地理学（八世纪）33
New Mexico 墨西哥 258
new Universal Geography "新世界地理学"132，215
Newton, Isaac 牛顿 42，48—49
niche 生态栖位 178—179，236
Nicollet, Claude 尼葛雷 241
Niemeyer, Oscar 尼麦耶 263
Nietzsche, Friedrich Wilhelm 尼采 115
Nietzsche's idea of the superman 尼采超人的理念 115
Nile river 尼罗河 18，22，30
nomothetic sciences 共相科学 66
Non Governmental Organisations(NGO) 非政府组织 300
nordic podzol 北极灰土带 107
Normandy 诺曼底（地名）216
normative spatial thinking 规范性空间思想 9，246，257—267
normative 规范性 211，228，235，243，246，250
North Africa 北非 120
Notes on the State of Virginia《维吉尼亚州记事》54
La Nouvelle Héloïse《新爱洛绮思》63
novels 小说 216
nuclear winter 核子冬天 180
Nystuen, John D. 尼斯图恩 163

O

Odum, Eugen P. 奥德姆 179
Odysseus《奥德赛》15
Oklahaoma 俄克拉何马 258
On Democracy in America《论美国民主政治》141
openfield systems 敞田制度 116
openfields 敞田 59，230
operational research 运筹学 205
Orientalism 东方主义 312
orientation 定位 237
The Origin of Species《物种起源》92
original sin 原罪 42，256
Orinocco River 奥利诺科河 83
Ortelius, Abraham 奥特吕 38
Orthez 奥塔斯（地名）129
Ottoman Empire 奥斯曼帝国 28
the Ottomans 奥斯曼土耳其人 36
Ottomans, Moslem 奥斯曼 28
Owen, Robert 欧文 264

P

paradigms 范式 5，158
Pareto, Vilfredo 帕累托 314
Paris 巴黎（地名）56—57，60，82—83，130，134，139—140，143，209，260，274—275，288，322—323
parishes 教区 53，55，232，239
Parisian Commune 巴黎公社 131
Park, Geoffrey 帕克 149
Parma 帕尔马（地名）52
Parmenidēs 巴门尼德 17，23
Parsons, Talcott 帕森斯 187
Passarge school 帕萨尔格学派 111
Passarge, Siegfried 帕萨尔格 106，116
Pasteur Institute 巴斯德研究所 108
pathogen complex 病原复合体 108

pays（法文）地方或小地区 138
pediplanation 山足面侵蚀原 111
pedology 土壤学 107，178，180，221
Peloponnesis 伯罗奔尼撒（地名）21
Penanggugan 槟榔古岗山 265
Penck, Wilhelm 彭克 111
La pensée marxiste et la ville《马克思主义的思想及城市》167
perception 识觉 216，221，237，312，320—323
perceptual studies 识觉研究 182，222
periodic market 市集 113
Perron, Claude 佩隆 131，135
Perroux, François 佩鲁 209
Pestalozzi, Johann Heinrich 裴斯泰洛齐 62—64，86，129
Petty, William 配第 53
Peulhs 贝尔斯族 236
Peutinger Table 柏丹格图表 238
Pézenas 佩兹纳斯 134
Pei, Xiu 裴秀 32
phenomenological and humanistic approaches 现象学和人本主义研究取向 216
phenomenological geography "现象主义地理学" 169
phenomenology 现象学 91，218，311—312，319
philosophies of history 历史哲学 2—3，67—69，147，194，296—298
physical geography 自然地理学 42—43，51，61，69，84，104—111，163—165，177—182，211—213，221，306，310—311
～学者～ers 177，180，213
Picardy 皮喀第（地名）144
Piedmont 皮得蒙（地名）54
Pinchemel, Ph. 潘什梅尔 215
Pinchot, Gifford 平肖 257
Piraeus 比雷埃夫斯港 261
The Pivot of the Four Quarters《四方之极》228
place 地方（或场所）6，15，33，59—60，69，96，140—141，143，164，188—189，212，236—240，242，252，275，288，291—295，311
Place and placelessness《场所与非场所》169
places and territories 地方和领域问题 188
Plato's conception of Truth 柏拉图的真相概念 252
Plato's metaphysics 柏拉图的形而上学 252
Plato 柏拉图 18，37，40，44，253，261，263
Plattdeutsch 低地德语区（地名）112

Playfair, John 普莱费尔 62，229
Pleistocene 更新世 211
Poland 波兰 106，115，165
Political Arithmetick 政治算术 53
political ecology 政治生态学 258
political geography 政治地理学 96，115，149，216，218—219，255，258
political philosophy 政治哲学 82，115，241，258，265，297
political sociology 政治社会学 219
Politische Geographie《政治地理学》96
Polo, Marco 马可·波罗 35—36
Ponsard, Claude 彭萨德 209
Popper, Karl 波普尔 160
popular cultures 流行的文化 192
population geography 人口地理学 207
Portolano (or portulan chart) 中世纪航海图 34
possibilist 可能论 98，143
post-colonial studies 后殖民研究 312，320
post-fordism 后福特主义 185
post-history world 后历史的世界 195
post-marxist sociology 后马克思社会学 196
postmodern geography 后现代地理学 197—198
postmodern societies 后现代社会 195；
postmodern world 后现代世界 176
postmodern 后现代 196
postmodernist world 后现代主义者之世界 312
postmodernity 后现代性 196—197，295—297
postmodernism 后现代主义 177；
Postmodernism and Cultural Theory《后现代主义及文化理论》176
postmodernist 后现代主义者 177；
postmodernity 后现代性 196，197；
Powell, John Wesley 鲍威尔 110
Prairies 草原 61，107，136，180，
Pred, Allan 普雷德 189，233
pre-scientific 前科学 250
Prigogine, Ilya 普里戈金 221
Prince Henry the Navigator 亨利王子 36
Princes of Scythia 塞西亚王子们 17
Principles of Human Geography《人文地理学原则》144
principles of structuration 建构主义原则 106
private firms 私人行号 238
proconsuls 地方总督 240

program of multiculturalism "多元文化方案" 326
Progress 进步 2, 4—5, 74
　　history as ~ 历史即进步 67;
　　idea of ~ 进步的理念 67
progressive ideology 进步的意识形态 195
protestant churches 新教教会 53
Proudhon, Pierre Joseph 蒲鲁东 130
provincial life 地方生活 139
Ptolemy, Claude 托勒密 20—23, 27, 33, 36—38, 44, 261
Pyrénées Treaty "比利牛斯山协约" 239
Pyrénées 比利牛斯 220
Pyrrho 皮朗 40

Q

quantitative history 计量史 159
quaternary geologists 第四纪地质学者 212

R

racial persecutions 种族迫害 161
radar imagery 雷达影像 159
radical geographers 激进地理学者们 132
radical Geography 激进地理学 133, 166, 170, 176, 195, 219
radical philosophers 激进哲学家们 264
Raffestin, Claude 拉费斯坦 219
ration 理性 3, 5—6, 33, 48—50, 78, 91, 167—168, 187, 192, 197, 250—254, 263, 297—298, 308, 315—318, 320, 324—325
rational metaphysics 理性形而上学 251
rationalism 理性主义 4, 40, 51, 77, 317
Ratzel, Friedrich 拉采尔（或译雷次尔）95—98, 112, 115, 149, 197, 316
Reclus, Elisée 雷克吕（或译贺克律）64, 90, 127, 215
Red Sea 红海 30
Régions, nations, grands espaces、Géographie générale des ensembles territoriaux《区域、国家、大空间：区域整合的普通地理学》214
regional geography 区域地理学 65, 85, 104, 113—114, 118, 148, 189, 205, 215, 221, 253, 264
regional geographers 区域地理学者 21, 64, 214
La règle et le modele《法则与模式》252
reine geographie 纯地理学 137
Relph, Edward 雷尔夫 169, 311
remote sensing 遥感探测 59, 159, 183, 210, 308—309
Renaissance period 文艺复兴时代 22—23, 28, 75, 264
representation 表征再现 312
Republic《理想国》252
revolution of GIS 地理信息系统革命 308
Ricardo, David 李嘉图 80
Richardson, M. 理查森 320
Richthfen, Ferdinand von 李希霍芬 86
Riehl, Wilhelm 李尔 111
Ritter, Carl 李特尔 64, 81, 86—89, 94—95, 130—135
Robequain, Ch. 罗勃肯 149
Robert Park 帕克 117
Roccasecca 罗卡塞卡 252
Rome 罗马 21, 28—29, 139, 240—241, 253, 261—262
Roman Catholicism 罗马天主教（或称天主教）31, 36—37, 41—42, 50, 145, 168, 232, 323
Roman Empire 罗马帝国（时期）7, 21—24, 28
Roman Gaul 罗马高卢 139
Roosevelt, Franklin Delano 罗斯福总统 157
Roosevelt, Theodore 老罗斯福 257
Rostow, Walt W. 罗斯托 184
Rougerie, Gabriel 拉里戈利 180, 213
Rousseau, Jean-Jacques 卢梭 52, 62—67, 256
The Royal Geographical Society 伦敦皇家地理学会 80
Royal Society 英国皇家学会 75
rural geography 乡村地理学 230
rural landscape 乡村景观 206, 230
rurban 乡市 286
Rust Belt 锈铁带 279

S

sacrality 神圣性 323
Said, Edward 赛义德 312
Saint-Dié 圣迪耶（地名）38
Sainte-Foy-la-Grande 大圣富瓦 129
Sahlins, Marshall D. 萨林斯 319
Salon 沙龙 82
Samuels, Marwyn 赛明思 169
Sanguin, André-Louis 桑干 133, 219
Santa Marta cordillera 圣马塔山脉 13
Sassen, Saskia 沙森 288
Sauer, Carl O. 索尔 108, 117—120, 156, 182,

Saussure, Ferdinand de 索绪尔 314
Le sauvage et l'artifice《自然与人为的关系》221
savannas 莽原 61
scale dialectics 比例尺论证法 64
Scania 斯堪尼亚（地名）189
Schaefer, Fred K. 舍费尔 163
Schlüter, Otto 施吕特尔 105, 112—114, 117, 146
Schmitthenner, H. 许密添纳 116
Schnepfenthal School 徐内芬塔学校 86
school geography 学校地理学 90
School of Les Roches 雷赫西学派 141
Schwarz, Gabriele 施瓦兹 116
science establishment 科学权构 5
scientist philosophies 科学哲学 77
Scott, Alan 斯科特 186, 189
Scythia 塞西亚 16
Seamon, David 西蒙 170
Second Reich 第二帝国 112, 130
Sein und Werden der organischen Welt; *Essence and Destiny of the Organic World*《有机世界的本质与定数》95
Sein und Zeit 存有与时间 217
semiologist 符号学者 219
Semple, Ellen Churchill 森普尔 97
sense of place 地方（或场所）感 216, 312
Serbs 塞尔维亚人 36
settlement geography 聚落地理学 116
Sevin, Olivier 赛文 265
Sforzinda, 斯福津达 255
Short Treatise on Universal Geography《世界地理学短论》65
Sicily 西西里（地名）14, 34
Siegfried, André 西格弗里德 148—149
The Significance of Territory《领土的重要性》254
Silent Spring《寂静的春天》179
simmetria 和谐 253
Simon, Herbert 西蒙 168
Sion, Jules 西翁 134, 144
situationnisme 境遇主义 220
Sixte-Quint 西格斯特五世 262
small community 小的生物群聚 179
small is beautiful 小即是美 188
small scale communication 小众传播 192
Smith, Adam 亚当·斯密 80
social change 社会变迁 41, 243

social demand 社会需求 176
social dualism 社会二元化 184
social formation and succession 社会群系与演替 117
social geography 社会地理学 216, 218, 221, 255, 311, 321
Social Justice and the City《社会正义及城市》167
social organization 社会组织 6, 41, 119, 136,
social reality 社会现实 78, 80, 91, 243, 321
the social security system 社会安全体系 158
Société de Géographie de Paris 巴黎地理学会 77, 128
Society of colonial geography "殖民地理学会" 90
society of commercial geography "商业地理学会" 90
sociologist 社会学者 91, 150, 162, 196, 207, 314, 326
sociology of scientific research 科学研究的社会学 222
sociology 社会学 7, 78, 91, 140—141, 146, 156, 168, 187, 196, 204, 218, 221—222, 258
solidarities 团结 137
soliditas 坚固 253
Sopher, David 索弗 169
la Sorbonne 索邦 129, 134
Sorre, Max 邵尔 118, 148, 206
Soul, aspirations and hope 灵魂、热愿及希望 168
Soulavie, Jean-Louis（Giraud-Soulavie）吉侯-苏拉维 138
sovereignty 统治权 241
Soviet landshaft school 苏联景域学派 213
Spain 西班牙 21, 32—38, 52—55, 82, 106, 112, 129, 165, 213, 239, 241, 259, 261
spatial economics 空间经济学 80, 98, 113, 158, 162—163, 187, 208
special geography 特殊地理学 44—45
specialized culture 特殊性文化 192
species 物种 179
specific geography 特殊地理 254
Spinoza, Baruch or Benedict 斯宾诺莎 48, 50
Stael, Mme de 史泰娥夫人 141
State 国家（或小邦）52—53, 299, 306—307, 315—317
la statistica 统计 52
statistics 统计学 51—54, 65, 112, 128—129, 164, 207
steppe 大草原 60, 107
Stöhr, Walter 徐朵 188

Stone Age Economics《石器时期经济学》319
Storkebaum, W. 史托克保 116
Storper, Michael 斯托尔珀 186
Strabo 斯特拉波 7, 19, 21, 44
Strasbourg 斯特拉斯堡(地名) 212
the strength of habits 习惯的力量 136
structural geomorphology 结构地形学 212
structuralism 结构主义 205, 215
structuralist movement 结构主义运动 205
structure of Academic institutions 学术机构的结构 222
The structure of scientific Revolutions《科学之结构》4, 156
Süessmilch, J. P. 聚斯米尔奇 53
Suez Canal 苏伊士运河 135
symbol 符号(象征) 312—313, 321—323
synecdoche "举隅法" 322
system of regulation 调节体系 186
systems analysis 系统分析 8, 159, 215, 221

T

Tableau de la France《法国概述》142
Tableau de la géographie de la France《法国地理概述》142—144
Tableau de la Geographie Politique de la France de l'Ouest《法国西部政治地理概述》149
taiga 泰卡 107
Taine, Hippolyte 田纳 141
Tawney, R. H. 托尼 109, 119, 178
technical innovation 技术革新 218
telecommunications revolution 电信革命 189, 292
telecommute 电子通勤 286
teleworking 远距工作,亦可称在家工作 286
teleology 目的论 87, 94
Tennessee Valley Authority 田纳西河流域管理局 157
Terre et L'évolution Humaine《土地与人文发展》146
terrestrial sphere 陆界 23
territory 领土 51, 90, 112, 115, 239, 241—242, 257, 265, 299—300, 307—308
    territorial doctrines ~ 教义 258
territory 领域
    ecological ~ 生态的~ 179, 318, 326
    human ~ 人类的~ 188, 196, 221, 302, 313, 325

territorial organization 领域组织 195, 214, 260
Texas 得克萨斯州 258
Thales of Miletus 塞勒斯 16
thematic cartography 主题地图学 159
thematic mapping 专题地图 59
Theoretical Geography《理论地理学》163
Theoretische Geographie《理论地理学》222
Théorie élémentaire de la botanique《植物的要素理论》85
theory of erosion cycles 侵蚀轮回理论 110
theory of exploitation 剥削理论 184
theory of structuration 建构理论 106, 177, 196
thick descriptions "深厚描述" 229, 232—235, 246
Third World 第三世界(国家) 272, 278—279, 284, 300
Thomas, W. L. 托马斯 179
Thoreau, Henry 梭罗 257
Thourioi 条利城(地名) 16
Thünen, Johann Heierich von 杜能(或译屠能、丘念) 80, 162, 231
time and space budgets 时空预算 164
time geography 时间地理学 164—165, 196, 312, 319
T and O maps T 及 O 地图 29—30
Tocqueville, Alexis C. H. M. C. de 托克维尔 141, 148 ~ inheritance 遗风 ~ 148
Törnqvist, Gunnar 童维思特 190, 287
totality 整体性 84, 87—89, 143
Toulouse 图卢兹(地名) 108, 213
traditional regional economics 传统区域经济学 188
trajectories of individuals 个人生命轨迹 312
transhumance 山牧季移 60, 136
transportation chains 运输链 273
Transylvania 特兰西瓦尼亚 112
Tricart, Jean 特里卡尔 212
Troll, C. 特罗尔 116
trophic chain 营养链 109, 119
tropical Geography 热带地理学派 149
Troy 特洛伊(地名) 15
Tuan, Yi-fu 段义孚 7, 169, 311
Tunisia 突尼斯(地名) 34
Turgot, Anne. Robert. Jacques 杜尔哥 67, 96
Turkey 土耳其 14, 36, 134
Turquant 屠光 135
Tuscany (地名) 多斯加尼 28
Two treatises on government《政府二论》48

typologies 类型学 161, 214—215, 222

U

Uhlig, H. 乌里希 116
Ullman, Edward L. 厄尔曼 162—163
Ulysses 尤里西斯 15
unified field theory 统一性领域的理论 184
uniformitarianism 均变论 62
United States of Europe 欧洲合众国 149
Universal Geography《世界地理学》131
universal rules 普遍法则 163
Université de Nancy 南锡大学 134—135
Université de Paris 巴黎大学 129, 134
University of Göttingen 格丁根大学 81
University of Halle 哈雷大学 86
University of Koenigsberg 哥尼斯堡大学 65
University of Melbourne 墨尔本大学 169
University of Syracuse 叙拉古大学 169
Urban 城市 6, 56, 166, 207, 210, 215, 261, 288, 293, 300; ~centre ~ 中心 74, 237, 287; ~ culture ~文化 252; ~ attraction ~ 吸引力 117; ~ styles of life ~ 生活方式 288; ~ hierarchies ~ 阶层 284—289; ~ movement ~ 运动 166; ~ policy ~ 政策 166; ~ environment ~ 环境 253, 261, 288; ~ network ~网络 162
urban agglomeration 城市群 287, 290—292
urban archipelago 大都市连绵带 290—291
urban ecology 城市生态学 117
urban geography 城市地理学 149, 258, 260, 321
urban planning 城市规划 208, 252, 259—260, 342
The Urban Question《城市问题》167
urbanism 城市特性(生活或建设规划等) 150, 259
urbanization 城市化 74—75, 104, 111, 121, 181, 190, 205, 208, 211, 286
urban elites 城市精英 31
urban functions 城市机能 80, 166
Urry, J. 厄里 177, 196
Utilitarianism 功效主义 251, 261. 263; perspective ~观点~ 252
utilitarians 功效主义者 251
Utopia《乌托邦》252—253
Utopia of State 乌托邦国 253

V

Vallaux, Camille 瓦洛 149
Vanuatu 法属瓦努阿图岛 221
Varenius, Bernhard 瓦伦纽斯 42—44, 69
Vayda school 维达学派 120, 133
vegetal associations 植物群丛 108
vegetal community 植物群落(聚) 117
vegetal formation 植物群系 108
vegetation 植被 17, 84, 87, 107, 138
Velazco, Juan Lopez de 维拉斯哥 55
Venezuela 委内瑞拉 83
venustas 美观 253
Vergleichende Allgemeine Geographie《普通比较地理学》87
verkehr 交通 137
vernacular geographies 乡土地理学 325
Vermeer 弗美尔 234
Vermont 佛蒙特州(地名) 182
Vespucci, Amerigo 韦斯普奇 38, 253
Vesteras 维斯特拉斯岛 165
Vidal de la Blache, Paul 维达尔·德·拉白兰士(简称维达尔) 97, 133—137, 141—150, 162, 197, 207, 214, 316
vidalian 维达尔学派 127, 129, 141—142, 146, 150, 207
video-conference 视频会议 281
Vienna circle 维也纳学界 160—161
Vikings 维京人 29
visual form 视觉形式 215
Vitruvus 维楚弗斯 253
Vivre l'espace au Japon《日本的生活空间》221
Vogt, William 福格特 179
Völkerkunde《民族学》96
Volney 沃尔内 231
Voyages à l'Ile de France《法国之岛的旅程》60

W

Wagner, Moritz 瓦格纳 95
Waldseemuller 瓦尔德西缪勒 38
Wallace, Alfred Russell 华莱士 94
Wandervogel movement "漂鸟"运动 111
Watsuji, Tetsuro 和哲郎 266
Watt, James 瓦特 77

ways of life 生活方式 96,187,235,275,288,301;
　　genres de vie "生活方式" 133—151,207,
　　230,318
Wealth of Nations 《国富论》80
Weber, Alfred 韦伯 162
Weber, Max 韦伯 92,222,314,316
Weberian 韦伯式 218
welfare economics 福利经济学 187
weltanschauung 世界观 4
Westphalian State 威斯特伐利亚 299
Wheatley, Paul 惠特利 228
wild buffaloes 野牛 61
Williamson, Oliver E 威廉森 287
Wirth, Eugen 沃思 222
Wisconsin University 威斯康星大学 7
Wissenschaftliche Weltauffassung 《科学的世界观》160
Wittfogel, Karl 魏特夫 113

Wittgenstein, Ludwig 维特根斯坦 160
Woolridge, David 伍尔奇 235
World Trade Organization（WTO）世界贸易组织 280
Wright, John K. 赖特 168

Y

Yogyakarta 日惹（地名）265
Yorkshire 约克郡（地名）188
"young" countries "年轻"国家 277—278
Yues Lacoste 拉格斯特 219—220
Yverdon 伊韦尔东（地名）86

Z

Zanzibar 桑给巴尔（地名）34
Zurich 苏黎世（地名）108

附录一 译者参考文献

Clark, Audrey N. (1993), *Longman Dictionary of Geography-human and physical*, Essex, England: Longman Group UK Limited, p. 724.

Claval, Paul (2004), "At the Heart of the Cultural Approach in Geography: Thinking Space", *Geojournal* 60: 321—328.

Espensade, Jr., Edward B. editor (1993), *Goode's World Atlas*, 18th edition, N.Y.: Rand McNally, p. 367.

Gregory, Derek, Ron Johnston, Geraldine Pratt, Michael J. Watts and Sarah Whatmore edited (2009), The Dictionary of Human Geography, 5th edition, Hoboken, New Jersey, U.S.A.: Wiley-Blackwell, p. 1052.

Haggett, Peter. (1983), *A Modern Synthesis Geography*, N.Y.: Harper & Row, 606p..

Holt-Jensen, Arild (2003), Geography: History & Concepts, 3rd edition, London: SAGE, 228 pages.

James, Preston E. and Geoffrey J. Martin (1981) 原著,李旭旦译(1989), *All possible Worlds-A History of Geographical Ideas* (2nd edition),《地理学思想史》,北京:商务印书馆,540 页。

Johnston, R. J., D. Gregory, Geraldine Pratt & Michael Watts edited (2003), *The Dictionary of Human Geography*, 4th ed., Oxford: Blackwell publishers, 958 p..

Johnston, R. J. (1991, 1997), *Geography and Geographers: Anglo-American Human Geography*, 4th and 5th ed. London: Arnold, p. 475.

Johnston, R. J. & J. D. Sidaway (2004), *Geography and Geographers: Anglo-American Human Geography*, 6th ed. London: Arnold, p. 527.

Librairie Larousse (1990), *Petit Larousse illustre* 1991, Paris: Larousse, 677p..

WIKIPEDIA website 维基百科中文版网站

大英百科全书网站:http://www.brittanic.com

中国大百科全书总编辑委员会《世界地理》编辑委员会. 中国大百科全书:世界地理. 北京:中国大百科全书出版社,1990:796

王洪文. 地理思想. 台北:明文书局,1988:487

光复书局大美百科全书编辑部.大美百科全书(第1—29册).台北：光复书局，1990.

沙学浚.地理学.云五社会科学大辞典(第11册).台北：台湾商务印书馆，1971：307.

周昌弘.植物生态学.台北：联经，1966：433.

姜兰虹.张伯宇、杨秉煌.黄跃雯地理思想读本(三版).台北：唐山出版社，2014：92.

孙宕越.地理学辞典.台北：正中书局，1982：452.

海野一隆著，王妙发译.地图的文化史.香港：中华书局，2002：191.

郝道猛.生态学概论.台北：徐氏基金会，1992：597.

张春兴.张氏心理学辞典.台北：台湾东华书局，1989：863.

严胜雄.地理学思想史.台北：严胜雄发行，1978：303.

维基百科中文版网站

附录二 图表出处

第一类 各章结构图

翻译 Paul Claval 原图并重绘之：

图 1、图 2、图 3、图 4、图 5、图 6、图 7、图 8、图 9、图 10、图 13 及图 14。

第二类 地理及相关学者肖像图

由附录一相关书籍及网站资料选择适当图片，再以素描改绘：

图 1-1、图 1-2、图 1-3、图 1-4、图 2-1、图 2-2、图 2-3、图 2-4、图 2-5、图 3-1、图 3-2、图 4-1、图 4-2、图 4-3、图 4-4、图 4-5、图 4-6、图 4-7、图 4-8、图 4-9、图 4-10、图 4-11、图 4-12、图 4-13、图 4-14、图 4-15、图 4-16、图 4-17、图 4-18、图 4-19、图 4-20、图 5-1、图 5-2、图 5-3、图 5-4、图 5-5、图 5-6、图 5-7、图 5-8、图 5-9、图 5-10、图 5-11、图 5-12、图 5-13、图 6-1、图 6-2、图 6-3、图 6-4、图 6-5、图 6-6、图 6-7、图 6-8、图 6-9、图 6-10、图 7-1、图 7-2、图 7-3、图 7-4、图 7-5、图 7-6、图 7-7、图 7-8、图 8-1、图 8-2、图 8-3、图 8-4、图 8-5、图 8-6、图 8-7、图 9-1、图 10-1、图 10-2、图 12-1。

第三类 地图的资料出处

地图 2-1　修改自：

http://www.henry-davis.com/MAPS/Ancient%20Web%20Pages/112.html

地图 2-2　修改自：

http://www.henry-davis.com/MAPS/Ancient%20Web%20Pages/119I.html 及海野一隆著、王妙发译(2002)，地图的文化史，香港：中华书局，第 23 页。

地图 2-3　修改自：

E. B. Espenshade, Jr. (1993), *Goode's World Atlas*, 18th ed., Chicago: McNally Rand, p. 203.

地图 3-1　左图修改自：

http://gate.henry-davis.com/MAPS/EMwebpages/205mono.html

右图是译者为左图绘制之中文对照图

地图 7-1　修改自：

http://go.hrw.com/atlas/norm_htm/world.htm

Glossary 专有名词

[依英文字母 a～z 排序；内容以本书为主，参考文献为辅]

| 专有名词 | 页　码 |

academic geography 学术地理学　　90，243—244，306，311

地理学是探究地表自然特性及人类生活相互关系，以及维护地球可持续发展的学科。学术地理学的发展，受惠于自古至今各时代知识分子的努力，地理知识的追求者常以了解过去、解释现况，并预测未来为职志。现代学术地理的开展约自 19 世纪中叶以后，欧洲各大学开始设置教授职位，从事专业性的地理学科研究。学者基于认识论、本体论，配合方法学，将地理知识系统化，组织学术社团，发表学术论文，将地理学建为一门学术性的学科（discipline）。

学术地理学的成就，早期以地图绘制及区域描述为主；19 世纪开始注重解释自然地理特性与环境的关系，以及人文地理对社会需求的回应；20 世纪中叶以后，地理学纳入地理信息科学及区域规划、全球政治与经济的地理变迁，文化转向后的民族地理与行为地理等人本主义研究。学术地理学朝向理论与方法的多样性及整合性迈进。

[提示：参见 autonomous geography 自发性地理学，school geography 学校地理学 词条]

agnosticism 不可知论　　40

[参见第 40 页，注 18]

agricultural geography 农业地理学　　162，190，230—231，280，292

农业地理学是人文地理学的分支领域，早期描述和解释农业活动在地球表面的空间变化。其后，透过农艺学、农业经济、农业社会及农场会计学等方面的发展，强调农作系统与区位因素。近年受全球化影响，农业地理研究着重国家和超国家机构的农业实务和食品市场的政经运作。

anarchism 无政府主义　　5，130—132

系个人主义发挥至极的社会组织理论。主张废除所有的政府，只保留自愿合作形成的团体。[详见第 130 页，注 5]

Annales School 年鉴学派　　147，220

年鉴学派是法国史学受地理学维达尔学派影响下，自 1929 年以来主持与编纂《经济与社会史年鉴》的数代历史学家们。他们反对旧的史学传统，引入新的观念和方法于历史研究领域。[详见第 147 页，注 13]

applied geography 应用地理学　　208—212

应用当代自然与人文地理、地理信息科学等知识与方法，解决社会问题。

autonomous geography 自发性地理学　　243

人类因采集狩猎原始维生需要及农耕、采矿等生产活动等获得的地理知识。是基于人类对自然资源需求、对宇宙未知的好奇，此类地理知识以"自发性地理学"（autonomous geography）称之。

Glossary 专有名词

专有名词	页 码

Bauhaus 包豪斯（或包豪斯建筑学派） 298
　　［参见第 298 页，注 12］

behavioral geography 行为地理学 294—298，313—321
　　人文地理学的分支领域，强调行为者的心理因素，分析个人或团体的认知（Cognition）和决策行为与环境识觉（perception）、空间特性及地景形塑等的影响。

Berkeley School 伯克利学派 117—121
　　美国加州大学伯克利分校地理学系索尔（C. Sauer）教授领导发展的文化地理学派。研究文化地理的理论与方法，文化特性和景观的扩散以及人类在文化创造过程中扮演的角色。

big theory 大理论 184
　　［参见第 184 页，注 6］

biogeography 生物地理学 180，213，310
　　地理学的分支领域，描述及解释地表生物的空间分布类型与形成因素，并尝试提出地球生态可持续的方向。

bocage（法文）圈田 143
　　［参见第 143 页，注 12］

Bretton Woods Conference 布雷顿森林会议 193
　　［参见第 193 页，注 17］

bureaucracy 科层体制 6
　　现代组织制度，除指政府机构外，亦适用于企业、军队、教会等。［详见第 6 页，注 4］

cartography 地图学 17—19，32—69，117—118，128—137，210—214
　　地图制作是一门古老的艺术，亦为地理学最早传统之一。地图由个人或组织设计和生产；制图的技术和地图都属于科学研究成果；近年来，地理信息系统的地图产品，透过互联网（internet）平台的实用与易用性，成为地理学对社会的显著贡献。

central place theory 中心地理论 113　162—165，284
　　地理学界依市场运销原则发展的城镇体系阶层理论。源出德国地理学者克里斯塔勒（W. Christaller）1933 年发表的论文，以南德高地为样区，假设在同质地形、土壤沃度、交通设施及理性居民等条件下，发展出来以六边形推论，以 K 作单位，延伸出中心地阶层服务理论。
　　［参见第 113 页，注 7］

chain of production, filière（法文）生产链 280
　　现代消费货品多出自复杂的生产过程，包含最上游的供应段，如原料、能源或组件；最下游的配销段；以及二者之间的生产段。此一完整系统被简称为生产链。

commercial geography 商业地理学 90，317
　　人文地理学的分支领域，是经济地理学的前身。19 世纪殖民帝国在全球各地透过对地区资源、生产及市场的描述和研究、配以图表，应用地理知识来达到商业探索和扩张的目的。

container revolution 集装箱革命 273
　　集装箱提供了对货物的保护，减少失窃损失，最重要是方便货物打包运送，解除了在码头区卸货、组装、贮存等作业，大量减少供应者之货品出厂后的中继交易成本。其效果在 20 世纪 60 年代后逐渐加速显著，且不限于货运方式之改变，也减少了近港口区甚至于海岸地带的生产区位优势，形成一项运输革命。

| 专有名词 | 页码 |

cosmography 宇宙志　　15，23，42—43，65，83—84，94
　　早期研究宇宙与地球关系的论述及应用，包括制图、天文、生物及气象等，今已纳为地理学、地球科学、天文学等相关研究范畴。

critical geography 批判地理学　　312—313
　　是人文地理学分支领域，于20世纪90年代兴起，采法兰克福学派*的批判理论取向、但着重于空间含义；承接20世纪70年代后兴起之更重经济与结构的激进地理学（radical geography），但偏向文化及个人因素、并分享后现代主义各种论述。其内部宗派分歧多元，但共同关心在空间场所的权力平等与社会正义，议题着重于性别、种族、阶级等方面，此外，在方法学上不看重以实证主义及理性为考虑的现代主义。
[* 法兰克福学派是以德国法兰克福大学的"社会研究中心"为核心的一群社会科学学者、哲学家、文化批评家所组成的学术社群，被认为是新马克思主义学派的一支。]

cultural geography 文化地理学　　117—121，136—149，220—221，321
　　是人文地理学的分支领域。对文化的着重使其内涵复杂、多元，比较难精确界定。20世纪50年代以前，文化地理已有三传统：1. 在北美有较重物质条件及偏向人类学的伯克利学派；2. 在欧陆有受维达尔及年鉴学派影响下的日常生活与环境互动研究；3. 在英国有以自然区域为架构的超文化探究。20世纪90年代之后，因全球知识界受"文化转向"的影响，文化地理学发展为人文地理学中的研究重点，但是因其课题多元——从有机整体文化到个别文艺产品——而使其在范畴及方法学上缺少共识和统一。

cultural turn 文化转向　　305，311—313，319—326　　176注1
　　20世纪70年代开始，人文和社会科学学者重新聚焦于文化因素，促使部分地理学者开始远离实证主义认识论，走向注重内涵意义的质化研究（qualitative research）。1985年，美国文学批评家詹姆森（F. Jameson）受到法国马克思主义社会学家乐费弗和（H. Lefebvre）的影响，强调后现代世界的空间观点，促使人文地理学走向探索过去所忽略的世界，也就是社会科学不可能脱离的场所、时间和文化加诸于人们思维的限制。

cybernetics 控制论或模控学　　205
　　　　[参见第205页，注3]

cycle of erosion 侵蚀循环　　62，110—111，178—182，211—212
　　地貌随时间的变化受制的自然律。地貌景观的抬升是地球海陆板块运动造成，再受温度、水、冰、风力及沙石侵蚀与堆积的影响，直到下一次的抬升更新周期。隆起和侵蚀作用亦可同时进行。

darwinism 达尔文主义　　94—95，132
　　是达尔文演化论（evolution）*的应用，探究从简单到复杂生命形式的发展，不同植物和动物种间的竞争，天择以及随机变种等。
[* evolution 译成"演"化论，是因为演化可包含生物演化过程的进化与退化作用。]

diaspora 侨民（原指散居世界各地的犹太人）　　14，95—96，117
　　任何文化群体生活于世界其他主流文化中，虽为少数，但仍然保留着传统文化者。此名词原本用于数千年来散布在巴勒斯坦以外的犹太人，他们虽然生活于异国、仍然保留着传统犹太文化。

专有名词	页码

Dust Bowl 尘盘　258
　　［参见第 258 页，注 5］

diffusion　扩散作用　121，164—165，245，272，278，299—301，313
　　透过空间和时间的理论与方法，探讨某些理念、事象或人类的传播或扩散。譬如20世纪30年代，美国地理学者索尔(C. Sauer)在文化地理方面的扩散研究。20世纪50年代，瑞典地理学者哈格斯特朗(T. Hägerstrand)提出对技术创新的扩散研究，认为创新的扩散有两个阶段，譬如：1.某技术起源于某地，由专业出版品或专业人员予以传播至他地；2.此时期经由口耳相传的过程、及地理条件是否易达形成信息场(information field)。为了检验他的假说，哈格斯特朗建立了一个模拟实验，使用计算机显示实况与其假说并未相互抵触。很快地，哈格斯特朗的研究被认为是新地理学的典型范例。

disenchantment 除魅化　316
　　［参见第 316 页，注 13］

ecological pyramid 生态塔　236
　　［参见第 236 页，注 2］

economic geography 经济地理学　104，113，317，321
　　人文地理学的重要次领域，探究经济活动于空间中的特性与发展，与一般经济学不同之处在于强调空间效应，并聚焦于不同尺度，由地方至全球。当今全球化与在地化双重影响下，透过区域经济组织的发展，以消除国界、关税对经济发展的影响(如欧盟、东协等)；因应文化转向及互联网的兴盛，消费者的偏好及网络购物行为，已对传统经济活动造成极大的冲击。

electoral geography 选举地理学　149
　　选举地理是针对空间，亦即选区，利用地理学技术，来分析选举方法、选民行为及选举结果。

enlightenment movement 启蒙运动　50—52，62—66，69，87，139
　　是17世纪及18世纪欧洲地区发生的知识及文化运动。当时科学上的成果，尤其天文学及物理学知识的进展，使人们对于理性力量有了信心。但是社会组织的理性分析尚不足，因此，18世纪的社会和政治学家，人称"启蒙哲学家"支持对社会、经济、政治及宗教的改革。地理学当时产生认同危机数十年。康德(I. Kant)使历史学和地理学在认识论上以时间与空间的根本论述各有所掌，提供了现代地理学建立学科的信心；卢梭(J.-J. Rousseau)的野外实察、赫尔德(J.-G. von Herder)在区域人地差异等论点的提出，均对地理学贡献极大。

environmentalism 环境决定论　96—98
　　认为物理及自然条件是形成人类社会组织及文化特性的理论。德国学者拉采尔(F. Ratzel)常被认为是提出环境决定论者，其实不然，他认为原始民族未能创造使他们免受自然压制的人为环境，因此环境对其生活限制严格；而文明社会则经由运输、贸易、移民等措施发展出人为环境，减少了对地方的依赖。环境决定论在美国受到重视，应该是他的德裔美籍学生森普尔(E. C. Semple)简化了他的论点，并将之传到美国。

| 专有名词 | 页码 |

epistemology 认识论　3—5, 51, 64—66, 162—163, 176, 311—312, 325

　　哲学是爱智之学,为了传递知识,分成不同学科以利教育。学科在哲学中的属性,以其认识论与本体论(ontology)界定。认识论又称知识理论(theory of knowledge)是指此学科知识的起源、范畴、及性质等;本体论是指此学科所涉事物及与心智关系的实存(being)问题。两项组成的学科知识架构,提供确切适当的方法论(methodology)。方法论是一套法则及程序,让学习者知道在此学科范畴内,如何搜集资料与整理、如何研究与撰写论文,如何发表研究成果与学习答辩的技术。当利用正确的方法完成的研究成果,通过此学科的学者们以认识论及本体论的专业予以批判后,才能被有效地累积为此学科的新知识。

ethnogeography 民族(或人种)地理学　250, 325

　　是探索人类如何利用经验技术及本土知识来组织或开发其环境的研究。由于近年来的文化转向,使得地理学者思索过去忽略的世界,重新研究原始社会的民族地理学。此外,过去的民俗文化和今日的大众文化相结合,孕育出本土地理特性,也提供了今日民族地理学研究的范畴与对象。

European Union 欧洲联盟　242

　　[参见第242页,注7]

field work 野外实察工作(或称田野调查)　19, 51

　　这是地理学者到研究区实地观察,获得一手资料的传统研究方法。20世纪七八十年代,地理学用二手数据作计量分析时,野外实察因而式微,如今又恢复活力,除了自然地理之外,亦应用于人文地理学各领域的调查。

fordism 福特主义　185

　　[参见第185页,注7]

geography of gender 性别地理学　312

　　人文地理学的分支领域,以批判及解放的态度研究社会建构下的女性和男性地位,以及探究不同社会空间下,不同性别的行为及态度等课题。受20世纪60年代妇女运动的影响而发展,并与20世纪80年代的后现代主义及文化转向相呼应,其重要期刊是创刊于1994年的 *Gender, Place and Culture*。

general geography 普通地理学　43

　　这是瓦伦纽斯(B. Varenius)在17世纪上半叶提出的系统地理学名词。为近代地理学开创地球在宇宙中位置及其对自然地理特别是气候分布之研究。他并以特殊地理学(special geography)对照,后者着重地方特性(即后来的区域地理)。

genres de vie (ways of life) 生活方式　133—151, 207, 230, 318

　　法国地理学者维达尔(P. Vidal de la Blache)提出的理念,描述一地人群组织起来,透过渔猎、农耕等技能,自其环境获取食物、纺纤、工具、建材等,发展出自己的生活方式,这是传统区域地理学的一个中心概念。

Glossary 专有名词

专有名词	页 码

geopolitics 地缘政治学 115—116,135,149,219—220,258

地缘政治学源起于政治地理学,探讨因为空间分布的地理因素,形成政治运作的手段及策略,多用于军事、外交等战略上。传统的地缘政治是以地理位置为基础,经济、社会、军事、外交、历史、政治等领域为变量进行分析。

近年来,批判性的地缘政治兴起,多样化逐年增加,譬如其范畴由当代文化史中检验地缘政治的论述,进而研究东方主义(orientalism);或批判扭曲的地缘政治正义;以及回应对伊斯兰教革命(revolutiona Islam)在地缘政治上的偏见。

GIS (Geographical Information System) 地理信息系统

地理信息系统(GIS)的发展始自20世纪60年代,但是较成熟应用于商业及学术领域,约自20世纪80年代开始,它以计算机科技整合遥感探测技术、地图学及地理学发展的软件,是国土调查与规划、全球生态与灾害监测最重要的工具。近年来与遥测(RS,Remote Sensing)及全球卫星定位系统(GPS,Global Positioning System)合称3S。

〔提示:参见 GISc 词条〕

GISc (Geographical Information Science) 地理信息科学 306—311,325—326

地理信息科学(GISc)是20世纪90年代初期提出,将地理信息视为一门科学,发展其哲学基础(认识论、本体论及方法论),建立地球信息学为其理论主体、地球信息技术为其研究方法、以全球环境变迁及区域永续发展等为其研究领域。

〔提示:参见 GIS 词条〕

globalization 全球化 75,190—195,204,279—302,313,325

从14世纪文艺复兴时代起,欧洲船只开始遍达世界各港口,已跨出经济全球化的第一步。19世纪的通信及运输进展不断加速了全球产业、商业及知识之连接。20世纪70年代后,全球化更被认为是利伯维尔场扩张不可避免的因与果。今日的互联网更提升了人类心灵和认知层次上的互动。对地理学而言,全球化有去地方性和去空间化的影响。

greenhouse effect 温室效应 176,183

〔参见第183页,注5〕

historical geography 历史地理学 58,128—129,139,145,150,188,220,243

是人文地理学的分支领域,研究过去事件的地理现象及其对今日及未来的地理特性的影响。以往较倾向以经验主义的方法论描述地景史、城市史等。在20世纪50年代计量革命后亦纳入统计方法及其他分析技术来探究历史事件者。1976年创办的 *Journal of Historical Geography* 为此领域的主要学术期刊。

human geography 人文地理学 33,58,95—97,105—111,117—118,143—149,163—164,206—215,306—325

传统地理学以探究自然特性与环境的关系为主。19世纪后因对人及社会问题的研究需求而逐渐发展出人文地理学。地理学遂分为自然地理与人文地理两大领域。二者之范畴及方法有着显著之对比而相异。人文地理学因内容的丰富与复杂性而不断分化,朝向人口、经济、交通、聚落、政治、社会、文化、观光等课题发展出个别地理学分支,呈现了光彩的多样取向。

| 专有名词 | 页　码 |

humanistic geography 人本主义地理学　167—170，188，195—198，216，7注8
　　以人为核心的地理研究取向，正式开始于20世纪70年代初期。当时地理学者不满意盛行的新地理学的理性解释类型，反而着重人的主观价值，对文化及空间生存经验及地方感有高度兴趣，人本主义地理学承继并取代了现象学地理学。代表学者有华裔美籍学者段义孚（Yi-fu Tuan）、爱尔兰的布蒂默（A. Buttimer）及加拿大的雷尔夫（E. Relph）。

information field 信息场　164
　　〔参见 diffusion 扩散作用　词条〕

International Congress of Modern Architecture 现代建筑国际会盟　298
　　〔参见第298页，注13〕

Keynesian theory 凯恩斯理论　208
　　〔参见第208页，注4〕

land use 土地利用 或 land-cover change (LULC) 土地覆盖变化　15—17，79，128，147，156，209，306—309，318
　　探讨人类对土地的利用。涉及天然环境的管理和修护，乡村及都市的规划与建设。间接表达了社会规范性理念在空间里的呈现。

Landsat 8 美国陆地资源卫星 8　309
　　〔参见第309页，注3〕

laography 乡土文化学
　　〔参见第242页，注6〕

leisure 休闲　274—276，289—291
　　休闲是指人们在就业及必要活动（吃饭、睡觉、家务等）以外的自由时间之运用。休闲时间的多寡，反映了一个社会的物质条件；休闲活动的选择则呈现了个人的喜好和社会价值。因为，自然环境提供休闲活动的资源面；人文环境影响休闲活动的需求面，地理学的研究者透过自然与人文地理学相关领域走向游憩地理（recreation geography）与观光地理（tourism geography）的研究课题。

Leviathan 利维坦（或译 巨灵论，极度专制的政府）　315
　　〔参见第315页，注11〕

Llivia 耶维亚　307
　　〔参见第307页，注2〕

location theory 区位理论　162，165，187，311
　　区位理论探讨经济活动的地理位置，是经济地理学、空间经济学及区域科学的重要理论。此理论建立的轨迹，自1826年普鲁士农业经济学者杜能（J. H. von Thünen）发表《孤立国》提出早期的农业区位理论，指出无地形障碍的城镇市场可以建立一个完整的农业土地利用系统。其后，1909年经济学者韦伯（A. Weber）提出《制造业的区位理论》。以及1933年克里斯塔勒（Walter Christaller）发表以商业为基础的中心地理论。三项理论连续且完整地论述第一、第二及第三级产业的空间区位。1955年美国艾萨德（W. Isard）发表《区位及空间经济》探讨空间经济学，也为区域科学奠基。

| 专有名词 | 页　码 |

Marxist geography 马克思主义地理学　163，166—168，176，184—188，196—198，205—211，216—221

是引用马克思的理论为工具,分析资本主义在地理环境下的发展过程和其社会经济体制的问题。马克思主义地理学在20世纪60年代末至20世纪70年代兴起,促使地理学科的演化,并提出对资本主义下社会生活的正义要求,对许多人文地理学的分支领域有影响,特别是后来的批判地理学。重要学者包括法国的列斐伏尔(H. Lefebvre)、西班牙的卡斯泰尔(M. Castells),英国的哈维(D. Harvey),他们的影响至今不衰。

medical geography 医学地理学　22，108

是研究人类健康与其地理环境间关系的学科。起源可远溯及公元前5至4世纪的古希腊时代,希波克拉底(Hippocrates)(医药学之父)就认为气候及环境对人类健康有影响。医学地理学在地理学诸分支领域中最注重经验主义和科学方法,近年来受惠于地理信息系统,使其发展迅速,特别见于新病媒的发生及流行病的扩散等研究上。

mental maps 心智地图　2，251，192，315—325

心智地图提供人们对于地方知识的想象。因为心智的建构被视为地理环境与人类行为交互影响的结果,心智地图遂成为行为地理学中最著名的研究成果之一。此研究方向始自20世纪60年林奇(Kevin Lynch)的《都市意象》,他以美国的波士顿等都市为研究区,要求受访者画下他们所知道的都市、描绘从住家到工作地点的路线、说明都市中他们认为最有兴趣的元素。从这些被称为受访者的心智地图中,他归纳出都市意象的五个元素：路径(paths)、边缘(edges)、区域(districts)、节点(nodes)及地标(landmarks)。

methodology 方法论　2，21—22，40，48，78，91—92，116，120，145—146，158—163，204，220，229，234，316

〔请参　epistemology 认识论　词条〕

model 模式或模型　5，75—80，184—187，166—168，252—254，281—282，300—302，316

一种以理想化或简化的方式来表达事实,旨在阐明它的特性,以便分析。广义的模式包括了数学、实体及图形之表达(地图即是一种模式)。科学进展不脱建立模式,但就地理学这个空间科学而言,数学模式迟至20世纪60年代以后才被肯定与应用。

national school 国家学派　98，105—106，111，153，204

人文地理及区域地理于19世纪末期后(约1890—1950年)在欧美各国有不同的发展风格,被冠称为国家学派。大致上可分三类型：1. 强调人与环境关系及区域类型与结构的,以法国地理学派为主；2. 强调人与环境关系及地景分析的,是美国伯克利学派；3. 强调地景分析以及区域类型与结构的,以德国学派为主。自然地理学因为各国的研究追求通则而具国际性,因而未形成明显的国家学派。

nationalism 民族主义　114—116，195，266

民族主义亦称国族主义。民族包含共同的语言、文化及价值取向,其认同与族群的归属感促成了近代民族国家的形成。民族主义对世界历史和地缘政治影响很大；最近30年"民族主义"涉及以政治或军事活动来支持民族统一或独立的主张,其中包含了采取极端手段的恐怖主义(terrorism)。

| 专有名词 | 页 码 |

new geography 新地理学　161—168, 176—179, 180—197, 213—121, 231, 311, 319

当学科处在典范转移后的新时代，常冠以"新"字。新地理学是指第二次世界大战后，在英美地理学界因为纳入了以往被忽略的经济及社会因素而扩展了范畴及方法的地理学。或者进一步特指美国华盛顿大学厄尔曼(E. L. Ullman)在20世纪50年代领导一批年轻学者，将科学方法及计量技术应用于地理学各领域形成新论述的统称。新地理学纳入许多重要理论并影响地理学的发展至今，如：空间经济学、区位理论、计量地理、新实证主义、时间地理学、都市地理学、都市规划、激进地理学、人本主义地理学等。

new regional geography 新区域地理学　162, 221, 253, 263, 321

新区域地理学的发展自20世纪80年代开始，因为都市化及全球化的来临，一些地理学者重新规划区域研究方向，透过结构化理论、或社会理论，政治经济学和地区研究，将区域视为不同时空规模下社会实践和权力关系的媒介和成果。此方向受到批判，认为目前空间化社会和政治经济学的理论仍不足，同时这些概念在第二次世界大战前已用于区域地理研究，因此称不上新，目前这些争论似已渐转平静。〔提示：参见 regional geography 区域地理 词条〕

niche 生态栖位　179

〔参见第179页，注3〕

normative theory 规范理论　228, 251, 257—267, 324

事情的处理"应该如何"，亦即有关好与坏的、对与错的价值判断模式及其背后的理论。譬如：地理学中涉及疆域界定、城市及区域规划、自然保育、或在传统社会中的风水考虑等均属之。规范性的空间思考常与分析性的、实证性的空间（即，关心"实际是什么"）思考相反。但二者不免互动，关系复杂而形成地理学的社会需求。

operational or operations research 运筹学或作业研究　205

〔参见第205页，注2〕

orientalism　东方主义　312

东方主义有三含义：1. 有关东方的学术研究；2. 对东方（尤其是美学或文化）的兴趣；3. 以欧洲及美洲为自我中心的思考并借其组织机构而对"东方"一词产生的诠释和支配。东方主义因赛义德(E. Said)的分析而兴起，并刺激了后殖民研究(postcolonial studies)。

paradigm 典范　5, 158

典范是指由一个科学社团共享的价值、假设、方法和案例，并由此典范主导该学科的研究取向。例如自19世纪以来，地理学被认为是解释性的学科，其衍生的假设、方法和研究案例被不同国家的地理学社团认同而据以发展了各分支学域，如区域分析(regional analysis)、地景研究(landscape studies)，以及人与环境的关系(man/milieu relationships)等。

Parisian Commune 巴黎公社　131

〔参见第131页，注6〕

Peutinger Table 柏丹格图表　238

〔参见第238页，注4〕

| 专有名词 | 页　码 |

phenomenological geography 现象学地理学　169

近代现象学兴于德国哲学家胡塞尔(E. Husserl)及海德格尔(M. Heidegger),强调对直观和经验感知的区分,认为现象学的主要任务是厘清二者之间的关联,并且在直观中获得对本质的认识。

现象学地理学就是循着现象学的思维,希望澄清人与世界的关系,华裔美籍学者段义孚(Yi-fu Tuan)1976年在"美国地理学者协会期刊"(A. A. A. G)发表"人本主义地理学"(humanistic geography),很快地这个名词取代了现象学地理学。

philosophy of history 历史哲学　2—3,67—69,296—298,2注1
　　[参见第296页 注11]

physical geography 自然地理学 / natural geography 大自然地理学　43,51,61,103—111,163—165,177—182,211—213,221,306—311,181注4

自然地理学探究近地表的地质、地形、水文,生物、土壤和大气等次领域的特性及相互关系。自20世纪70年代末期开始,新地理学者们将生态学理论纳入自然地理学内,建构出以能量(energy)为基础的"大自然地理学"(natural geography)。20世纪80年代地理信息系统(GIS)的应用,使得自然地理学各个次领域,转型为全球至地方的生态与灾害监测以及国土调查。[参见第181页,注4]

place and placelessness 地方与"非地方"(场所与"非场所")　169

地方(place)的定义在于代表其人文及自然世界的"融合"(fusion),此融合是一种"直接经验的显示中心",地方生活是真实的、原乡的、充满生活意义的。对照之下,"非地方"(placelessness)则是在高技术与效率、互换性和可复制性运作下完成的人文景观,譬如,栉比鳞次的郊区新房屋、购物中心、旅游景点(如迪士尼乐园)、连锁餐厅(如麦当劳快餐店)、高铁站及机场等。

political geography 政治地理学　96,115,149,218—220,255—259

人文地理学的次领域,探究因地理性质所造成的空间和地方的政治及冲突的学科。法国杜尔哥(A. R. J. Turgot)及德国拉采尔(F. Ratzel)皆在1897年分别出版《政治地理学》。法国西格佛里德(A. Siegfried)于1913年提出的选举地理学(electoral geography)一词;英国麦金德(H. Mackinder)于1919年提出地缘政治学等均属政治地理学。

population geography 人口地理学　207

是人文地理学的次领域,为研究生育、死亡、迁徙,以及此等人口因子导致之一切社经与政治后果在空间分布上的现象。人口代表政治管辖群体(如不同国家或行政区的居民);或民族和国家认同(如拉丁美洲);或人口事件(如农工商人,婴儿潮世代,难民)。学术上,人口地理学的系统研究,如:1.对人口数量和人口特征的区位之简单描述;2.对人口数量和人口特征的空间结构的解释;3.人口现象的地理分析。

postcolonial studies 后殖民研究　300,312,320

伴随19世纪欧洲帝国主义扩张,出现了殖民主义理论来支持殖民的正当性。在第二次世界大战结束后,亚、非二洲的殖民地纷纷独立并建立了效法欧美模式的民族国家,且其文化中也已融入殖民国家的文化;另一方面此等新兴国家经济及社会层次上仍与原殖民母国有极大的差距。二者之结合引发此等国家的文化认同问题。针对此问题以及对原有殖民主义理论之批判而发展出的学术探讨,统称为后殖民研究,特别取材于后现代主义中对知识之生产及政治认同等理论。"东方主义"为后殖民研究的一支。[见 orientalism 东方主义 词条]

| 专有名词 | 页　码 |

post-modern geography 后现代地理学　196—197

后现代主义(postmodernism)源出于20世纪80年代对建筑、美学,以及文化趋势的描述,特征是多元化、通俗化、娱乐性等,因而与追求理性与一致性的现代主义走向相反。一些人文地理学者接受了这项"后现代性"(post-modernity)的新趋势,及其在社会、政治与文化等空间面向的发展,于是试着为此新课题定位,称之"后现代地理学"。

quantitative revolution 计量革命　159,163,165,177—178,210—214

20世纪50年代,美国华盛顿大学地理学系开设推理统计课程,应用计算机于地理数据的统计分析,处理区位、经济与空间相关问题,此项新技术迅速扩散于大西洋两岸各地理学系。受此新技术与新理论之双重影响,地理学从过去的着重经验描述,加上了计量分析,后世称此冲击为计量革命。地理学发展历程中的其他重大冲击,包括环境决定论、区域地理学及批判地理学等。

quaternary studies 第四纪研究　212

第四纪是地球地质史中,新生代的最新的一个纪,它包括更新世和全新世两个世。目前约以260万年前至今的时间来计算,其实可说是探讨人类时期的地球自然环境特性与变迁的研究。

radical geography 激进地理学(或译基进地理学)　132—133,166—167,170,176,195,198,218—219

激进地理学是以推倒权力和压迫,建立社会平等、正义以及解放地区及生活方式为取向的左派地理研究。起于欧美20世纪60年代末期之社会抗议运动。借用马克思主义,并与后现代地理学、批判地理学、女性主义等互动。21世纪因全球各国贫富差距问题之加剧而有复兴之势。主要刊物有创办于1969年之 *Antipode*。

reconstructing human geography 重建人文地理学　320—326

本书作者(Paul Claval)认为20世纪70年代以来,特别是历经文化转向(cultural turn)后,人文地理之变革已不啻使此学科重建,其重建的途径有四方面:(1)研究别人的观点;(2)分析真实与符号;(3)认识俗世与神圣;以及(4)探究新的领域。

RECLUS(法国)区位及空间单位变迁研究网　132

[参见第132页,注7]

regional geography 区域地理学　21,44,104,113—118,128,147—148,162,221,253,263,321

区域地理学是以区域为单位,探究地表自然与人文地理要素及其相互作用。亦即纵向研究人与环境的关系、横向探索社会问题。公元前1年出生的斯特拉波(Strabo)是罗马时代最好的区域地理学者,他的书是为罗马公职人员所写。19世纪70年代,法国雷克吕(E. Reclus)出版重要的世界区域地理丛书;1920—1950年,法国维达尔(P. Vidal de la Blache)的博士学生出版许多区域专论,内容强调城乡的传统生活方式与农工商业活动等,区域地理学被认为是地理学科的核心价值之一。[请参见 national school 国家学派、regional monographs 区域专论、new regional geography 新区域地理学　词条]

专有名词	页　码

regional monograph 区域专论　144—150

　　区域地理学是地理学主要传统之一,区域专论的产生是19世纪末至20世纪初,维达尔(P. Vidal de la Blache)在巴黎教书时,指导的博士学生论文。这些专论的研究方法主要是透过一手的访问、问卷调查以及二手的档案搜集资料;再透过历史时间轴来分析与论述研究区的区域特性。当时法国地理学界被地质学者及社会学者们攻击,所以地理专论对于这些攻击的响应是以经验研究精神来探讨"人与环境的关系"(man/milieu relationships)及适应地方环境形成的"生活方式"(genres de vie),建立区域研究方式。重要的区域专论很多,举例如：白吕纳(J. Brunhes)1909年出版《人文地理学》;费弗尔(L. Febvre)1922年出版《土地与人文发展》等。

regional planning 区域规划　261,325,132注7

　　应用地理科学知识,进行对较大地之政策规划。文化转向后使社会科学包括地理学者,打破了他们在传统乡村、都市与区域间研究和规划间的藩篱,综合了地景、生态、交通、小区的发展策略和实施。

regional science 区域科学　162

　　20世纪50年代兴起的一个结合经济学与计量方法来分析空间课题的领域,它与人文地理学中的计量革命和空间分析传统关系密切,相得益彰。它的奠基及其后50年的发展与国际化,多系于艾萨德(W. Isard)。但是因为其核心知识在界定学科哲学上受到质疑,导致近年式微。以区域科学为名的唯一系所——美国宾州大学,已于1995年关闭。

remote sensing (RS)遥感探测　59,159,183,197,210,308—309

　　指透过特定的摄影工具,自一段观测距离外拍摄目标,记录和检测数据的技术。早期用热气球或飞机以相机记录,1972年迄今使用人造卫星的遥测传感器(Sensor)对地拍摄,加上使用红外线感光片(infra-red plates)使许多隐藏的空间型态呈显、并采用雷达影像(radar imagery)使永远有云覆盖的区域有了清楚的照片。多亏遥感探测,地理学者能从不同层次的分辨率(resolution)直接观察真实世界。近年来经地理信息系统(GIS)及全球卫星定位系统(GPS)之整合后,成为国土调查与规划、全球生态与灾害监测最重要的工具。

Renaissance period 文艺复兴时代　22—23,36注14

　　14—16世纪源于意大利佛罗伦萨(Florence)的一个以人本为基础的文化运动,后扩及全欧洲,涉及文学、绘画、建筑,而后影响了整个知识、哲学和宗教界。对地理学发展最重要的影响是拜占庭学者契索罗拉斯(M. Chrysoloras)在1410年翻译了希腊托勒密的(Ptolemy)的《地理学》,提供地球为球体概念,对天文学、经纬度的界定,发展投影几何学及新地图之绘制,促成了哥伦布及其后的地理大发现。

Révolution de Février 法国二月革命　130

　　[参见第130页,注4]

rural geography 乡村地理学　230—231,321

　　现代学术地理学的研究虽然兴盛于世界各大都会,但是许多基础概念来自乡村地理研究,特别是19世纪及20世纪的重要文化地理与空间理论,譬如：美国伯克利学派、法国维达尔的生活方式、德国的农业区位理论、中心地理论,以及瑞典的时间地理学等。近年来,乡村地理学因应人文新趋势,走向农业转型、农业综合企业化、休闲领域的第二居所(second home)、户外游憩以及生态观光等。

| 专有名词 | 页码 |

school geography 学校地理学　90
　　为了培养社会中的专业人才,在各级学校开授地理学科知识,并培养民族精神与国家认同,这是"学校地理学"(school geography)。

semiology（或 semiotics）符号学　219
　　符号学是研究符号的意义,以及标志(signs)和符号(symbols)的哲学理论。包括研究标志本身及生产做标志的过程,涉及对图表、名称、肖像、模拟、象征、意义和传达的研究。人类借动作、语文符号在日常生活中与周边的人互动,并形塑及留存其意义于文学、艺术、政治、历史和宗教等活动中。

sense of place 地方(或场所)感　168,216,313
　　指个人和团体对曾经居住过的地理区(geographical areas)拥有的态度和感情。人本主义地理学早期对地方感的理解是个人对地方依恋(place-attachment)之情感,并因而产生归属感,甚至是"地方之爱"(love of place, topophilia)(Relph, 1976; Tuan, 1977)。20世纪80年代起,社会和文化地理学的批判取向兴起,一些学者认为地方感及认同不仅针对地方,亦应扩及非地方世界('placeless world),建议以地方文化的多元性与全球化世界动态连接并将个人归属感延伸为集体的地方(场所)认同。

settlement geography 聚落地理学　116,190,221,284—288
　　是人文地理学的分支,研究地球表面人类定居的课题。根据联合国"温哥华人类聚落宣言(1976年)":人类聚落是指人类全部的社群,包括城市、城镇或村庄,以及所有维持聚落的元素:社会、物质、组织、精神及文化。传统上,研究主题与文化地理学相关,分为城市和乡村聚落地理,主要研究论文出自德、法等欧陆国家。近年由于城市扩张,发生反向(逆)城市化(counter urbanization),半城市化(peri-urbanisation)等过程,城乡之间原有的二分法失去界限。因此,在工业化及新兴工业化国家采用聚落统一规划。此外,研究聚落的史前、历史和现在的演化,亦是聚落地理的研究重点。

situationnisme(法文) 境遇主义　220
　　[参见第220页,注8]

social geography 社会地理学　216—223,255,312,321
　　是人文地理学的分支领域,探讨社会环境、社会进程以及形塑空间,地方,特性和景观(或地景)的族群关系。由此定义可看出社会地理学的广度,以及透过时间历程、不同典范、不同国家传统下造成的变化。以法国为例,社会地理学的发展、透过达德尔(E. Dardel),以及语言学者、民族志学者的交互影响,要求社会地理学者们注意那些看似个体意见的集体决定;以及识觉是由文化所形成的,而文化是由社会环境传递给每个个人。

spatial diffusion 空间扩散　121,164—165,245,272,278,299—301,313
　　[请参 diffussion 扩散 词条]

Spot 7（法文 Satellite Pour l'Observation de la Terre 7）　309
　　[参见第309页,注4]

| 专有名词 | 页码 |

structuralism 结构主义　205，215，314 注 10

是源自现代语言学之父索绪尔(F. de Saussure，1857—1913)语言学的一套原则及程序，用以揭露人类的基本文化习俗结构。后被巴特(R. Barthe)应用于文学、列维-斯特劳斯(C. Lévi-Strauss)用于人类学，以及皮亚杰(J. Piaget)用于心理学，再于 20 世纪后期转用于人文地理学。主要有法国的柏内(R. Brune)，依赖结构主义理念提出研究区域地理学的新方法，强调空间组织最小单位是 Chorems（与语言学家所称的词素(morphems)类似）；英国的哈维(D. Harvey)以皮亚杰理论用在唯物主义分析资本主义的空间经济结构，格雷戈里(D. Gregory)以列维-斯特劳斯结构性解释取代前人在空间科学所依据的实证模式，以及邓肯(J. Duncan)用巴特的方式以文本(text)取代地形学来阅读地景。

structuration theory 结构(或结构化)理论　106，177，196，177 注 2

是英国社会学家吉登斯(A. Giddens)提出的社会理论，旨在阐明人类和他们参与的社会结构之间的互动。他认为结构具有双重性，即社会结构不仅对人的行动具有制约作用，而且也是行动得以进行的前提和中介，它使行动成为可能；行动者的行动既维持着结构，又改变着结构。他试着为后马克思社会学发展一个较令人满意的论述。

systems analysis　系统分析　8，158，213—215，221

研究特定结构中各部分(子系统)间的相互作用、系统的对外接口，以及该系统如何吸纳能量及信息来维护和发展整体的行动和功能。1950 年计量时代开始，地理学界对系统分析理论应用于探讨真实世界中兼顾自然及社会要素抱有期望；20 世纪七八十年代后，虽然地理学界也试着引入如数学家曼德柏(B. B. Mandelbrot)的碎形几何(fractal geometry)于地形学应用、物理学家普里戈金(I. Prigogine)的热力学研究于解释社会和空间组织的形成，但是大多数新地理学者仍然认为学科的基本任务是建立区域组织的类型，系统分析不是有用的研究取向，于是在 1980—1990 年后，转回更实际的区域研究及区域组织理论的更新，出版一些有关社会和文化力量运作形成的空间结构的书籍。

T 及 O 地图　29

［参见第 29 页 注 6］

telecommunications revolution 电信革命　189—190，292

现代技术的远距通信涉及电子和电磁技术，如电报、电话、电传、网络、广播、微波传输、光纤和通信卫星，形成电信革命。电信革命允许各种关系直接建立，这种无阶层或近乎无阶层的网络通信(Web)改变了传统的社会阶层和空间关系，虽然后者并未全然消失。但是网络受传统距离障碍之限减弱，直接对各种地理现象的研究造成冲击。

thick description 深厚描述　229，232—235，245—246

是美国人类学家基尔兹(C. Geertz)的调查法，被引用到人文和社会科学中。调查者参与受访者的活动，消除自己的观点，进行详细观察、并正确记录他们对自己的活动的说明。这种研究法实际上是将已发展了数世纪的对古代宗教和语言的文本研究方法移入野外实察。宗教学者在寻找他们研究的文本意义时，尽量忘记自己的观点而采用原文作者以及那些当时读者的看法。依赖此科学研究概念的领域被称为诠释学(hermeneutics)。"深厚描述"的研究途径提供地理学这种新角度，可更透彻地调查过去或异地社会(foreign societies)，因为所有过去的社会也都是某种程度的异地社会。此方法可促进地理学对调查区的社会组织形式、地理知识与地理学的社会需求等三者间关系有更系统化之思考。

| 专有名词 | 页码 |

Third World 第三世界 272
　　［参见第 272 页，注 1］

time Geography 时间地理学或（time-space geography）（时空地理学） 164—165，196，312，319
　　是瑞典地理学家哈格斯特朗（T. Hägerstrand）所提出的概念，强调人类活动空间中的时间因素。他认为人类受到许多结构因素的影响使其在地表空间的生活范围出现限制。主要限制有三：1.能力限制：人类生理的限制，譬如需要约 8 小时的睡眠；2.结合限制：受个人或与其他人所在地点、活动类型、交通工具等的限制；3.权力限制：可访问的地方与时间，受管理者或单位限制。

travel narratives 旅游叙事 16—21，34—38，60—64，79—86，222—233，276
　　旅游叙事在地理学术研究的价值愈来愈被肯定，其文学体裁包括户外文学、探索文学、冒险文学、登山文学、大自然写作和指南书籍，及国外访问游记等。20 世纪 90 年代中期，游记文学的系统研究成为学术探究一个合法领域，已举办专业会议，建立相关组织，出版期刊、专著、文集和百科全书等。

urban agglomeration 城市群或都市聚集 287
　　［参见第 287 页，注 9］

urbanization 都市化（城镇化） 74—75，104，111，121，181，190，205，208，211，286
　　指工业革命后，乡村人口向都市迁移的过程。起因是城乡工资的差距，但都市人口增加后因聚集经济而提高了生产力并增高了工资，遂形成正回馈的良性循环，更加速了都市化，直至过程完成于第一次产业（由土地生产的农、牧、采矿业等）转换为第二次（制造业）及第三次（服务业）产业的结构变更。
　　都市化的末期因乡村性质改变，若以人口规模来界定城镇而后衡量都市化程度的传统意义变得暧昧；此外，仅以人口及经济指标作都市化的界定，可能不够完备，因为都市化尚包含复杂的社会及文化变迁意义。

urban ecology 城市生态学 117
　　有两个完全不同之意义。一指从 20 世纪 30 年代美国芝加哥社会学派借生态学之模拟来研究都市内人群在空间内之更替过程及土地使用结构。另一则指在都市环境下动植物的生态。

urban geography 都市地理学 150，258，260，321
　　是人文地理学的分支领域。研究一为都市在国土及区域空间内的区位及功能；另一则为都会空间内的一切人文地现象及土地使用之分布结构。前者与经济地理学、区位学、区域规划连接；后者与社会地理学、文化地理学、都市计划重叠。有专业学术期刊《都市地理学》（*Journal of Urban Geography*）。

urban archipelago 都市列屿 290—291
　　近年来许多国家的一些区域形成都市群，各都市不再独立而以功能和结构与邻近都市形成聚集关系，人口常以千万计。最早见于美国东岸纽约，被称为大都市带（Megalopolis），其后出现于西欧。目前最著名为中国的长江三角洲（被称为都市连绵带）及日本的东京大阪都市带。本书称为都市列屿。一般统称为都市聚集（urban agglomeration）。

| 专有名词 | 页　　码 |

urban planning 都市计划(规划)　179—180, 209, 249, 258—260, 325

在 20 世纪中叶以前,都市计划是以建筑设计为基础的较大比例尺的城市设计或规划。以后逐渐演变为以社会科学为基础的土地使用计划;然后又渐加重了政策规划与分析成分。在快速都市化的国家,如中国,都市计划成为极重要之专业,地理学系的专业养成,提供不少有贡献的人才。

Utopia 乌托邦　9, 252—254, 252 注 3

是文艺复兴后流行的都市文化概念中的两种空间规范理念之一*。英国摩尔(T. More)1512 年出版的《乌托邦》,与公元前 390 年柏拉图著的《理想国》(*Republic*)皆为传世经典。记述一个虚构的旅游故事,描绘远西之地的乌托邦国(Utopia of State),其首都城市亚马乌罗提(Amaurote)及其街道区划和建筑物之细节,及乌托邦的工艺技术、社会及政治生活。基本上,摩尔想借一个理性社会的设计来强调当时西欧宗教社会的弊害。可谓社会及空间规范理念著作,以及虚拟的旅游叙事(travel narratives)的范例。

[* 另一理念是阿尔贝蒂(L. B. Alberti)写的论建筑学的书 *De re aedificatioria* 1452 年出版,此书一直到 19 世纪中叶都是建筑学论文的基础。]

vernacular geography 本土(或乡土)地理学　325

此名词可说是一般人话语中的地方感(sense of place)之地理研究。文化转向使得社会科学研究者明白,不可能脱离场所、时间和文化加诸于人们的思维。于是,开始着重民族志地理学研究(ethnogeographies),对于历史文明导致的场所与传统领域的描述,以及由过去民俗文化和今日的大众文化所形成的本土(或乡土)地理范围。研究此领域的学者探索各社会团体的价值观,借以适当规划地景、小区、新镇。以英国陆军测量局而言,近年来为掌握地理信息图,在互联网展示合宜的乡土范围,透过一些大学地理学系作网络问卷调查,希望能掌握英国人民认知下的本土地理。

Vidalian 维达尔学派　127, 129, 141—142, 146, 150, 207

维达尔学派在地理分析的两个基本概念:一是生活方式(way of life,(法文) genres de vie);另一是研究流动(flows and moves,(法文) circulation),如交通、移民与贸易。他从不认为区域是自我封闭的实体。他的研究途径是以尺度逻辑(the dialectics of scales)为基础:这是对同一地理空间采用不同比例尺地图以比较分析其区域特性的方法。

[提示:Vidal de la Blache, Paul 维达尔的姓氏与称谓说明,参见第 133 页,注 8]

Vienna Circle 维也纳学圈

[参见第 160 页,注 3]

WASP (White Anglo-Saxon Protestant) 白人盎格鲁-撒克逊新教徒　291

[参见第 291 页,注 10]

北京大学出版社 教育出版中心 精品图书

21世纪特殊教育创新教材·理论与基础系列
- 特殊教育的哲学基础　　　　　　　　方俊明
- 特殊教育的医学基础　　　　　　　　张　婷
- 融合教育导论（第二版）　　　　　　雷江华
- 特殊教育学（第二版）　　　　雷江华　方俊明
- 特殊儿童心理学（第二版）　　方俊明　雷江华
- 特殊教育史　　　　　　　　　　　　朱宗顺
- 特殊教育研究方法（第二版）
  　　　　　　　　　　　　杜晓新　宋永宁等
- 特殊教育发展模式　　　　　　　　　任颂羔

21世纪特殊教育创新教材·康复与训练系列
- 特殊儿童应用行为分析（第二版）
  　　　　　　　　　　　　　李　芳　李　丹
- 特殊儿童的游戏治疗　　　　　　　　周念丽
- 特殊儿童的美术治疗　　　　　　　　孙　霞
- 特殊儿童的音乐治疗　　　　　　　　胡世红
- 特殊儿童的心理治疗（第二版）　　　杨广学
- 特殊教育的辅具与康复　　　　　　　蒋建荣
- 特殊儿童的感觉统合训练（第二版）　王和平
- 孤独症儿童课程与教学设计　　　　　王　梅

21世纪特殊教育创新教材·融合教育系列
- 融合教育理论反思与本土化探索　　　邓　猛
- 融合教育实践指南　　　　　　　　　邓　猛
- 融合教育理论指南　　　　　　　　　邓　猛
- 融合教育导论（第二版）　　　　　　雷江华

21世纪特殊教育创新教材（第二辑）
- 特殊儿童心理与教育　　杨广学　张巧明　王　芳
- 教育康复学导论　　　　　　　杜晓新　黄昭明
- 特殊儿童病理学　　　　　　　王和平　杨长江
- 特殊学校教师教育技能　　　　昝　飞　马红英

自闭谱系障碍儿童早期干预丛书
- 如何发展自闭谱系障碍儿童的沟通能力
  　　　　　　　　　　　　朱晓晨　苏雪云
- 如何理解自闭谱系障碍和早期干预　　苏雪云
- 如何发展自闭谱系障碍儿童的社会交往能力
  　　　　　　　　　　　　吕　梦　杨广学
- 如何发展自闭谱系障碍儿童的自我照料能力
  　　　　　　　　　　　　倪萍萍　周　波
- 如何在游戏中干预自闭谱系障碍儿童　朱　瑞　周念丽
- 如何发展自闭谱系障碍儿童的感知和运动能力
  　　　　　　　　　　韩文娟　徐　芳　王和平
- 如何发展自闭谱系障碍儿童的认知能力
  　　　　　　　　　　　　潘前前　杨福义
- 自闭症谱系障碍儿童的发展与教育　　周念丽
- 如何通过音乐干预自闭谱系障碍儿童　张正琴
- 如何通过画画干预自闭谱系障碍儿童　张正琴
- 如何运用ACC促进自闭谱系障碍儿童的发展　苏雪云
- 孤独症儿童的关键性技能训练法　　　李　丹
- 自闭症儿童家长辅导手册　　　　　　雷江华
- 孤独症儿童课程与教学设计　　　　　王　梅
- 融合教育理论反思与本土化探索　　　邓　猛
- 自闭症谱系障碍儿童家庭支持系统　　孙玉梅
- 自闭症谱系障碍儿童团体社交游戏干预　李　芳
- 孤独症儿童的教育与发展　　　王　梅　梁松梅

特殊学校教育·康复·职业训练丛书（黄建行　雷江华 主编）
- 信息技术在特殊教育中的应用
- 智障学生职业教育模式
- 特殊教育学校学生康复与训练
- 特殊教育学校校本课程开发
- 特殊教育学校特奥运动项目建设

21世纪学前教育规划教材
- 学前教育概论　　　　　　　　　　　李生兰
- 学前教育管理学　　　　　　　　　　王　雯
- 幼儿园歌曲钢琴伴奏教程　　　　　　果旭伟
- 幼儿园舞蹈教学活动设计与指导　　　董　丽
- 实用乐理与视唱　　　　　　　　　　代　苗
- 学前儿童美术教育　　　　　　　　　冯婉贞
- 学前儿童科学教育　　　　　　　　　洪秀敏
- 学前儿童游戏　　　　　　　　　　　范明丽
- 学前教育研究方法　　　　　　　　　郑福明
- 外国学前教育史　　　　　　　　　　郭法奇
- 学前教育政策与法规　　　　　　　　魏　真
- 学前心理学　　　　　　　　　涂艳国　蔡　艳

学前教育理论与实践教程	
	王　维　王维娅　孙　岩
学前儿童数学教育	赵振国

大学之道丛书精装版

美国高等教育通史	[美]亚瑟·科恩
知识社会中的大学	[英]杰勒德·德兰迪
大学之用（第五版）	[美]克拉克·克尔
营利性大学的崛起	[美]理查德·鲁克
学术部落与学术领地：知识探索与学科文化	
	[英]托尼·比彻，保罗·特罗勒尔
美国现代大学的崛起	[美]劳伦斯·维赛
教育的终结——大学何以放弃了对人生意义的追求	
	[美]安东尼·T.克龙曼
世界一流大学的管理之道——大学管理研究导论	
	程　星
后现代大学来临？	
	[英]安东尼·史密斯　弗兰克·韦伯斯特

大学之道丛书

市场化的底限	[美]大卫·科伯
大学的理念	[英]亨利·纽曼
哈佛：谁说了算	[美]理查德·布瑞德利
麻省理工学院如何追求卓越	[美]查尔斯·维斯特
大学与市场的悖论	[美]罗杰·盖格
高等教育公司：营利性大学的崛起	
	[美]理查德·鲁克
公司文化中的大学：大学如何应对市场化压力	
	[美]埃里克·古尔德 40元
美国高等教育质量认证与评估	
	[美]美国中部州高等教育委员会
现代大学及其图新	[美]谢尔顿·罗斯布莱特
美国文理学院的兴衰——凯尼恩学院纪实	
	[美]P.F.克鲁格
教育的终结：大学何以放弃了对人生意义的追求	
	[美]安东尼·T.克龙曼
大学的逻辑（第三版）	张维迎
我的科大十年（续集）	孔宪铎
高等教育理念	[英]罗纳德·巴尼特
美国现代大学的崛起	[美]劳伦斯·维赛
美国大学时代的学术自由	[美]沃特·梅兹格
美国高等教育通史	[美]亚瑟·科恩
美国高等教育史	[美]约翰·塞林
哈佛通识教育红皮书	哈佛委员会
高等教育何以为"高"——牛津导师制教学反思	
	[英]大卫·帕尔菲曼
印度理工学院的精英们	[印度]桑迪潘·德布
知识社会中的大学	[英]杰勒德·德兰迪
高等教育的未来：浮言、现实与市场风险	
	[美]弗兰克·纽曼等
后现代大学来临？	[英]安东尼·史密斯等
美国大学之魂	[美]乔治·M.马斯登
大学理念重审：与纽曼对话	
	[美]雅罗斯拉夫·帕利坎
学术部落及其领地——当代学术界生态揭秘（第二版）	
	[英]托尼·比彻　保罗·特罗勒尔
德国古典大学观及其对中国大学的影响（第二版）	
	陈洪捷
转变中的大学：传统、议题与前景	郭为藩
学术资本主义：政治、政策和创业型大学	
	[美]希拉·斯劳特　拉里·莱斯利
21世纪的大学	[美]詹姆斯·杜德斯达
美国公立大学的未来	
	[美]詹姆斯·杜德斯达　弗瑞斯·沃马克
东西象牙塔	孔宪铎
理性捍卫大学	眭依凡

学术规范与研究方法系列

社会科学研究方法100问	[美]萨尔金德
如何利用互联网做研究	[爱尔兰]杜恰泰
如何撰写与发表社会科学论文：国际刊物指南	
	蔡今忠
如何查找文献（第二版）	[英]萨莉·拉姆齐
给研究生的学术建议	[英]戈登·鲁格　等
社会科学研究的基本规则（第四版）	
	[英]朱迪斯·贝尔
做好社会研究的10个关键	
	[英]马丁·丹斯考姆
如何写好科研项目申请书	
	[美]安德鲁·弗里德兰德　等
教育研究方法（第六版）	
	[美]梅瑞迪斯·高尔　等
高等教育研究：进展与方法	
	[英]马尔科姆·泰特
如何成为学术论文写作高手	[美]华乐丝
参加国际学术会议必须要做的那些事	
	[美]华乐丝
如何成为优秀的研究生	[美]布卢姆

结构方程模型及其应用	易丹辉 李静萍
课堂与教学艺术（第二版）	孙菊如 陈春荣

21世纪高校职业发展读本

如何成为卓越的大学教师	[美]肯·贝恩
给大学新教员的建议	[美]罗伯特·博伊斯
如何提高学生学习质量	[英]迈克尔·普洛瑟 等
学术界的生存智慧	[美]约翰·达利 等
给研究生导师的建议（第2版）	[英]萨拉·德拉蒙特 等

21世纪教师教育系列教材·物理教育系列

中学物理微格教学教程（第二版）	张军朋 詹伟琴 王 恬
中学物理科学探究学习评价与案例	张军朋 许桂清
物理教学论	邢红军
中学物理教学法	邢红军
中学物理教学评价与案例分析	王建中 孟红娟

21世纪教育科学系列教材·学科学习心理学系列

数学学习心理学（第二版）	孔凡哲
语文学习心理学	董蓓菲

21世纪教师教育系列教材

教育心理学（第二版）	李晓东
教育学基础	庞守兴
教育学	余文森 王 晞
教育研究方法	刘淑杰
教育心理学	王晓明
心理学导论	杨凤云
教育心理学概论	连 榕 罗丽芳
课程与教学论	李 允
教师专业发展导论	于胜刚
学校教育概论	李清雁
现代教育评价教程（第二版）	吴 钢
教师礼仪实务	刘 霄
家庭教育新论	闫旭蕾 杨 萍
中学班级管理	张宝书
教育职业道德	刘亭亭
教师心理健康	张怀春
现代教育技术	冯玲玉
青少年发展与教育心理学	张 清
课程与教学论	李 允

21世纪教师教育系列教材·初等教育系列

小学教育学	田友谊
小学教育学基础	张永明 曾 碧
小学班级管理	张永明 宋彩琴
初等教育课程与教学论	罗祖兵
小学教育研究方法	王红艳
新理念小学数学教学论	刘京莉
新理念小学音乐教学法	吴跃跃

教师资格认定及师范类毕业生上岗考试辅导教材

教育学	余文森 王 晞
教育心理学概论	连 榕 罗丽芳

21世纪教师教育系列教材·学科教育心理学系列

语文教育心理学	董蓓菲
生物教育心理学	胡继飞

21世纪教师教育系列教材·学科教学论系列

新理念化学教学论（第二版）	王后雄
新理念科学教学论（第二版）	崔 鸿 张海珠
新理念生物教学论（第二版）	崔 鸿 郑晓慧
新理念地理教学论（第二版）	李家清
新理念历史教学论（第二版）	杜 芳
新理念思想政治（品德）教学论（第二版）	胡田庚
新理念信息技术教学论（第二版）	吴军其
新理念数学教学论	冯 虹

21世纪教师教育系列教材·语文课程与教学论系列

语文文本解读实用教程	荣维东
语文课程教师专业技能训练	张学凯 刘丽丽
语文课程与教学发展简史	武玉鹏 王从华 黄修志
语文课程学与教的心理学基础	韩雪屏 王朝霞
语文课程名师名课案例分析	武玉鹏 郭治锋
语用性质的语文课程与教学论	王元华

21世纪教师教育系列教材·学科教学技能训练系列

新理念生物教学技能训练（第二版）	崔 鸿
新理念思想政治（品德）教学技能训练（第二版）	
	胡田庚 赵海山
新理念地理教学技能训练	李家清
新理念化学教学技能训练（第二版）	王后雄
新理念数学教学技能训练	王光明

新理念小学音乐教学法	吴跃跃	新媒体概论	尹章池
		新媒体视听节目制作（第二版）	周建青
王后雄教师教育系列教材		融合新闻学导论	石长顺
教育考试的理论与方法	王后雄	新媒体网页设计与制作	惠悲荷
化学教育测量与评价	王后雄	网络新媒体实务	张合斌
中学化学实验教学研究	王后雄	突发新闻教程	李军
新理念化学教学诊断学	王后雄	视听新媒体节目制作	邓秀军
		视听评论	何志武
西方心理学名著译丛		出镜记者案例分析	刘静 邓秀军
儿童的人格形成及其培养	[奥地利]阿德勒	视听新媒体导论	郭小平
活出生命的意义	[奥地利]阿德勒	网络与新媒体广告	尚恒志 张合斌
生活的科学	[奥地利]阿德勒	网络与新媒体文学	唐东堰 雷奕
理解人生	[奥地利]阿德勒		
荣格心理学七讲	[美]卡尔文·霍尔	**全国高校广播电视专业规划教材**	
系统心理学：绪论	[美]爱德华·铁钦纳	电视节目策划教程	项仲平
社会心理学导论	[美]威廉·麦独孤	电视导播教程	程晋
思维与语言	[俄]列夫·维果茨基	电视文艺创作教程	王建辉
人类的学习	[美]爱德华·桑代克	广播剧创作教程	王国臣
基础与应用心理学	[德]雨果·闵斯特伯格		
记忆	[德]赫尔曼·艾宾浩斯	**21世纪教育技术学精品教材**（张景中 主编）	
实验心理学（上下册）	[美]伍德沃斯 施洛斯贝格	教育技术学导论（第二版）	李芒 金林
格式塔心理学原理	[美]库尔特·考夫卡	远程教育原理与技术	王继新 张屹
		教学系统设计理论与实践	杨九民 梁林梅
21世纪教学活动设计案例精选丛书（禹明 主编）		信息技术教学论	雷体南 叶良明
初中语文教学活动设计案例精选		网络教育资源设计与开发	刘清堂
初中数学教学活动设计案例精选		学与教的理论与方式	刘雍潜
初中科学教学活动设计案例精选		信息技术与课程整合（第二版）	
初中历史与社会教学活动设计案例精选			赵呈领 杨琳 刘清堂
初中英语教学活动设计案例精选		教育技术研究方法	张屹 黄磊
初中思想品德教学活动设计案例精选		教育技术项目实践	潘克明
中小学音乐教学活动设计案例精选			
中小学体育（体育与健康）教学活动设计案例精选		**21世纪信息传播实验系列教材**（徐福荫 黄慕雄 主编）	
中小学美术教学活动设计案例精选		多媒体软件设计与开发	
中小学综合实践活动教学活动设计案例精选		电视照明·电视音乐音响	
小学语文教学活动设计案例精选		播音与主持艺术（第二版）	
小学数学教学活动设计案例精选		广告策划与创意	
小学科学教学活动设计案例精选		摄影基础（第二版）	
小学英语教学活动设计案例精选			
小学品德与生活（社会）教学活动设计案例精选		**21世纪教师教育系列教材·专业养成系列**（赵国栋 主编）	
幼儿教育教学活动设计案例精选		微课与慕课设计初级教程	
		微课与慕课设计高级教程	
全国高校网络与新媒体专业规划教材		微课、翻转课堂和慕课设计实操教程	
文化产业概论	尹章池	网络调查研究方法概论（第二版）	
网络文化教程	李文明	PPT云课堂教学法	
网络与新媒体评论	杨娟		